SÉQUENCES

SÉQUENCES

Intermediate French through Film

Second Edition

Michèle Bissière
University of North Carolina at Charlotte

Australia • Brazil • Japan • Korea • Mexico • Singapore • Spain • United Kingdom • United States

	VOCABULAIRE	THÈMES/CULTURE	LECTURE	GRAMMAIRE
Chapitre 7 **ÉCOLE ET SOCIÉTÉ** ***Entre les murs*** p. 155	La vie scolaire Les conflits *p. 177*	Le système éducatif, en particulier le collège L'éducation prioritaire Les relations profs-élèves	Extraits de *Chagrin d'école* (2007), par Daniel Pennac: dialogue et réflexions sur l'école d'aujourd'hui. *p. 174*	Le subjonctif *p. 309*
Chapitre 8 **DIVERTISSEMENT** ***Le Dîner de cons*** p. 181	Les loisirs Le sport Le téléphone *p. 205*	Les films français et leurs « remakes » américains Les loisirs Les situations comiques Le football (la Coupe du monde de 1998) Jacques Villeret	Articles de presse *La Croix*, 31 janvier 2005 et *L'Express*, 6 novembre 2003: deux articles concernant Jacques Villeret, l'acteur principal du film *Le Dîner de cons* *pp. 200, 201*	Révision: La forme interrogative *p. 235* Les pronoms personnels; **y** et **en** *p. 286* Les modes et les temps: les temps du passé, le conditionnel, le subjonctif *pp. 247, 302, 309* Les phrases hypothétiques *p. 306*
Chapitre 9 **VIE PRIVÉE, VIE PUBLIQUE** ***Tableau Ferraille*** p. 207	L'expression du souvenir La politique La vie économique La vie privée *p. 225*	Le Sénégal La condition de la femme La politique et l'économie La tradition et la modernité La polygamie	Article « Polygamie d'hier à aujourd'hui », *Le Français dans le monde*, novembre 2003 *p. 221*	Révision: Les pronoms personnels; **y** et **en** *p. 286* Le conditionnel *p. 302* Les pronoms relatifs *p. 275* Les pronoms démonstratifs *p. 282*

TO THE INSTRUCTOR

Séquences is an innovative intermediate textbook organized around the study of nine subtitled French and Francophone films. The program is particularly appropriate for instructors and students seeking more cultural content than can be found in a traditional intermediate program. The book interweaves each chapter's film with grammar and vocabulary presentations, structured practice, and open-ended communicative activities, offering students the tools they need to progress in French in a meaningful way. With a content-based approach, *Séquences* strives to integrate the four skills and to meet the goals of foreign language education (Communication, Culture, Connections, Comparisons, and Communities) set by the *Standards for Foreign Language Learning in the 21st Century*. Discussing the films, reading related authentic texts, and researching information on the Internet will enable students to discover many facets of Francophone life, master related vocabulary and grammar points, and feel confident in their ability to discuss issues and use language creatively.

The goals of this book are to improve students' motivation, language fluency, and cultural competence by immersing them in a wide range of authentic contexts. Films are powerful tools in the language classroom. They allow students to experience language and culture from within and to develop a deeper understanding of other people's world views and ways of life. Watching films also creates a congenial atmosphere for learning and provides a common background that instructors can use to make connections across chapters or to reinforce lexical and grammatical work. In addition, describing, analyzing, and discussing specific aspects of each film helps students bridge the gap between language courses and courses in literature and culture.

ORGANIZATION OF *SÉQUENCES*

The textbook includes a preliminary chapter, nine thematically based chapters (each organized around one film), a photo gallery interweaving the themes and films together, appendices, a glossary, and an index. The preliminary chapter and Chapters 1–7 are paired with a self-study grammar module. Chapters 8 and 9 do not include formal grammar explanations; instead, they offer a contextualized review of the grammar points covered in the program. In sequencing the films, consideration was given to the genre of the film—generally, comedies alternate with more serious films—and to the vocabulary and grammar that are necessary for, or can be reinforced by, the themes and issues presented by the film. However, chapters are independent of each other and can be rotated to accommodate specific needs and preferences. The annotations, homework directions, and cross-references to grammar in each chapter will be very helpful to instructors who wish to present the chapters in a different order or to substitute Chapters 8 and 9 for earlier ones.

Preliminary chapter with a self-study grammar module

- Students discuss their experiences going to see films, read a text introducing them to the importance of cinema as an art form in France, acquire and practice key vocabulary necessary to talk about film, and get a better sense of the films featured in the nine chapters of *Séquences*.
  Grammar: Le présent de l'indicatif

Seven chapters with a self-study grammar module

- **Chapter 1.** La vie étudiante: *L'Auberge espagnole* (Cédric Klapisch, France, 2002, 120 minutes)
  Grammar: Pays, langues, nationalité; La forme interrogative

- **Chapter 2.** Les racines: *Rue Cases-Nègres* (Euzhan Palcy, Martinique/France, 1983, 101 minutes)
  Grammar: Les temps du passé: l'imparfait, le passé composé, le plus-que-parfait

- **Chapter 3 (NEW).** De l'adolescence à l'âge adulte: *Persépolis* (Marjane Satrapi and Vincent Paronnaud, France, 2007, 95 minutes)
  Grammar: Les noms, les articles, les expressions de quantité et les adjectifs

- **Chapter 4.** La vie professionnelle: *Le Placard* (Francis Veber, France, 2001, 84 minutes)
  Grammar: Les pronoms relatifs; Les pronoms démonstratifs

- **Chapter 5.** Politique et vie personnelle: *Indochine* (Régis Wargnier, France, 1992, 142 minutes)
  Grammar: Les pronoms personnels; **y** et **en**

- **Chapter 6.** Les hommes et les femmes: *Chaos* (Coline Serreau, France, 2001, 109 minutes)
  Grammar: Le futur; Le conditionnel; Les phrases hypothétiques

- **Chapter 7 (NEW).** École et société: *Entre les murs* (Laurent Cantet, France, 2008, 128 minutes)
  Grammar: Le subjonctif

Two review chapters without a self-study grammar module

- **Chapter 8.** Divertissement: *Le Dîner de cons* (Francis Veber, France, 1998, 77 minutes)
  Grammar review: La forme interrogative; Les pronoms personnels; **y** et **en;** Le groupe verbal: les temps du passé, le conditionnel, le subjonctif, les phrases hypothétiques

- **Chapter 9.** Vie privée, vie publique: *Tableau Ferraille* (Moussa Sene Absa, Sénégal, 1998, 85 minutes)
  Grammar review: Le conditionnel; Les pronoms personnels; **y** et **en;** Les pronoms démontratifs; Les pronoms relatifs

Arrêt sur images: a full-color photo gallery where images prompt students to explore themes more fully and to make connections between films

Appendices with explanations on extra vocabulary and grammar items (for example, the passive voice) and verb conjugation patterns, including regular and irregular verb families

TEACHING WITH CHAPTER COMPONENTS

Textbook

Chapters 1–9 include the components described below. Each component ends with suggested homework assignments (**Avant le prochain cours**) that help students prepare for the next class, using the **Grammaire** and the *Cahier*.

Introductory materials

Introduction to the film and reading; presentation of linguistic and cultural goals
Film poster (when available) or still
List of characters and cast
Les prix du film: list of significant awards and nominations

Entrée en matière

This is a pre-viewing section in which students learn about the cultural context of the film, read a review of the film, analyze the film poster(s), and discuss their expectations. This is followed by two in-class screenings of the film's introductory sequence, first without sound, and then with sound. Each viewing opportunity offers distinct comprehension questions. To prepare students for viewing the film on their own before the next class, the **Entrée en matière** also includes viewing tips. A new feature of this section is the introductory **Note culturelle**, a reading about the cultural or historical context of the film. It is followed by comprehension and discussion questions.

Les mots pour le dire

This section includes targeted exercises and activities to practice the vocabulary and structures of the chapter in the context of the film. Instructors are encouraged to verify that students have prepared **Les mots pour le dire** in the *Cahier* and viewed the film before proceeding to the more open-ended activities of this section (a five-question multiple-choice Film Check is available on the Instructor's Resource CD-Rom). A new feature in most chapters is the section **Et vous?**, which allows students to practice the vocabulary in a more personalized way by asking and answering questions pertaining to their lives. The section ends with a listening comprehension exercise (**À l'écoute!**) on a theme related to the film and to the linguistic goals of the chapter. This is one of the two listening opportunities featured in each textbook chapter, both of which are available on the Audio Program.

Discussion

This section begins with an activity called **Chronologie**, in which students rearrange some important elements of the film's plot in chronological order. In this second edition, **Chronologie** is followed by a new feature entitled **Quelques détails,** which allows students to recycle the grammar they have learned in previous chapters or prepared as homework as they retell the story in more depth. The **Réactions** questions that follow ask students to discuss the main elements of the story, describe some intricate situations in detail, analyze the director's style, and express their opinions on the film. The objective of this section is to encourage students to attain the linguistic goals of the chapter and to develop speaking skills in the context of the film. This section is followed by a new activity entitled **Et vous?,** in which students reflect on and discuss how some of the themes of the film pertain to their own lives. This section also includes a plot-based listening section that incorporates the vocabulary and themes of the chapter. It is the second of the two **À l'écoute!** listening sections available for each textbook chapter on the Audio Program.

Pour aller plus loin

This section includes follow-up activities that help students expand their discussion of the film while practicing the grammar of the chapter in more depth. By the time this section is taught, students have studied grammar on their own by reading formal explanations and by doing exercises in the textbook and *Cahier*. The section starts with an activity entitled **Qui a dit quoi?**, in which students first identify the speaker and the context for eight to ten quotations from the film script. The second edition version of **Qui a dit quoi?** has been expanded to include a section entitled **Le français parlé**, in which students analyze characteristics of oral French found in the quotes, listen to recordings of two of the quotes taken directly from the films, and practice pronouncing them. **Qui a dit quoi?** provides the basis for the cultural and linguistic activities that follow. The section ends with a writing activity that allows students to synthesize what they have learned and prepares them for writing a longer, multi-step composition at the end of the chapter.

Lecture

In the **Lecture** section, readings from a variety of genres support and expand the themes explored in the chapter's film. Students are expected to do the **Préparation à la lecture** in the *Cahier*, and instructors are encouraged to check homework orally and review pre-reading work if necessary before having students read the text in class. Each textbook chapter includes comprehension exercises, a **Questions de langue** section to reinforce vocabulary and grammar, and creative follow-up activities.

Interactions

In this follow-up section, students are encouraged to combine new grammar and vocabulary items and complete guided research on their own to expand their cultural knowledge through skits and presentations related to the themes of the film and/or the reading. The goal of this section is to improve the students' ability to use language spontaneously and creatively and to apply it to slightly different contexts. Intended to challenge students to synthesize information and skills, these activities create a relaxed and collaborative class atmosphere conducive to learning.

Student annotations

Each chapter includes numerous student annotations that orient and guide students' use of the book with reading and viewing tips, cultural information, help with activities, and references to relevant grammar explanations and practice.

Teacher annotations (Annotated Instructor's Edition only)

These include answers to most textbook exercises, teaching suggestions, references to extra material in the Instructor's Resource CD-ROM, and suggestions for follow-up activities.

Liste de vocabulaire

This list is organized according to grammatical categories. Its length varies slightly with each film. In addition to the main list, each chapter also includes a list of familiar terms found in the film and a list of supplementary vocabulary useful for discussing details of the plot. Students are expected to take an active role in learning vocabulary, and their first task in each *Cahier* chapter is to organize the list thematically in a section called **Votre dictionnaire personnel.** The vocabulary is also included in a French-English Glossary at the end of the book.

Grammaire

Each film is paired with one or two grammatical points that are presented in a self-study section at the end of the book. To facilitate independent study, the explanations are in English and are followed by **Application immédiate** exercises. The examples in the explanations use simple, general vocabulary so that they can be referred to at any point in the course. Most of the **Application immédiate** exercises are based on the film of the chapter in order to reinforce vocabulary acquisition and to prepare students for discussing the film. The treatment of grammar was given special attention in the second edition to meet the needs of students and instructors who use the program at different levels (early intermediate or bridge courses). The content and the terminology were simplified, a more step-by-step approach was used, and **Application immédiate** exercises were added. Through the **Avant le prochain cours** features of the program, students are carefully guided to review the grammar explanations on their own, to complete and correct the exercises using the answer key, and to do the more communicative activities related to the corresponding grammar point in the *Cahier* before coming to class. The distribution of grammar homework depends on the length and difficulty level of each grammar point. In most chapters, students focus on grammar after the **Les mots pour le dire** and **Discussion** sections of the textbook, and the **Pour aller plus loin** section includes activities that bring the different points together. In some chapters, grammar is introduced in class in **Les mots pour le dire.** When that is the case, class work usually includes grammar for passive recognition only, unless it includes a point that students should remember from their elementary courses.

Cahier de préparation

The *Cahier* provides the clarification, reinforcement, and practice essential to long-term acquisition and proficiency within the same motivating content-based format established by the textbook. Students will benefit from a variety of exercises targeting

- the acquisition of vocabulary
- contextualized grammar practice
- corrective pronunciation

- listening comprehension
- reading strategies
- cultural competence
- process writing

These exercises are suited for a wide range of learners and learning styles.

The five separate sections of each *Cahier* chapter focus on different areas of communicative competence with a progression of exercises that leads students from simpler to more complex language use. Several sections include cross-references to the formal grammar explanations and **Application immédiate** exercises found in the textbook and offer contextualized grammar exercises that prepare students for communicative work.

Les mots pour le dire

This section provides vocabulary practice that prepares students for subsequent classroom discussion of the film. The second edition now includes two additional exercises that are contextualized ("Le mot juste") and personalized ("Et vous?"). A **Dictée** establishes the connection between sound and form and serves as follow-up to the vocabulary work of this section.

Préparation à la discussion

Students turn to this section after learning grammar on their own in the **Grammaire** section of the textbook and doing the related **Application immédiate** exercises. In this part of the *Cahier*, they are encouraged to look at structure as a means of communicating their ideas. The targeted language is modeled in various settings and contexts through exercises that help students recall the plot and complicated scenes of the film. As in the textbook, some exercises were revised or added to allow students to write about themselves while using the vocabulary and structures of the chapter. This section includes a **Prononciation** component which promotes good pronunciation through brief but pertinent phonetic exercises that are related to the grammar and vocabulary of the chapter.

Pour aller plus loin

As in **Préparation à la discussion** students turn to this section after learning grammar on their own in the **Grammaire** section of the textbook and doing the related **Application immédiate** exercises. **Pour aller plus loin** deepens the emphasis on grammatical competence by inviting students to work with more difficult structures and challenging applications of grammatical form. Students continue to describe and analyze the film, and they also begin to express opinions on the film and related themes in their own lives.

Préparation à la lecture

In this part students are introduced to the cultural and linguistic content of the textbook readings via Internet activities and guided language work. Web links for the Internet activities are provided on the book companion website at **www.cengagebrain.com**. Instructors are encouraged to review these pre-reading activities before students do the reading in class.

Préparation à l'écriture

This section presents writing prompts as a natural extension of the work that's been done throughout the chapter. The structure of the assignment reduces student anxiety; by emphasizing the relationship between language and ideas, the framework in each chapter leads students from one end of the writing process—generating ideas, gathering related vocabulary and structures, imagining an effective organization—to the completion of a final draft.

Teachers will appreciate the fact that the *Cahier* minimizes teacher correction time while maximizing student practice and preparation. The *Cahier*:

- requires minimal corrections. Approximately two-thirds of the exercises can be corrected by the students themselves if instructors decide to make the answer key available. Since each section is meant as preparation for the next class period, the open-ended activities of the *Cahier* can easily be integrated to the lesson plan and corrected in class.

- fosters active participation. Since the *Cahier* retains themes and contexts of the chapter in ways that are creative and thought provoking, it will improve both the quantity and quality of student participation in class. Each *Cahier* section essentially faces in two directions, giving students practice with the structures and themes presented in the previous class while providing preparation and enthusiasm for the lesson to follow.

- addresses multiple competencies. All teaching areas—speaking, listening, reading, and writing—are supported by the varied workbook exercises.

Integration of the textbook and workbook

The materials in the textbook are thoroughly integrated with those in the *Cahier*. Except for the first section of the textbook (**Entrée en matière**), students will prepare for each section through activities in the *Cahier* before coming to class. The chart below suggests how to integrate the material and indicates when film viewing and work with the Audio program occur.

	Textbook	*Cahier* (workbook/ homework)
Day 1	Entrée en matière	Les mots pour le dire
	Visionnement d'une séquence	Visionnement du film
		🔊 Dictée
Day 2	Les mots pour le dire	Préparation à la discussion
	🔊 Culture-based À l'écoute!	🔊 Prononcez bien
Day 3	Discussion	Pour aller plus loin
	🔊 Plot-based À l'écoute!	
Day 4	Pour aller plus loin	Préparation à la lecture
	🔊 Qui a dit quoi?	🌐 Internet: Les renseignements culturels
	✎ À l'écrit	
Day 5	Lecture	Préparation à l'écriture
Day 6	Interactions	✎ Préparation à l'écriture (suite)

New to this edition

- Two completely revised chapters (chapters 3 and 7) based around new films. *Le Goût des autres* (ch. 3) and *La Promesse* (ch. 7) were replaced by *Persépolis* (2007) and *Entre les murs* (2008), respectively. All the chapter activities were redesigned around the new films, including the **À l'écoute** listening comprehension activities, the readings of the **Lecture** section, and the **Application immédiate** exercises of the **Grammaire** module.

- An additional reading at the beginning of each chapter, **Note culturelle**, with comprehension and discussion questions.

- Updated **Qui a dit quoi?** modules that now include a feature on **Le français parlé** and recordings from the film
  Students learn a more authentic French by identifying and practicing common features of spoken French with the quotes in **Qui a dit quoi?** and the film recordings.

- Expanded **Visionnement d'une séquence** module. Several chapters include a new activity called **Le français parlé,** in which students analyze the script of **Visionnement d'une séquence** in more depth and practice the film dialogue.

- More personalized activities. A new section called **Et vous?** was added in the **Les mots pour le dire** and **Discussion** sections of the textbook, as well as in two or three sections of each *Cahier* chapter. The questions in **Et vous?** allow students to speak or write about themselves while practicing the vocabulary and grammar of the chapter.

- Updated grammar explanations and additional grammar activities in the textbook and the *Cahier.* There are more **Application immédiate** exercises in the **Grammaire** section of the textbook, and the **Discussion** section includes a new film-based activity, **Quelques détails,** to review the grammar students have prepared as homework.

- More vocabulary preparation in the *Cahier.* The **Les mots pour le dire** section includes two additional exercises that are contextualized (**Le mot juste**) and personalized (**Et vous?**).

- A new **Appendix** with explanations of difficult structures (for example, the verbs **plaire** and **manquer**) and grammatical points that are not formally taught in the program (for example, the **passé simple** and the passive voice)

- A reduced **Chronologie** exercise in the **Discussion** section of the textbook

- More intonation questions, especially when students are asked to work with partners.

- An updated **Arrêt sur images** module

SÉQUENCES, THE FOUR SKILLS, AND CULTURE

Each of the nine chapters of *Séquences* includes a wide range of activities designed to improve listening comprehension, speaking, reading, and writing skills, as well as cultural competence.

Listening

The improvement of listening skills is a major goal of *Séquences* and one of the unmatched benefits of a film-centered approach. Students at this stage will not understand the film dialogue on their own and need the help of subtitles, but they will improve their ability to recognize simple authentic conversations and realize the importance of context, gestures, and tone of voice in communication. After working on the activities of the textbook, they will be able to comprehend longer stretches of discourse.

To orient students to the thematic, linguistic, and stylistic specificities of each film, instructors are encouraged to work on the opening sequence in class (**Visionnement d'une séquence**). The sequence ranges from four to nine minutes depending on the film, and teacher annotations suggest shortcuts and approaches for the longer scenes. In most cases, the first viewing is without sound or subtitles in order to prepare the students for what they are going to hear. It is followed by questions that guide the students' viewing while checking their comprehension (**Compréhension**) and ask them to make hypotheses about the action and the dialogues (**Réactions).** The second viewing (**Deuxième visionnement de la séquence**) is with sound and without subtitles. Questions check the students' comprehension of the dialogues, draw attention to the director's style, and ask students to make hypotheses about the rest of the film or to discuss connections between the scene and the review. Finally, **Préparation au visionnement du film** provides guidance for the students' independent viewing of the film. Together with the **Viewing Tips,** this section asks students to pay attention to specific aspects of the plot or style, warns them about difficult or potentially offensive portions of the film, and asks them to reflect on themes that will be discussed later in the chapter.

The **À l'écoute!** activities are another major component of the audio program. By the time students reach them, they have practiced the vocabulary of the chapter in the textbook and *Cahier* and done a **Dictée** targeting specific words. **À l'écoute!** trains students to listen to longer units of connected discourse. The first **À l'écoute!**, in **Les mots pour le dire**, is a culture-based, multiple-choice listening comprehension exercise on a theme related to the film (for instance, the differences between French and American higher education in Chapter 1). The second part is plot based and brings together the vocabulary and themes of the **Discussion** section.

The second edition of *Séquences* includes more opportunities to practice listening skills thanks to activities entitled **Le français parlé**, in which students listen to dialogue from the film and use the script to identify and practice specific elements of oral French. The first section of **Le français parlé** is found in **Entrée en matière** and is a follow-up to **Visionnement d'une séquence**. It is available in six of the nine chapters, in which the introductory sequence was appropriate for focused language work. The second occurrence of **Le français parlé** occurs in **Qui a dit quoi?,** found in the **Pour aller plus loin** sections of all nine chapters.

Speaking

Students practice their speaking skills in every section of *Séquences*. The progression is from simple, guided answers on familiar topics to the production of longer stretches of discourse in which students describe, analyze, and express opinions about the film, the reading, and related situations. The improvement of oral production is made possible by the integration of all the text materials; this allows students to see and hear the vocabulary and grammar of the chapter in different contexts before producing the words and structures themselves. They also practice correct pronunciation of the chapter grammar in the **Prononciation** exercises of the *Cahier*. The **Entrée en matière, Les mots pour le dire**, and **Lecture** sections promote speech through paired work and whole-class activities. Students expand their skills in **Discussion** by describing the plot and specific scenes and by analyzing the themes of the film. In **Pour aller plus loin**, they express their opinions on key issues raised by the movie. They also discuss, analyze, and repeat direct quotes from the film. Finally, students improve their ability to use language spontaneously and creatively by applying it to slightly different contexts in the **Interactions** sections, which offer suggestions for skits and presentations related to the themes of the film and/or the reading.

Reading

Séquences introduces students to a great variety of readings, including background information on the films, excerpts of fictional texts, newspaper and journal articles, and interviews. These texts are a step up from the short readings and realia of elementary textbooks, and systematic pre- and post-reading activities help students understand the main ideas as well as details.

The students' first exposure to each film in **Entrée en matière** is through a **Note culturelle**, followed by a review. The **Note culturelle**—a new feature of the second edition—is written in simple French and followed by comprehension and discussion questions. Its goals are to introduce students to the cultural or historical context of the film and to ease them into the reading of more difficult texts. The review that follows is an authentic reading from a major newspaper or magazine such as *Le Monde, Le Nouvel Observateur, La Croix*, or *L'Humanité*. This experience of learning about a film before seeing it approximates the experience of going to the movies in a French-speaking country. Students are guided through these often difficult texts. The **Préparation** questions draw attention to difficult words or passages and suggest techniques for understanding them. Glosses assist the students as they read the text in class. Post-reading activities include **Compréhension** questions and **Questions de langue** (follow-up work on chapter structures studied up to that point). Finally, a **Réactions** section asks students to make hypotheses about the film, analyze the tone of the review, and make connections between the review and the film poster(s).

The same approach is used in the main reading section, **Lecture**. In **Lecture**, readings from a variety of genres support and expand the themes developed in the chapter's film. The excerpt from *L'Étudiant étranger* in Chapter 1, for example, relates to the experience of Erasmus students in *L'Auberge espagnole* and to the college life of students. To maximize time spent in class on the text and post-reading activities, students complete the pre-reading section **Préparation à la lecture** in the *Cahier* as homework. Preparation includes Internet activities on the cultural background of the reading (**Les renseignements culturels**), work on related words (**Les mots apparentés**), exercises matching difficult constructions to paraphrased equivalents (**En d'autres mots**), and activities that put students in the mindset of the text (**Imaginez des situations** or **Donnez votre opinion**). Instructors are encouraged to check homework orally and review pre-reading work if necessary. The presentation of the reading in the textbook varies according to its length and level of difficulty. Some of the readings are divided in two or more sections that correspond to natural breaks in the text. The goal is to present the reading in manageable segments so that students won't feel overwhelmed.

The textbook includes other reading opportunities in some of the **Pour aller plus loin** sections. Those readings are usually tied to a grammar or writing activity and vary with each film.

Writing

The development of writing skills is specifically adressed in the *Cahier*. Students write connected sentences or short paragraphs in the open-ended exercises. In the textbook, writing is interspersed in the various activities.In **Les mots pour le dire**, for example, students add three items to the **Définitions** section and write sentences in some of the exercises entitled "Structures." In both cases, they closely model the examples provided. The **Pour aller plus loin** section includes an **À l'écrit** activity that allows students to produce longer, more open-ended sentences and short paragraphs in which they integrate the chapter grammar point(s) and expand upon more structured work with the chapter themes.

All these activities prepare students for the guided composition at the end of the chapter. The composition topics in **Préparation à l'écriture** are varied and related to the work of the chapter. They include writing a portrait or an autobiographical story, expressing opinions on a social issue, describing a place or a work of art, and imagining an interview. To ensure a carefully crafted final product, students are given precise prompts for the five stages of the writing process (**Choisissez un sujet; Réfléchissez au contenu; Réfléchissez à la langue; Organisez votre rédaction; Perfectionnez votre travail**). Instructors may want to check students' work at different stages and allow some class time for peer editing.

Cultural competence

Culture is at the core of *Séquences*. The integration of culture with the four skills and with vocabulary and grammar acquisition is what distinguishes it most from other intermediate textbooks. *Séquences* is structured around films that are mined for their cultural content, and that content serves as the unifying thread for the chapter activities. That strong focus enables students to retain vocabulary and grammar, because they practice new material in a variety of contexts throughout each chapter. Chapter 6, for example, features Coline Serreau's *Chaos,* a film in which a bourgeois woman radically changes her life when she comes to the rescue of a young Algerian-born woman who fell into prostitution to avoid an arranged marriage. The introductory **Note culturelle** includes explanations and statistics about immigration so that students will understand the young woman's background. Students learn more about the context in the cultural **À l'écoute!,** which offers a presentation of the **Franco-Maghrébins** and their place in French society. **Lecture** foregrounds a secondary theme from *Chaos*—arranged marriages—with a true story from *Le Monde*. Through the parallel between the film and the true story, students understand that arranged marriages are an important issue for immigrant populations in France. They discuss the theme again, with a different slant, in one of the **Interactions** sections. Other themes (education, **le baccalauréat,** and violence against women) are evoked in the chapter and in the *Cahier* because they appear in the film and/or the reading. Finally, **Arrêt sur images,** the photo gallery, draws cultural connections across chapters and enables students to discuss parallels between *Chaos* and other films that show family structures, men and women, immigration, and stereotypes.

The same approach to culture is found in all chapters. As a result, the cultural content of *Séquences* is very rich. Themes students will encounter in this course include the Erasmus exchange program; the history of Iran; background on French colonization of Martinique, Indochina, and Algeria; the French educational system; soccer and the World Cup; polygamy in Africa; and the relationship between Wolof and French in Senegal. The teacher annotations and **Les renseignements culturels** in the *Cahier* also include cultural information and culture-based activities.

Séquences encourages students to analyze cultural differences and to make cross-cultural comparisons whenever possible. In the area of film, for example, students read about and discuss the practice of the "remake" and the importance of cinema in France and the United States; they compare the original film posters to the American versions (when permissions could be obtained) and draw conclusions about the differences between French/Francophone and American film.

ANCILLARY COMPONENTS OF THE PROGRAM

Audio program

The Audio program contains the audio input for in-text and workbook listening activities, which include cultural and plot-based passages, recordings from the films for the **Le français parlé** activities, dictations, and pronunciation exercises.

PowerLecture™ Instructor's Resource CD-Rom

This rich resource offers:

- Film checks that may serve as ready-made quizzes to test whether students have viewed and understood the basic plot of the films
- the script for the first scene of the film that students view in **Visionnement d'une séquence** in the **Entrée en matière** section
- suggested answers for the **Réactions** questions of the **Discussion** section
- supplementary vocabulary and grammar activities and teaching suggestions
- revised testing program including reading, writing, listening, culture, vocabulary, and grammar. Audio material is provided to support the listening activities. Instructors may select and modify questions to customize to their testing needs.
- sample syllabi for various course formats

Website

The *Séquences* website (**www.cengagebrain.com**) contains the complete Audio Program as well as supplementary cultural and language activities related to the grammar, vocabulary, film content, and chapter themes. The website also provides opportunities for students to explore related films through links to sites worldwide. The *Séquences* web activities are carefully correlated with the text and workbook to engage students in challenging, interactive exercises developing reading and writing skills and expanding on cultural knowledge. On this complete website, students can

- consult reference material designed specifically for *Séquences*
- read supplementary authentic documents on cultural and literary sites
- review vocabulary with flash cards containing words and phrases

SÉQUENCES AND THE *STANDARDS FOR FOREIGN LANGUAGE LEARNING*

Séquences addresses the four skills with a content-based approach that reflects the direction of foreign language education set by the *Standards for Foreign Language Learning in the 21st Century* (1999). The goals of the program match the five goals identified in the "Standards for the Learning of French" (pp. 197–240), and all of the activities of *Séquences* can be found among the sample progress indicators for post-secondary education for those goals.

- *Séquences* fosters the three modes of **Communication** recommended in the *Standards*. "Interpersonal communication" is practiced through paired work and whole-class discussion and skits. The activities based on the films, readings, and listening comprehension passages promote "interpretive communication" (understanding what one hears or reads). "Presentational communication" occurs in the exposés and compositions.

- **Cultures** are at the heart of *Séquences*. Students "gain knowledge and understanding of the cultures of the Francophone world" by analyzing a great variety of films and authentic readings from several Francophone cultures (see comments on "cultural competence" above).

- In *Séquences,* students use French to make **Connections.** They "connect with other disciplines" such as geography, history, literature, politics, film studies, and women's studies thanks to the rich cultural content. They learn to "expand knowledge" in French through exposure to a large number of French newspapers, periodicals, literary readings, and Internet sites.

- **Comparisons** ("develop[ing] insight through French into the nature of language and culture") are an important goal of the program. Students become aware of linguistic diversity in different ways: through the grammar explanations and **Questions de langue,** which include comparisons between English and French; by analyzing and practicing different levels of formality in **Le français parlé** and **Le français familier;** and by learning about differences between French as spoken in France and in other parts of the world and about the interaction between French and other languages in Africa and the Caribbean. Students develop a better understanding of culture by learning about Francophone cultures and comparing them to their own worldview and way of life.

- It is the author's hope that *Séquences* will encourage students to get involved in French-speaking **Communities** "at home and around the world" and to continue to use French "for personal enjoyment and enrichment." The exposé topics encourage interaction with French speakers on campus and in the community. Many of the students who have learned French with the first edition of *Séquences* have continued viewing films on their own. The most enthusiastic ones have organized film showings for the French club on campus and attended films and film festivals off campus. Familiarity with popular and classic films increases the students' ability to connect with French speakers in their communities. Finally, films (and especially *L'Auberge espagnole*) can trigger or increase the students' desire to study abroad.

COURSE AND SYLLABUS DEVELOPMENT

Séquences offers a flexible format that allows instructors to tailor their course in a variety of ways: by varying film selections each semester, by teaching a very dense or less rigorous course, or by offering supplementary activities and Internet research as additional sources of enrichment. The text can be tailored to a wide range of course formats, including those with a strong focus on conversation, grammar, culture, or composition.

Teaching with film presents some logistical issues that instructors will need to address in advance. The films for chapters 1–8 can be purchased at a reasonable price from a U.S. or Canadian distributor, including Amazon.com and Facets Multimedia (www.Facets.org); they can also be rented from local video stores. As of July 2011, these films—except for *Chaos*—were also available on Netflix (**www.netflix.com**) for individual viewing. The ninth film, *Tableau Ferraille*, is available for rental and purchase on DVD from California Newsreel (www.newsreel.org) and for instant viewing at **http://cinema.tv5monde.com**. The ideal number of copies for each film will depend on how students are expected to see the film. To facilitate out-of-class preparation, instructors are encouraged to place copies of the film on reserve for individual viewing and to schedule nonmandatory group screenings. Students usually enjoy group screenings, and these lead to discussion of the film long before class. A time slot for the screening can be added to the course schedule. It is also possible to offer the screenings as a one-credit elective and supplement with other films if needed. Instructors could incorporate in-class viewing time into the course schedule. Instructors with well-equipped classrooms may want to include in-class viewing of additional scenes for variety. Those lacking classroom technology can eliminate in-class viewing altogether and assign the introductory sequence activities as homework.

Film selection was influenced by the following criteria, in addition to availability:

- The films are from different genres, are by male and female directors, and represent diverse French-speaking cultures.

- The films were well received in their countries and in the U.S., as well as by the students who used them in class in the past.

- The films promote vocabulary acquisition and encourage discussion on a wide range of topics (university life, the work place, leisure activities, immigration, politics, sports, etc.).

- The films are nearly free of highly controversial materials. Annotations and viewing tips alert students and instructors to scenes or material that may be objectionable to some, and the textbook and *Cahier* deal with that material in a sensitive manner. For example, homosexuality is one of the themes of *Le Placard*, but the activities focus on the more general theme of fitting in and accepting differences of all kinds.

Sample syllabus

Séquences is designed for students in advanced intermediate classes at the college level, but it can also be used in regular intermediate classes or beginning third-year classes. The division of each textbook chapter into six modules and the inclusion of two review chapters gives instructors flexibility to adapt the textbook to the schedules of their institutions.

45 class periods Class that meets 3 times a week in a 15-week semester or 5 times a week in a 10-week quarter 7 films; 5 class periods each	60 class periods Class that meets 4 times a week in a 15-week semester or 3 times a week over two 10-week quarters (4 films per quarter; some adjustments needed) 8 films; 6 class periods each

Intro to class / Chapitre préliminaire	Intro to class / Chapitre préliminaire
Chapitre préliminaire	Chapitre préliminaire
L'Auberge espagnole: Entrée en matière	*L'Auberge espagnole:* Entrée en matière
L'Auberge espagnole: Vocabulaire	*L'Auberge espagnole:* Vocabulaire
L'Auberge espagnole: Discussion	*L'Auberge espagnole:* Discussion
L'Auberge espagnole: Pour aller plus loin	*L'Auberge espagnole:* Pour aller plus loin
L'Auberge espagnole: Lecture **or** Interactions	*L'Auberge espagnole:* Lecture
Quiz / Composition due	*L'Auberge espagnole:* Interactions
Rue Cases-Nègres	Quiz / Composition due
Rue Cases-Nègres	*Rue Cases-Nègres*
Rue Case-Nègres	*Rue Cases-Nègres*
Rue Cases-Nègres	*Rue Cases-Nègres*
Rue Cases-Nègres	*Rue Cases-Nègres*
Quiz / Composition due	*Rue Cases-Nègres*
Persépolis	*Rue Cases-Nègres*
Persépolis	Quiz / Composition due
Persépolis	*Persépolis*
Persépolis	*Persépolis*
Persépolis	*Persépolis*
Quiz / Composition due	*Persépolis*
Le Placard	*Persépolis*
Le Placard	*Persépolis*
Le Placard	Quiz / Composition due
Le Placard	*Le Placard*
Le Placard	*Le Placard*
Quiz / Composition due	*Le Placard*
Indochine	*Le Placard*
Indochine	*Le Placard*
Indochine	*Le Placard*
Indochine	Quiz / Composition due
Indochine	*Indochine*

(continued)

Quiz / Composition due	*Indochine*
Chaos	*Indochine*
Chaos	*Indochine*
Chaos	*Indochine*
Chaos	*Indochine*
Chaos	Quiz / Composition due
Quiz / Composition due	*Chaos*
Entre les murs	*Chaos*
Entre les murs	*Chaos*
Entre les murs	*Chaos*
Entre les murs	*Chaos*
Entre les murs	*Chaos*
Quiz **or** review / Composition due	Quiz / Composition due
Review	*Entre les murs*
[Final exam]	*Entre les murs*
	Entre les murs
	Entre les murs
	Entre les murs
	Entre les murs
	Quiz / Composition due
	Le Dîner de cons / Tableau Ferraille
	Le Dîner de cons / Tableau Ferraille
	Le Dîner de cons / Tableau Ferraille
	Le Dîner de cons / Tableau Ferraille
	Le Dîner de cons / Tableau Ferraille
	Le Dîner de cons / Tableau Ferraille
	Quiz **or** review / Composition due
	Review
	Review
	[Final exam]

*Additional sample syllabi are included on the Instructor's Resource CD-ROM.

The flexible arrangement of the text also allows instructors to make changes to match their particular tastes or needs.

- The chapters can stand alone and are of about the same difficulty level, so they can be taught in any order. *L'Auberge espagnole* is recommended as Chapter 1 because the themes and activities match beginning-of-the-semester situations where students get to know one another.

- Instructors who want to include more films and focus on communication can eliminate the reading module, **Lecture,** since students engage in reading in the **Note culturelle** and review of **Entrée en matière.** The readings found in the **Lecture** component are sometimes addressed in **Interactions,** so instructors might need to make adjustments when teaching that section.

- Instructors who want to teach fewer films with all six modules can delete a film and assign the formal grammar attached to it separately (or not at all if their students do not need it).

- Instructors whose students need less grammar can combine the **Discussion** and **Pour aller plus loin** sections and include more films or more modules for each film.

- Instructors who want to spend time on formal grammar explanations in class can delete one or more modules, for example **Lecture** and **Interactions,** since **Entrée en matière** includes reading and **Discussion** focuses on speaking skills. Alternatively, teaching fewer films or teaching the program as a year-long course is an option.

- *Le Dîner de cons* and *Tableau Ferraille* include review of several grammar points in the textbook and *Cahier,* but there are no formal explanations at the end of those chapters. As a result, Chapters 8 and 9 could be substituted for other chapters with a similar grammar focus. Students would need to study the formal grammar of the chapter that is being replaced.

- If the course includes more than 60 class periods, instructors can include the nine films and/or add one session per film. The **Entrée en matière** section is particularly rich and could be taught over one and a half or two periods, with more time spent on viewing and discussing the first sequence of the film. The films can also be shown as part of class time by reducing the number of films included in each course session.

Suggestions for further reading

Teaching language and culture with film

The following books and articles on teaching language and culture with film have guided the development of *Séquences* and will provide instructors with additional ideas.

AATF Commission on Cultural Competence. *Acquiring Cross-Cultural Competence: Four Stages for Students of French.* Lincolnwood, Illinois: National Textbook Co., 1996.

Alkhas, Anita Jon. "DVD for Dummies: Lessons in Technology from *Le Dîner de cons.*" *The French Review* 79.6 (May 2006): 1252–64.

Altman, Rick. *The Video Connection: Integrating Video Into Language Teaching.* Boston: Houghton Mifflin, 1989.

Arey, Marie-Jo. "French Films: Pre-Texts for Teaching Syntax." *Foreign Language Annals* 26.2 (1993): 252–64.

Carr, Thomas, Jr. "Exploring the Cultural Content of French Feature Films." *The French Review* 53.3 (Feb. 1980): 359–68.

Étienne, Corinne, and Kelly Sax. "Teaching Stylistic Variation through Film." *The French Review* 79.5 (April 2006): 934–50.

Durán, Richard, and George McCool. "If This Is French, Then What Did I Learn in School?" *The French Review* 77.2 (Dec. 2003): 288–99.

Hennessey, Janis M. "Using Foreign Films to Develop Proficiency and to Motivate the Foreign Language Student." *Foreign Language Annals* 28.1 (1995): 116–20.

Herron, Carol, Cathleen Corrie, Steven P. Cole, and Pablo Henderson. "Do Pre-questioning Techniques Facilitate Comprehension of French Video?" *The French Review* 72.6 (May 1999): 1076–90.

Heusinkveld, Paula R., ed. *Pathways to Culture*. Yarmouth, Maine: Intercultural Press, 1997.

Katz, Stacey L. and Carl S. Blyth. *Teaching French Grammar in Context*. New Haven: Yale University Press, 2007.

Lonergan, Jack. *Video in Language Teaching*. New York: Cambridge University, 1984.

Manning, Jeanne. "Using TV/Video as Primary Text in a Foreign Language Classroom at the University of Colorado, Denver." *Foreign Language Annals* 21 (1988): 455–61.

McCool, George J. "Teaching the Formation of Questions: Lessons from New French." *The Modern Language Journal* 78.1 (1994): 56–60.

McCoy, Ingeborg Rueberg. "Overcoming the Teacher/Technology Gap: Authentic Video Texts in Foreign Language Instruction." *IALL Journal of Language Learning Technologies* 23.1 (Winter 1990): 25–36.

National Standards in Foreign Language Education Project. *Standards for Foreign Language Learning in the 21st century*, 1999.

Pegrum, Mark, Linda Hartley, and Veronique Wechtler. "Contemporary Cinema in Language Learning: From Linguistic Input to Intercultural Insight." *Language Learning Journal* 32.1 (Winter 2005): 55–62.

Secules, T., C. Herron, and M. Tomasello. "The Effect of Video Context on Foreign Language Learning." *Modern Language Journal* 76 (1992): 480–90.

Seelye, H. Ned. *Teaching Culture: Strategies for Intercultural Communication*. Lincolnwood, Illinois: National Textbook Co., 1985.

Steele, Ross and Andrew Suozzo. *Teaching French Culture: Theory and Practice*. Lincolnwood, Illinois: National Textbook Co., 1994.

Swaffar, Janet and Andrea Vlatten. "A Sequential Model for Video Viewing in the Foreign Language Curriculum." *Modern Language Journal* 81 (1997): 175–84.

Valdman, Albert. "Comment gérer la variation dans l'enseignement du français langue étrangère aux États-Unis?" *The French Review* 73.4 (March 2000): 648–66.

Reading suggestions on specific films

Chaos

West, Joan. "Looking at Families and Beyond: Three Films by Coline Serreau." *French/Francophone Culture and Literature through Film*. Eds. Catherine R. Monfort and Michèle Bissière. *Women in French Studies* (January 2006): 39–60.

Entre les murs

Brizard, Caroline. "Huit profs notent *Entre les murs*: Zéro pointé." *Le Nouvel Observateur* (25 septembre 2008): 44–46.

Condé, Michel, and Anne Vervier. *Entre les murs* (Dossier pédagogique). Centre culturel Les Grignoux, 2008.

"*Entre les murs*, la palme du malaise." *La Vie* (25 septembre 2008): 1–8.

Péron, Didier, and Gérard Lefort. "Le film qui secoue l'école." *Libération.com*. 22 septembre 2008. Web 28 octobre 2011.

Indochine

Bacholle, Michèle. "Camille et Mùi ou du Vietnam dans Indochine et L'Odeur de la papaye verte." *The French Review* 74.5 (April 2001): 946–57.

Heung, Marian. "The Family Romance of Orientalism: From *Madame Butterfly* to *Indochine*." *Visions of the East: Orientalism in Film*. Ed. Matthew Bernstein and Gaylyn Studlar. Rutgers University Press, 1997: 158–183.

Nicholls, David. "*Indochine*." *History Today* 46.9 (September 1996): 33–38.

Jeancolas, Jean-Pierre. "*Indochine*." *Positif* 375–76 (1992): 89–91.

Norindr, Panivong. "Filmic Memorial and Colonial Blues: Indochina in Contemporary French Cinema." *Cinema, Colonialism, Postcolonialism: Perspectives from the French and Francophone World*. Ed. Dina Sherzer. Austin: University of Texas Press, 1996: 120–46.

Persépolis

Condé, Michel. *Persépolis* (Dossier pédagogique). Centre culturel Les Grignoux, 2007.

"Je me bats surtout contre les idées reçues." *L'Express.fr*. 20 février 2008. Web 28 octobre 2011.

"Marjane Satrapi, de la BD au cinéma." *L'Express.fr*. 13 juin 2007. Web 28 octobre 2011.

Payan, Mathieu. "Marjane Satrapi et Vincent Paronnaud, réalisateurs et scénaristes." *Abus de ciné. n.d.* Web 28 octobre 2011.

Rue Cases Nègres

César, Sylvie. *Rue Cases-Nègres: du roman au film*. Paris: Harmattan, 1994.

Ebrahim, Haseenah. "Sugar Cane Alley: Re-reading race, class and identity in Zobel's *La rue Cases-Nègres*." *Literature/Film Quarterly* 30.2 (2002): 146–155.

Gaudry-Hudson, Christine. "'Raising Cane': A Feminist Rewriting of Joseph Zobel's Novel *Sugar Cane Alley* by Film Director Euzhan Palcy." *CLA Journal* 46.4 (June 2003): 478–93.

Hall Haley, Marjorie and Keith Q. Warner. "Joseph Zobel and Technology: From Novel to Film to Classroom." *CLA Journal* 40.3 (1997): 380–91.

Herndon, Gérise. "Auto-ethnographic Impulse in *Rue Cases-Nègres*." *Literature/Film Quarterly* 24.3 (1996): 261–266.

Ménil, Alain. "Rue Cases-Nègres ou les Antilles de l'intérieur." *Présence africaine* 129 (1984): 96–110.

Pauly, Rebecca M. "*Rue Cases-Nègres (Sugar Cane Alley)*." *The Transparent Illusion: Image and Ideology in French Text and Film*. New York: Peter Lang. 1993: 245–56.

Tableau Ferraille

Aas-Rouxparis, Nicole. "Tableaux africains: *Xala* et *Tableau Ferraille.*" *The French Review* 74.4 (March 2001): 742–56.

Chirol, Marie-Magdeleine. "*Tableau Ferraille* ou le mirage de la modernité." *Cinémas africains, une oasis dans le désert?* Ed. Samuel Lelièvre. Condé-sur-Noireau, France: Corlet; 2003: 101–105.

Orlando, Valérie. "African Feminine Transformative Consciousness in Francophone Cinema: Moussa Sene Absa's *Tableau Ferraille* (1996)." *African Identities* 2.2 (2004): 189–202.

TO THE STUDENT

Welcome to the second edition of *Séquences*! A *séquence*, or sequence in English, is a succession of related shots or scenes developing a single subject or portion of a film story. *Séquences* was chosen as the title of this textbook because it is organized around the study of nine subtitled French and Francophone films. You will analyze the opening sequence of each movie as an introduction to each film. With *Séquences*, you will continue to learn to understand, speak, read, and write French, but you will do so while discussing interesting topics raised by the films.

The benefits of learning language with film are many. Thanks to the films, you will experience language and culture from within and develop a deeper understanding of other people's worldviews and ways of life. You will hear French as it is really spoken in different parts of the French-speaking world. You will remember some vocabulary as you memorize your favorite lines from each movie. Film will even help you understand grammar better: deciding when to use the **passé composé** and the **imparfait**, for example, is much easier when you need to describe a visual scene that is fresh in your memory. Movies also create a congenial class atmosphere and provide a common background that your instructor will use to make connections across chapters or to reinforce language skills. Finally, studying French with several films will increase your curiosity about the Francophone world and encourage you to discover more—by watching other films, attending film screenings on and off campus, or even visiting some of the places featured in the movies.

The addition of such a strong cultural component to the intermediate program requires some openness on your part, and your cooperation is essential to ensure your progress and the success of the class.

- You will need to watch each film at least once, either on your own, in class, or at a group screening organized by your instructor. The main films in this program are widely available and can be rented from local video stores and Netflix (**www.netflix.com**). Since many activities in *Séquences* are based on the film, it is very important that you view the film before the second section of each chapter, **Les mots pour le dire**. Make sure you take notes so you can remember the main elements of the plot and your reactions to certain scenes.

- You will also be expected to study formal grammar explanations on your own. The grammar program at the intermediate level is an in-depth presentation of new material and a review of the points you studied in your elementary courses. To facilitate your independent review of the material, the grammar explanations that appear at the end of each chapter are in English, and they are followed by self-corrected **Application immédiate** exercises. After reviewing the rules and testing yourself to ensure that you have understood them, you will be directed to the *Cahier* to practice grammar in contextualized exercises related to the film. Using the answer key, you can correct many of the *Cahier* activities yourself; your instructor will review the open-ended ones in class. Make sure to write down questions as you complete your assignments so you can play an active role in class.

- Finally, you will review concepts introduced in the film and the textbook and prepare for class by doing homework in the *Cahier*. In **Les mots pour le dire**, you will practice the vocabulary for the chapter. **Préparation à la discussion** will help you recall the film and describe the plot using the new vocabulary and grammar. In **Pour aller plus loin**, you will prepare for analyzing and discussing themes in more depth and expressing your opinions. **Préparation à la lecture** includes language- and culture-based activities to orient you to the authentic reading you will do in class. In **Préparation à l'écriture**, you will synthesize everything you've learned and follow step-by-step prompts to complete a solid piece of writing on varied and stimulating topics related to the themes of the film and/or readings. The book is organized with clear annotations and homework directions throughout to help you navigate the different components of the course.

Preparing for class, completing your assignments listed in the **Avant le prochain cours** sections, and being open to new films will enable you to spend class time on activities that are essential to learning a language. The preparation work will give you the tools and the confidence you need to discuss interesting issues and to express yourself creatively. Be prepared for a course that is stimulating and fun at the same time. **Bonne projection!**

Supplements

Audio program

The Audio program, available on the *Séquences* website (**www.cengagebrain.com**) contains the audio input for in-text and workbook listening activities, which include cultural and plot-based passages, recordings from the films for the **Le français parlé** activities, dictations, and pronunciation exercises.

Website

The *Séquences* website (**www.cengagebrain.com**) contains the complete Audio Program as well as supplementary cultural and language activities related to the grammar, vocabulary, film content, and chapter themes. It also features opportunities for you to explore related films through links to sites worldwide. The *Séquences* web activities are carefully correlated with the text and workbook to provide you with challenging, interactive exercises designed to enhance your reading and writing skills and expand your cultural knowledge. On the website, you can

- consult reference material designed specifically for *Séquences*
- read and review authentic cultural sites, such as film critiques, film festivals, and literary sites
- discover new vocabulary flash cards containing words and phrases

ACKNOWLEDGMENTS

I wish to thank the following reviewers for their thoughtful comments and suggestions:

Ali Alalou	*University of Delaware*
Elizabeth Anthony	*Wake Forest University*
Sarah Barbour	*Wake Forest University*
Lynne Barnes	*Colorado State University*
Anne-Sophie Blank	*University of Missouri – St. Louis*
Sylvie Blum-Reid	*University of Florida*
Amy Cartal-Falk	*Lycoming College*
Virginie Cassidy	*Georgetown College*
Joan Debrah	*University of Hawaii*
Nathalie Degroult	*College of Saint Rose*
Laura Dennis-Bay	*Cumberland College*
Margaret Dempster	*Northwestern University*
Mary Ellen Eckhart	*East Los Angeles College*
Tama Engelking	*Cleveland State University*
Betty Facer	*Old Dominion University*
Margaret Flinn	*University of Illinois at Urbana-Champaign*
Sarah Gendron	*Marquette University*
Elizabeth Guthrie	*University of California, Irvine*
Cecile Hanania	*Western Washington University*
Ruth Hottell	*University of Toledo*
Amy Hubbell	*Kansas State University*
Stacey Katz	*University of Utah*
Molly Robinson Kelly	*Lewis and Clark College*
Judy Kem	*Wake Forest University*
Katherine Kurk	*Northern Kentucky University*
Michael Lastinger	*West Virginia University*
Mitchell Lee	*Henderson State University*
Scott Lerner	*Franklin & Marshall*
Marc Lony	*Loyola Marymount University*
Laura Loth	*Rhodes College*
Lee Mitchell	*Henderson State University*
Catherine Monfort	*Santa Clara University*
Kathryn Murphy-Judy	*Virginia Commonwealth University*
Rebecca Pauly	*West Chester University*
Heather Pelletier	*Southern Methodist University*

Scooter Pegram	*Indiana University Northwest*
Jeff Persels	*University of South Carolina*
Anna Rocca	*Pace University*
Isabel Roche	*Bennington College*
Brigitte Roussel	*Wichita State University*
Kelly Sax	*Indiana University*
Michelle Scatton-Tessier	*University of North Carolina at Wilmington*
Timothy Scheie	*University of Rochester*
Homer Sutton	*Davidson College*
Sandrine Teixidor	*Randolph-Macon College*
Catherine Theobald	*College of Staten Island*
Brian Thompson	*University of Massachusetts – Boston*
San San Hnin Tun	*Cornell University*
Joan West	*University of Idaho*
Catherine Wiebe	*University of Oregon*
Lawrence Williams	*University of North Texas*
Rita Winandy	*Southern Methodist University*
Fabienne Witte	*Irvine Valley College*
Wynne Wong	*Ohio State University*
Wendy Carson Yoder	*University of Louisville*
Keri Yousif	*Indiana State University*

I would like to extend a special thanks to Dianne Harwood and Kelly Kidder for their work on the Séquences website.

At UNC Charlotte, I thank my department for giving me the opportunity to teach film-based courses at different levels, and my students for the feedback they have provided on this project over the years.

I also wish to express my deep gratitude to Nicole Morinon, Acquisitions Editor at Heinle, and to Cat Thomson, Development Editor, for providing direction and encouragement and keeping me on track. I also wish to thank Tiffany Kayes, Kim Meurillon, Tim Deer, Glenn McGibbon, and Caitlin Green; and Kelle S. Truby of University of California—Riverside, who co-authored the first edition of the **Cahier**.

Finally, a heartfelt thank you to my daughters Carin, Audrey, and Lea for their continued support.

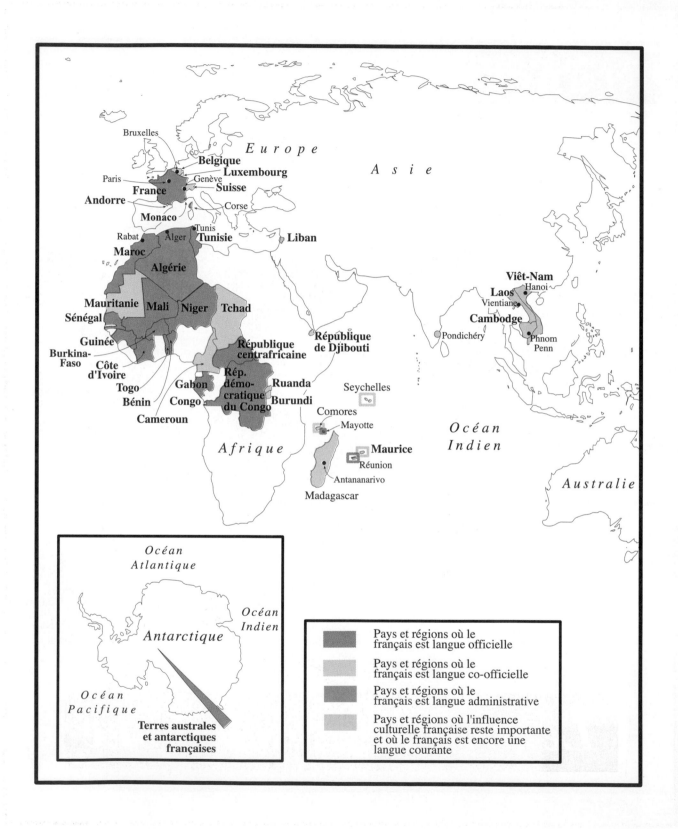

Bruxelles

E u r o p e

Belgique
Luxembourg

A s i e

Paris · **France** Genève
Suisse

Andorre

Corse

Monaco

Tunis

Rabat · Alger · **Tunisie**

Liban

Maroc

Algérie

Viêt-Nam
Hanoi

Laos
Vientiane

Cambodge

Mauritanie **Mali** **Niger** **Tchad**

Sénégal

Phnom
Penh

Guinée

République
centrafricaine

République
de Djibouti

Pondichéry

Burkina-
Faso

Côte
d'Ivoire

Togo

Gabon

Rép.
démo-
cratique
du Congo

Ruanda

Seychelles

Océan
Indien

Bénin

Congo

Burundi

Cameroun

Comores

Afrique

Mayotte

Maurice

Réunion

Antananarivo

Australie

Madagascar

Océan
Atlantique

Océan
Indien

Antarctique

Océan
Pacifique

Terres australes
et antarctiques
françaises

Pays et régions où le
français est langue officielle

Pays et régions où le
français est langue co-officielle

Pays et régions où le
français est langue administrative

Pays et régions où l'influence
culturelle française reste importante
et où le français est encore une
langue courante

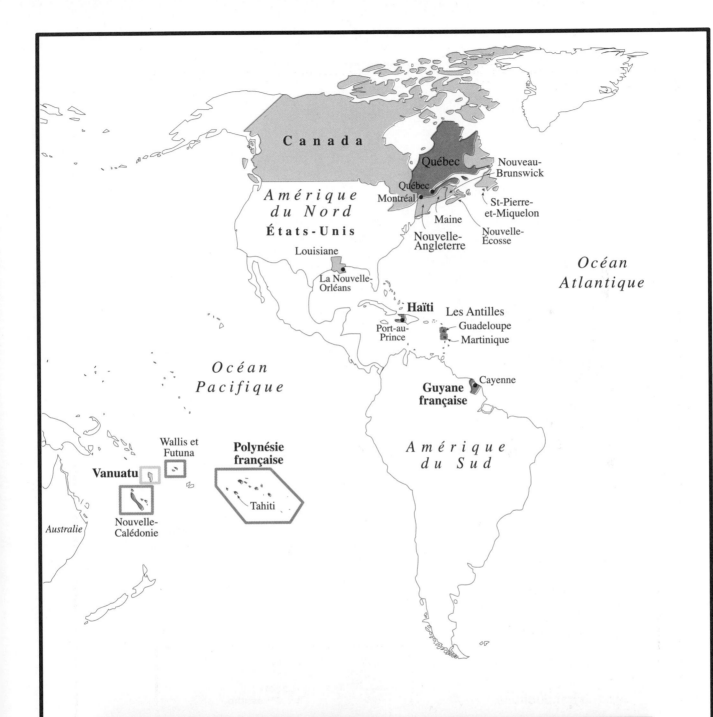

Le monde francophone

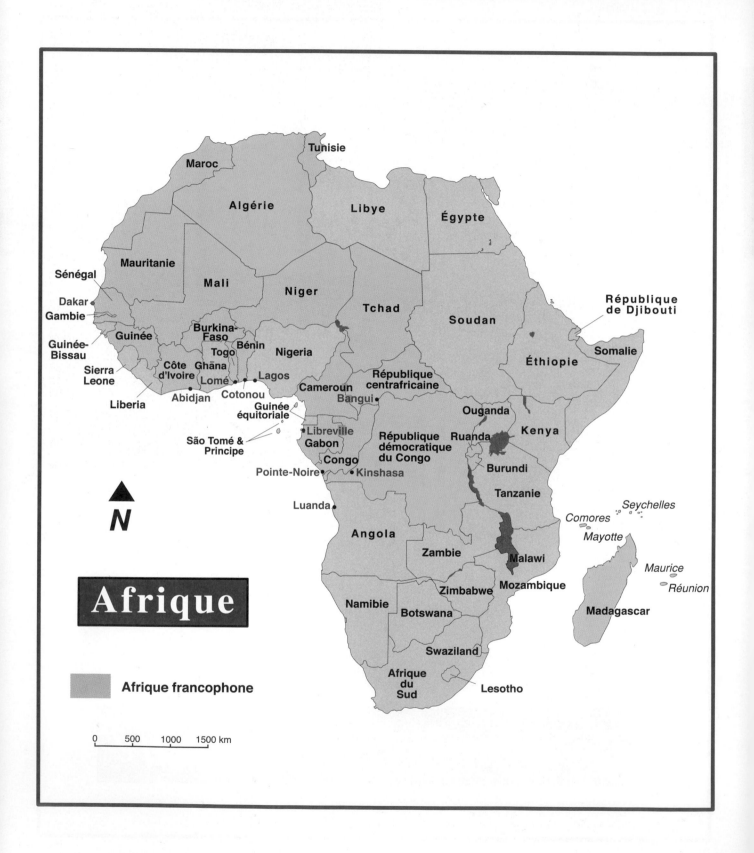

Maroc

Tunisie

Algérie

Libye

Égypte

Mauritanie

Sénégal

Mali

Niger

Dakar

Gambie

Tchad

Soudan

République
de Djibouti

Guinée-
Bissau

Guinée

Burkina-
Faso

Bénin

Somalie

Sierra
Leone

Togo

Nigeria

Éthiopie

Côte
d'Ivoire

Ghana

Lomé

Lagos

Liberia

Abidjan

Cotonou

Cameroun

République
centrafricaine

Guinée
équatoriale

Bangui

Ouganda

Kenya

São Tomé &
Principe

Libreville

Gabon

Ruanda

Congo

République
démocratique
du Congo

Burundi

Pointe-Noire

Kinshasa

Tanzanie

Seychelles

Luanda

Comores

Mayotte

Angola

Malawi

Maurice

Zambie

Réunion

Zimbabwe

Mozambique

Madagascar

Namibie

Botswana

Swaziland

Afrique
du
Sud

Lesotho

N

Afrique

Afrique francophone

0   500   1000   1500 km

Chapitre *P*

PRÉLIMINAIRE

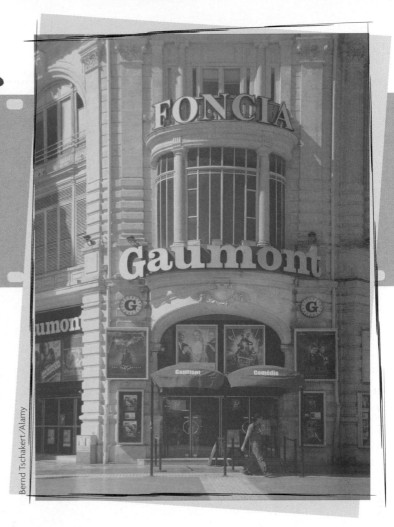

Bernd Tschakert/Alamy

In this chapter, you will learn about the importance of cinema in French culture and acquire essential vocabulary for talking about film. You will also get a preview of the films of *Séquences* and become familiar with the textbook.

Discussion

1. Quand vous sortez pour voir des films, quel type de salle préférez-vous? L'amphithéâtre de votre université? Un multiplexe (un grand cinéma où il y a beaucoup de salles)? Un cinéma de quartier (un petit cinéma avec quelques salles)? Une salle d'art et d'essai (un cinéma où on montre des films indépendants, des films classiques et des films étrangers)?

2. Comment décidez-vous quel film vous allez voir? Classez les phrases suivantes de la plus à la moins pertinente, en les numérotant de 1 à 5.

   ___ Je vais voir les films qui sont recommandés par les critiques de cinéma.

   ___ Je suis les recommandations de mes amis.

   ___ Je choisis un film si j'aime la bande-annonce (*trailer*).

   ___ J'aime un cinéma/une salle en particulier, alors je vais voir tous les films qui passent dans ce cinéma/cette salle.

   ___ Je me limite à un genre de film spécifique.

1

3. Quels films français et francophones avez-vous vus? Les avez-vous vus en version originale (VO) avec des sous-titres ou en version doublée? Lesquels avez-vous aimés? Lesquels vous ont laissé(e) indifférent(e)? Lesquels n'avez-vous pas aimés du tout? Pourquoi?

Les Français et le cinéma

Que savez-vous sur la place du cinéma français et international dans la vie culturelle en France? Vous trouverez des informations à ce sujet dans le texte suivant, extrait du livre *Le Cinéma français aujourd'hui*.

La Sortie des usines Lumière, a silent, one-minute film released on December 28, 1895, is considered the first film ever made. French photographers Auguste and Louis Lumière made this film to showcase a machine they had invented, called **le cinématographe** (the predecessor of the movie camera). The subject of this landmark film is workers leaving the Lumière factory in Lyon.

Auguste Lumière (1862–1954) et Louis Lumière (1864–1948)

Préparation

1. À quels mots les mots suivants sont-ils apparentés? Devinez (*Guess*) leur signification en fonction de leurs racines (*roots*) et du contexte.

   Exemple: ce changement (ligne 8)

   Mot apparenté: *changer*

   Signification: *this change*

   a. devance (ligne 15)
      Mot apparenté: _____   Signification: _____
   b. reconnaissance (ligne 52)
      Mot apparenté: _____   Signification: _____

2. Trouvez un synonyme pour les mots suivants à partir du contexte.
   a. se rendre (ligne 2)
   b. au même titre que (ligne 50)
   c. adhérents (ligne 58)
   d. comprennent (lignes 72–73)

Quand les Français vont au cinéma

« Un amusement de foire° », telle fut la conclusion° après la première projection en 1895 du film « La Sortie des Usines » selon le procédé « cinématographe » des fameux frères Lumière… Et pourtant cet amusement de foire a conquis la terre entière…

Un loisir…

Aujourd'hui, les Français ne sont plus que 120 millions à se rendre dans une salle de cinéma; ils étaient 400 millions dans les années 1950 et sont restés jusqu'au début des années 1980 quelque 5 200 millions à fréquenter les salles obscures.

Malgré ce changement [dû à l'impact de la télévision, puis des cassettes vidéos et des DVD], le cinéma reste le loisir le 10 plus fréquent: un Français sur deux de plus de quinze ans y va au moins une fois par an, et près d'un tiers d'entre eux sont des spectateurs réguliers.

Le cinéma devance encore toutes les 15 autres activités de loisirs: fête foraine°, visite de musées ou monuments historiques, matchs sportifs, expositions, théâtre, concerts de rock ou de jazz, spectacles de danse ou d'opéra. 20

Quand ils vont au cinéma, les Français vont voir d'abord des films comiques (57%), des films d'aventures (49%), des policiers (46%), des films historiques (40%), puis des histoires 25 d'amour (29%), des dessins animés (18%), des films de science-fiction (18%), des comédies musicales (16%), des films politiques (14%), enfin des films d'épouvante°(12%). 30

… Et si pendant longtemps ils ont préféré les films français, ils trouvent aujourd'hui les films américains plus attractifs (55% des entrées contre 35% pour les films français). 35

Une pratique culturelle

… En 1993, la négociation commerciale du GATT souhaite traiter les films comme n'importe quel autre° produit et les soumettre à la loi de la concurrence°; cinéastes européens, cinéphiles, 40 intellectuels refusent cette idée et se mobilisent au nom de la culture pour défendre le cinéma en tant qu'art…

En France, autant qu'un divertissement°, le cinéma est un art, le Septième 45 art. Presse, radio, télévision, relations sociales ou amicales, on parle partout de cinéma. Et un film est un objet d'analyse, de débat, de critique et de conversation au même titre qu'un livre 50 ou une pièce de théâtre.

Cette reconnaissance culturelle s'explique par le rôle pédagogique essentiel que les ciné-clubs ont joué dans la formation° des spectateurs depuis 55 1945: il existe actuellement° en France 11.000 ciné-clubs qui regroupent plus d'un million d'adhérents; par ailleurs, 770 salles classées « Art et Essai » ont pour objectif de faire connaître des films 60 d'auteurs du monde entier. Paris est une fête pour les cinéphiles: il n'est pas rare de pouvoir voir la même semaine, en version originale, des films de 40 nationalités différentes. 65

…

L'école et l'université ont aussi joué un rôle dans la reconnaissance culturelle du cinéma: il existe une épreuve° de cinéma pour le baccalauréat°, on peut préparer 70 une licence° de cinéma à l'université, et certains concours° nationaux comprennent une épreuve de cinéma.

L'exception culturelle

In France, films are considered commercial products, but more importantly, works of art. French cultural policy includes support of its film industry through various subsidies, including advances on earnings given to directors on the basis of the artistic merit of their projects. This aid is financed in part by a tax on cinema tickets. This became a major stumbling block during the GATT (General Agreement on Tariffs and Trade) negotiations of 1993–1994, which attempted to extend free-trade agreements to intellectual property. The French government fought ferociously to exempt the film industry from the agreements and won a "cultural exception." They were backed by European actors, directors, and intellectuals, who wanted to protect the European film industry.

foire: *amusement fair*
telle fut la conclusion: *was the general opinion*
une fête foraine: *fair*
des films (m) d'épouvante: *horror films*
n'importe quel autre: *any other*
concurrence: *competition*
un divertissement: un loisir, un amusement
la formation: l'éducation
actuellement: *presently*
une épreuve: un examen
le baccalauréat: *the comprehensive exam taken at the end of high school*
une licence: *a bachelor's degree*
concours: *competitive exam*

Enfin, les Festivals sont une des mani-festations les plus spectaculaires du rôle 75 culturel du cinéma. On n'en compte pas moins de 40, consacrés à des thèmes (jeune cinéma, cinéma des régions, cinéma des femmes), à des genres (comédie, 80 policier, documentaire, court métrage°, dessins animés), à des pays (américain, italien, arabe, britannique, méditerranéen…), à de grands réalisa-teurs, au patrimoine° (Ciné mémoire); le 85 plus important reste bien sûr le Festival de Cannes. Créée en 1946, la première manifestation mondiale du cinéma ras-semble chaque année plus de 40.000 participants, 4.000 journalistes, 3.000 90 professionnels et permet d'assister à la projection d'environ 500 films dont° une vingtaine en compétition. Rendez-vous des amoureux du cinéma, des principaux acteurs du marché du film, 95 Cannes est ce « miracle de l'art et de l'argent » toujours recommencé.

Le cinéma français aujourd'hui, Jacques Pecheur, Hachette, 1995

un court métrage: *short film*
le patrimoine: *héritage culturel*
dont: *including*

jbor/Shutterstock.Com

Le logo du Festival de Cannes

The International Cannes Film Festival, which began in 1946, is one of the most prestigious film festivals in the world. For about two weeks each May, it draws thousands of actors, directors, crit-ics, film lovers, and journalists to Cannes, a small resort town on the French Riviera. A limited num-ber of films, selected among thousands of entries, participate in the official "Competition" in several categories, and others are shown "Out of Compe-tition." The most prestigious award is the **Palme d'Or** (Golden Palm) for the best feature film.

France

Cannes

Adapté de http://en.wikipedia.org/wiki/Palme_d'Or

Le Palmarès du Festival de Cannes depuis 2000

2011	**THE TREE OF LIFE** (L'ARBRE DE LA VIE) de Terrence Malick [États-Unis]
2010	**LOONG BOONMEE RALEUK CHAT** (ONCLE BOONMEE CELUI QUI SE SOUVIENT DE SES VIES ANTÉRIEURES) [Uncle Boonmee Who Can Recall His Past Lives] de Apichatpong WEERASETHAKUL [Thaïlande]
2009	**DAS WEIßE BAND** (LE RUBAN BLANC) [The White Ribbon] de Michael HANEKE [Autriche]
2008	**ENTRE LES MURS** [The Class] de Laurent CANTET [France]
2007	**4 LUNI, 3 SAPTAMANI SI 2 ZILE** (4 MOIS, 3 SEMAINES ET 2 JOURS) [4 Months, 3 Weeks and 2 Days] de Cristian MUNGIU [Roumanie]
2006	**THE WIND THAT SHAKES THE BARLEY** (LE VENT SE LÈVE) de Ken LOACH [Royaume-Uni]
2005	**L'ENFANT** [The Child] de Jean-Pierre et Luc DARDENNE [Belgique]
2004	**FAHRENHEIT 9/11** de Michael MOORE [États-Unis]
2003	**ELEPHANT** de Gus VAN SANT [États-Unis]
2002	**THE PIANIST** de Roman POLANSKI [France]
2001	**LA STANZA DEL FIGLIO** (LA CHAMBRE DU FILS) [The Son's Room] de Nanni MORETTI [Italie]
2000	**DANCER IN THE DARK** de Lars VON TRIER [Danemark]

Le Festival de Cannes

Compréhension

1. À quoi est-ce qu'on a comparé le cinéma quand les frères Lumière ont projeté le premier film en 1895?

2. Le cinéma a deux fonctions dans la vie des Français. Lesquelles?

3. Quelle est la place du cinéma dans les loisirs des Français?

4. Quels lieux, institutions et manifestations ont joué un rôle dans la reconnaissance culturelle du cinéma en France?

5. Quel est le rôle du Festival de Cannes?

6. Citez des exemples du texte (notez les lignes) qui montrent que les Français s'intéressent au cinéma du monde entier.

Réactions

1. Comment est-ce que les goûts des spectateurs français et américains se ressemblent? Basez votre réponse sur les types de films que les Français apprécient.

2. Pourquoi allez-vous au cinéma? Est-ce que vous considérez plutôt les films comme des divertissements ou comme des œuvres d'art? De quoi discutez-vous avec vos amis après avoir vu un film ensemble?

3. Quels commentaires vous inspire la note sur « l'exception culturelle », page 3?

4. Avez-vous vu quelques-uns des films qui ont reçu la Palme d'Or à Cannes depuis 2000? (Regardez la liste page 4.) Si oui, comment décririez-vous ces films?

Questions de langue

1. Quelle expression est utilisée pour parler… ?
   a. des salles de cinéma (section « Un loisir », paragraphe 1)
   b. du cinéma, comme activité ou institution (section « Une pratique culturelle », paragraphe 2)

2. Comment peut-on traduire les deux versions du mot « manifestation » dans le dernier paragraphe du texte (lignes 74–75 et 88)?

3. Dans les trois derniers paragraphes (lignes 52–97), faites attention aux verbes au présent.
   a. Soulignez les verbes en -**er** qui sont au présent.
   b. Trouvez une forme du présent des verbes **avoir, être** et **pouvoir.**
   c. Trouvez deux verbes en -**re** qui sont au présent.

4. Complétez chaque blanc avec le verbe qui convient. Aidez-vous des lignes 1 à 7 du texte et faites attention à la structure des phrases pour trouver le bon verbe.

   aller   assister   fréquenter   se rendre

   a. On _____ une salle de cinéma.
   b. On _____ à une projection/un concert/une pièce de théâtre.
   c. On _____ au cinéma ou on _____ au cinéma.

> **How to Answer Questions about the Reading**
>
> Avoid general answers by referring to specifics in the passage. Note line numbers in your answers so you can refer your classmates to the words you are citing and speak concretely about French movie-viewing history and habits.

Les films à l'affiche

Refer to **Le genre des films** in the **Liste de vocabulaire** to complete this section.

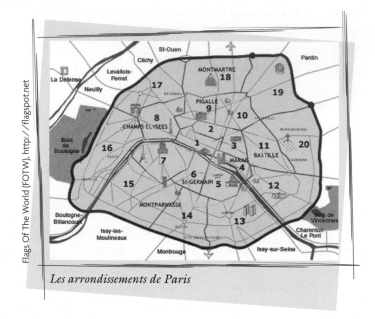

Les arrondissements de Paris

Flags Of The World (FOTW), http://flagspot.net

Les films du printemps 2011

Quels films passaient à Paris au printemps 2011? Pour le savoir, regardez la liste des films qui étaient à l'affiche dans deux cinémas de la capitale la semaine du 13 au 19 avril 2011, puis répondez aux questions.

1. Quels sont la nationalité et le genre des films qui sont à l'affiche au cinéma UGC?

2. Quel type de cinéma est le MK2 Parnasse? Comparez les films qu'on y montre à ceux qui passent à l'UGC Montparnasse.

3. Pourquoi est-ce que les films *Rango* et *Rio* apparaissent deux fois sur la liste des films du cinéma UGC Montparnasse?

4. Renseignez-vous sur le prix des places au MK2 Parnasse.
   a. Combien coûte un billet plein tarif?
   b. Qui peut obtenir un tarif réduit?
   c. Quand est-ce que les chômeurs et les personnes âgées bénéficient d'une réduction?
   d. Qu'est-ce que les gens qui adorent le cinéma peuvent faire pour payer moins cher?

5. Comment est-ce que les films projetés dans ces deux cinémas confirment ce que vous avez appris dans le texte « Quand les Français vont au cinéma »?

6. Comparez les films qui passent dans ces deux cinémas à ceux qui passent dans un cinéma américain typique.

LES SALLES

MK2 Parnasse

11 rue Jules Chaplain (6e) - Métro : Vavin   Programme du 13.04.2011 au 19.04.2011

Cirkus Columbia
Réalisé par : Danis Tanovic
Avec : Miki Manojlovic, Mira Furlan,...
Film : Bosnie Herzégovine, France, Royaume Uni, Allemagne, Slovénie, Belgique, Serbie, drame, 2010, Couleur, Tout public, VO
Durée : 1h 50min
Séances : Tous les jours à 13h45 (direct) 15h50 19h55 (sauf mercredi).

Easy Money
Réalisé par : Daniel Espinosa
Avec : Joel Kinnaman, Matias Padin,...
Film : Suède, Drame, Thriller, 2009, Couleur, Interdit -12 ans, VO
Durée : 1h 59min

Séances : Tous les jours à 14h10 16h40 21h30.

Le Nom des gens
Réalisé par : Michel Leclerc
Avec : Jacques Gamblin, Sara Forestier,...
Film : France, comédie, 2010, Couleur, Tout public
Durée : 1h 44min
Séances : Tous les jours à 22h05 (sauf mercredi).

True Grit
Réalisé par : Ethan Coen, Joel Coen
Avec : Barry Pepper, Josh Brolin,...
Film : Etats-Unis, western, 2010, Couleur, Tout public, VO
Durée : 2h 05min
Séances : Tous les jours à 15h30 17h45 20h00 22h15.

Waste Land
Réalisé par : Lucy Walker
Avec : Vik Muniz,...
Film : Brésil, Royaume Uni, documentaire, 2010, Couleur, Tout public, VO
Durée : 1h 38min
Séances : Tous les jours à 18h00.
Mercredi à 20h30, séance suivie d'un débat avec Francis Perrin, Membre du Bureau Exécutif d'Amnesty International France.

We Want Sex Equality
Réalisé par : Nigel Cole
Avec : Miranda Richardson, Rosamund Pike,...
Film : Royaume Uni, historique, 2010, Couleur, Tout public, VO
Durée : 1h 53min
Séances : Tous les jours à 19h10.

Source: http://www.mk2.com/sallescinema-4-mk2parnasse.html

UGC Montparnasse

Adresse : 83, bd du Montparnasse Paris 75006 Paris 6e arrondissement
Métro Montparnasse-Bienvenue
Votre programmation du 13/04/2011 au 19/04/2011.

L'AGENCE (VO)
Science fiction (01h47min) -
De George Nolfi, avec Matt Damon, Emily Blunt
séances :
Ve Sa Di Lu Ma à : 10:45, 13:15, 15:25, 17:35, 19:50, 22:05

LA PROIE (VF) (Int -12 ans) nouveauté!
Action (01h42min)
Interdit aux moins de 12 ans
De Eric Valette, avec Albert Dupontel, Alice Taglioni
séances :
T.L.J à : 10:20, 12:20, 14:20, 16:20, 18:20, 20:20, 22:20

MORNING GLORY (VO)
Comédie (01h47min) -
De Roger Michell, avec Rachel McAdams, Harrison Ford
séances :
Me Sa Di Lu Ma à : 10:25, 12:45, 15:00, 17:20, 19:40, 21:50 Je Ve à : 19:40, 21:50

RANGO (VO)
Animation (01h40min)
Film pour enfants à partir de 6 ans

De Gore Verbinski, avec Johnny Depp, Isla Fisher
séances :
Me Sa Di Lu Ma à : 19:35, 21:45

RANGO (VF)
séances :
T.L.J à : 10:30, 13:05, 15:15, 17:25

RIO (VF 3D) nouveauté!
Animation (01h30min)
Film pour enfants à partir de 3 ans
De Carlos Saldanha, avec Anne Hathaway, Jesse Eisenberg
séances :
T.L.J à : 10:10, 12:10 , 14:10, 16:10, 18:10

RIO (VO 3D) nouveauté!
séances :
T.L.J à : 20:10, 22:10

SCREAM 4 (VO)
(Int -12 ans) nouveauté!
Epouvante-horreur (01h50min) -
Interdit aux moins de 12 ans
De Wes Craven, avec Neve Campbell, David Arquette

séances :
T.L.J à : 11:00, 13:20, 15:30, 17:50, 20:05, 22:15

TITEUF LE FILM (VF 3D)
Animation (01h27min)
Film pour enfants à partir de 6 ans
De Zep, avec Donald Reignoux, Maria Pacôme
séances :
T.L.J à : 10:00, 12:00, 14:00, 16:00 , 18:00, 20:00, 22:00
Ve à : 10:00, 12:00, 14:00, 16:00, 18:00

Tarifs
Avant 12h
5.90 € Tous les jours - Première séance du matin

Etudiants/Apprentis
7.00 € sur présentation d'un justificatif du dimanche 19h au vendredi 19h sauf veilles de fêtes après 19h et jours fériés

Autres billets
10.40 €

Majoration 3D
+2 €

Source: http://www.allocine.fr/seance/salle_gen_csalle=C0103.html et
http://www.ugc.fr/complex.do?comeFrom=allMoviesLink&complexId=MONTP

Tarifs

Nos Tarifs

Tarif groupe — À partir de 20 personnes	5,00 €
Moins de 10 ans — Tous les jours (sur présentation d'un justificatif)	5,00 €
Moins de 18 ans — Tous les jours (sur présentation d'un justificatif)	5,90 €
Chèqueciné	6,50 € frais de gestion inclus
Tarif réduit — • Etudiants / Apprentis - tous les jours (sur présentation d'un justificatif) • Chômeurs / Carte Vermeil - du lundi au jeudi et le vendredi jusqu'à 18h30 (sauf jours fériés - sur présentation d'un justificatif)	6,80 €
Tarif plein	8,30 €

L'Abonnement !

Carte 5 places — Valable 2 mois, 1 à 3 personnes par séance	34,50 € frais de gestion inclus
Carte UI1 — Abonnement annuel pour 1 personne	19,80 € par mois
Carte UI2 — Abonnement annuel pour 1 à 2 personnes	35,00 € par mois

Chèques acceptés à partir de 15 €

Source: http://www.mk2.com/sallescinema-4-mk2parnasse.html

The **Carte Vermeil**, also called **Carte Senior**, is a discount card for people who are sixty years old and over. With it, seniors get discounts on trains and miscellaneous items, such as movie tickets.

Refer to **Le genre des films**, **Les éléments d'un film**, and **Les salles** in the **Liste de vocabulaire** to complete the activities in this section.

Rendez-vous au cinéma

Vous êtes à Paris pour vos études. Cette semaine, vous avez décidé d'aller au cinéma avec un(e) ami(e). Vous devez vous mettre d'accord: Quel film allez-vous voir? À quelle heure est votre rendez-vous? Où allez-vous vous retrouver? Utilisez les informations sur les affiches de l'exercice précédent et imaginez la conversation.

Structure suggérée:

- Début de la conversation: Vous discutez des sorties possibles et vous décidez d'aller au cinéma.
- Le film: Lisez la liste des films qui sont à l'affiche et parlez de deux ou trois films qui vous attirent (**J'ai bien envie de voir**… **parce que**…). Décidez si vous allez voir un film français ou étranger; si c'est un film étranger, allez-vous le voir en version française ou en version originale?
- La séance: Pour choisir la séance, tenez compte de votre emploi du temps (*your schedule*) et du prix des billets. Vérifiez quels jours et à quelle heure vous pouvez obtenir un tarif réduit.
- Fin de la conversation: Vous décidez où et à quelle heure vous allez vous rencontrer.

Les films de *Séquences*

Introduction aux films

L'Auberge espagnole

Indochine

Chaos

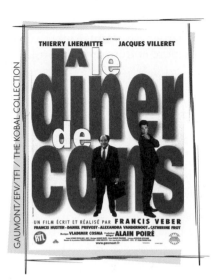
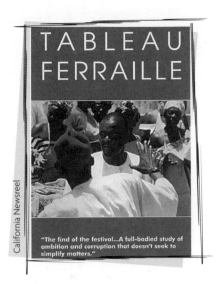

Voici les affiches des films qui constituent les chapitres de votre manuel, suivies par des résumés. Reliez (*Link*) les affiches aux descriptions.

_____ **1.** *L'Auberge espagnole*

_____ **2.** *Rue Cases-Nègres (Sugar Cane Alley)*

_____ **3.** *Persépolis*

_____ **4.** *Le Placard*

_____ **5.** *Indochine*

_____ **6.** *Chaos*

_____ **7.** *Entre les murs (The Class)*

_____ **8.** *Le Dîner de cons*

_____ **9.** *Tableau Ferraille*

a. La rencontre d'une jeune prostituée arabe en difficulté va radicalement transformer la vie d'Hélène et semer la discorde dans son couple.

b. Un professeur de français et ses élèves partagent de bons et de mauvais moments au cours d'une année scolaire.

c. Un jeune Français part faire un séjour linguistique à Barcelone et partage un appartement (et des aventures) avec des étudiants de nationalités différentes.

d. Un politicien honnête et respecté perd sa réputation à cause de l'une de ses femmes. Son autre femme doit décider si elle va le suivre dans sa disgrâce.

e. Une jeune fille iranienne quitte sa famille pour échapper aux tensions politiques de son pays. Elle se retrouve seule en Europe et a du mal à s'adapter à sa nouvelle vie.

f. Grâce à ses succès scolaires et au courage de sa grand-mère, un jeune garçon martiniquais va pouvoir continuer ses études et échapper au monde brutal de la canne à sucre.

g. Pour pouvoir garder son travail, François se fait passer pour un homosexuel, à la grande surprise de ses collègues de bureau.

h. Pierre Brochant et ses amis organisent un jeu révoltant: inviter des gens excentriques à dîner et décider qui est le plus ridicule.

i. Les relations entre Éliane et sa fille adoptive, Camille, se détériorent en même temps que les liens entre la France et son ancienne colonie du sud-est asiatique.

Divide up the questions among students or small groups.

Quelques détails

Pour vous familiariser avec votre manuel, consultez les informations qui se trouvent en début de chapitre et trouvez les informations manquantes.

1. *L'Auberge espagnole* (page 13)
   a. Le programme d'échange auquel l'étudiant français participe s'appelle _____.
   b. Une actrice française qui a joué dans *Da Vinci Code* et *Amélie* a un petit rôle dans le film. Elle s'appelle _____.

2. *Rue Cases-Nègres* (page 39)
   a. L'histoire se passe dans les années _____.
   b. Nous allons lire un texte de _____.

3. *Le Placard* (page 85)
   a. Un acteur de ce film joue aussi dans *Le Dîner de cons* (page 181). C'est _____.
   b. Le genre de ce film est _____.

4. *Indochine* (page 109)
   a. L'actrice principale du film s'appelle _____.
   b. Le film a obtenu l'Oscar du _____.

5. *Chaos* (page 131)
   a. Le film a obtenu un prix qui s'appelle un _____ (l'équivalent français d'un Oscar).
   b. La lecture du chapitre est un article du journal _____.

6. *Entre les murs* (page 155).
   a. Les acteurs de ce film sont _____.
   b. Le film a gagné un prix à _____.

Imaginez

Relisez les résumés dans **Introduction aux films** (pages 8–9) et imaginez ce qui se passe dans les situations suivantes. Exprimez vos idées oralement.

1. *L'Auberge espagnole*—Imaginez quelques aventures de ces étudiants.

2. *Rue Cases-Nègres*—D'après vous, qu'est-ce que la grand-mère a fait pour que le jeune garçon puisse continuer ses études?

3. *Persépolis*—Selon vous, quelles difficultés est-ce que la jeune fille a rencontrées en Europe?

4. *Entre les murs*—Imaginez quelques situations désagréables pendant l'année scolaire.

5. *Le Dîner de cons*—Imaginez qui est invité au dîner et décrivez les caractéristiques de trois invités.

6. *Tableau Ferraille*—D'après vous, qu'est-ce qui est arrivé pour que le politicien perde sa réputation?

AVANT LE PROCHAIN COURS

Manuel: Étudiez *Le présent de l'indicatif* (pages 227–232) et faites les exercices des sections **Application immédiate 1** à **3.**

LISTE DE VOCABULAIRE

For extra practice with the vocabulary in this chapter, refer to the web quizzes at www.cengagebrain.com.

Le genre des films

une comédie *comedy*
une comédie dramatique *dramatic comedy*
une comédie musicale *musical*
un dessin animé *cartoon*
un documentaire *documentary*
un drame (historique/ psychologique) *(historical/ psychological) drama*
un film à suspense *thriller*

un film d'animation *animated film*
un film d'horreur/d'épouvante *horror film*
un film de science-fiction *science fiction film*
un film policier *crime film, detective film*
un thriller *thriller*
un western *western*

Que veut dire *Séquences*?
- *une séquence: suite de plans filmés constituant une scène, une unité narrative*
- a sequence: succession of related shots or scenes developing a single subject or phase of a film story
- *Séquences* was chosen as the title of this textbook because the chapters are built around discussion of key sequences of each film. You will also view the introductory sequence of each film in the **Entrée en matière** section of each chapter.

Les éléments d'un film

doublé(e) *dubbed*
en VF (version française) *dubbed*
en VO (version originale) *orginal version*
sous-titré *subtitled*
une bande-annonce *movie trailer*
la bande-son *sound track*
le décor *set*
le dénouement *denouement, ending*

un dialogue *dialogue*
le générique *credits*
l'intrigue (f.) *plot*
un long métrage *feature-length film*
la musique *music*
un plan *shot*
une scène *scene*
un sous-titre *subtitle*

Le générique artistique (Les personnes qui ont contribué au film)

un acteur/une actrice *actor/actress*
la distribution *cast*
un(e) interprète *film or theater actor*
l'interprétation (f.) *acting, performance*
le jeu *acting*
un personnage *character*
un producteur/une productrice *producer*
un réalisateur/une réalisatrice *director*

une star *star*
une vedette *star*
interpréter (un rôle, un personnage) (comme *préférer*) *to play (a part, a character), to perform*
jouer *to act*
réaliser un film *to make a film*
tourner *to shoot (a film)*

Present tense verb conjugation is reviewed in **Grammaire** (pages 227–232); the Appendix on page 341 includes conjugation patterns. When there is no reference after a verb on the **Liste de Vocabulaire**, it means that the verb follows a regular -*er* or -*re* pattern. For -*ir* verbs, you will be referred to the conjugation of **finir** or **partir**. Irregular verbs marked "irrég." are found in the Appendix. Verbs that follow a specific pattern are followed by "**comme...,**" and the verb whose pattern they follow is conjugated in the Appendix (for example, you can find the conjugation of **appartenir** by looking up **tenir**).

Les salles

un billet *ticket*
l'écran (m.) *screen*
le grand écran *big screen (cinema)*
le petit écran *small screen (television)*
le plein tarif *full price*
une salle *room in a movie theater*
une salle d'art et d'essai *art-house theater*

une séance *screening*
la sortie *release*
un tarif réduit *reduced price*
jouer/passer un film *to play a film*
être à l'affiche *to be playing*
sortir (comme *partir*) *to be released*

Each verb is listed with the preposition that follows it. For example: **réfléchir (à)** *to think (about)*. When the verb can be used on its own (without the preposition), the preposition is in parentheses. In the case of **réfléchir**, one can say **je réfléchis** as well as **je réfléchis à mon problème de maths**. When the verb cannot be used without the preposition, there are no parentheses, as is the case with **appartenir à** (**j'appartiens à plusieurs organisations sur le campus**).

Les spectateurs

appartenir à (un ciné-club) (comme *tenir*) *to belong to (a film club)*

assister à *to attend*

divertir (comme *finir*) *to entertain*

ennuyer (voir *ennuyer*) *to bore*

réfléchir (à) (comme *finir*) *to think (about)*

rire (irrég.) *to laugh*

se divertir (comme *finir*) *to amuse oneself, to be entertained*

s'ennuyer (voir *ennuyer*) *to be bored*

Chapitre 1

LA VIE ÉTUDIANTE

Fox Searchlight Pictures/Photofest

L'Auberge espagnole

Réalisateur: Cédric
Klapisch, France (2002);
2 heures

In this chapter, you will follow the adventures of a French student who spends a year in Barcelona to learn Spanish. This experience—setting up his exchange program, looking for a place to stay, meeting fellow students from different European countries, and questioning his outlook on life—represents a turning point for him socially and professionally. The film features appearances by French actress Audrey Tautou, famous for her role in the 2001 film *Le Fabuleux destin d'Amélie Poulain* (known in the United States as *Amélie*). Klapisch made a sequel in 2005, *Les Poupées russes*, about the lives of the same students after they

have finished university and ventured out into the working world.

To discuss the film you will acquire new vocabulary about education and living situations; you will review question formation in order to talk about your own academic and social life at the university and to prepare for a potential experience abroad. On the culture side, you will become acquainted with the European education program Erasmus. The autobiographical reading by well-known contemporary French writer Philippe Labro expands on the theme of cultural discovery. It describes what it was like being a French exchange student at an American college in the 1950s.

Les colocataires: Xavier (Romain Duris), Isabelle (Cécile de France), Wendy (Kelly Reilly), Soledad (Cristina Brondo), Alessandro (Federico D'Anna), Tobias (Barnaby Metschurat), Lars (Christian Pagh), Bruce (Olivier Raynal)

Les parents et amis: Martine (Audrey Tautou), Jean-Michel (Xavier de Guillebon), Anne-Sophie (Judith Godrèche), William (Kevin Bishop), Alistair (Iddo Goldberg), la mère de Xavier (Martine Demaret)

LES PRIX DU FILM

- Six nominations aux Césars (2003): Meilleur film, Meilleur réalisateur, Meilleur montage, Meilleur scénario, Meilleur second rôle féminin, Meilleur espoir féminin
- Un prix: Cécile de France, le César du Meilleur espoir féminin

ENTRÉE EN MATIÈRE

Discussion

1. **Les changements:** Avez-vous déjà changé de lycée? d'université? de ville? Expliquez votre expérience: Étiez-vous impatient(e)? appréhensif (-ive)? heureux (-euse)? triste? Quels changements avez-vous dû faire?

2. **Les voyages:** Avez-vous déjà voyagé ou vécu dans un pays étranger? Qu'est-ce qui vous a surpris? Avez-vous eu des difficultés de communication? Avez-vous une anecdote à raconter à la classe?

3. **Les langues:** Connaissez-vous des personnes qui parlent deux, trois ou plusieurs langues? Quels sont les avantages du multilinguisme? Pourquoi avez-vous choisi d'étudier le français?

Note culturelle

ERASMUS

Les personnages principaux du film *L'Auberge espagnole* sont des étudiants qui participent au programme Erasmus. Erasmus est un programme d'échange universitaire européen créé en 1987. Il doit son nom à Érasme de Rotterdam (1465–1536), un théologien et humaniste hollandais qui a voyagé et travaillé dans plusieurs régions d'Europe. Le programme Erasmus permet aux jeunes Européens de faire des séjours de trois mois à un an dans des universités étrangères, pour un total de vingt-quatre mois. Les étudiants qui participent continuent à payer leurs frais de scolarité dans leur université d'origine; ils suivent des cours et passent des examens à l'étranger et obtiennent des équivalences de crédits dans leur pays. L'Union européenne attribue des bourses pour aider à financer les frais de voyage et de logement. Actuellement, quatre mille établissements d'enseignement supérieur représentent trente-trois pays européens participent au programme. Depuis la création d'Erasmus, plus de deux millions d'étudiants sont partis faire des études à l'étranger, et l'objectif est d'atteindre trois millions d'étudiants d'ici 2012. Une dizaine d'années après sa création, le programme s'est diversifié. Les échanges incluent maintenant les professeurs et les membres du personnel de l'enseignement supérieur (250.000 d'entre eux ont participé à ce jour). Au lieu de suivre des cours, les étudiants peuvent aussi faire des stages de formation en entreprise.

Erasmus a réussi un de ses objectifs principaux: contribuer à la création d'un « espace européen de l'enseignement supérieur ». Les universités adaptent graduellement leurs structures pour qu'elles soient plus compatibles avec celles de leurs partenaires et que les diplômes soient équivalents. L'impact d'Erasmus se fait aussi sentir dans l'internationalisation des programmes. Tout cela va favoriser la mobilité au niveau des études, mais aussi du travail. Il faut pourtant reconnaître que le programme d'échange européen ne touche encore qu'une minorité d'étudiants (environ 1% de ceux qui sont inscrits dans l'enseignement supérieur en 2008–2009) et qu'il attire principalement les jeunes de milieux socio-économiques privilégiés qui ont déjà voyagé ou fait des séjours linguistiques à l'étranger. On remarque aussi des déséquilibres entre les pays. Certains pays, comme le Luxembourg et le Lichtenstein, dépassent largement la moyenne européenne et envoient respectivement 15,5% et 3% de leurs étudiants à l'étranger. Dans d'autres, comme la Grèce (0,5%), la Roumanie (0,4%) et le Royaume-Uni (0,46%), les étudiants sont moins nombreux à partir. Selon Magali Ballatore, sociologue et auteur d'un livre récent sur Erasmus, le Royaume-Uni attire plus d'étudiants étrangers que la moyenne parce que ceux-ci veulent se perfectionner en anglais. Par contre, les jeunes Anglais préfèrent fréquenter des universités anglophones aux États-Unis ou en Australie. 1,3% des étudiants français ont participé à Erasmus en 2008–2009.

Source: Site de la Commission européenne, Direction générale de l'éducation et de la culture (http://ec.europa.eu/education/lifelong-learning-programme/doc80_fr.htm). Dernière mise à jour: 23 juin 2010.

Compréhension

1. Depuis quand est-ce que le programme Erasmus existe? Comment fonctionne-t-il?

2. Combien d'universités participent au programme? Quels genres d'échange sont possibles?

3. Comment le programme Erasmus a-t-il transformé l'enseignement supérieur en Europe?

4. Dans quels pays est-ce qu'Erasmus a le plus de succès? le moins de succès?

Réactions

1. Le texte mentionne l'impact d'Erasmus sur l'enseignement supérieur. D'après vous, quel est l'impact d'Erasmus sur les étudiants qui participent?

2. Pouvez-vous trouver des explications aux déséquilibres géographiques mentionnés dans le texte?

3. Si vous étiez un étudiant européen, est-ce que vous aimeriez participer à Erasmus? Dans quel(s) pays aimeriez-vous aller, et pourquoi?

> Use "J'aimerais" (*I would like*) + a verb in the infinitive to answer the question. The conditional and hypothetical questions are taught in ch 6.

Lecture de comptes rendus sur le film

Voici les titres et sous-titres de quelques comptes rendus. Lisez-les pour avoir une idée du film avant de le visionner, puis répondez aux questions.

Titres de comptes rendus

Réunion de boy-scouts dans le joyeux loft de l'Union européenne

Un récit d'éducation balisé de lieux communs°.

Le Monde,
19 juin 2002

un lieu commun: une banalité, un cliché

Les petits riens de Klapisch

Avec « L'Auberge espagnole », film mélancolique à l'humour ravageur, Cédric Klapisch signe une comédie touchante et futée.

Le Point,
21 juin 2002

L'Auberge espagnole

Le nouveau film de Cédric Klapisch sort le 19 juin. Un tableau pertinent, humoristique et tendre de la vie étudiante.

Le Point,
14 juin 2002

Les euro-lofteurs

Un film de Cédric Klapisch. Huit jeunes Européens tentent de vivre ensemble dans un appartement de Barcelone. Pour amateurs de caricatures.

Le Nouvel Observateur,
20 juin 2002

Compréhension

1. Qui sont les personnages du film?

2. Quel est le thème de l'histoire, et où se passe-t-elle?

3. De quel type de film s'agit-il? Quels adjectifs sont utilisés pour le décrire?

4. À votre avis, quels articles de presse vont être positifs? négatifs?

5. D'après vous, quel type de caricature est possible dans un film sur la vie en commun de jeunes Européens?

Compte rendu paru dans *L'Humanité*

Voici un compte rendu du film paru dans le journal *L'Humanité*. Lisez-le et répondez aux questions pour vérifier votre compréhension.

Préparation

1. Devinez (*Guess*) la signification de ces mots à partir de leur ressemblance avec des mots anglais.
   a. bénéficier (ligne 6)
   b. capté (ligne 16)
   c. habitudes (ligne 30)
   d. surmonter (ligne 30)
   e. susceptibilités (ligne 31)
   f. sommet (ligne 38)
   g. séduit (ligne 42)

2. Devinez la signification du verbe **héberger** (ligne 22) à partir du contexte.

3. Relisez la phrase, « … Cédric Klapisch a été séduit… » (lignes 41–42) et répondez aux questions suivantes.
   a. Qu'est-ce que le pronom **y** remplace?
   b. Pouvez-vous deviner la signification du verbe **puiser** à partir du contexte?

Refer to *Le pronom **y*** (page 293) for a review.

le flot: *the flow*
le service militaire: Le service militaire obligatoire a été éliminé en France en 1996.
il y a nettement plus drôle: il y a quelque chose de beaucoup plus amusant
qui ont déjà eu l'heur de: *who have already been lucky to*
plein de: beaucoup de
une foule (de): *a bunch (of)*
grisant: *excitant*
sa pellicule: *his film*
arrivé sur place: *once there*
un comparse: un compagnon
apprivoiser: *to tame*
menues: petites
au bercail: *in the fold, at home*
un vrai bordel: *a real mess*
un séjour: *a stay*
la capitale catalane: Barcelone

« Europudding » Anne Roy, *L'Humanité*, 11 juin 2005

How to Answer Questions about a Reading

Avoid general answers by referring to specifics in the passage. Note line numbers in your responses so you can refer your classmates to the words you are citing and speak concretely about Erasmus, Xavier, and Cédric Klapisch.

Europudding
Romain Duris incarne un étudiant parisien emporté dans le flot° de sa nouvelle vie espagnole.
France 2. 20h55.
Anne Roy

AVANT IL Y AVAIT LE service militaire°. Maintenant, il y a nettement plus drôle°, mais toujours aussi initiatique: les années d'études à l'étranger, « érasmus » pour les privilégiés qui ont 5 déjà eu l'heur de° bénéficier de ce programme d'échange européen. Une année en terre étrangère, loin de papa, loin de maman, loin des copains et des 10 copines. Et avec plein de° nouveaux protagonistes issus d'horizons lointains pour partager une foule° d'expériences diverses et variées. Ce petit sentiment grisant° d'inconnu et de liberté, Cédric 15 Klapisch l'a capté sur sa pellicule°. Avec Romain Duris dans le rôle de Xavier, étudiant débarqué à Barcelone pour apprendre l'espagnol. Arrivé sur place°, il fait la connaissance de Jean-Michel et 20 Anne-Sophie, un couple de Français, qui l'hébergent quelque temps avant qu'il trouve une chambre dans un grand appartement qu'il partage avec d'autres comparses° étrangers comme lui: 25 Helmut, allemand, Alessandro, italien, Isabelle, belge… Où l'on baragouine une langue approximative, où l'on apprend à se connaître, à apprivoiser° les menues° habitudes, à surmonter 30 les petites susceptibilités et les incompréhensions des uns et des autres. Au bercail° (à Paris), il a laissé la mignonnette Martine (Audrey Tautou). … « Je suis français, espagnol, anglais, danois! 35 J'suis comme l'Europe, j'suis tout ça, j'suis un vrai bordel°… », s'exclame notre héros au sommet de son séjour°.

On raconte que c'est en rendant visite à sa jeune sœur étudiante dans la 40 capitale catalane° que Cédric Klapisch a été séduit par cette vie multiculturelle et chaotique, et qu'il a décidé d'y puiser les éléments de sa comédie.

Compréhension

1. Qu'est-ce qui a remplacé le service militaire comme rite de passage pour certains jeunes Français?

2. Érasme (1465–1536) était un intellectuel et un voyageur hollandais. Il a donné son nom au programme Erasmus mentionné dans l'article. Qu'est-ce que c'est qu'Erasmus?

3. Qui est le personnage principal du film? Quel est son rite de passage?

4. Comment est-ce que le réalisateur a trouvé son inspiration pour le film?

Questions de langue

1. Dans l'article, cherchez des adjectifs ou des noms qui suggèrent une vie stimulante et instable.

2. Dans le texte, cherchez des synonymes (en français familier) pour les mots suivants.
   a. de nombreux, beaucoup de (lignes 11, 13)
   b. arriver (ligne 18)
   c. mal parler une langue (ligne 27)

3. Expliquez comment ces structures de phrases diffèrent des structures anglaises correspondantes. Comment les traduiriez-vous? (*How would you translate them?*)
   a. « Ce petit sentiment grisant d'inconnu et de liberté, Cédric Klapisch l'a capté sur sa pellicule. »
   b. « "Je suis français, espagnol, anglais, danois! J'suis comme l'Europe, j'suis tout ça, j'suis un vrai bordel…", s'exclame notre héros… »

Réactions

1. Analysez le style de l'article. Est-ce que la journaliste est très sérieuse ou est-ce qu'elle se moque un peu du sujet du film? Donnez des exemples du texte pour justifier votre réponse.

2. Est-ce que cet article vous donne envie de voir le film?

Les personnages du film

De quelle nationalité sont les personnages? Reliez les prénoms des personnages à la nationalité probable, en formulant une phrase avec **venir de** + pays d'origine et une autre phrase avec **être** + adjectif de nationalité.

Exemple: Xavier vient probablement de France. Je pense que Xavier est français.

Pays d'origine (avec la forme correcte de la préposition **de**): d'Allemagne, de Belgique, du Danemark, d'Espagne, des États-Unis, de France, de Grande-Bretagne/d'Angleterre, d'Italie

Nationalités: allemand(e), américain(e), anglais(e), belge, danois(e), espagnol(e), français(e), italien(ne)

a. Isabelle
b. Martine
c. Wendy
d. Soledad
e. Alessandro
f. Tobias
g. Lars
h. Bruce

> Adjectives of nationality are not capitalized in French.

> **De/d'** is used in front of a feminine country, **du** in front of a masculine one. You will work on prepositions later in this chapter.

Visionnement d'une séquence
(sans son ni sous-titres)

De l'avion qui décolle, juste après le générique, à Xavier qui montre l'Espagne sur un globe en disant « España » (2'40–6').

Compréhension

Après le visionnement, notez toutes les réponses qui conviennent.

1. Les adultes à qui le jeune homme (Xavier) parle…
   _____ a. lui donnent des conseils.
   _____ b. lui font des reproches.
   _____ c. lui demandent son opinion.
   _____ d. lui racontent leur vie.

2. L'homme avec qui Xavier a rendez-vous…
   _____ a. lui parle de Paris.
   _____ b. évoque le passé.
   _____ c. lui fait passer un entretien d'embauche (*job interview*).
   _____ d. parle des boissons qu'ils consomment.

3. La femme dans la cuisine (la mère de Xavier) est une…
   _____ a. BCBG (bon chic bon genre, *preppy*).
   _____ b. bobo (bourgeoise bohème).
   _____ c. baba (hippie, marginale).
   _____ d. bourge (bourgeoise).

4. De quoi parle la mère de Xavier? Numérotez les hypothèses selon leur probabilité (1 = l'hypothèse la plus probable).
   _____ a. de la Bourse (*stock exchange*)
   _____ b. de nourriture
   _____ c. des études de Xavier
   _____ d. de politique

Réactions

D'après vous, quel est le rapport de cette séquence avec le thème du film (le séjour en Espagne)?

Deuxième visionnement de la séquence
(avec son, sans sous-titres)

Lisez les questions suivantes, puis visionnez la scène une seconde fois en faisant bien attention à la bande-son. Répondez ensuite aux questions.

Compréhension

1. M. Perrin est _____.
   a. le directeur de thèse de Xavier
   b. un ami de sa mère
   c. un ami que son père lui a recommandé

2. M. Perrin conseille à Xavier _____.
   a. de travailler au Parlement européen
   b. de faire des investissements
   c. d'apprendre l'espagnol et de connaître le marché espagnol

3. Pour encourager Xavier, M. Perrin dit qu'il y a des perspectives d'avenir (*good prospects for the future*) dans les relations internationales. Il lui dit: « C'est sûr, là-dedans, _____. »
   a. il y a des opportunités
   b. il y a des débouchés
   c. il y a des possibilités

4. Si Xavier suit ses conseils (*follows his advice*), M. Perrin _____.
   a. l'acceptera dans son séminaire de recherche
   b. l'aidera à trouver un poste
   c. l'aidera à trouver un logement

5. Xavier a passé du temps à _____, en Espagne.
   a. Malaga
   b. Barcelone
   c. Ibiza

6. Sa mère lui reproche _____.
   a. de ne pas rester en France
   b. de travailler dans un fast-food
   c. de mal manger

Réactions

1. Cochez toutes les phrases qui peuvent décrire les techniques cinématographiques utilisées dans cette scène.

   _____ a. La technique est traditionnelle.

   _____ b. Il y a des retours en arrière.

   _____ c. Le réalisateur utilise des images numériques (*digital images*).

   _____ d. Il y a des effets spéciaux.

   _____ e. Le réalisateur a filmé des scènes en accéléré (*fast action*).

   _____ f. L'histoire est filmée de façon chronologique.

2. D'après vous, pourquoi est-ce que le réalisateur utilise ces techniques?

Le français parlé

Voici la transcription d'une partie des dialogues que vous venez d'entendre.

1. Regardez à nouveau les scènes avec M. Perrin (4'45–5'06) et la mère de Xavier (5'42–6') et soulignez (*underline*) les endroits où les personnages ne prononcent pas tous les mots ou toutes les syllabes.

   a. M. Perrin: Moi, je t'ai dit, la seule chose que je sais, c'est qu'avec les nouvelles directives européennes il y a des postes qui vont se créer dans un an, si tu fais un DEA sur un sujet qui de près ou de loin a une approche des problèmes économiques espagnols. Je dois pouvoir t'aider pour te trouver un poste. C'est sûr, là dedans, il y a des débouchés. Mais donc, il faut bien parler espagnol et il faut bien connaître le marché espagnol.

   b. Mère de Xavier: T'aimes pas le boulgour, t'aimes pas le tofu, on peut plus rien te préparer! Si tu préfères aller bouffer dans les fast food et manger leur merde, t'enfiler les OGM, les pesticides, les prions et compagnie, mais vas-y, je vais pas t'en empêcher.

2. Regardez vos notes et comparez le français des personnages et le français que vous avez étudié dans vos cours. Quelles différences remarquez-vous dans la structure des phrases et la prononciation? Donnez des exemples précis.
   a. dans le passage a:
   b. dans le passage b:

3. Lisez les passages a et b et faites attention au vocabulaire. Quel passage ressemble le plus au français que vous étudiez en classe? Lequel est plus vulgaire?

4. Entraînez-vous à prononcer ces passages comme dans le film.

Préparation au visionnement du film

En regardant le film, faites attention aux aspects suivants et prenez des notes sur vos observations.

1. Les personnages du film: Qui sont les personnages principaux et quelles sont leurs personnalités? Est-ce que les personnages correspondent aux stéréotypes que l'on associe généralement avec leurs nationalités?

2. La technique et le style cinématographiques: Qu'est-ce qui n'est pas traditionnel? Qu'est-ce que le réalisateur peut exprimer grâce aux (*thanks to*) effets spéciaux?

Le DEA (Diplôme d'Études Approfondies) est un diplôme obtenu après la maîtrise, en préparation du doctorat.

Viewing Tips

Notice:
• special effects and discussions about language

Ask yourself:
• What are some characteristics of the director's style?
• How does the director treat national stereotypes?

Anticipate:
• a few discussions about (homo)sexuality and a brief episode of nudity

AVANT LE PROCHAIN COURS

1. *L'Auberge espagnole:* Visionnez le film.

2. *Cahier*: Faites **Les mots pour le dire**.

3. *Manuel*: Étudiez *Pays, langues, nationalité* (page 234) et faites l'exercice de la section **Application immédiate 1**.

LES MOTS POUR LE DIRE

Définitions

Le mot juste

Quels mots de la **Liste de vocabulaire** (pages 35–38) répondent aux questions suivantes?

1. Qu'est-ce qu'on doit remplir pour s'inscrire à l'université?
2. À quoi assiste-t-on quand on fait des études?
3. Qui se sent un peu perdu la première semaine de l'année universitaire?
4. Où s'inscrit quelqu'un qui veut devenir juriste?
5. Avec qui est-ce qu'on partage son logement quand on n'a pas beaucoup d'argent?
6. Comment est un logement où les choses ne sont pas à leur place?
7. Dans quoi est-ce qu'on met la nourriture pour la conserver?
8. À quoi participent souvent les étudiants qui vont à l'étranger?
9. Quelle qualité est importante pour s'adapter?
10. Qu'est-ce qui cause parfois des problèmes entre les peuples?

Vos définitions

Posez trois autres questions auxquelles on peut répondre par un mot de la **Liste de vocabulaire** (pages 35–38).

> **Références à consulter**
> - Liste de vocabulaire, pages 35–38
> - Votre dictionnaire personnel (page 1, *Cahier de préparation*)
>
> This exercise requires passive recognition of interrogative forms. You will review question formation in this chapter on pages 235–245.

> **Un peuple** means *a people*; **des/les peuples** means *peoples*; **les gens** are *people* in the general sense (**j'aime les gens** means *I like people*).

Le français familier

Après avoir révisé le **Vocabulaire familier** en fin de chapitre, remplacez les mots soulignés par des expressions équivalentes en français standard.

Exemple: Xavier a eu des difficultés au début de son séjour, mais il a fini par <u>s'éclater</u>.

> *beaucoup s'amuser*

1. Quand il <u>a débarqué</u> à Barcelone, Xavier <u>a galéré</u>.
2. Avant de partir, il <u>s'est engueulé</u> avec sa copine.
3. Au début de son séjour, il était complètement <u>paumé</u>.
4. Il ne voulait pas <u>bouffer</u>.
5. Finalement, il a trouvé un logement en cohabitation avec des personnes <u>vachement sympas</u>.
6. Personne ne faisait le ménage, alors l'appartement était souvent <u>dégueulasse</u>.

Structures: *Plaire* et *manquer*

Après avoir lu les explications sur la structure des verbes **plaire** et **manquer** dans l'Appendice, page 332, réécrivez les phrases en utilisant ces deux verbes et un pronom complément d'objet indirect (**lui, leur** et **me** dans cet exercice).

> *Exemple:* Martine n'aime pas la chambre de Xavier. *La chambre de Xavier ne lui* **plaît** *pas.*
>
> Xavier et ses amis regrettent Barcelone. *Barcelone leur* **manque.**

1. Le propriétaire n'aime pas ses locataires.
2. Les colocataires n'aiment pas l'attitude de William.
3. Anne-Sophie n'aime pas Barcelone.
4. Xavier regrette ses amis.
5. Xavier ne regrette pas ses parents, mais ses parents le regrettent.
6. J'aime ce film.

Et vous?

Faisons connaissance! Les colocataires de Xavier lui posent beaucoup de questions pour faire sa connaissance et pour décider s'ils vont l'accepter dans leur appartement. Comme eux, vous avez envie de mieux connaître les personnes qui vous entourent pour trouver de nouveaux amis. À tour de rôle, posez les questions ci-dessous à un(e) camarade de classe.

1. Tu es d'où?
2. Depuis quand (*Since when*) est-ce que tu es à l'université? Tu es en quelle année?
3. Quelle est ta spécialisation? Est-ce que tu as une sous-spécialisation?
4. Quels cours est-ce que tu suis ce semestre?
5. Pourquoi est-ce que tu suis un cours de français? Est-ce que tu parles bien français ou est-ce que tu baragouines quelques mots (*a few words*)?
6. Est-ce que tu t'es adapté(e) facilement à la vie universitaire? Qu'est-ce qui te plaît dans cette université? Qu'est-ce qui te manque?
7. Est-ce que tu partages un logement avec d'autres personnes? Elles sont comment? Tu aimes vivre avec quel type de personnes?

🔊 À l'écoute: L'université en France

1-3

Xavier fait ses études à Nanterre, en banlieue parisienne. En le suivant dans les couloirs (*hallways*) de son université, vous avez probablement remarqué des différences avec votre université. Le texte que vous allez entendre mentionne d'autres différences entre les systèmes français et américain. Lisez les questions, puis écoutez le passage et vérifiez si vous avez compris en répondant aux questions.

1. En général, les étudiants français vont à l'université _____.
   a. là où on les a sélectionnés
   b. loin de chez eux
   c. près de chez eux

2. Pour être admis dans une université française, il faut _____.
   a. avoir de bonnes lettres de recommandation
   b. avoir le baccalauréat
   c. passer un examen d'entrée spécifique à cette université

3. Les étudiants français choisissent leur domaine général de spécialisation (études littéraires, scientifiques, commerciales, etc.) _____.
   a. avant d'entrer à l'université
   b. en première année universitaire
   c. après deux années d'université

4. En France, les études universitaires _____.
   a. sont gratuites
   b. coûtent une centaine d'euros par an
   c. coûtent entre mille et cinq mille euros par an

5. On peut recevoir une bourse _____.
   a. si on étudie dans un domaine où il n'y a pas assez d'étudiants
   b. si on réussit brillamment au baccalauréat
   c. si sa famille a des revenus modestes

6. Pendant l'année universitaire, les étudiants français vivent le plus souvent _____.
   a. en colocation
   b. dans des chambres individuelles
   c. chez leurs parents

AVANT LE PROCHAIN COURS

1. **Manuel**: Étudiez *Les questions auxquelles on peut répondre par oui ou non*, *Les adverbes interrogatifs*, **depuis quand / depuis combien de temps / pendant combien de temps**, *L'adjectif interrogatif* **quel**, *Le pronom interrogatif* **lequel**, *Le français parlé I* aux pages 235–242 et faites les exercices des sections **Application immédiate 2 à 7**.

2. **Cahier**: Faites les exercices de la section **Préparation à la discussion**.

DISCUSSION

Chronologie

Rétablissez la chronologie des scènes du film en les numérotant de 1 à 7. Puis partagez vos réponses avec la classe ou un(e) camarade de classe et ajoutez quelques détails pour chaque scène.

___2___ Xavier fait la connaissance de Jean-Michel et d'Anne-Sophie. —dans l'aeroport, il a pensé que Jean-Michel était un canard

___5___ Martine rompt avec Xavier.

___1___ Xavier s'inscrit au programme Erasmus.

___6___ Wendy reçoit la visite d'Alistair. —la drâme

_4_   Isabelle emménage avec les colocataires.

_7_   Xavier abandonne son poste pour devenir écrivain.

_3_   Xavier passe un entretien pour trouver un logement. – *il coup de foudre avec ses colocataires*

Comment s'est passée la visite de Martine?

Quelques détails

Répondez le plus vite possible aux questions suivantes. Répondez par un ou plusieurs mots, mais ne faites pas de phrases complètes.

1. L'histoire se passe dans quelle ville?
2. Quelles langues est-ce qu'on parle dans cette ville? Laquelle est-ce que les étudiants Erasmus comprennent le mieux?
3. Combien de pays sont représentés dans l'appartement? Lesquels?
4. Comment est l'appartement des étudiants Erasmus?
5. Où est-ce que Xavier a rencontré Jean-Michel et Anne-Sophie?
6. Le prof fait son cours en quelle langue?
7. Où est-ce que le prof suggère à Isabelle d'aller quand elle se plaint (*complains*)?
8. Quelle est la langue maternelle de Tobias?
9. Quel peintre célèbre est mentionné pendant la conversation au café?
10. D'où était Erasme?
11. Wendy vient de quel pays?
12. Depuis quand est-ce que le programme Erasmus existe?

Réactions

1. Pourquoi est-ce que Xavier participe au programme d'échange Erasmus, et qu'est-ce qu'il doit faire pour préparer son dossier?
2. Est-ce qu'il est facile de trouver un logement à Barcelone? Qu'est-ce que Xavier fait pour trouver le sien (*his*)?
3. Quelles sont les caractéristiques des étudiants avec qui Xavier partage l'appartement? Justifiez vos opinions par des exemples précis. Est-ce que ces caractéristiques sont liées à la nationalité, d'après vous?
4. À quelles difficultés de la vie en commun est-ce que les colocataires sont confrontés?
5. Quel problème linguistique est-ce que les étudiants rencontrent à l'université? Quelles opinions expriment-ils à ce sujet dans leur discussion au café? Est-ce que la question du bilinguisme ou du multilinguisme se pose en Amérique du Nord? Expliquez.

Barcelone est la capitale de la Catalogne, une région du nord-est de l'Espagne où les langues officielles sont l'espagnol (le castillan) et le catalan. Le bilinguisme est un thème qui intéresse particulièrement Isabelle, car elle vient de Belgique, où l'on parle flamand (*Flemish*) dans le nord et français dans le sud.

Fox Searchlight Pictures/Photofest

6. Comment est-ce que la visite de William transforme la vie tranquille du groupe? Racontez une de ses interactions avec les colocataires.

7. Comment Jean-Michel, Anne-Sophie et William sont-ils différents des autres personnages? Qu'est-ce qu'ils représentent?

8. Comment est-ce que le proverbe « Les voyages forment la jeunesse » s'applique à l'expérience de Xavier en Espagne? Qu'est-ce qu'il apprend pendant son séjour? Comment est-ce que son expérience le transforme?

9. À la fin du film, pourquoi est-ce que Xavier décide de quitter son nouveau poste à la Commission européenne? (Parlez un peu de ses collègues.)

Si vous deviez choisir un(e) colocataire parmi les personnages du film, qui choisiriez-vous et pourquoi?

10. Comment pouvez-vous interpréter le titre du film? (Reliez-le [*link it*] à l'expérience de Xavier.)

11. Est-ce que vous aimez ce film? Qu'est-ce qui vous plaît ou déplaît dans le film? Quelle est votre scène préférée?

12. Stylistiquement, qu'est-ce que les scènes suivantes ont en commun? Pourquoi est-ce que le réalisateur les a filmées de cette manière?
    a. le week-end de Xavier à la plage avec Jean-Michel et Anne-Sophie
    b. la visite de Martine à Xavier
    c. le voyage de Xavier à Paris pour revoir Martine

> Au sens figuré, **auberge espagnole** signifie: situation où on trouve seulement ce qu'on a apporté. L'expression vient d'une comparaison avec les auberges en Espagne, où il était recommandé d'apporter à manger et à boire si on ne voulait pas avoir faim ou soif.

Et vous?

Comparez votre expérience à l'université à celle de Xavier. Discutez des questions suivantes avec un(e) camarade de classe.

1. Qu'est-ce que tu as fait pour t'inscrire à l'université?

2. Compare les aventures de Xavier dans les bureaux de l'université à ta situation quand tu es arrivé(e) sur le campus: Est-ce que tu as eu des difficultés avec la bureaucratie? Est-ce que tu es passé(e) de bureau en bureau comme Xavier? Est-ce que les secrétaires étaient plus/moins gentilles et serviables (*helpful*)?

3. Comment tu as trouvé ton logement? Compare-le à l'appartement des étudiants Erasmus.

4. Tu as des colocataires? À quels personnages du film est-ce qu'ils ressemblent le plus? Explique.

5. Est-ce que ton expérience à l'université a changé ta vie (tes projets professionnels, tes relations avec certaines personnes, etc.)?

6. Est-ce que tu t'identifies avec Xavier quand il dit: « Je sais pas pourquoi ma vie a toujours été un tel bordel. Elle a toujours été compliquée, mal foutue, pas rangée, en vrac (*all these are synonyms of "disorganized"*). Les autres, j'ai l'impression, ont une vie plus simple, plus cohérente, plus logique quoi. »

🔊 À l'écoute: L'Auberge espagnole

1-6

Carine doit faire une présentation sur *L'Auberge espagnole* dans son cours de français. Elle demande à une amie francophone de lire ce qu'elle a écrit pour s'entraîner à prononcer correctement. Écoutez ce qu'elle dit et vérifiez si vous avez compris en répondant aux questions qui suivent.

1. Carine dit qu'au début, Xavier _____.
   a. était enthousiaste
   b. se sentait perdu
   c. parlait espagnol

2. _____ manquait à Xavier.
   a. Sa mère
   b. Son meilleur ami
   c. Sa petite amie

3. Après un certain temps, Xavier _____.
   a. s'est adapté
   b. avait toujours le mal du pays
   c. ne se plaisait toujours pas à Barcelone

4. Xavier et ses colocataires _____.
   a. ont fait leurs devoirs ensemble
   b. ont suivi des cours de catalan
   c. ont partagé les tâches ménagères

5. Les colocataires ont appris à _____.
   a. se supporter (*to put up with one another*)
   b. être indépendants
   c. apprécier la nourriture espagnole

6. Pour Xavier, le séjour à Barcelone a constitué _____.
   a. un moment intéressant
   b. un tournant
   c. un amusement

7. Carine _____.
   a. s'est sentie différente des étudiants
   b. s'est identifiée aux étudiants
   c. a voyagé comme les étudiants

8. Après avoir vu le film, Carine a envie _____.
   a. de voyager en Europe
   b. d'apprendre l'espagnol
   c. d'étudier à l'étranger

AVANT LE PROCHAIN COURS

1. ***Manuel***: Étudiez *Les pronoms interrogatifs **qui** et **que/quoi*** et *Le français parlé II* aux pages 242–245 et faites les exercices des sections **Application immédiate 8** à **12**.

2. ***Cahier***: Préparez **Pour aller plus loin**.

POUR ALLER PLUS LOIN

Qui a dit quoi?

Les citations dans leur contexte

Notez quel personnage de la liste suivante a dit chaque phrase, puis expliquez la signification de chaque citation dans le contexte du film. Vous pouvez utiliser les noms des personnages plusieurs fois.

Anne-Sophie	Isabelle	Jean-Michel	Martine
la mère de Xavier	Monsier Bernard	Xavier	

1. _____: « Je l'avais fait, mais ils ont perdu mon dossier. C'est quand même pas de ma faute s'ils paument les dossiers. Je voulais juste savoir c'est quoi les autres papiers dont j'ai besoin… euh, pour… euh, le dossier, qu'il soit complet? »

2. _____: « Sens-toi à l'aise, hein. Moi je sais ce que c'est. Ça a été pareil quand j'ai débarqué ici la première fois. Entre Gaulois il faut s'aider, pas vrai? Tu peux dormir sur le canapé. »

3. _____: « Ça doit être super déstabilisant d'être tout le temps comme ça entre deux langues!

   _____: —Mais c'est pas la même chose en Belgique? »

4. _____: « Vous me trouvez vieux jeu?

   _____: —Disons que vous êtes pas trop rock and roll comme fille. »

5. _____: « Mais toi aussi, tu m'aimes plus!

   _____: —Mais bien sûr que je t'aime. Si je suis parti, ça a rien à voir avec le fait que je t'aime pas. C'est une chance de vivre ce que je vis, c'est juste débile qu'on puisse pas le vivre ensemble, mais c'est pas une raison pour se quitter vraiment… J'ai besoin de toi, moi.

   _____: —Mais tu m'aimes pas, tu m'as jamais aimée, tout simplement parce que tu es incapable d'aimer qui que ce soit. »

6. _____: « Excuse-moi. Je crois que ça va mal. Je dors plus, je suis déprimé. Je sais pas si c'est normal. »

7. _____: « Ça m'a fait drôle d'acheter de la viande. J'ai l'impression que j'en ai pas acheté depuis des années. Tu vas te régaler. »

8. _____: « Alors en ce qui concerne les dossiers, il faut pas se tromper, hein. Il y a les jaunes, les bleus, les rouges… Ils sont assez tatillons (*finicky*) là-dessus à la Commission européenne. »

Le français parlé

1. Quel type de question prédomine dans les citations 1 à 4: intonation, inversion ou **est-ce que**?

2. Réécrivez les questions suivantes en style neutre:
   a. C'est quoi les autres papiers dont j'ai besoin? (citation 1)
   b. C'est quoi, ça? (citation 4)

3. Trouvez un synonyme pour « pas vrai? » (citation 2)
   a. en niveau de langue neutre
   b. en niveau de langue élevé

🔊
1-7, 1-8

4. Écoutez les citations 1 et 5 sur votre *Audio Program* et répétez-les comme vous les entendez en vous mettant dans la peau des personnages.

Source: L'auberge espagnole © 2002 Ce qui me meut - StudioCanal- France 2 Cinéma - BAC Films - Mate Productions- Castelac Productions

Réactions

1. Nous avons tous des idées préconçues sur les caractéristiques nationales. Faisons un inventaire de ces clichés. Quelles caractéristiques est-ce que vous associez aux nationalités suivantes? Vous pouvez utiliser les suggestions et ajouter vos propres idées.

avoir	de l'humour, les yeux bleus/marron
être	blond(e), brun(e), grand(e), gros(se), petit(e), mince, désordonné(e) (bordélique), chaleureux (-euse) (*warm*), cultivé(e), souvent en retard, excentrique, farfelu(e), froid(e), impulsif (-ive), matérialiste, ordonné(e), organisé(e), passionné(e), ponctuel(le), tête en l'air (*scatterbrained*)
autres verbes	(ne pas) réfléchir avant d'agir

Exemple: **On dit que les Anglais sont farfelus et qu'ils ont de l'humour.**

   a. On dit que les Italiens…
   b. On dit que les Espagnols…
   c. On dit que les Allemands…
   d. On dit que les Danois…
   e. On dit que les Belges…
   f. On dit que les Français…
   g. On dit que les Américains…

2. D'où viennent les clichés? De la réalité? De la presse et de la télévision? Du cinéma? Est-ce que les clichés changent aussi vite que la société?

3. Quelle est l'attitude du réalisateur face aux stéréotypes nationaux? Est-ce qu'il en utilise? Est-ce qu'il les critique? Faites référence à certaines citations de **Qui a dit quoi** pour répondre.

Un séjour à l'étranger

Les avantages d'un séjour à l'étranger

Imaginez que vous étudiez en France et que votre professeur vous demande de faire une recherche sur le programme Erasmus en interviewant un ancien participant francophone. Vous avez décidé d'interviewer Xavier ou Isabelle.

Le témoignage d'une étudiante Erasmus

This account is based on feedback on the Erasmus program found online and modified for the purposes of this exercise.

Avant de parler à Xavier ou Isabelle, vous devez établir une liste de questions et vous décidez de vous inspirer de témoignages (*accounts*) d'étudiants qui ont participé au programme Erasmus. Voici le témoignage de Monique, une étudiante belge qui a fait des études en Suède dans le cadre du programme Erasmus.

Après l'avoir lu, vous allez rédiger des questions qui correspondent aux différents passages numérotés qui sont en caractères gras (*bold*).

Belgique – Monique

Quand je me suis inscrite au programme Erasmus, **je voulais surtout apprendre l'anglais, et j'avais envie de découvrir de nouveaux horizons (1). J'étais étudiante en médecine à l'Université Libre de Bruxelles (2).** Le responsable du programme à la faculté de médecine de mon université m'a proposé d'aller **à Stockholm, en Suède (3),** pour suivre les cours du Karolinska Institutet, qui sont enseignés en anglais. J'ai trouvé cette proposition intéressante, et je suis donc partie en septembre 1999.

Je suis restée trois mois à Stockholm (4), où j'ai suivi **des cours de pédiatrie en anglais (5).** En dehors des cours, j'ai fait la connaissance de nombreux Suédois et d'étudiants de nationalités diverses. **Je me suis familiarisée avec la nourriture suédoise, et j'ai appris à sauter toute nue dans un lac glacé en sortant du sauna. Le contact avec la nature m'a beaucoup plu. Par contre, j'ai eu du mal à m'habituer au fait que les jours sont très courts en Scandinavie en automne (6).** C'est déprimant.

Quand je suis rentrée en Belgique, j'ai poursuivi mes études de médecine et, comme j'avais adoré mes cours de pédiatrie en Suède, j'ai opté pour cette spécialisation. Depuis 2004, je travaille comme pédiatre dans un cabinet médical à Liège (7).

Je recommande fortement le programme Erasmus. **Mon expérience a été déterminante au point de vue professionnel, puisque mes études à Stockholm ont influencé mon choix de carrière. Mon séjour a été très enrichissant aussi pour ma vie personnelle. Je suis encore en contact avec plusieurs étudiants Erasmus (8).** En fait, je viens de me fiancer avec un Allemand que j'ai rencontré à Stockholm, et nous devons nous marier l'année prochaine. **Les paysages suédois nous manquent beaucoup (9),** alors nous avons décidé de faire notre voyage de noces en Suède.

> Review *Les adverbes interrogatifs* (page 237), *L'adjectif interrogatif* quel (pages 239–240), *Le pronom interrogatif* lequel (pages 240–241) and *Les pronoms interrogatifs* qui et que/quoi (pages 242–243).

Les questions sur Erasmus

Sur une feuille séparée, écrivez des questions sur les passages en caractères gras.

1. Pourquoi est-ce que tu as participé au programme Erasmus?

2. Qu'est-ce que… ?

3. Où… ?

L'interview de Xavier ou Isabelle

Gardez les questions les plus intéressantes et transformez-les un peu si c'est nécessaire. Vous êtes prêt(e) à interviewer Xavier ou Isabelle. Faites l'interview oralement avec un(e) camarade de classe.

À l'écrit: La publication de votre interview

Vous avez décidé de publier l'entretien de Xavier ou Isabelle dans le journal de votre université. Sélectionnez cinq questions et formulez des réponses. Faites attention à varier la structure de vos questions et à utiliser le vocabulaire que vous avez appris dans le chapitre.

AVANT LE PROCHAIN COURS

Cahier: Faites les exercices de **Préparation à la lecture.**

LECTURE

Discussion

1. Quels rituels associez-vous à la vie d'un(e) étudiant(e) américain(e)? Savez-vous si ces rituels existent dans d'autres pays?
2. Avez-vous déjà parlé à des élèves ou étudiants étrangers? Qu'est-ce que vous avez appris sur les différences entre leur système universitaire et le vôtre?
3. Répondez à ces questions sur la vie aux États-Unis dans les années 1950.
   a. Qu'est-ce qui était différent de maintenant?
   b. Est-ce qu'il y avait beaucoup d'étudiants étrangers dans les universités américaines?
   c. D'après vous, comment est-ce qu'un(e) jeune Français(e) des années 1950 pouvait obtenir des informations sur la vie aux États-Unis?

L'Étudiant étranger

Le passage ci-dessous est extrait du roman *L'Étudiant étranger* (1986), de Philippe Labro. D'inspiration autobiographique, l'histoire raconte le séjour d'un jeune Français de dix-huit ans dans une petite université de Virginie en 1954. Le narrateur découvre une vie différente, marquée par de nombreux rituels. Il fait aussi l'expérience de la ségrégation (dans le sud des États-Unis dans les années 1950). Petit à petit, il améliore sa compréhension de la langue anglaise et arrive à s'intégrer à un monde nouveau pour lui. Le roman a eu un grand succès en France. Il a reçu un prix littéraire (le prix Interallié) en 1986.

La vie sur un campus américain

On partage tous notre chambre avec quelqu'un. On ne l'a pas choisi. Parfois ça tombe bien°, et l'autre peut devenir votre ami pour la vie. Parfois, c'est un désastre, mais au moins on est deux, et ça aide. … Je déteste mon compagnon de chambre. Je suis furieux contre le sort° qui m'a désigné un Autrichien pour partager ma vie pendant toute l'année universitaire.

Je croyais que c'était le sort. Maintenant, je vois bien qu'on nous avait accouplés parce 5
que nous étions les deux étudiants étrangers, présents pour une année seulement, titulaires d'une bourse d'échange et que nous n'avions aucune chance, ni possibilité, de nous intégrer au système social que fabrique la vie d'université. Nous ne faisions pas partie du plan de modelage du citoyen américain°. Avec le recul°, je comprends le souci d'efficacité° de celui qui présida au choix de la répartition des chambres°. N'empêche°, ça m'a révolté, 10
alors. J'ai vu assez vite, très vite même, et de façon lumineuse, que le fait de vivre avec l'autre étranger du campus allait faire de moi un garçon en marge, déclassé, une petite anomalie dans cette communauté si fermée et si dure à percer.

Je ne supporte pas° cela. Je veux me conformer. Je veux être américain comme eux, comme les *freshmen* (première année), les *sophomores* (deuxième année), les *juniors* 15
(troisième année) et les *seniors* (dernière année), parce que je me dis que c'est la seule chance de survivre à l'immense solitude qui se profile devant moi. Ça m'exalte d'être là, dans cette vallée perdue de Virginie, sur ce campus si beau et si impeccable que j'en ai eu un coup à la poitrine° lorsque je l'ai découvert; ça m'exalte, parce que là-bas, loin, très loin, en France, mes frères ne le vivront jamais et les amis que j'ai laissés derrière moi, au 20
lycée, au lendemain du bac philo°, eux aussi ont raté cette formidable aventure.

… Je me dis confusément ceci: Fenimore Cooper, Jack London, les films de Gary Cooper et de Rita Hayworth, la prairie, l'inconnu, l'appel américain, tu t'es nourri de tout cela dans ton enfance, mais t'y voilà, c'est là, et même si ça n'est pas ça, c'est ça! C'est « l'ailleurs° » auquel tu as tant aspiré et sur quoi tu écrivais des pages et des pages redon- 25
dantes sur tes cahiers secrets d'écolier. Alors, je me plonge dans cette rivière et je veux devenir comme les Américains que je côtoie°, je change de peau°.

How to Approach the Reading

The text is somewhat difficult because the narrator uses poetic and colloquial language. Rather than trying to understand every word, focus on grasping information about:
- the narrator (origins and personality)
- the university that provided his academic scholarship
- the differences that he noticed between the educational systems

ça tombe bien: *you're lucky*
le sort: *fate*
**nous ne faisions pas partie…
   américain:** *we did not need to be turned into proper American citizens*
Avec le recul: *In hindsight*
le souci d'efficacité: *concern for efficiency*
la répartition des chambres: *room assignment*
N'empêche: *In any case*
Je ne supporte pas: *I can't bear*
j'en ai eu un coup à la poitrine: *literally, it hit me in the chest, i.e., I lost my breath*
au lendemain du bac philo: *juste après le baccalauréat (philosophy track)*
« l'ailleurs »: *the faraway place*
que je côtoie: *whom I interact with*
je change de peau: *literally, I change skin, I take on a new identity*

Compréhension

1. Associez chaque paragraphe de l'extrait ci-dessus à un titre.

_____ paragraphe 1   a. Le rêve d'aventure
_____ paragraphe 2   b. La peur d'être marginalisé
_____ paragraphe 3   c. Le camarade de chambre
_____ paragraphe 4   d. Le désir de se conformer

2. Avec qui est-ce que le narrateur partage sa chambre? D'après lui, pourquoi est-ce qu'on lui a assigné cette personne? Est-il content de ce choix?

3. Quel est le plus grand désir du narrateur pendant son séjour en Virginie?

4. À qui et à quoi est-ce qu'il associait les États-Unis quand il était en France?

5. Comment est-ce qu'il exprimait son rêve américain quand il était jeune?

6. Que savez-vous sur le narrateur et sur l'université où il a fait un échange?

Questions de langue

1. Dans le troisième paragraphe, le narrateur dit qu'il est exalté par son expérience américaine. Analysez le paragraphe pour déterminer comment le style exprime cette exaltation.
   a. Quels mots sont répétés?
   b. Quels adjectifs expriment l'admiration du narrateur?
   c. Quel adverbe renforce deux de ces adjectifs?
   d. Quel élément de ponctuation donne un rythme exalté aux phrases?

2. Cherchez les prépositions qui vont avec les verbes suivants.
   a. faire partie (ligne 8) (*to belong to, to be a part of*)
   b. se nourrir (ligne 23) (*to feed on, to be nourished by*)

3. Dans le dernier paragraphe, expliquez pourquoi le mot « américain » est en majuscules (*capitalized*) dans la phrase « je veux devenir comme les Américains » et en minuscules (*not capitalized*) dans l'expression « l'appel américain ».

> **Vocabulaire utile pour 1. d**
>
> **les deux points:** *colon*
> **le point:** *period*
> **le point d'exclamation:** *exclamation point*
> **le point d'interrogation:** *question mark*
> **le point-virgule:** *semi-colon*
> **la virgule:** *comma*

> For Questions de langue 3., refer to *Les noms et adjectifs de nationalité* (page 235).

Les rendez-vous

> When tackling a text for the first time, be attentive to the structure of verbs. In this chapter, pay attention to the prepositions that follow certain verbs. You need to know them in order to formulate questions about the reading.

Heureusement, l'Autrichien ne parle pas français, nous nous adressons la parole en anglais. Nous échangeons, malgré° la sourde hostilité qui règne dans la pièce, les nouvelles expressions que nous avons recueillies°, l'argot° incompréhensible qu'il faut à tout prix assimiler. C'est notre seul combat commun: briser° la barrière du langage.

Un mot a très vite fait son apparition: *date*. C'est un verbe, c'est aussi un mot, ça veut 5 dire un rendez-vous avec une fille, mais ça désigne la fille elle-même: je vais boire un verre avec une *date*. Une fille vous accorde une *date* et elle devient votre *date* régulière si vous sortez plus d'une fois avec elle. Si vous êtes un nouveau, et que vous ne connaissez pas de filles, on peut vous emmener en *blind date*—rendez-vous aveugle, c'est-à-dire que vous ignorez tout de la fille avec qui vous allez sortir ce soir-là, et c'est votre copain 10 ou sa propre amie qui feront les présentations. Le rendez-vous aveugle peut conduire aux pires catastrophes, comme aux surprises miraculeuses. On peut tomber sur° des laiderons imbéciles et insupportables, on peut décrocher une fille exquise. Mais c'est plus rare, puisque les filles exquises ne prennent jamais le risque de sortir en aveugle. Et comme elles sont très demandées, elles exigent souvent de connaître à l'avance la qualité et le 15 genre° du garçon avec lequel elles sortiront. Alors on se soumet à cette loi° et l'on va en voyage de reconnaissance chez les jeunes filles pour passer une espèce d'examen de pré-rendez-vous.

malgré: *in spite of*
que nous avons recueillies: *that we have culled/learned*
l'argot: *slang*
briser: *to break*
On peut tomber sur: *One can be paired up with, One can meet by chance*
le genre: *the type*
on se soumet à cette loi: *one obeys the law, plays the game*

étape: *stage*
apprentissage: *education*
tout mon être: *my whole being*
vous êtes cuit: *you are done for*
soit... soit: *either . . . or*
parvenir: *succeed*
décapotable: *convertible*
le veinard: *lucky dog*

C'est un rite, et je me suis aperçu ici, sans le formuler de façon aussi claire, que tout est rite, tout est cérémonie, signe, étape° d'un immense apprentissage°. Il y a un Jeu et 20 des jeux à l'intérieur de ce grand Jeu de la vie américaine et tout mon être° aspire à les jouer... .

Il y a autre chose que j'ai bien vu, quelque chose de concret, de cruel, d'inévitable: si vous n'avez pas de voiture, vous êtes cuit°. Vous êtes une non-personne. Soit° vous en possédez une, soit vous faites alliance ou amitié avec un garçon qui roule en Ford, 25 Chevrolet, Chrysler ou tous ces autres noms d'automobiles dont la sonorité me remplit de satisfaction. Les jeunes filles ne se trouvent pas si l'on va à pied. L'Autrichien va à pied. Il n'aura pas de *dates*. Moi, je veux y parvenir°. Je connais Pres et Pres conduit une Buick verte décapotable°, le veinard°!

Compréhension

1. Associez chaque paragraphe de l'extrait ci-dessus à un titre.

_____ paragraphe 1   a. Les rapports avec les jeunes filles
_____ paragraphe 2   b. L'importance des rites
_____ paragraphe 3   c. L'importance de la voiture
_____ paragraphe 4   d. Un point commun avec son camarade de chambre

2. Quel mot/rituel en particulier intrigue le narrateur? Pourquoi, à votre avis?

3. Qu'est-ce que c'est qu'un « rendez-vous aveugle »? Quels scénarios de « rendez-vous aveugle » sont mentionnés? Lequel est le plus probable, d'après le narrateur?

4. Qu'est-ce qui est absolument indispensable pour obtenir un rendez-vous? Comment le narrateur va-t-il faire pour réussir dans ce domaine?

Questions de langue

1. Cherchez un synonyme pour les mots suivants dans le deuxième paragraphe.
   a. a date (the action)
   b. a date (the person)
   c. to date

2. Comment pourriez-vous reformuler ces expressions du texte (en utilisant un synonyme ou une expression équivalente)?
   a. nous nous adressons la parole (premier paragraphe)
   b. je me suis aperçu (troisième paragraphe)
   c. les jeunes filles ne se trouvent pas (dernier paragraphe)

3. Cherchez les prépositions qui vont avec les verbes suivants dans le deuxième paragraphe.
   a. conduire (ligne 11) (*to lead to*)
   b. tomber (ligne 12) (*to meet by chance*)
   c. se soumettre (ligne 16) (*to submit to*)

Les traditions de l'université

La Règle° de la Parole était l'une des deux traditions indestructibles de l'université, avec le port obligatoire de la veste et de la cravate. Il s'agissait de saluer verbalement (« *Hi!* ») toute personne que vous croisiez° ou de répondre à celle qui vous croisait, si elle vous avait salué en premier. Au début, j'avais été surpris, pas tellement° par l'idée de dire bonjour à un inconnu° qui traverse le campus, mais plutôt par la perspective d'avoir à le dire, 5 et le dire et le dire et le redire, à longueur de journée°, quelle que soit mon humeur ou quelle que soit la tête de celui qui venait à ma hauteur°. Mais j'avais suivi la Règle. Ce n'était pas une loi écrite sur les murs du collège, mais enfin, comme° tout le monde le faisait, si vous ne le faisiez pas, vous passiez très vite pour un loup° solitaire ou un type mal élevé°, ou un type qui ne voulait pas jouer le jeu—ce qui revenait au même°. D'ailleurs, 10 si par hasard° vous aviez négligé de respecter la Règle de la Parole, il se trouvait toujours quelqu'un, au moins une fois dans la journée, pour° vous le faire remarquer. Soit en appuyant de façon ironique sur le « *Hi!* » et en vous fixant droit dans les yeux, ce qui vous forçait à répondre. Soit en prévenant° le Comité d'Assimilation. Il y avait beaucoup de comités, de sociétés, de fraterni- 15 tés, d'associations, de clubs et d'unions sur ce petit campus et il me fallut quelque temps° pour comprendre leur utilité et les différencier les uns des autres, mais je sus° très vite à quoi servait le Comité d'Assimilation. Son nom était clair: il servait à vous assimiler, à bien vous faire prendre conscience des règles. On dit bonjour, on répond, on s'habille comme il faut°, on est un gentleman. Le comité était composé d'étudiants, comme tous 20 les comités sur le campus, puisqu'il existait un gouvernement d'étudiants qui était élu une fois par an. Ce gouvernement travaillait parallèlement avec l'administration et la faculté.

Philippe Labro,
L'Étudiant étranger
© Éditions GALLIMARD.

La Règle: *The Rule*
que vous croisiez: *that you met, came across*
pas tellement: *not so much*
un inconnu: *a stranger*
à longueur de journée: *all day long*
quelle que soit... ma hauteur: *whatever mood I was in or whoever crossed my path*
comme: *since*
un loup: *a wolf*
un type mal élevé: *a bad-mannered guy*
ce qui revenait au même: *which was the same thing*
par hasard: *by chance*
il se trouvait toujours quelqu'un...
pour: *there was always someone . . . who*
en prévenant: *by warning*
il me fallut quelque temps: *it took me some time*
je sus: *I learned*
comme il faut: *appropriately*

Compréhension

1. Quelles étaient les « deux traditions indestructibles de l'université »?

2. Qu'est-ce c'est que la « Règle de la Parole »? Quel aspect de cette règle surprend particulièrement le narrateur?

3. Comment étaient considérés et traités ceux qui ne respectaient pas la « Règle de la Parole »?

4. Quel autre aspect de l'université américaine a surpris le narrateur?

Questions de langue

1. Dans le texte, cherchez des synonymes pour les mots et expressions suivants.
   a. être considéré comme (ligne 9)
   b. ce qui était la même chose (ligne 10)
   c. correctement (ligne 20)

2. Cherchez les prépositions qui vont avec les verbes suivants.
   a. passer (ligne 9) (*to be considered*)
   b. négliger (ligne 11) (*to neglect to, to fail to*)
   c. forcer (ligne 13) (*to force to*)
   d. servir (ligne 18) (*to serve to*)
   e. prendre conscience (ligne 19) (*to become aware of*)
   f. être composé (ligne 20) (*be composed of*)

Réactions

1. Le narrateur utilise des mots anglais dans son texte. Pourquoi, à votre avis?

2. Est-ce que les particularités de l'université américaine citées par le narrateur existent toujours? Qu'est-ce qui a changé? Qu'est-ce qui n'a pas changé? Avez-vous l'impression qu'il existe beaucoup de « règles » (explicites ou non) dans la vie sociale des universités (ou des lycées) aux États-Unis?

3. Dans son enfance, le narrateur associait « Fenimore Cooper, Jack London, les films de Gary Cooper et de Rita Hayworth, la prairie, l'inconnu » aux États-Unis. D'après vous, qu'est-ce qu'un(e) jeune Français(e) d'aujourd'hui associe aux États-Unis?

4. Avez-vous déjà eu un rendez-vous aveugle? Avec qui? Qui l'a organisé? Êtes-vous tombé(e) sur un « laideron » ou sur un homme ou une femme « exquis(e) »? Racontez!

Quelle est la question?

To review interrogative words and question formation, refer to **Grammaire** pages 237–243.

Les extraits qui suivent sont tirés du premier passage de la lecture. Quelle question faut-il poser pour obtenir la réponse en italique? Faites attention aux verbes qui sont suivis d'une préposition.

1. « Je déteste *mon compagnon de chambre.* »

2. « … on nous avait accouplés *parce que nous étions les deux étudiants étrangers…* »

3. « nous étions les deux étudiants étrangers, présents *pour une année seulement…* »

4. « *Ça* m'exalte *d'être là, dans cette vallée perdue de Virginie…* »

5. « … *eux aussi [ils]* ont raté cette formidable aventure. »

6. « … tu t'es nourri *de tout cela* dans ton enfance… »

Vous êtes le professeur

Vous préparez un questionnaire sur la lecture pour vérifier si vos étudiants ont compris les détails. Choisissez une des trois sections du texte et écrivez quatre questions sur cette section. Ensuite, posez-les à un(e) camarade de classe qui y répondra oralement.

AVANT LE PROCHAIN COURS

Cahier: Faites **Préparation à l'écriture.**

❙ INTERACTIONS

Sketch (*Skit*)

This section contains activities that allow you to work creatively with the vocabulary and structures in the chapter.

Choisissez un sujet, préparez la scène et jouez-la devant la classe.

1. Imaginez une conversation entre Xavier et son père. Son père veut savoir pourquoi il a abandonné son poste de fonctionnaire (*civil servant/government employee*) pour devenir écrivain. Il l'encourage à reconsidérer sa décision.

2. Imaginez la conversation de Martine et Xavier pendant leur dernier rendez-vous.

3. De retour en France, Xavier parle à un copain du couple de Français qu'il a rencontré à Barcelone. Jouez le dialogue.

4. Un entretien pour trouver un(e) colocataire:

Vous louez un appartement avec trois autres personnes. Un(e) de vos colocataires a fini ses études et vous voulez le/la remplacer. Avec les deux autres colocataires, réfléchissez aux questions que vous voulez poser à un(e) nouveau (nouvelle) colocataire, puis organisez un entretien avec un(e) candidat(e).

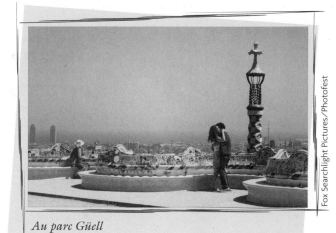

Au parc Güell

Exposé

Préparez un des sujets à la maison pour le présenter en classe.

1. Présentez un séjour que vous avez fait à l'étranger. Décrivez les circonstances de votre séjour, puis parlez des difficultés que vous avez rencontrées et de ce que vous avez appris.

2. Interviewez un(e) étudiant(e) étranger (-ère) sur le campus et posez-lui des questions sur les différences entre l'université et les études dans son pays (n'oubliez pas d'incorporer des questions suggérées par le texte *L'Étudiant étranger*). Vous pouvez faire votre présentation de deux manières: (1) sous forme d'exposé ou (2) sous forme d'interview, en invitant la personne en classe.

3. Faites une présentation sur Barcelone en incluant des endroits que Xavier et Anne-Sophie ont visités ensemble, comme le parc Güell ou l'église de la Sainte Famille (*Sagrada Familia*).

> Use French-language sites on the Internet to research question 3.

> For extra practice with the vocabulary in this chapter, refer to the web quizzes at www.cengagebrain.com

 # LISTE DE VOCABULAIRE

Les études

Noms

college, university *une université, une fac*
graduation *la remise des diplômes*
bachelor's degree *la licence*
master's degree ~~*la maîtrise*~~; *le master*
PhD *le doctorat*
higher education *l'enseignement supérieur*

law school *la fac(ulté) de droit*
lecture class *un cours magistral, un cours en amphi(théâtre)*
medical school *la fac(ulté) de médecine*
registration *l'inscription (f.)*
subject *une matière*
tuition and fees *les frais universitaires*

Verbes

to attend (a class) *assister à / suivre* (irrég.) *un cours de*
  J'assiste à un cours de chimie. Je suis un cours de chimie.
to attend (an institution) *aller à / être étudiant à / étudier à / faire des études à*
  Je vais/Je suis étudiant à l'université de Californie.
to be a freshman, sophomore, junior, senior *être (étudiant[e]) en première, deuxième, troisième, quatrième année*
to graduate *obtenir* (conjugué comme *tenir*) *un diplôme*
  Je vais obtenir mon diplôme en 2008.

> Unlike the other vocabulary, the vocabulary related to studies is grouped together and presented in English first. This is because it is high-frequency, often difficult vocabulary. There are many false cognates and words that do not have exact cultural and linguistic equivalents. Refer to **Lecture** (page 30) to see how *L'Étudiant étranger* highlights some of these linguistic difficulties.
>
> The translations for diplomas are those typically found in dictionaries. Because university studies are more specialized in France, some American universities recognize the DEUG, a degree granted after two years, as the equivalent of a bachelor's degree.

> to major in something *se spécialiser en / être étudiant(e) en / faire des études de*
> *Je me spécialise en histoire. Je suis étudiant(e) en géologie. Je fais des études de marketing.*
> to major in engineering/to get an engineering degree *faire des études d'ingénieur*
> to major in nursing/to get a nursing degree *faire des études d'infirmier (-ère)*
> to minor in something *avoir/préparer/faire une sous-spécialisation en*
> *Je prépare une sous-spécialisation en sciences politiques.*
> to pass an exam *réussir à un examen* (conjugué comme *finir*)
> to register (at the university, for a class) *s'inscrire (à la fac, à un cours)* (conjugué comme *écrire*)
> to take a class *suivre* (irrég.) *un cours*
> to take an exam *passer un examen*

Adjectifs

agaçant(e) *irritating, annoying*
à l'aise/mal à l'aise *at ease/ill at ease*
amoureux (-euse) (de) *in love (with)*
amusant(e) *amusing*
angoissé(e) *anxious*
asocial(e) *antisocial*
calme *calm*
coléreux (-euse) *prone to anger*
confus(e) *confused*
désordonné(e) *messy (for a person or a place)*
discipliné(e) *disciplined*
émotif (-ive) *emotional (for a person)*
enrichissant(e) *rewarding, fulfilling*
étranger (-ère) *foreign*
gentil(le) *kind*
immature *immature*
inconnu(e) *unknown*

insupportable *unbearable*
lesbienne *lesbian*
maniaque *particular, fussy*
mûr(e) *mature*
naïf (-ïve) *naive*
ordonné(e) *clean, orderly (for a person or a place)*
ouvert(e) (à) *open (to)*
perdu(e) *lost*
propre *clean*
réservé(e) *reserved*
sale *dirty*
sérieux (-euse) *serious*
sociable *sociable*
stéréotypé(e) *stereotypical*
travailleur (-euse) *hardworking*
vieux jeu (invariable) *old-fashioned*

Noms

une auberge *inn*
une baignoire *bathtub*
une bourse *scholarship*
la bureaucratie *bureaucracy*
une caricature *caricature*
un cliché *cliché*
la cohabitation *living together*
un(e) colocataire *housemate/roommate*
la colocation *sharing the rent, shared rental*
un CV (curriculum vitae) *résumé*
le désordre *mess*
un dossier *file, dossier*
un écrivain *writer*

les effets (m.) spéciaux *special effects*
un entretien d'embauche *job interview*
un formulaire *form*
une image numérique *digital image*
un(e) inconnu(e) *stranger*
la langue maternelle *native language*
une lettre de motivation *statement of purpose*
un logement *place to live, housing*
le loyer *rent*
la maturité *maturity*
l'ordre (m.) *tidiness, order*
l'ouverture (f.) d'esprit *open-mindedness*
un poste *position, job*

un prêt *loan*
un programme d'échange *exchange program*
un(e) propriétaire *owner, landlord*
un récit d'éducation/d'apprentissage/ de formation *a coming-of-age story*
un réfrigérateur (frigo) *refrigerator (fridge)*

une règle *ruler (to draw lines); rule, regulation*
un rendez-vous *appointment; date*
un séjour *stay*
un stéréotype *stereotype*
les tâches (f.) ménagères *household tasks*
un tournant *turning point*
la voix off *voice-over*

Verbes

avoir du mal à faire quelque chose *to have difficulties doing something*
avoir le coup de foudre *to fall in love at first sight*
blesser *to hurt; to hurt someone's feelings*
cohabiter *to live together*
emménager (comme *voyager*) *to move in*
faire la connaissance de quelqu'un *to meet someone*
faire une demande de *to apply for (a scholarship, a loan, a passport)*
faire le ménage *to do the housework*
héberger (comme *voyager*) *to put (someone) up*
louer *to rent; to lease*
manquer à quelqu'un *to be missed by someone* (tu me manques: *I miss you*)
nettoyer (voir *nettoyer*) *to clean*
parler couramment *to speak fluently*
partager (comme *voyager*) *to share*
participer (à) *to take part (in)*
permettre (comme *mettre*) à quelqu'un de faire quelque chose *to allow someone to do something*

plaire (irrég.) à quelqu'un *to be liked by someone* (il me plaît: *I like him*)
quitter (une personne, un endroit) *to leave (a person, a place)*
recevoir (irrég.) *to receive; to get*
remplir (comme *finir*) *to fill; to fill out*
rompre (irrég.) (avec) *to break up (with)*
s'adapter (à) *to adapt (to)*
se disputer *to fight, to have an argument*
s'entendre (bien) *to get along (well)*
se fâcher (contre quelqu'un) *to get angry (at someone)*
se familiariser avec *to familiarize oneself with*
se quitter *to say good-bye; to separate*
se retrouver *to meet again; to see one another again*
se sentir + adjectif (comme *partir*) *to feel + adjective*
s'habituer à *to get used to*
s'identifier à *to identify with*
supporter *to stand, to bear*

Adverbes et expressions adverbiales

ailleurs *elsewhere*
à l'étranger *abroad*

en désordre *messy (for a place)*
en ordre *clean, orderly (for a place)*

Vocabulaire familier

Noms

le bordel *chaos, mess*
la galère *hell (C'est la galère.)*

une meuf = une femme
un toubib = un médecin

Present tense verb conjugation is reviewed in the *Chapitre préliminaire* (page 227); the Appendix on page 341 includes conjugation patterns. When there is no reference after a verb in the **Liste de vocabulaire**, it means that the verb follows a regular -**er** or -**re** pattern. For -**ir** verbs, you will be referred to the conjugation of **finir** or **partir**. Irregular verbs marked "irrég." are found in the Appendix, as well as **aller**, **avoir**, **être** and **faire**. Irregular verbs that follow a specific pattern are followed by "conjugué comme...," and the verb whose pattern they follow is conjugated in the Appendix (for example, you can find the conjugation of **obtenir** by looking up **tenir**).

Each verb is listed with the preposition that follows it. For example: **s'adapter (à)** *to adapt (to)*. When the verb can be used on its own (without the preposition), the preposition is in parentheses. In the case of **s'adapter**, one can say **je m'adapte facilement** as well as **je m'adapte à ma nouvelle vie**. When the verb cannot be used without the preposition, there are no parentheses, as is the case with the verb **s'identifier à** (je m'identifie à ma mère).

Refer to the Appendix on page 332 (Text) for explanations on **manquer** and **plaire**.

Refer to the Appendix on page 336 for explanations on **sentir**, **ressentir**, **se sentir**.

Refer to the Appendix on pages 334–335 (Text) for explana-tions on **quitter** and **partir**.

Verbes

baragouiner = mal parler une langue
bouffer = manger
débarquer = arriver
embêter = ennuyer *(to bother, to annoy)*
galérer (comme *préférer*) = passer des
    moments difficiles

paumer = perdre
plaquer quelqu'un = rompre avec
    quelqu'un
s'éclater = s'amuser beaucoup
s'engueuler = se disputer
se tirer = s'en aller, partir

Adjectifs et adverbes

coincé(e) = très mal à l'aise *(inhibited)*
cool = bien
dégueulasse = très sale, dégoûtant(e)
gaulois(e) = français(e)

mortel(le) = très ennuyeux (-euse)
sympa = sympathique
vachement (adverbe) = très (il est
    vachement sympa)

Vocabulaire supplémentaire

Noms

un accéléré *fast action*
la Bourse *stock exchange*
le cerveau *brain*
un examen par IRM (imagerie par
    résonance magnétique) *MRI*
une mouche *fly*
un neurologue *neurologist*

une panne d'électricité *power failure*
un split screen *split screen*
un téléphérique *cable car*
le tiers-monde *Third World*
le vertige (avoir le vertige) *vertigo;
    dizziness (to be dizzy)*

Verbes

avoir le mal du pays *to be homesick*
faire des analyses *to undergo medical tests*
s'évanouir (comme finir) *to faint*

Chapitre **2**

LES RACINES

Rue Cases-Nègres

Titre anglais: *Sugar Cane Alley*

Réalisatrice: Euzhan Palcy, Martinique, France (1983); 101 minutes

D'après le roman de Joseph Zobel

Orion Classics/Photofest

*S*et in Martinique in the 1930s, the film for this chapter focuses on the formative influences in the life of young José. The vocabulary and grammar will enable you to discuss the social and political context of the film and to talk about the people and events that have marked your own childhood and adolescence. The reading by Guadeloupean author Maryse Condé will deepen your understanding of issues of identity in the French Caribbean.

Les personnages (La distribution: les acteurs/actrices): José, le garçon (Garry Cadenat), M'man Tine, la grand-mère (Darling Legitimus), Médouze (Douta Seck), Madame Léonce (Lucette Salibur), Carmen (Joël Palcy), Léopold (Laurent Saint-Cyr), Monsieur Roc, l'instituteur (Henri Melon), Monsieur de Thorail, le père de Léopold (Léon de La Guigneraye), Tortilla (Tania Hamel), Douze Orteils (Eugène Mona), Aurélie (Maïté Marquet), Madame Fusil (Émilie Blamele)

LES PRIX DU FILM

- César de la Meilleure première œuvre (1984)
- Lion d'argent pour la Meilleure première œuvre et prix de la Meilleure actrice pour Darling Légitimus à la Mostra de Venise (1983)
- Prix du public au FESPACO — Festival Panafricain du Cinéma à Ouagadougou, Burkina Faso (1985)

ENTRÉE EN MATIÈRE

Discussion

1. Comment imaginez-vous les paysages de la Martinique, cette île française qui se trouve dans les Caraïbes? Pourquoi? Avez-vous envie d'y aller?

2. Quand vous pensez à votre enfance (à l'âge de 9 à10 ans), quels souvenirs se présentent à votre esprit? Notez deux ou trois épisodes mémorables.

3. Pensez à une ou deux personnes qui ont eu une grande influence sur vous dans votre enfance. Qui étaient ces personnes? Pourquoi étaient-elles importantes?

4. Est-ce que vous aimiez aller à l'école quand vous aviez dix ans? Étiez-vous bon(ne) élève?

5. Quand vous étiez jeune, est-ce que vous étiez conscient(e) qu'il y avait de l'injustice autour de vous (*around you*)? Quel type d'injustice? Qui en était victime?

Note culturelle

LA FRANCE D'OUTRE-MER

Lorsqu'on pense à la France, on pense surtout au territoire qui se trouve en Europe et qu'on appelle parfois « l'Hexagone », parce que sa forme ressemble à cette figure géométrique. Mais il existe aussi une « France d'outre-mer », c'est-à-dire située de l'autre côté de la mer. Elle est constituée d'un certain nombre de territoires—essentiellement des îles—ayant des statuts administratifs divers. Certains, comme la Martinique et la Guadeloupe (dans la mer des Caraïbes), la Guyane (en Amérique du Sud), Mayotte et la Réunion (dans l'océan Indien, au sud-est de l'Afrique) sont des « départements et régions d'outre-mer » (DOM-ROM) administrés comme les autres départements et régions de l'Hexagone—avec de petites différences. D'autres, comme la Polynésie française (dans l'océan Pacifique), la Nouvelle-Calédonie et les îles Wallis et Futuna (près de l'Australie), Saint-Pierre-et-Miquelon (à l'est du Canada), Saint-Barthélémy et Saint-Martin (dans la mer des Caraïbes) ont plus d'autonomie. En 2008, il y avait 64,6 millions de personnes en France, dont 2,5 millions dans les DOM-ROM et 702.000 dans les autres territoires d'outre-mer.

On appelle parfois les territoires d'outre-mer des « confetti d'empire », parce qu'ils sont disséminés aux quatre coins du monde et qu'ils résultent du passé colonial de la France. En effet, la France a colonisé l'Amérique du Nord, la Caraïbe et la Réunion à partir du XVIe siècle pour se procurer des épices, du sucre et du café et pour rivaliser avec les autres puissances européennes. C'est de cette époque que date la présence française à la Martinique, à la Guadeloupe, à la Réunion et en Guyane. L'économie de ces colonies était basée sur l'esclavage, qui a continué jusqu'en 1848. Ces quatre colonies ont changé de statut et sont devenues des départements en 1946. Les autres territoires d'outre-mer ont été annexés à la France lors de la deuxième grande vague de colonisation, au XIXe siècle. Autrefois, on appelait la France « la métropole », par opposition aux colonies. Ce terme est peu utilisé aujourd'hui, mais on le rencontre encore dans l'adjectif « métropolitain ».

© Cengage Learning

On parle de la « France métropolitaine » quand on veut la distinguer de la « France d'outre-mer », dans les statistiques par exemple.

Aujourd'hui, la France d'outre-mer est un avantage stratégique et culturel pour le pays. Dans le domaine économique, elle constitue une richesse dans le secteur de la pêche et de l'exploitation des ressources sous-marines, car la France est présente sur les principaux océans. Mais les DOM-ROM sont peu industrialisés et ils importent la majorité des produits de consommation dont ils ont besoin. Le coût de la vie est élevé et il y a plus de chômage que dans le reste du pays. Il y a parfois des conflits sociaux importants, comme en 2009 à la Martinique et surtout à la Guadeloupe. Ces difficultés ne remettent pas en question l'appartenance de ces territoires à la France, et le sentiment indépendantiste n'y est pas très développé.

Source pour les statistiques: INED

Compréhension

1. Que veut dire le terme « outre-mer »?

2. Quand ont eu lieu les deux vagues de colonisation française et quels territoires sont devenus français à ces moments-là?

3. Comment le statut des anciennes colonies diffère-t-il aujourd'hui?

4. Quand est-ce que l'esclavage a été aboli dans les colonies françaises?

5. Quelles sont quelques différences entre la France d'outre-mer et la France métropolitaine dans le domaine économique?

6. Un peu de mathématiques: Combien y avait-il d'habitants en France métropolitaine et en France d'outre-mer en 2008?

Réactions

1. Les DOM et les autres territoires d'outre-mer correspondent à quelles parties des États-Unis?

2. Pourquoi est-ce que l'outre-mer est un avantage stratégique pour la France? D'après vous, quels sont les avantages culturels?

Lecture d'un compte rendu sur le film

Voici un compte rendu sur le film paru dans *Le Monde* du 8 septembre 1983. Lisez-le pour avoir une idée du film et de sa réception, puis répondez aux questions.

Préparation

1. La structure normale d'une phrase est sujet–verbe–complément d'objet direct–autres compléments. Quel est le complément d'objet direct du verbe « lit » (ligne 2)?

2. Devinez la signification des adjectifs suivants en vous aidant de leur ressemblance avec des mots français ou anglais et du contexte.
   a. fructueuse (ligne 14)
   b. roses (ligne 51)

3. Quel est l'infinitif de « su » (ligne 56)?

la Mostra de Venise: un festival de films

a entamé: a commencé

pour donner un ordre de grandeur: *to give an idea*

ne... que: *only*

va de pair avec: coexiste avec

à ses petits soins: *attentive, devoted*

au-delà du certificat: *beyond the **certificat d'études** (refer to student annotation page 48)*

lui accordent chichement un tiers de bourse: *grant him a meager scholarship that covers one third of his expenses*

"Lecture d'un compte-rendu sur le film," Louis Marcorelles, Le Monde 8 septembre 1983

d'une part... d'autre part: *on the one hand . . . on the other hand*

ne porte si fort que parce que: *has a strong impact only because*

How to Answer Questions about a Reading

Avoid general answers by referring to specifics in the passage. Note line numbers in your responses so you can refer your classmates to the words you are citing.

Une jeune Martiniquaise de quatorze ans, Euzhan Palcy, lit sur les conseils de sa mère un roman autobiographique de son compatriote Joseph Zobel, *Rue Cases-Nègres*. Quatorze ans plus tard, 5 elle présente à la Mostra de Venise°, sous le même titre, l'adaptation cinématographique de cet ouvrage devenu un classique de la littérature antillaise.

Publié en 1950, le livre obtient à Paris 10 le Prix des lecteurs mais est très vite interdit dans son pays d'origine. Le film, lui, dès le mois de juin, a entamé° une fructueuse carrière à la Martinique, mais aussi à la Guadeloupe et 15 en Haïti. Il a déjà été vu par plus de cent vingt mille spectateurs, ce qui est un record: pour donner un ordre de grandeur°, le fameux *E.T.* n'a réalisé là-bas 20 que° le quart de ces entrées même si on le considère comme un gros succès. ...

L'action du film se situe au début des années 30. ... La journée, tout le monde part travailler aux champs, à 25 la culture de la canne à sucre. ... Une fabuleuse joie de vivre va de pair avec° l'exploitation la plus sordide. Un gamin d'une douzaine d'années, José, ... curieux, observe cette tragi-comédie, 30 y participe de tout son être.

Orphelin, José est élevé par une grand-mère à ses petits soins°, Madame Amantine, « M'man Tine ». ... M'man Tine nourrit de grandes espérances pour José, 35 espère qu'il poursuivra ses études au-delà du certificat°. Son instituteur le remarque, comprend ses dons littéraires. ... Il [José] part pour Fort-de-France, où les autorités françaises lui accordant chichement 40 un tiers de bourse°. ... Un professeur de France ... va jouer un role décisif dans l'émancipation de José et la chance qui lui sera offerte d'aller jusqu'au bout de ses études. ... 45

Pour les Français, qui ont eu parfois tant de mal dans le passé à bien distinguer entre l'enseignement reçu à l'école, les notions chéries de liberté, d'égalité, de fraternité d'une part, et les 50 réalités moins roses de la colonisation d'autre part°, *Rue Cases-Nègres* est une révélation. ...

Le message [du film], discret, ne porte si fort que parce que° la cinéaste 55 a su constamment garder le ton juste, mélanger humour, tendresse et prise de conscience. ...

Compréhension

1. Où est-ce qu'Euzhan Palcy a trouvé l'inspiration pour son film *Rue Cases-Nègres*?

2. Complétez les phrases suivantes avec les dates appropriées.
   a. La publication du roman de Joseph Zobel, *La Rue Cases-Nègres,* a eu lieu en _____.
   b. Le film *Rue Cases-Nègres,* d'Euzhan Palcy, est sorti en _____.
   c. L'action du film se passe dans les années _____.

3. D'où est Joseph Zobel? Comment le savez-vous?

4. Comment le livre de Zobel a-t-il été reçu à la Martinique? Et le film de Palcy?

5. Comparez le succès de *Rue Cases-Nègres* et de *E.T.* à la Martinique. Combien de spectateurs ont vu *E.T.*?

6. Où travaillent les personnages du film? Pourquoi leur vie est-elle décrite comme une « tragi-comédie »? Qu'est-ce qui est tragique? Qu'est-ce qui est positif?

7. Quelles personnes ont joué un rôle important dans la vie de José?

8. Quelles valeurs est-ce que les Français apprennent à l'école? Avec quoi est-ce que ces valeurs sont difficiles à réconcilier?

Réactions

1. D'après vous, quels sont les thèmes importants du film?

2. Comment l'affiche du film illustre-t-elle les informations que vous avez trouvées dans le compte rendu?

3. Avez-vous déjà vu des films sur la relation d'un(e) adolescent(e) avec des adultes qui jouent un rôle important dans sa vie? Lesquels?

Questions de langue

1. Trouvez un synonyme dans le texte pour:
   a. un livre (paragraphe 1)
   b. censuré (paragraphe 2)
   c. un garçon (paragraphe 3)
   d. environ douze ans (paragraphe 3)
   e. un garçon qui n'a pas de parents (paragraphe 4)
   f. avoir beaucoup d'ambition (paragraphe 4)
   g. continuer ses études (paragraphe 4)
   h. les talents (paragraphe 4)

2. Pourquoi utilise-t-on un pronom après le mot « film » (ligne 12)? Comment pouvez-vous le traduire?

Visionnement d'une séquence
(sans son ni sous-titres)

Du début du film à la fin du combat d'animaux; l'extrait inclut le générique (*the credits*), le départ des ouvriers agricoles, les enfants et le combat du serpent et de la mangouste (0'18-3'37).

Compréhension

1. Qu'est-ce qui se passe dans cet extrait?

2. Quels objets et lieux avez-vous remarqués sur les vieilles cartes postales de la Martinique qui apparaissent au générique?

Réactions

1. Quels sons imaginez-vous pendant le générique?

2. Imaginez les recommandations de la grand-mère au garçon quand elle part travailler.

3. D'après vous, pourquoi les enfants sont-ils si agités quand ils assistent au combat des deux animaux (le serpent et la mangouste)? Pourquoi la fille et le garçon se disputent-ils?

Deuxième visionnement de la séquence
(avec son, sans sous-titres)

Lisez les questions ci-dessous, puis visionnez la scène une seconde fois en faisant bien attention à la bande-son. Répondez ensuite aux questions. Attention: le dialogue est difficile à comprendre parce qu'on entend du français et du créole (un mélange de français et de langues africaines). Essayez de déterminer si les personnages parlent français, créole, ou les deux langues.

Compréhension

1. Le narrateur dit que les enfants sont _____.
   a. indépendants
   b. seuls et libres
   c. contents

2. La grand-mère mentionne _____ à José avant de partir.
   a. les vêtements
   b. le repas
   c. les devoirs

3. Le vieil homme dit _____ à M'man Tine (la vieille femme).
   a. « Au boulot! »
   b. « Bonjour »
   c. « Ça va? »

4. Dans la rivière, l'adolescente (Tortilla) dit au jeune garçon (José): _____
   a. « Dépêche-toi, il faut arriver tôt au combat. »
   b. « Dépêche-toi, on va être en retard au combat. »
   c. « Dépêche-toi, tu vas manquer tout le combat. »

5. Tortilla dit aussi à José: « Si la mangouste gagne, tu me donnes _____, hein? »
   a. ta montre
   b. tes bonbons
   c. ton argent

6. Qui parle la langue suivante?

1. le français standard	a. la grand-mère
2. le français et le créole	b. les travailleurs
3. presque uniquement le créole	c. les adolescents
	d. le narrateur

You may have heard a variation on the verb **partir** in the children's dialogue after the adults have left. One of them says "yo pati," which is Creole for "Ils sont partis."

Réactions

1. Après avoir visionné le générique et la première séquence, est-ce que vous pensez que le film sera surtout _____? (Notez toutes les réponses qui conviennent.)
   a. une tranche de vie
   b. un film d'action
   c. un récit réaliste
   d. un récit exotique et romantique

2. Est-ce que les premières images du film correspondent à la manière dont vous imaginez la Martinique?

Préparation au visionnement du film

En regardant le film, faites attention aux aspects suivants et prenez des notes.

1. la façon dont la Martinique est représentée
   Quels paysages voit-on?
   Quelles couleurs prédominent?
   Est-ce que cette représentation correspond à l'idée que vous avez de la Martinique?

2. les langues qui sont utilisées dans le film
   Qui parle français et quand?
   Quand parle-t-on créole?

Viewing Tips

Notice:
- the colors used by the filmmaker; the elements of landscape she chose
- who uses French, Creole, or both; when Creole is used

Ask yourself:
- What types of people are found among the blacks and the whites?
- What are different ways in which the workers react to oppression?

Anticipate:
- difficulties understanding the dialogue because of the use of Creole

Références à consulter
• Liste de vocabulaire, page 58
• Votre dictionnaire personnel
(page 25, *Cahier*)

AVANT LE PROCHAIN COURS

1. *Rue Cases-Nègres:* Visionnez le film.

2. **Manuel:** Étudiez *L'imparfait* (pages 247–250) et faites les exercices des sections **Application immédiate 1** à **3**.

3. *Cahier:* Faites **Les mots pour le dire.**

LES MOTS POUR LE DIRE

Définitions

Le mot juste

Quels mots correspondent aux descriptions suivantes?

1. talentueux

2. ne pas dire la vérité

3. un système qui prive les gens de leur liberté et les fait travailler sans salaire

4. ce que fait quelqu'un qui accepte l'oppression (verbe)

5. ce que fait quelqu'un qui ne peut plus accepter l'oppression (verbe)

6. un endroit où travaillent les agriculteurs

7. un adjectif qui décrit quelqu'un qui n'abandonne pas

8. ce que font les parents quand leurs enfants font des bêtises (verbe)

9. ce que reçoit un bon élève pour poursuivre ses études

10. le fait de prendre quelque chose qui n'est pas à soi (verbe)

Vos définitions

Dans une scène du film, José explique brillamment la différence entre les verbes « chanter » et « caqueter ». Et vous, pouvez-vous expliquer la différence entre les mots suivants? Vous n'avez pas besoin de répondre de manière exhaustive et poétique comme José! Vous pouvez donner une définition et/ou un exemple.

1. « gratuit » et « libre »

2. « un concours » et « un examen »

3. « l'instruction » et « l'éducation » (Quel mot est plus spécifique?)

4. « la métropole » et « la France »

5. « passer » et « réussir » un examen

6. « tricher » et « plagier » (Quel mot est plus spécifique?)

Situations

Dans cette section, vous allez vous remémorer les activités de tous les jours de José, puis vous allez comparer votre vie à l'âge de douze ans à celle de José.

Refer to **Les prépositions avec les villes et les pays** (page 234) for help with prepositions preceding cities and countries. For other prepositions, refer to the Appendix on page 334.

La vie de José

Complétez les phrases en utilisant une des prépositions suivantes:

à	chez	dans	de	en	ou	Ø (pas de préposition)

Quand il avait une douzaine d'années, José vivait _____ (1) la Martinique, une île située _____ (2) la mer des Caraïbes. Il habitait _____ (3) une petite case avec sa grand-mère. _____ (4) le matin, José mettait son uniforme et il allait _____ (5) l'école _____ (6) pied. Comme M'man Tine était pauvre, il ne pouvait pas manger _____ (7) la cantine _____ (8) midi; il prenait son déjeuner _____ (9) Mme Léonce et il était parfois _____ (10) retard _____ (11) l'après-midi. Quand il rentrait _____ (12) l'école, il faisait ses devoirs, il rangeait la case et il préparait le repas. _____ (13) le soir, il rendait visite à son ami Médouze, qui lui racontait des histoires. Pour s'amuser, il organisait des combats d'animaux avec ses amis. Il rêvait d'aller _____ (14) Fort-de-France et _____ (15) France.

Et vous?

Comparez votre vie à l'âge de douze ans à celle de José. Avec un(e) partenaire, répondez aux questions oralement.

1. Où est-ce que tu habitais?

2. Ta maison était comment?

3. Où et comment est-ce que tu allais à l'école?

4. Tu portais un uniforme?

5. Où est-ce que tu prenais ton déjeuner?

6. Qu'est-ce que tu faisais après les cours?

7. Tu t'amusais comment?

8. De quoi est-ce que tu rêvais?

For 8., use **rêver de + nom** (rêver d'un bon travail) or **rêver de + infinitif** (rêver de travailler à l'étranger).

🔊 À l'écoute: La Martinique

1-10

Le texte que vous allez entendre présente quelques étapes importantes de l'histoire de la Martinique. Lisez les questions, puis écoutez le passage et vérifiez si vous avez compris en répondant aux questions.

1. Les premiers habitants de la Martinique étaient _____.
   a. des Indiens
   b. des Espagnols
   c. des Français

2. La Martinique a été découverte en _____.
   a. 1502
   b. 1635
   c. 1848

3. On a introduit l'esclavage pour exploiter _____.
   a. la banane
   b. l'ananas
   c. la canne à sucre

4. Les esclaves de la Martinique venaient surtout _____.
   a. d'Afrique du Nord
   b. d'Afrique occidentale
   c. d'Afrique orientale

5. L'esclavage a été aboli dans les colonies françaises _____.
   a. au dix-septième siècle
   b. en 1848
   c. en 1946

6. Quel territoire ci-dessous n'est pas un DOM (département d'outre-mer)?
   a. Haïti
   b. La Guadeloupe
   c. La Guyane

7. Beaucoup de jeunes Martiniquais partent en métropole _____.
   a. parce qu'il n'y a pas d'université à la Martinique
   b. parce qu'il y a des conflits ethniques
   c. à cause des difficultés économiques

8. Le poète martiniquais Aimé Césaire compare ce départ à _____.
   a. un exil
   b. un voyage initiatique
   c. un génocide

Les lieux du film

- Rivière-Salée: C'est l'endroit où habite et travaille M'man Tine.
- Petit-Bourg: C'est le village où José va à l'école primaire, à quelques kilomètres de Rivière-Salée.
- Fort-de-France: C'est la ville principale de la Martinique. C'est là que José va au lycée et que son ami Carmen travaille. Dans le film, on va de Rivière-Salée à Fort-de-France en bateau.

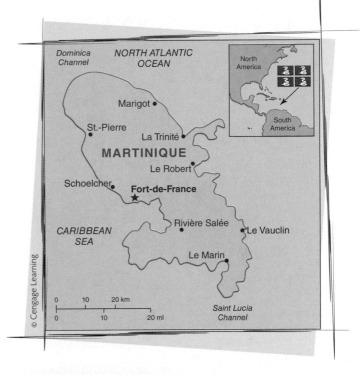

Martinique: la baie de Saint-Pierre et la montagne Pelée

AVANT LE PROCHAIN COURS

1. **Manuel:** Étudiez *Le passé composé* (pages 250–254) et *Le passé composé et l'imparfait* (pages 255–258) et faites les exercices des sections **Application immédiate 4** à **11.**

2. **Cahier:** Faites **Préparation à la discussion.**

DISCUSSION

Chronologie

Rétablissez la chronologie des scènes du film en les numérotant de 1 à 8. Puis mettez les phrases au passé composé et lisez les phrases à voix haute en classe pour vérifier la chronologie.

_____ a. José passe et réussit le certificat d'études, puis le concours des bourses.

_____ b. Les enfants boivent du rhum et mettent le feu aux cases.

_____ c. José assiste à l'arrestation de Léopold.

_____ d. Un jour, Médouze ne rentre pas chez lui. On le trouve mort dans un champ de canne à sucre.

_____ e. M'man Tine meurt.

_____ f. Les amis de José vont travailler dans les champs.

_____ g. José et M'man Tine s'installent à Fort-de-France.

_____ h. José obtient une bourse complète.

The **certificat d'études** was a difficult exam taken at the end of elementary school, around the age of thirteen. The students who failed became manual workers. Those who passed could get an office job (like Tortilla) or continue their studies (like José). The **lycée** was not free, so students from underprivileged backgrounds usually attended if they passed a competitive scholarship exam.

Quelques détails

Ajoutez quelques détails pour chaque phrase de la chronologie. Pour vous aider, répondez aux questions suivantes en français. Décidez si vous allez utiliser le passé composé ou l'imparfait.

a. Was it a full scholarship? Who else took the **certificat d'études**? Why didn't that student take the scholarship exam?

b. What were the adults doing when that happened? What happened as a result?

c. Who was Léopold? Why was he unhappy? Why did he steal some documents from the factory?

d. Who was Médouze? How did José feel about him? How did he feel when Médouze died?

e. How did M'man Tine die? Who was with her when she died?

f. What did José do when his friends were working? What did he want to do?

g. Why did they move to Fort-de-France? What was their home like? Who also lived in Fort-de-France?

h. What was M'man Tine able to do when José received a full scholarship?

Réactions

1. Comment la Martinique est-elle représentée dans le film? Sur quelles images la réalisatrice insiste-t-elle? Quelles couleurs utilise-t-elle? Pourquoi? Est-ce que cette représentation correspond à votre idée de la Martinique?

2. Décrivez la vie de M'man Tine et des habitants de Rivière-Salée. (Utilisez l'imparfait: Qu'est-ce qu'ils faisaient tous les jours? Quelles étaient leurs conditions de vie?)

3. Comment est-ce que M'man Tine élevait José? Qu'est-ce qu'il devait faire? Qu'est-ce qu'il pouvait / ne pouvait pas faire? Pourquoi est-ce qu'elle ne voulait pas que José travaille dans les champs? Qu'est-ce que vous pensez de cette attitude?

4. Qui était Médouze? Comment était-il considéré dans sa communauté et quelle importance a-t-il eue dans la vie de José?

5. Comparez ce que José a appris à l'école à ce qu'il a appris avec Médouze. D'après vous, est-ce que l'une de ces éducations est plus importante que l'autre?

6. Comment la situation familiale de Léopold a-t-elle affecté sa vie et ses relations avec les autres enfants? Qu'est-ce qui est arrivé à Léopold après la mort de son père?

Comment M'man Tine élevait-elle José?

7. Qu'est-ce qui a permis à José d'aller au lycée à Fort-de-France? Pourquoi est-ce que Tortilla n'y est pas allée?

8. Identifiez les personnages suivants et expliquez ce que José a appris à leur contact.

Mme Léonce   M. Roc

Carmen   Le professeur de lycée

Léopold

9. Comment imaginez-vous la vie de José après le film? D'après vous, comment différera-t-elle de la vie de ses amis Tortilla et Léopold?

10. Avez-vous remarqué quand le créole est utilisé dans le film?

11. Qu'est-ce que vous pensez de l'histoire et de la manière dont Palcy l'a filmée? Avez-vous été touché(e) ou horrifié(e) par un personnage ou une scène en particulier?

Et vous?

Comparez votre vie à celle de José. Discutez des questions suivantes avec un(e) camarade de classe.

1. Où et avec qui est-ce que tu vivais quand tu avais l'âge de José (une douzaine d'années)?

2. Qui étaient tes amis? Qu'est-ce que tu aimais faire avec eux?

3. Compare ton expérience à l'école à celle de José.

4. Quels étaient tes rêves et tes ambitions? Qu'est-ce que tu as fait pour les réaliser?

5. Quelles personnes ont eu une grande influence dans ta vie? Pourquoi?

6. Est-ce que tu as connu quelqu'un qui était un peu comme Médouze pour José?

7. Est-ce que tu as vécu des moments difficiles quand tu étais adolescent? (Vous n'êtes pas obligé(e) de répondre à cette question de manière trop personnelle. Vous pouvez parler d'un cours difficile, d'une dispute avec un(e) ami(e), d'un match perdu, etc.)

8. Est-ce que tu faisais beaucoup de bêtises? Raconte une bêtise que tu as faite.

🔊 À l'écoute: *Rue Cases-Nègres*
1-13

Ce soir, on montre le film *Rue Cases-Nègres* dans un ciné-club. Le président du ciné-club présente le film avant la projection. Écoutez sa présentation et vérifiez si vous avez compris en répondant aux questions qui suivent.

1. Le présentateur est heureux parce que(qu') _____.
   a. la réalisatrice assiste à la projection du film
   b. il y a beaucoup de spectateurs
   c. on inaugure une nouvelle salle

2. Le film est sorti en _____.
   a. 1996
   b. 1990
   c. 1983

3. C'est un classique du cinéma _____.
   a. français
   b. antillais
   c. guadeloupéen

4. Pendant les années 1930 à la Martinique, _____.
   a. il y avait trop de main-d'œuvre
   b. on avait besoin de travailleurs
   c. on exploitait les esclaves qui travaillaient dans les champs de canne à sucre

5. Le présentateur dit que M'man Tine était _____.
   a. fière et obstinée
   b. courageuse et dévouée
   c. orgueilleuse et combative

6. Il décrit José comme étant _____.
   a. cultivé et sérieux
   b. doué et curieux
   c. profiteur et bon élève

7. Quel personnage secondaire n'est pas mentionné?
   a. un béké conservateur
   b. un vieil homme plein de sagesse
   c. un maître d'école dévoué

8. Le décor du film est _____.
   a. magnifique
   b. sobre
   c. exotique

AVANT LE PROCHAIN COURS

1. ***Manuel:*** Étudiez *L'accord du participe passé* (pages 258–260) et *Le plus-que-parfait* (page 261) et faites les exercices des sections **Application immédiate 12 à 14.**

2. ***Cahier:*** Préparez **Pour aller plus loin.**

1-14, 1-15

POUR ALLER PLUS LOIN

Qui a dit quoi?

Les citations dans leur contexte

Notez quel personnage de la liste suivante a dit chaque phrase, puis expliquez la signification de chaque citation dans le contexte du film. Vous pouvez utiliser les noms des personnages plusieurs fois. Les citations 5 et 6 sont enregistrées sur votre *Audio Program*.

la caissière du cinéma	M'man Tine	le père de Léopold
José	le maître	le père de Tortilla
Léopold	la mère de Léopold	un travailleur

1. _____: « L'instruction est la clé qui ouvre la deuxième porte de notre liberté. »

2. _____: « C'est l'air à la mode, mon chéri. Ton père me l'a fait venir de France. »

3. _____: « Messieurs, mesdames! C'est le champ de canne qui a mangé la vie de mec Médouze. »

4. _____: « Ce n'est pas un nom de mulâtre, c'est un nom de Blanc. »

5. _____: « En vérité, M. le maître, je veux pas la pousser plus loin. Je veux pas du tout. Il y a les autres petits derrière. Et puis la receveuse des postes est d'accord pour essayer de lui trouver un petit travail. »

6. _____: « Ils ne savent pas quelle femme de combat je suis! Eh bien, je n'abandonnerai pas ce quart de bourse. On ira habiter à Fort-de-France, et tu iras à leur école! »

7. _____: « Quoi? Je te dis que je déteste cette race-là!... D'ailleurs, sauf ma couleur, je ne suis pas Nègre! J'ai un caractère de Blanc! »

8. _____: « Demain, je vais partir pour Fort-de-France en emportant avec moi ma rue Cases-Nègres. »

Source: Rue Cases Nègres © Euzhan Palcy. D'après le roman de Joseph Zobel

Réactions

1. Qu'est-ce que les citations ci-dessus et leur contexte révèlent sur…
   a. les relations coloniales?
   b. le rôle de l'instruction dans le film?

2. À partir des citations, remémorez-vous des exemples d'exploitation ou d'oppression dans le film. Est-ce que les exploiteurs viennent toujours du même milieu? Qu'est-ce que la réalisatrice voulait suggérer par cela?

3. Quelles attitudes envers leur situation et les valeurs des Blancs avez-vous remarquées chez les personnages noirs?

Photofest, Inc.

« Et ça n'a pas changé, mon fils, les békés gardent toutes les terres du pays. »

Médouze et José

José aimait bien écouter les histoires de Médouze. Dans le récit suivant, extrait du film, Médouze lui raconte l'histoire de ses ancêtres et lui explique comment l'esclavage s'est terminé.

L'histoire de Médouze

Décidez si Médouze utilise le passé composé ou l'imparfait, puis conjuguez le verbe.

The rebellions evoked in this text and the Revolution of 1848 in France led, that same year, to the abolition of slavery in the French colonies.

Cric/crac, yé cric/yé crac, misti cric/misti crac are formulas used to initiate story-telling and to keep the audience involved.

la brousse: *the bush*
la grande eau: *l'océan (allusion to the slave trade)*
les Nègres marrons: *fugitive slaves*
mornes: *Creole word that describes a small, isolated, rounded mountain in the West Indies*
des bâtons, des coutelas, des fusils, des flambeaux: *sticks, knives, guns, torches*
Saint Pierre: *ancienne capitale de la Martinique*
le ventre vide: *an empty belly*
fouetter: *to whip*

Médouze: Il _____ (1) (être) une fois à la Martinique, un vieux Nègre triste et laid. ... Tous les jours, le vieux Nègre _____ (2) (parler) de ce pays. Yé cric!

José: Yé crac!   5

Médouze: Yé misti cric!

José: Yé misti crac!

Médouze: Ce pays _____ (3) (s'appeler): Afrique. Le pays de mon papa, le pays du papa de ton papa. Cric!   10

José: Crac!

Médouze: ... Et le vieux Nègre disait encore: Je(J') _____ (4) (avoir) un grand frère, Ousmane, et une petite sœur, Sokhna. Les hommes blancs nous _____ (5) (chasser), nous _____ (6) (attraper) avec des lassos, et puis après des jours et des jours à travers la brousse°, ils nous _____ (7) (amener) au bord de la grande eau°. Et puis un jour, on nous _____ (8) (débarquer) icite, on nous _____ (9) (vendre) pour couper la canne de ces Blancs qu'on appelle békés. Yé cric!   15   20

José: Yé crac!

Médouze: Je(J') _____ (10) (être)   25 jeune garçon comme toi Médouze, lorsque tous les Nègres marrons° étaient descendus des mornes° avec des bâtons, des coutelas, des fusils, des flambeaux°. Ils avaient envahi la ville de   30 Saint Pierre°, incendié toutes les habitations. Pour la première fois, les Nègres voyaient les Blancs trembler, s'enfermer dans leurs belles maisons et mourir. C'est comme ça que l'esclavage est   35 fini. ... On _____ (11) (être) libre, mais on _____ (12) (avoir) le ventre vide°....

C'est comme ça que(qu') _____ (13) (parler) mon vieux papa. Et ça _____ (14) (ne pas changer), mon fils,   40 les békés gardent toutes les terres du pays. La loi interdit de nous fouetter°, mais ne les oblige pas à nous payer comme il faut.

Source: Rue Cases Nègres © Euzhan Palcy. D'après le roman de Joseph Zobel

Compréhension

1. Qui est le vieux Nègre mentionné dans le texte?
   a. Médouze
   b. le père de Médouze
   c. le grand-père de José

2. Où a vécu ce vieil homme (le vieux Nègre)?
   a. en Afrique
   b. à la Martinique
   c. en Afrique et à la Martinique

3. Qu'est-ce qui s'est passé à Saint Pierre?
   a. Une éruption volcanique a détruit la ville.
   b. Les esclaves ont mis le feu aux maisons.
   c. Les Blancs ont battu leurs esclaves.

4. Que pense Médouze?
   a. Il pense que l'abolition de l'esclavage a radicalement changé la condition des Noirs.
   b. Il pense que les Noirs sont encore exploités.
   c. Il pense que les Noirs sont encore victimes de violences physiques.

À l'écrit: Les mémoires de José

Imaginez que José, une fois adulte, écrit ses mémoires. Écrivez cinq phrases dans lesquelles José parle de Médouze et de l'importance qu'il a eue dans sa vie. Utilisez les temps du passé et le vocabulaire que vous avez appris dans le chapitre. Suivez les directives pour chaque phrase.

1. Faites une description physique de Médouze du point de vue de José.

2. Faites des commentaires généraux sur ce que Médouze faisait et disait.

3. Racontez un souvenir spécifique pour illustrer l'influence de Médouze sur José (comme la scène où Médouze a raconté l'histoire de ses ancêtres à José ou le jour de sa mort).

AVANT LE PROCHAIN COURS

Cahier: Faites **Préparation à la lecture.**

LECTURE

Discussion

1. Pour quelles raisons est-ce que les jeunes filles se mariaient souvent jeunes autrefois?

2. Comment imaginez-vous la vie d'une femme au foyer mariée à un homme qui consacre sa vie à sa carrière et à la politique?

3. Quelles attitudes peuvent avoir les Français de la Guadeloupe envers les métropolitains (les Français de la métropole/de France)?

Traversée de la mangrove

Le texte que vous allez lire est extrait du roman *Traversée de la mangrove* (1989), de Maryse Condé, écrivaine guadeloupéenne. L'histoire se passe dans les années 1980 dans un petit village de Guadeloupe, Rivière au Sel. Les habitants sont réunis pour veiller (*to watch over*) un homme qui vient de mourir. Pendant la veillée, Condé fait un portrait de chaque villageois, comme Dodose Pélagie, une vieille femme qui évoque sa vie d'adolescente et de jeune adulte.

L'adolescence

Contributions: *equivalent of the IRS*
à chaque congé: *for each vacation*
le tabouret: *stool*
nous nous sommes aperçus: *we realized*
nourrir sur des gammes: *to feed on scales*
a sangloté: *sobbed*
Dieu m'est témoin: *God is my witness*
Ce serait: *It would be*
raide: *stiff*
pas mal de sa personne: *rather handsome*
né... d'une malheureuse: *born to a poor, unfortunate woman*
Malgré cela: *In spite of that*
J'ai bégayé: *I stuttered*

Maryse Condé, *Traversée de la Mangrove*, Mercure de France, 1989

À quinze ans, quand j'allais par les rues de La Pointe, mes cheveux lâchés dans mon dos, les hommes me regardaient et leurs yeux brillaient. Au lycée, j'étais la première partout et les professeurs disaient que j'irais loin. Hélas, cette année-là, mon père qui travaillait aux Contributions° et qui, à chaque congé°, emmenait la petite famille en métropole, a été emporté par une fièvre typhoïde. Alors ma mère courage s'est vissée sur le tabouret° de son piano et s'est mise à donner des leçons aux enfants de ses relations. Très vite, nous nous sommes aperçus° que cela ne suffisait pas, car avec mes deux jeunes sœurs et mon petit frère, nous étions cinq. Cinq bouches à nourrir sur des gammes°, des arpèges et *Le Clavecin bien tempéré*. Je me demandais que faire pour lui venir en aide— entrer à l'École Normale pour devenir institutrice?—quand, un soir, elle m'a fait venir dans sa chambre. Sur une table basse, une lampe éternelle brûlait devant la photo de mon père, avec ses grandes moustaches et ses beaux cheveux coiffés à l'embusqué. Ma mère a sangloté°:

—Dieu m'est témoin° que je souffre en te proposant cela. Mais Emmanuel Pélagie est venu me parler de toi pour le bon motif. Ce serait° la manne dans notre désert!

Emmanuel Pélagie! Je le connaissais. Je l'avais vu précisément à l'enterrement de mon père, raide° comme un L sous le grand soleil de trois heures de l'après-midi. Emmanuel Pélagie est une grande fierté pour le pays. C'est un Nègre noir, pas mal de sa personne°, né sur le Canal Vatable d'une malheureuse°. Malgré cela°, il est devenu ingénieur des Eaux et Forêts et travaille quelque part en Afrique. J'ai bégayé°:

—Je ne veux pas partir en Afrique.

Ma mère m'a pris la main:

—Justement, il ne veut plus retourner là-bas. Il veut se fixer ici et trouver une femme.

J'ai hurlé:

—Pourquoi moi? Pourquoi moi? Ma mère s'est mise à pleurer. Deux mois plus tard, je me mariais.

Compréhension

1. Comment était Dodose Pélagie à quinze ans?

2. Pourquoi sa vie a-t-elle changé, et comment est-ce que sa mère s'est adaptée aux nouvelles circonstances?

3. Quelles étaient les options de Dodose Pélagie pour aider sa famille financièrement? Laquelle est-ce qu'elle a dû choisir?

4. Décrivez les origines, le physique (*the looks*) et la vie professionnelle d'Emmanuel Pélagie. Où travaillait-il avant de se marier avec Dodose Pélagie?

Questions de langue

1. Comment pourriez-vous reformuler ces expressions du texte (en utilisant un synonyme ou une expression équivalente)?
   a. j'étais la première partout (ligne 5)
   b. [mon père] a été emporté (ligne 10)
   c. [ma mère] s'est mise à donner des leçons (lignes 13–14)
   d. nous nous sommes aperçus (ligne 15)
   e. pour lui venir en aide (ligne 23)
   f. ce serait la manne [dans notre désert] (lignes 35–36)
   g. il veut se fixer ici (ligne 51)
   h. j'ai hurlé (ligne 53)

2. Premier paragraphe
   a. Notez les verbes à l'imparfait et expliquez leur emploi.
   b. Notez les verbes au passé composé et expliquez leur emploi.
   c. Notez une expression qui explique pourquoi le verbe « emmener » est à l'imparfait (ligne 9).
   d. Notez les mots qui annoncent le passage de l'imparfait au passé composé.

3. Dans le troisième paragraphe (qui commence par « Emmanuel Pélagie »), trouvez un verbe au plus-que-parfait et expliquez son emploi.

Le mariage

Dodose se souvient de son mariage avec Emmanuel Pélagie, au début des années 1950. Emmanuel était le directeur du Centre de Recherches Agronomiques et Fruitières de la Guadeloupe. Il faisait aussi de la politique et il militait pour l'indépendance de la Guadeloupe. Dodose vivait dans une belle maison et menait une vie aisée, mais elle n'était pas heureuse.

Deux ou trois années se passèrent comme cela, Emmanuel Pélagie courant à ses meetings politiques. Moi, m'occupant à ces mille riens qui composent la vie d'une petite-bourgeoise. À chaque instant davantage, je détestais mon mari. C'est qu'il disait une chose et en faisait une autre.

Sous ses beaux discours, il méprisait° secrètement ses compatriotes et ne se sentait en harmonie qu'°avec les métropolitains qui défilaient° à notre table. Il paradait devant eux, mettant sur l'électrophone des disques d'opéras, *La Flûte enchantée* ou *Madame Butterfly*. Jamais une biguine, une mazurka°! Lors des dîners, moi, je ne trouvais rien à dire aux métropolitains assis à mes côtés et je me demandais s'ils étaient vivants, si c'était du sang° qui coulait sous leur peau, s'ils n'étaient pas simplement de grands masques blancs, sans sexualité, ni sensibilité.

Pour la Guadeloupe, ce furent de drôles d'années que celles-là°! Dans l'ombre, des gens traçaient sur les murs des lettres étranges qui sonnaient comme des tocsins°. Des inscriptions injurieuses, « De Gaulle assassin »°, « À bas le colonialisme »° — un mot nouveau! J'entendais Emmanuel parler fermement d'usines et de chômage°, des ouvriers agricoles. Il se réunissait avec des hommes, médecins, avocats, hauts fonctionnaires comme lui, qui faisaient semblant° de parler créole entre eux et se permettaient de me dire:

—Dodose, sa kaye°?

Quand je pensais que quelques heures plus tard, Emmanuel allait nouer son nœud papillon° et chantonner *Madame Butterfly*, la rage me prenait. Un soir,

il méprisait: *he scorned*
ne... qu': *only*
qui défilaient: *who came and went*
une biguine, une mazurka: *local dances of the West Indies*
du sang: *blood*
ce furent de drôles d'années que celles-là: *these were strange years*
comme des tocsins: *like tolling bells*
« De Gaulle assassin »: *"De Gaulle (World War II general, then President of France [1958–1969]) is an assassin"*
« À bas le colonialisme »: *"Down with colonialism"*
chômage: *unemployment*
qui faisaient semblant: *who pretended*
sa kaye: *ça va bien*
son nœud papillon: *his bow tie*

le vol-au-vent de cabri: *goat in puff pastry*

à hauteur des toits rouillés: *close to the rusty roofs*

d'après les étreintes: *after love-making*

vivant comblée à présent: *who lacked nothing now*

On ne saurait vivre: *One cannot live*

effondrée: *in a daze*

en larmes: *in tears*

avait été frappé: *had been hit*

fut muté: *was transferred*

brisée: *ruined*

lors d'un de ces sempiternels dîners, je me suis trouvée assise à côté d'un jeune ingénieur des Eaux et Forêts. Il avait 45 des yeux pareils au ciel, un jour de beau temps. Bleus, en somme! Au moment du vol-au-vent de cabri°, il prit ma main sous la table.

Ah, Pierre-Henri de Vindreuil! Du 50 jour au lendemain, mon opinion sur les métro politains changea.

Pierre-Henri et moi, nous nous rencontrions dans son appartement de la tour de Massabielle, à hauteur des 55 toits rouillés° de La Pointe. La rumeur de la ville se mêlait à nos cris, puis à nos longues confidences d'après les étreintes°. Pour la première fois, je parlais de moi et quelqu'un m'écoutait. 60 Volupté infinie! Je parlais de ma mère, vivant comblée à présent°, car Emmanuel était très généreux avec elle. Je parlais du sacrifice que mes seize ans avaient consenti. De mon triste mariage. 65 Sur ce dernier point, Pierre-Henri ne me comprenait pas. Il s'étonnait:

—Il a l'air intelligent pourtant!

Ce n'est pas d'intelligence qu'une femme a besoin. On ne saurait vivre° 70 avec un génie. C'est de tendresse, d'amour!

Dans le bonheur où je nageais, rien ne vint m'avertir que le malheur sournois s'avançait. … 75

Un après-midi, Pierre-Henri m'annonça brutalement qu'il était rappelé à Paris. Je rentrai chez moi, effondrée°, pour trouver notre galerie pleine d'hommes et de femmes en 80 larmes°. Emmanuel Pélagie avait été frappé°, puis arrêté par les forces de l'ordre, lors d'une réunion politique, tenue malgré l'interdiction de la Préfecture. Il passa plusieurs jours à 85 la geôle. Quand il en ressortit, il fut muté°, pour des raisons disciplinaires, au Centre de Recherches de Rivière au Sel afin de s'occuper d'une plantation expérimentale de mahoganys du 90 Honduras. Sa carrière était brisée°. Rivière au Sel!

Je hais ce lieu d'ombre et d'humidité!

Compréhension

1. Quelle était l'attitude d'Emmanuel envers les métropolitains et les Guadeloupéens?

2. Que pensait Dodose des métropolitains et de leur culture avant de rencontrer Pierre-Henri?

3. Qui était Pierre-Henri de Vindreuil? Comment a-t-il transformé la vie de Dodose?

4. Deux malheurs sont arrivés à Dodose le même jour. Lesquels?

5. Pourquoi est-ce que Dodose habite à Rivière au Sel maintenant? Quelle est son opinion de cet endroit?

Refer to page 332 of the Appendix for an explanation of the **participe présent**.

Questions de langue

1. Dans les phrases suivantes, les verbes en caractères gras sont des participes présents (*present participles*), une forme souvent traduite par *-ing*.

   • Deux ou trois années se passèrent comme cela, Emmanuel Pélagie **courant** à ses meetings politiques. Moi, **m'occupant** à ces mille riens…

   • Il paradait devant eux, **mettant** sur l'électrophone des disques d'opéras…

   a. Traduisez ces phrases.

   b. Remplacez les expressions contenant des participes présents par des phrases avec un verbe conjugué; décidez quel temps vous allez utiliser.

2. Dans l'extrait sur le mariage, il y a des verbes conjugués qui ne sont pas au présent, à l'imparfait, au passé composé ou au plus-que-parfait. Ces verbes sont au passé simple, un temps littéraire qui correspond à peu près au passé composé.

   a. D'abord, notez ces verbes et devinez leur infinitif.
   b. Dans le dernier paragraphe, remplacez les verbes au passé simple par les mêmes verbes au passé composé.

Réactions

Refer to page 333 of the Appendix for an explanation of the **passé simple**.

1. Pourquoi est-ce que Dodose était malheureuse avec Emmanuel?

2. Quels exemples de nationalisme guadeloupéen sont cités dans le texte? Est-ce que Dodose considérait Emmanuel comme un vrai nationaliste?

3. Voyez-vous des parallèles entre l'attitude d'Emmanuel envers (*toward*) les métropolitains et l'attitude de certains personnages de *Rue Cases-Nègres*?

AVANT LE PROCHAIN COURS

Cahier: Faites **Préparation à l'écriture.**

INTERACTIONS

Sketch

Choisissez un sujet, préparez la scène et jouez-la devant la classe.

1. Conversation entre José et Médouze: José pose des questions à Médouze sur sa vie ou sur la vie en général. Médouze répond et lui donne des conseils.

2. Conversation entre José et Tortilla, son amie qui n'a pas pu aller au lycée à Fort-de-France: Lorsque José revient au village, Tortilla lui pose des questions sur le lycée et il l'interroge sur la vie au village. Ils parlent de leurs ambitions pour l'avenir.

This section contains activities that allow you to work creatively with the vocabulary and structures from the chapter.

3. Conversation entre M'man Tine et José: Ils discutent de ce qu'ils ont fait pendant la journée à Fort-de-France. M'man Tine insiste sur l'importance de l'instruction.

4. Conversation entre le professeur du lycée de Fort-de-France et un collègue: Il lui raconte qu'il a injustement accusé son élève, José, d'avoir triché. Il lui parle des circonstances de cet incident et lui dit ce qu'il a fait pour s'excuser. Pendant cette conversation, il évoque aussi les conditions de vie de M'man Tine et de José.

Exposé

Préparez un des sujets à la maison pour le présenter en classe.

1. Les amis de José croient à l'existence des zombies. Expliquez quelques superstitions qui existent dans votre culture.

2. Quand les adultes de *Rue Cases-Nègres* vont travailler dans les champs, les enfants en profitent pour faire des choses interdites et ils font parfois des bêtises. Racontez une bêtise que vous avez faite quand vos parents n'étaient pas là.

Photofest, Inc.

Pourquoi M'man Tine et José ont-ils mis leurs plus beaux vêtements?

3. Dans *Rue Cases-Nègres*, on assiste à la veillée funèbre de Médouze. Comparez cet événement à la manière dont on honore les morts dans votre culture.

4. Vous vous souvenez probablement de la scène où José impressionne son zmaître et ses camarades de classe en décrivant de manière complète et poétique la différence entre les verbes « caqueter » et « chanter ». Faites comme lui pour expliquer la différence entre « savoir » et « connaître ». Utilisez votre imagination!

> For **Exposé** 4., refer to page 335 of the Appendix for an explanation of the difference between **savoir** and **connaître**.

LISTE DE VOCABULAIRE

Adjectifs

> For extra practice with the vocabulary in this chapter, refer to the web quizzes at www.cengagebrain.com.

analphabète *illiterate*
arrogant(e) *arrogant*
combatif (-ive) *combative, with a fighting spirit*
doué(e) *gifted*
énergique *energetic*
exigeant(e) *demanding*
exploité(e) *exploited*
exploiteur (-euse) *exploitative*
fier (-ère) *proud*
fort(e) *strong*
gratuit(e) *free (opposite of* payant*)*
honnête/malhonnête *honest/dishonest*
(bien/mal) intégré *(well/badly) integrated*
intolérant(e) *intolerant*

juste/injuste *just/unjust*
libre *free (having liberty)*
métis(se) *of mixed race*
obstiné(e) *obstinate*
opprimé(e) *oppressed*
pâle *pale*
payant(e) *fee-based (opposite of* gratuit*)*
résigné(e) *resigned*
révolté(e) *rebellious*
sensible *sensitive*
sévère *strict*
soumis(e) *submissive*
tenace *tenacious*
travailleur (-euse) *hard working*
vif (-ive) *bright (for a person, a color)*

Noms

l'abolition (f.) *abolition*
un(e) ancêtre *ancestor*
les Antilles (f. pl.) *the West Indies*
un béké *white person born in the West Indies*
une bêtise *something stupid;* la bêtise *stupidity*
une bourse (partielle/complète) *(partial/full) scholarship*
la canne à sucre *sugar cane*
une cantine *school cafeteria*
une case *hut*
le certificat d'études *name of a French diploma*
un champ *field*
une colonie *colony*
un combat (de coqs) *(cock) fight*
un concours *competitive exam*
le créole *Creole (language)*
une devinette *riddle*
un diplôme *diploma*
une école primaire *primary school*
l'éducation (f.) *education*
un(e) élève *primary- or secondary-school student*
un enterrement *burial*
l'esclavage (m.) *slavery*
un(e) esclave *slave*
un examen *exam*
l'exploitation (f.) *exploitation*
la fierté *pride*
les frais (m. pl.) de scolarité *tuition*

une île *island*
un incendie *fire*
un instituteur, une institutrice *elementary school teacher*
l'instruction (f.) *schooling*
la justice/l'injustice (f.) *justice/injustice*
le lycée *high school*
un maître, une maîtresse *master; elementary school teacher*
un mensonge *lie*
un métis, une métisse *person of mixed race*
la métropole *the "mother" country, as opposed to the outlying territories*
un(e) mulâtre *mulatto*
l'oppression (f.) *oppression*
un patron, une patronne *boss*
une paye (paie) *paycheck*
un paysage *landscape*
une plantation *plantation*
une prière *prayer*
une punition *punishment*
les racines (f. pl.) *roots*
une rébellion *rebellion*
la résignation *resignation, i.e., acceptance of one's fate*
la résistance *resistance*
le rhum *rum*
la soumission *submission, obedience*
une superstition *superstition*
la traite des esclaves *slave trade*

Verbes

accuser quelqu'un de (faire) quelque chose *to accuse someone of (doing) something*
apprendre (comme *prendre*) *to learn*
apprendre quelque chose à quelqu'un *to teach someone something*
arrêter *to arrest; to stop*
casser *to break*
connaître (irrég.) *to know*
conseiller à quelqu'un de faire quelque chose *to advise someone to do something*
demander à quelqu'un de faire quelque chose *to ask someone to do something*

déménager (comme *voyager*) *to move (to change residence)*
élever (un enfant) (comme *acheter*) *to raise (a child)*
exploiter *to take advantage of*
faire une bêtise *to do something stupid, to get into trouble*
faire des études *to go to school*
faire la lessive *to do the laundry*
faire le repassage *to iron*
faire la vaisselle *to wash the dishes*
lutter *to fight*
mentir (comme *partir*) *to lie*
mettre le feu (à) (irrég.) *to set fire (to)*

Present tense verb conjugation is reviewed in the **Grammaire** (pages 237–232), and the Appendix on page 341 includes conjugation patterns. You will be referred to specific patterns in the Appendix every time an irregular verb is listed in the vocabulary lists.

Refer to page 335 of the Appendix for an explanation of the difference between savoir and connaître.

obtenir (comme *tenir*) *to get (a diploma, a scholarship)*
opprimer *to oppress*
passer (un examen, un concours) *to take (an exam, a competitive exam)*
plagier *to plagiarize*
porter (un nom) *to bear (a name); to carry*
poser (une question, une devinette) *to ask (a question, a riddle)*
poursuivre/continuer ses études (comme *suivre*) *to continue one's studies*
prier *to pray*
punir (comme *finir*) *to punish*
raconter une histoire *to tell a story*
recevoir (irrég.) *to receive, to get*
reconnaître (un enfant) (comme *connaître*) *to recognize (a child) legally*

résister (à) *to resist*
réussir (comme *finir*) *to succeed*
s'amuser *to play, to have fun*
savoir (irrég.) *to know*
se battre (irrég.) *to fight*
s'excuser, présenter ses excuses *to apologize*
s'installer *to settle*
se révolter (contre) *to rebel (against)*
se soumettre (à) (comme *mettre*) *to submit (to), to obey*
se venger (de) (comme *voyager*) *to take revenge (against)*
tricher *to cheat*
voler *to fly; to steal*

Prépositions et expressions adverbiales

à la Martinique/Guadeloupe *in Martinique/Guadeloupe*
aux Antilles *in the West Indies*
en Martinique/Guadeloupe *in Martinique/Guadeloupe*

en retard *late (in the sense of "later than planned")*

Vocabulaire supplémentaire

Noms

une allumette *match*
une amulette *amulet, charm*
un bol *bowl*
une cuillère *spoon*
un morne *hill, in Martinique*
un palmier *palm tree*
une pipe *pipe*
une poule *hen*
une veillée funèbre *wake*
un zombie *zombie*

Verbes

cirer *to polish*
fouetter *to whip*

Chapitre 3

DE L'ADOLESCENCE À L'ÂGE ADULTE

Persépolis

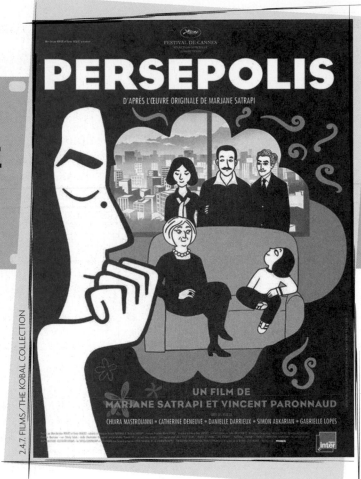

2.4.7. FILMS/THE KOBAL COLLECTION

Réalisateurs: Marjane Satrapi et Vincent Paronnaud, France (2007); 95 minutes

Persépolis is an animated film based on a popular graphic novel by Marjane Satrapi, an Iranian-born writer, artist, and director who lives and works in France. The autobiographical film follows Marjane from her childhood in Iran to her adolescence in Austria to her return to Iran as a young adult and her final move to France. In Iran Marji witnessed the Iranian Revolution of 1979 and the fall of the Shah, and she experienced life under the repressive Islamic Republic that followed (and is still in place today). In Austria and France she experienced culture shock and the loneliness of exile.

As you work through this chapter, you will acquire vocabulary useful for speaking about politics, war, and the experience of growing up. Reviewing articles, nouns, and adjectives will help you describe people and situations in more detail. The reading by Quebecois writer Monique Proulx also deals with the experience of exile and discovering a new city, Montreal.

Les personnages principaux: Marjane jeune adulte (voix de Chiara Mastroianni), Mme Tadji Satrapi (voix de Catherine Deneuve), M. Ebi Satrapi (voix de Simon Abkarian), la grand-mère de Marjane (voix de Danielle Darrieux), l'oncle Anouche (François Jerosme).

Les personnages secondaires: À Téhéran: Reza, le mari, l'oncle Taher, les voisins et les amis: Siamak, Mme Nasrine, Kia, Ramine, À Vienne: les amis Momo, Thierry, Olivier, Ève, Birgit, Fernando et Markus, la logeuse Frau Schloss et son chien Youki, Autres: Dieu et Karl Marx

LES PRIX DU FILM

- Prix du Jury au Festival de Cannes (2007)
- Six nominations aux Césars et deux Césars (2008): Meilleur premier film, Meilleure adaptation
- Nomination aux Oscars dans la catégorie Meilleur film d'animation (2008)

ENTRÉE EN MATIÈRE

Discussion

1. Quelles associations faites-vous quand vous entendez le mot « Iran »?

2. Pourquoi dit-on que l'adolescence est une période difficile de la vie? Quels changements ont lieu pendant l'adolescence?

3. Pour quelles raisons est-ce que certaines personnes choisissent de quitter leur pays d'origine pour s'installer à l'étranger?

4. À quelles difficultés est-ce que les immigrés sont généralement confrontés?

Note culturelle

ÉCRIRE OU FILMER EN FRANÇAIS

Le film *Persépolis* est l'adaptation d'une bande dessinée du même titre de Marjane Satrapi, une Iranienne naturalisée française. Satrapi a choisi d'écrire en français, même si ce n'est pas sa langue maternelle. Comme elle, d'autres écrivains connus ont adopté le français comme langue d'écriture. Ce phénomène n'est ni nouveau ni propre au monde francophone, mais il s'est intensifié avec la globalisation.

Marjane Satrapi est née en Iran en 1969. Elle a grandi à Téhéran et a commencé ses études secondaires au lycée français de cette ville. En 1979, la situation politique de l'Iran a changé et une république islamique a remplacé le régime du Shah. Les parents de Satrapi préféraient qu'elle vive dans un pays démocratique, donc ils l'ont envoyée au Lycée français de Vienne, en Autriche, à l'âge de 14 ans. Elle est ensuite rentrée dans son pays et elle a fait des études supérieures en art avant de retourner définitivement en France, où elle a travaillé comme graphiste, dessinatrice et réalisatrice. En Autriche et en France, on lui a posé beaucoup de questions sur son pays, et c'est la raison pour laquelle elle a décidé d'écrire *Persépolis*. Elle voulait surtout combattre les clichés, montrer que les Iraniens ne sont pas tous des intégristes religieux et rappeler que son pays a une longue histoire et une riche civilisation. Elle a écrit sa BD en français parce qu'elle voulait faire comprendre la situation de l'Iran dans son pays d'adoption.

Comme elle, un certain nombre d'étrangers célèbres ont adopté le français comme langue d'écriture. Pour certains, comme Tahar Ben Jelloun (Maroc) ou Leïla Sebbar (Algérie), le français était la langue de leur pays avant l'indépendance. D'autres, comme Milan Kundera (ex-Tchécoslovaquie), Jorge Semprun (Espagne) ou Irène Némirovsky (Russie) se sont réfugiés en France pour échapper à la répression politique dans leur pays d'origine et ont adopté le français pour oublier les mauvais souvenirs du passé ou pour rendre hommage à leur pays d'accueil. Samuel Beckett (Irlande) écrivait en français pour se distinguer de son célèbre compatriote James Joyce. Pour d'autres, le choix du français est une passion ou un défi personnel.

Certains de ces écrivains ont obtenu les plus grands honneurs dans leur langue d'adoption. Léopold Sédar Senghor (Sénégal), François Cheng (Chine) et Assia Djebar (Algérie) ont été élus à l'Académie française, une vieille institution qui compte parmi ses membres quarante personnalités (écrivains, scientifiques, médecins, religieux, militaires) qui se sont illustrés dans leur utilisation de la langue française. Le prix Goncourt, un prix littéraire prestigieux, a été attribué à quatre écrivains d'origine non francophone dans les vingt dernières années: Amin Maalouf (Liban, 1993), Andreï Makine (Russie, 1995), Jonathan Littell (États-Unis, 2006) et Atiq Rahimi (Afghanistan, 2008).

Ce phénomène n'est pas propre à la France. On le retrouve par exemple au Québec, où la scène littéraire compte des écrivains de nationalités très diverses. Ces échanges contribuent au développement personnel des écrivains concernés et à l'enrichissement de leur langue et culture d'adoption.

You will learn about immigrant writers who write in French in Quebec in the *Cahier*, Préparation à la lecture.

Compréhension

1. Où est-ce que Marjane Satrapi a vécu avant d'émigrer en France? Pourquoi a-t-elle quitté l'Iran pendant son adolescence?

2. Comment a-t-elle eu l'idée d'écrire *Persépolis*? Pourquoi l'a-t-elle fait en français?

3. Pour quelles raisons est-ce qu'on peut décider d'écrire dans une langue autre que sa langue maternelle?

4. Quelles sont des preuves de succès pour les écrivains non francophones qui écrivent en français?

Réactions

1. Imaginez les avantages et les inconvénients d'écrire dans une langue autre que sa langue maternelle.

2. Écrivez-vous parfois des histoires ou des remarques personnelles dans une autre langue? Si oui, pourquoi? Sinon, pensez-vous pouvoir le faire un jour?

Lecture d'un compte rendu sur le film

Voici un compte rendu du film paru dans le journal *Le Monde*. Lisez-le et répondez aux questions pour vérifier votre compréhension.

Préparation

Devinez la traduction de ces mots à partir de leur ressemblance avec des mots français ou anglais que vous connaissez.

1. chute (ligne 13)

2. hilarant (ligne 33)

3. installation (ligne 39)

4. rupture (ligne 48)

« Persépolis » ou la douleur° intime de l'exil

Jacques Mandelbaum

… La sélection de *Persépolis* en compétition [au festival de Cannes] … fait découvrir au spectateur une dimension rarement utilisée dans le dessin animé, celle de l'autofiction. 5

Persépolis est l'adaptation par Vincent Paronnaud et Marjane Satrapi de la bande dessinée° en quatre volumes et à succès réalisée par cette dernière 10 entre 2000 et 2003 (éd. L'Association), dans laquelle elle évoque un fragment décisif de sa vie, de la chute du régime du Chah° en Iran en 1978 (Marjane a 8 ans) jusqu'à l'exil en Autriche de 15 l'adolescente rebelle qu'elle est devenue six ans plus tard… Ce film témoigne de qualités humaines et artistiques qui le destinent, bien au-delà° de la trame historique° et du drame intime, à un public 20 universel.

L'histoire est celle d'une petite fille issue d'une famille d'intellectuels de Téhéran, sur la famille et la nation de laquelle la chape théocratique 25 de l'intégrisme va brusquement se

Le Monde, 25 mai 2007

la douleur: *the pain*
bande dessinée: *comic book, here graphic novel*
Chah: *another spelling for Shah, the title for the hereditary monarch of Iran*
bien au-delà: *way beyond*
trame historique: *historical plot*

sur la famille… se refermer: *whose family and nation will soon be heavily oppressed by theocracy and fundamentalism*

mettent à l'abri: *shelter*

couve, et la cueille: *lurks and hits her*

à son retour au bercail: quand elle rentre à la maison

les mollahs: *mullahs (Muslim religious leaders)*

à l'encontre de: contre

How to Answer Questions about a Reading

Avoid general answers by referring to specifics in the passage. Note line numbers in your responses so you can refer your classmates to the words you are citing.

refermer°. Marjane, qui hésitait entre devenir Bruce Lee ou prophète, se retrouve à 14 ans à Vienne, où ses parents la mettent à l'abri°. 30

Une nouvelle vie commence pour la jeune femme, entre choc culturel passablement hilarant, conversion punk et catastrophes amoureuses. La dépression couve, et la cueille° à son retour au bercail°, où un mariage raté et l'étude des arts plastiques selon les canons en vigueur dans le pays des mollahs° précipiteront son installation en France. 35

La suite de l'histoire ne fait pas partie du film, mais elle est connue: Marjane Satrapi devient française, dessine, et réalise un film qui nous 40 parle, avec des voix françaises (celles de Chiara Mastroianni, Catherine 45 Deneuve, Danielle Darrieux, Simon Abkarian, Gabrielle Lopes), de l'exil. L'exil comme rupture et réappropriation, comme douleur intime et émancipation de la loi commune. 50

Téhéran a protesté contre la sélection de *Persépolis* à Cannes, voyant dans ce film une charge contre le régime. Le ministère des affaires étrangères français a répondu que cette sélection est 55 « *une décision artistique* » (*Le Monde* des 23 et 24 mai). Marjane Satrapi dit avoir réalisé « *un film humaniste, qui va à l'encontre de*° *tous les clichés sur l'Iran.* » 60

Compréhension

1. Comment est-ce que *Persépolis* diffère d'un dessin animé classique? Sur quoi est basé le film?

2. Quelle est la nationalité de la protagoniste, Marjane?

3. Où est-ce que Marjane est allée à quatorze ans et pourquoi? Qu'est-ce qui s'est passé là-bas?

4. Qu'est-ce que Marjane a fait quand elle est rentrée dans son pays? Est-elle rentrée définitivement?

5. Quels sont les deux aspects de l'exil qui sont révélés par l'histoire de Marjane Satrapi?

6. Comment est-ce que le gouvernement iranien a réagi quand le film a été sélectionné au festival de Cannes?

Réactions

1. D'après le résumé que vous venez de lire, quels aspects de l'histoire de Marjane vous semblent universels?

2. Imaginez pourquoi l'exil était difficile pour Marjane.

3. Quels clichés est-ce qu'on associe souvent à l'Iran? Imaginez comment la réalisatrice peut combattre ces clichés dans son film.

Visionnement d'une séquence
(sans sous-titres)

L'extrait (0'–5':30) inclut deux scènes dans des aéroports, une fête, une scène dans un appartement et une manifestation dans la rue.

Compréhension

1. À quel aéroport est la jeune fille dans la première scène, et où veut-elle aller?

2. Qu'est-ce qui se passe dans les toilettes?

3. D'après vous, pourquoi est-ce qu'on passe d'une scène en couleur à des scènes en noir et blanc? Où se passent les scènes en noir et blanc?

4. Quels aspects de la vie sociale et de la vie politique en Iran sont montrés dans les premières scènes?

5. Selon vous, quel est le rapport entre la jeune fille du début et la petite fille à Téhéran?

6. Comment pouvez-vous décrire la personnalité de la petite fille? Dans quel milieu social vit-elle?

Deuxième visionnement de la séquence
(avec son, sans sous-titres)

Lisez les questions ci-dessous, puis visionnez la partie en noir et blanc une seconde fois (2'57–5'30) en faisant bien attention à la bande-son. Répondez ensuite aux questions.

Compréhension

Après le visionnement, notez la bonne réponse.

1. Nioucha, la jeune fille qu'on attend à l'aéroport de Téhéran, arrive de ____.
   a. Paris
   b. Vienne
   c. Londres

2. Quand elle était jeune, la narratrice aimait ____.
   a. les bonbons
   b. les frites avec du ketchup
   c. le basketball

3. Le héros de la narratrice quand elle était jeune était ____.
   a. son père
   b. sa grand-mère
   c. Bruce Lee

4. Pendant la fête, l'homme moustachu et la femme aux lunettes parlent de ____.
   a. leurs enfants
   b. quelqu'un qui est en prison
   c. l'ambiance de la fête

5. Pendant que sa grand-mère tricote (*knits*), la petite fille ____.
   a. lui lit une charade
   b. fait des résolutions pour l'avenir
   c. parle de ses amies

6. La petite fille aimerait ____.
   a. avoir de meilleures notes à l'école
   b. regarder la télévision
   c. que les personnes âgées ne souffrent pas

7. Dans la rue, les manifestants (= les gens qui protestent) crient ____.
   a. « À bas le Shah! »
   b. « Vive le Shah! »
   c. « Le pouvoir au Shah! »

8. L'homme moustachu est ____.
   a. contre les manifestants
   b. pour les manifestants
   c. indifférent à la situation

Réactions

1. Qu'est-ce qui a changé entre le passé à Téhéran et le présent (quand la jeune fille attend à l'aéroport)?

2. Quels vont être les thèmes et la structure du film d'après cette première séquence?

Préparation au visionnement du film

En regardant le film, faites attention aux aspects suivants et notez vos observations.

1. La structure: Pourquoi Marjane est-elle à l'aéroport au début du film? Va-t-elle partir quelque part? Qu'est-ce qui se passe dans la dernière scène à l'aéroport? Combien de parties y a-t-il dans le film? Qu'est-ce qui différencie les scènes dans le présent et dans le passé?

2. Les thèmes: Quelles sont les étapes importantes de l'évolution de Marjane? Est-ce que les cultures européenne et iranienne sont représentées de manière équilibrée ou non?

3. Le style: Quel est l'effet de l'utilisation du noir et blanc et de la voix off? Quelles sont les différences stylistiques entre les scènes de guerre et de violence et les scènes représentant la vie de Marjane? Reconnaissez-vous des allusions à des films ou à des tableaux?

Viewing Tips

Notice:
- the changes in Iran after the downfall of the Shah
- how Marjane is perceived by people in Vienna
- the transitions from the past to the present

Ask yourself:
- What is the effect of the use of black and white?
- How does Marjane's life compare to the life of a typical teenager?

Anticipate:
- some violence
- some crude language from the main character and her grandmother
- (at the beginning) some criticism of American and British support for the Shah

---

AVANT LE PROCHAIN COURS

1. **Persépolis:** Visionnez le film.

2. **Cahier:** Faites **Les mots pour le dire.**

3. **Manuel:** Étudiez *Les noms* (pages 263–264) et faites l'exercice de la section **Application immédiate 1**.

LES MOTS POUR LE DIRE

Définitions

Le mot juste

Quels mots de la **Liste de vocabulaire** (pages 82–84) correspondent aux définitions suivantes?

1. adjectif décrivant une personne qui n'accepte pas l'autorité
2. synonyme de « film d'animation »
3. un conflit armé entre deux pays
4. ce qu'on prend pour se soigner quand on est malade
5. dire les choses franchement sans s'inquiéter de la réaction des gens
6. expression signifiant « souffrir d'être loin de son pays et de sa famille »
7. le fait de sortir d'une dépression et d'apprécier à nouveau la vie
8. ce qu'on fait aux opposants politiques sous un régime répressif
9. quitter son pays définitivement ou pour très longtemps
10. expression signifiant « en dehors de son pays d'origine »

Vos définitions

Inventez des définitions pour trois autres mots de la **Liste de vocabulaire** (pages 82–84).

Associations

Éliminez le mot qui ne va pas avec les autres. Utiliser la **Liste de Vocabulaire** et le **Vocabulaire supplémentaire,** pages 82–84.

1. digne	intègre	lâche	honnête
2. ignorant	cultivé	vulgaire	grossier
3. foulard	voile	témoin	cagoule
4. manifestation	ombre	émeute	révolte
5. chagrin	souffrance	dépression	guerre
6. hôpital	internat	médicament	médecin
7. oublier	se souvenir	se rappeler	se remémorer
8. s'enfuir	dessiner	s'exiler	partir

Structures: Les verbes *quitter (se quitter)* et *partir*

Lisez les explications sur l'emploi des verbes **quitter** et **partir** (*Appendix*, pages 334–335), et complétez les phrases suivantes avec le verbe approprié à l'imparfait, au passé composé, au plus-que-parfait ou à l'infinitif.

1. Quand elle était adolescente, Marjane _____ en Autriche pour faire ses études secondaires au Lycée français de Vienne. Cette expérience a été difficile parce qu'elle _____ (utilisez la négation **ne ... jamais** avec le verbe) ses parents auparavant.

2. À Vienne, elle s'est disputée avec les religieuses qui la logeaient, alors elle _____ de l'internat et elle a trouvé une chambre chez un professeur de philosophie.

3. L'oncle Anouche _____ l'Iran pour des raisons politiques. Il _____ très vite parce qu'il était recherché par la police du Shah.

4. En Iran, Marjane et sa famille _____ leur appartement de temps en temps pour aller à des fêtes.

5. Marjane était déçue par son mari, Reza, alors elle l'(le) _____. Marjane et Reza _____ après quelques mois de mariage.

6. Au début du film, Marjane rêvait de _____ à Téhéran pour rendre visite à sa famille.

Et vous?

Discutez des questions suivantes avec un(e) camarade de classe.

1. Où est-ce que tu as grandi? Tu as souvent déménagé?

2. À quel âge est-ce que tu as quitté ta famille pour la première fois? Tu as réagi comment?

3. D'après toi, quels sont les avantages et les inconvénients de faire ses études dans un internat? Est-ce que tu as fait une partie de tes études dans un internat? Si non, est-ce que tu avais envie d'aller dans un internat?

4. Est-ce que tu es parti(e) ou est-ce que tu as envie de partir à l'étranger pour faire tes études ou pour travailler? D'après toi, quels sont les aspects positifs et négatifs d'un séjour à l'étranger?

5. Est-ce que tu as une opinion sur le port du voile par les femmes musulmanes dans les lieux publics? Quelle est l'attitude face au port du voile dans les écoles et universités américaines? Est-ce que tu sais si on est plus ou moins tolérant dans ce domaine en France?

6. En 2011 il y a eu beaucoup d'émeutes et de manifestations dans le monde arabe. Est-ce que tu te rappelles où et pourquoi ces événements ont eu lieu?

🔊 À l'écoute: le contexte historique de *Persépolis*

1-17 L'histoire occupe une place importante dans le film *Persépolis* et dans la vie de Marjane et de sa famille. Marjane Satrapi a choisi *Persépolis* comme titre de son film parce que l'Iran s'appelait autrefois la Perse et avait comme capitale la ville de Persépolis, près de la capitale actuelle, Téhéran. Au début du film, le père de Marjane lui rappelle la grandeur de la civilisation perse et il lui explique l'histoire de son pays pour qu'elle puisse comprendre les événements présents. Le paragraphe que vous allez entendre est une brève présentation de l'évolution de l'Iran au vingtième siècle.

1. Pendant la plus grande partie du vingtième siècle, l'Iran était _____.
   a. une monarchie
   b. une république
   c. une république islamique

2. Le nom « Shah » est le nom donné _____ iranien.
   a. à un dignitaire religieux
   b. au président
   c. au roi

3. Le grand-père de Marjane était _____.
   a. un Kadjar
   b. un Pahlavi
   c. un Shah

4. Les Shahs Pahlavi ne voulaient pas _____.
   a. associer la religion et la politique
   b. moderniser l'Iran
   c. améliorer la condition des femmes iraniennes

5. Les opposants au régime du Shah avaient en commun _____.
   a. les valeurs démocratiques
   b. le désir d'établir une république islamique
   c. le désir de libérer leur pays des influences étrangères

6. En 1978, il y a eu _____.
   a. une crise économique en Iran
   b. des émeutes en Iran
   c. un conflit entre l'Iran et la Grande-Bretagne

7. Après la chute de son régime, le Shah _____.
   a. a été emprisonné
   b. a été exécuté
   c. s'est exilé

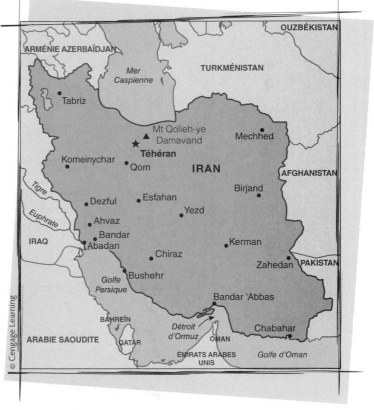

8. Le régime qui a succédé au Shah _____.
   a. a voté des lois conformes au Coran
   b. a collaboré avec tous les groupes qui s'étaient opposés au Shah
   c. a collaboré avec les communistes

AVANT LE PROCHAIN COURS

1. *Manuel:* Étudiez *Les articles, Les expressions de quantité, Les adjectifs démonstratifs, Les adjectifs possessifs, Les adjectifs qualificatifs (Le genre et le nombre)* (pages 264–271) et faites les exercices des sections **Application immédiate 2** à **5**.

2. *Cahier:* Faites **Préparation à la discussion**.

DISCUSSION

Chronologie

Rétablissez la chronologie des scènes du film en les numérotant de 1 à 8. Puis, mettez les phrases au passé composé ou à l'imparfait, et lisez les phrases à voix haute en classe pour vérifier la chronologie.

___c___ a. L'Irak fait la guerre à l'Iran.

___b___ b. L'oncle Anouche est emprisonné et exécuté.

___g___ c. Marjane se marie et divorce peu après.

___d___ d. Les parents de Marjane décident de l'envoyer à Vienne.

___h___ e. La mère de Marjane lui conseille de quitter l'Iran définitivement.

___e___ f. Marjane rentre en Iran parce qu'elle est gravement malade.

___a___ g. Le régime du Shah d'Iran est remplacé par une république islamique.

___f___ h. Marjane fait une dépression nerveuse, puis elle suit des cours à l'université.

Quelques détails

Ajoutez quelques détails pour chaque phrase de la chronologie. Faites attention à bien utiliser les temps du passé (l'imparfait, le passé composé et le plus-que-parfait).

Réactions

1. Comment le film est-il structuré? Combien de parties peut-on distinguer? Quel titre pouvez-vous donner à chaque partie?

2. Quels moments importants de l'histoire iranienne sont mentionnés dans le film, et quels sont les rapports entre l'histoire politique et la vie de la famille de Marjane?

3. Décrivez la famille de Marjane et sa vie d'enfant en Iran.

4. Comment est-ce que la vie a changé quand la République islamique a été instaurée? (Pensez à l'école, à l'université, à la vie culturelle et sociale, aux relations entre garçons et filles.)

5. Pourquoi est-ce que ses parents ont décidé de l'envoyer en Europe? Quelles difficultés a-t-elle eues pour s'adapter? Quel genre de personnes a-t-elle fréquentées?

6. Qu'est-ce qui avait changé en Iran quand elle est rentrée apres son séjour en Autriche? Qu'est-ce qu'elle a fait quand elle est rentrée en Iran?

Pourquoi est-ce que la mère de Marjane pleure?

Photofest

7. Quelle importance est-ce que son oncle Anouche a eue dans sa vie?

8. Quelle place est-ce que sa grand-mère a occupée dans sa vie? Quels conseils est-ce qu'elle lui donnait (utilisez l'impératif)? Quand est-ce qu'elle lui a fait des reproches?

9. Racontez les histoires d'amour de Marjane: Avec qui est-elle sortie? Qu'est-ce qui s'est passé?

10. Pourquoi est-ce que Marjane Satrapi a écrit son histoire et réalisé le film, d'après vous? Comment a-t-elle représenté les cultures occidentale et iranienne?

11. Qu'est-ce que vous pensez du film? De quelle scène est-ce que vous vous souvenez le mieux?

12. Est-ce que le genre du film d'animation est un bon choix pour cette histoire? Pourquoi (pas)?

Et vous?

Discutez des questions suivantes avec un(e) camarade de classe.

1. Quelles sont les différences entre ta vie de jeune adulte et celle de Marjane et de ses amis en Iran au début des années 1990?

2. Est-ce que tu peux t'identifier à Marjane? Pourquoi (pas)?

3. Marjane a découvert la vie alternative de Vienne avec ses amis de lycée. Et toi, tu as découvert des idées ou des manières de vivre différentes au lycée ou à l'université?

4. Est-ce que tu comprends la dépression de Marjane au milieu du film ou est-ce que tu penses qu'elle manquait de courage?

5. Marjane n'hésite pas à exprimer ses opinions dans des situations potentiellement dangereuses (quand elle parle à sa prof de religion, par exemple, ou au conseil des étudiants de l'université). Est-ce que tu as déjà exprimé des opinions courageuses? Donne un exemple et explique ce qui s'est passé après.

6. Qui a eu une influence déterminante dans ta vie?

◀))
1-20

À l'écoute: *Persépolis*

La conversation que vous allez entendre est un entretien fictif entre un journaliste et Marjane Satrapi basé sur quelques entretiens réels. Écoutez la discussion et vérifiez si vous avez compris en répondant aux questions de l'exercice ci-dessous.

1. Marjane Satrapi a fait un film adapté de sa BD *Persépolis* parce qu'_____.
   a. elle avait toujours voulu le faire
   b. on lui a proposé beaucoup d'argent
   c. elle aimait l'idée de travailler avec son co-réalisateur, Vincent Paronnaud

2. Dans leur adaptation de la BD, les co-réalisateurs ont développé le thème de _____.
   a. l'exil
   b. la guerre
   c. l'extrémisme religieux

3. Un des buts de Marjane Satrapi était de _____.
   a. montrer que les Iraniennes n'ont pas de liberté
   b. critiquer l'état des universités iraniennes
   c. présenter une image équilibrée de la société iranienne

4. La réalisatrice voulait aussi montrer que _____.
   a. les policiers étaient trop violents
   b. personne n'était totalement méchant
   c. les fêtes étaient interdites

5. Qui est diabétique?
   a. un jeune policier
   b. la mère d'un policier
   c. la grand-mère d'un policier

6. Les deux réalisateurs ont choisi des images _____.
   a. réalistes
   b. impressionnistes
   c. stylisées

7. Ils se sont inspirés du cinéma _____.
   a. allemand
   b. italien
   c. japonais

8. Au début du film, Marjane était à l'aéroport d'Orly parce qu'elle _____.
   a. allait partir pour Téhéran
   b. attendait quelqu'un qui arrivait d'Iran
   c. rêvait d'aller en Iran

AVANT LE PROCHAIN COURS

1. **Manuel:** Étudiez *La position des adjectifs, Le comparatif des adjectifs, Le superlatif des adjectifs* (pages 271–274), et faites les exercices des sections **Application immédiate 6** à **8**.

2. **Cahier:** Préparez **Pour aller plus loin**.

POUR ALLER PLUS LOIN

Qui a dit quoi?

Les citations dans leur contexte

Notez quel personnage de la liste suivante a dit chaque phrase, puis expliquez la signification de chaque citation dans le contexte du film. Vous pouvez utiliser les noms des personnages plusieurs fois.

un(e) ami(e) de Marjane à Vienne	Marjane	l'oncle Anouche
un étudiant à Téhéran	la mère de Marjane	le père de Marjane
la grand-mère de Marjane	Mme Nasrine (la voisine des Satrapi)	un policier

1. _____: « Tu as vu qu'ils préparent les élections pour bientôt?

   _____: —Il faut faire confiance aux gens. Après toutes ces années de dictature ils feront tout pour conserver leur liberté. »

2. _____: « J'ai beaucoup souffert. J'ai élevé mes cinq enfants avec les larmes de mes yeux. Maintenant ces messieurs veulent me prendre mon aîné contre cette clé. »

3. _____: « Allez, descends! Papiers d'identité, carte grise, permis de conduire.

   _____: —OK, OK.

   _____: —Approche-toi, souffle! T'as bu.

   _____: —Non, pas du tout.

   _____: —Tu te fous de moi. Ça se voit à ta cravate, espèce de sale ordure occidentalisée.

   _____: —Ça suffit, petit. Ça fait vingt ans que je travaille pour ce pays, et tu oses me parler comme ça! »

4. _____: « Qu'est-ce que je vais m'emmerder avec mes parents à Monte Carlo!

   _____: —Monte Carlo, ça va encore. Je te dis pas la galère. Moi, je dois aller voir mon père au Brésil. J'ai au moins treize heures de vol! »

5. _____: « Alors comme ça tu es française?

   _____: —Mamie, arrête!

   _____: —Non, c'était juste une question. Je savais pas que tu étais française, c'est tout.

   _____: —Si tu crois que c'est facile d'être iranienne ici. »

6. _____: « Aussi je demande aux demoiselles ici présentes de porter des pantalons moins larges et des cagoules plus longues. Qu'elles couvrent bien leurs cheveux et qu'elles ne se maquillent pas. »

7. _____: « J'ai toujours voulu que tu deviennes indépendante, éduquée, cultivée, et voilà que tu te maries à vingt et un ans. Je veux que tu partes d'Iran, que tu sois libre et émancipée. »

8. _____: « Écoute-moi bien. Moi je l'ai fait il y a cinquante-cinq ans. Et je peux te dire qu'à l'époque, personne ne divorçait. »

Le français parlé

Retournez aux citations de **Qui a dit quoi?** et faites les activités suivantes.

1. Soulignez les expressions qui sont en français familier. Expliquez-les en proposant un synonyme, une paraphrase ou une traduction.

2. Imaginez comment les personnages prononcent les citations de **Qui a dit quoi?** Puis écoutez les citations 4 et 5 sur votre *Audio Program* et répétez-les comme vous les entendez en vous mettant dans la peau des personnages.

1-21, 1-22

Source: PERSÉPOLIS, un film animé de Marjane Satrapi et Vincent Paronnaud, 2007 Sony Pictures Classics.

Réactions

1. Qu'est-ce que les citations de **Qui a dit quoi?** révèlent sur la vie sous la République islamique?

2. Comment est-ce que les idées exprimées par la mère et la grand-mère de Marjane (citations 7 et 8) diffèrent de l'idéal féminin du régime?

3. Qu'est-ce que les citations 4 et 5 révèlent sur les difficultés d'adaptation de Marjane en Autriche? Pourquoi est-ce qu'elle a eu du mal à s'intégrer?

4. Avez-vous essayé de vous intégrer à un groupe déjà constitué? Comment avez-vous fait?

Les histoires d'amour de Marjane: Markus

Dans le film *Persépolis*, Marjane raconte avec humour ses premières relations amoureuses, en particulier celle avec Markus à Vienne.

1. Remémorez-vous l'histoire d'amour de Marjane et Markus en lisant le paragraphe suivant. Complétez-le en mettant les verbes entre parenthèses à l'imparfait.

Marjane (1) _____ (être) très amoureuse de Markus. Elle le (2) _____ (trouver) beau comme un cœur, généreux, brillant et courageux. Il (3) _____ (sembler) avoir bon caractère. Ils (4) _____ (aimer) danser ensemble et ils (5) _____ (faire) des batailles de boules de neige. Marjane (6) _____ (penser) que Markus (7) _____ (être) l'homme de sa vie. Voici comment elle (8) _____ (parler) de leur relation: « J'avais enfin trouvé l'amour. Plus rien ne m'(9) _____ (effrayer, *to scare*) et l'avenir me (10) _____ (paraître) radieux. Markus

(11) _____ (aller) être un grand écrivain.
Nous (12) _____ (se retrouver) dans sa
chambre où il m'/me (13) _____ (lire)
les extraits de sa pièce. Nous ne
(14) _____ (faire) qu'un. »

2. Décrivez l'image ci-contre et expliquez comment
   elle exprime le bonheur de Marjane. Pour vous
   aider, répondez aux questions suivantes et consultez le **Vocabulaire utile**.
   a. Pourquoi est-ce que la route est ondulée?
      (À quoi ressemble-t-elle?)
   b. De quels styles sont les bâtiments? Pourquoi
      est-ce qu'ils ne sont pas droits?
   c. Quel élément du dessin est le plus lumineux?
      Pourquoi?
   d. Quels autres détails rendent l'atmosphère romantique?
   e. Quelles références orientales trouve-t-on dans ce dessin? Pourquoi
      sont-elles là?

3. Comment a fini la relation entre Marjane et Markus? Comment est-ce que le
   regard de Marjane sur Markus a changé? (Retournez à la description de Markus
   dans #1 et expliquez comment Marjane le décrivait après leur rupture.)

Sony Pictures Classics/Photofest

« *Un matin du mois de novembre, ce fut au tour de
Markus d'entrer dans ma vie.* »

Vocabulaire utile (2.)

**beau comme un
  cœur:** *très beau*
ciel: *sky*
étoile: *star*
occidental: *western*
oriental: *eastern*
**tapis magique/
  volant:** *magic/
  flying carpet*
voler: *to fly*

Vocabulaire utile

avare: *stingy*
déception amoureuse: *heartbreak*
échec: *failure*
infidèle: *unfaithful*
lâche: *cowardly*

laid (comme un pou): *très laid*
  [**pou:** *louse*]
rompre: *to break up*
une rupture: *a breakup*
se séparer: *to separate*
tromper: *to cheat (on)*

4. Comment est-ce que les réalisateurs créent l'humour dans cet épisode?

5. Quel impact est-ce que cette relation a eu sur Marjane?

À la recherche de l'âme sœur

Vous allez lire quelques annonces de rencontre (*personal ads*) du magazine
Le Nouvel Observateur. Elles contiennent beaucoup d'adjectifs qui décrivent la
personne qui cherche l'âme sœur et la personne recherchée.

1. Voici quelques adjectifs qui apparaissent dans les annonces que vous allez lire.
   Remarquez qu'ils sont abrégés. Les reconnaissez-vous? Écrivez les formes
   masculine et féminine de ces adjectifs sur une feuille séparée.

   a. div.   g. sér.   m. mce
   b. fém.   h. ssible   n. non prat.
   c. gd   i. cult.   o. raff.
   d. génrx   j. dce   p. retr.
   e. intel.   k. dist.   q. sens.
   f. respect.   l. lib.   r. tdre

Personals in France often start with a number that corresponds to the **département** of residence (see map). For example, 92 is the number of les **Hauts-de-Seine**, which is located to the west of Paris. The ad in the second example includes an abbreviation, « RP », which means « région parisienne ». The **départements** were created in 1789 and given the names of local geographical features. They are numbered in alphabetical order. Thus, the **département** called **Ain** (01) is named after the Ain river. As of 2011, there were 101 **départements**, including 96 in metropolitan France and 5 overseas.

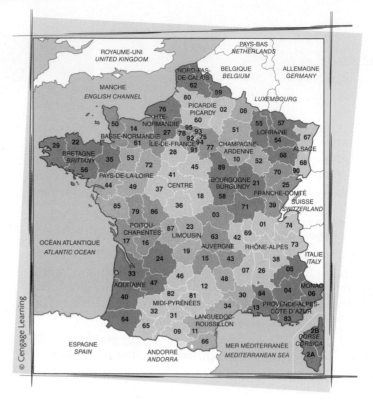

© Cengage Learning

2. Devinez la signification des abréviations dans les annonces suivantes.

> *RP F 52a div. Juive non prat. ch. H 50–65a même profil pr relation durable; photo souhaitée.*

> *92 bel H tendre sensuel ét. sup. 48a ch. jolie JF sexy sportive.*

a. H   c. ch.   e. F

b. a   d. JF   f. pr

3. Maintenant lisez les petites annonces suivantes pour déterminer les caractéristiques que chaque sexe recherche chez l'autre.

a. Expliquez quelles caractéristiques les hommes recherchent le plus chez les femmes et vice versa. Faites des phrases selon le modèle suivant.

> *Exemple:* **Les femmes aiment les hommes sociables, les hommes riches, etc.**
>
> **Les hommes recherchent des femmes intéressantes, des belles femmes, etc.**

Les femmes aiment les hommes…

Les hommes recherchent des femmes…

b. Est-ce que les hommes et les femmes recherchent des qualités différentes? Êtes-vous surpris(e) par ces résultats?

PARTICULIERS FEMMES

Jolie créature brune de 41a personnalité forte et attachante ch. H âge mûr aisé génrx et compréhensif pr une belle histoire d'amour; réponse assurée **Écrire journal réf. 1240/10 G**

75 F 41a intérimaire de l'amour cherche CDI. Dans le désordre amoureux: petite, brune, sexy, divorcée, une enfant rêvée, cherche alter-ego, mélange de Clint East Wood dy Allen et Raphael CV avec photo please!! **Écrire journal réf. 1240/10 H**

75 belle F 56a dist. enthousiaste ch. H lib., 55-60a, gd, ssible, NF, pr part. émotions, voy., lect., sorties, rel. dur.; ph. souh. **Écrire journal réf. 1240/10 J**

RP F 52a div. juive non prat. ch. H 50-65a même profil pr relation durable; photo souhaitée **Écrire journal réf. 1240/10 K**

17 Avant grip. aviaire 2 oies cendrées 60a cult. raff. intellig. attend. canard huppé 68 + susc. off. parcours hs piste ds harm. luxe conniv. migrat. de haut vol? lettre dét. + photo ex. **Écrire journal réf. 1240/10 L**

89 F 45a char. mce ch. H culti. équil. quête intér. pr rel. dur. **Écrire journal réf. 1240/10 N**

75 F 50a 1,68 div. dce, ouverte ch. H 45-60a pr relat. complice **Écrire journal réf. 1240/10 O**

Ch. H (45-55a), libre, honnête respect. volontaire et animé d'assez de dynam. et de joie de vivre Pour accomp. dans la vie F 45a, cultivée féminine, gaie, mince, aimant sorties (théâ., concert, diners à 2 ou amis, golf, bridge). H mariés s'abstenir; photo souhaitée **Écrire journal réf. 1240/9 B**

Parisienne 65a désire amitié amoureuse avec H chaleureux et droit 55-65a libre aussi le we

Écrire journal réf. 1240/9 C

41 F 72a assez bien enfin! rêve compagnon pr coeur câlins, sérieux max 75a, Sologne espérée

Écrire journal réf. 1240/9 D

S-E/92 vraie F b. niv. soc-cult. sens. rousse yx verts 65a 1,62 mce NF ch. H 65–70 gd m. profil pr rel. sens. tdre sér. ph. souh. **Écrire journal réf. 1240/9 E**

Charm. mamy 65a aimt nat. cult. espère ami cœur esprit pr part. essentiel et superflu ds harm. **Écrire journal réf. 1240/9 F**

PARTICULIERS HOMMES

Direct. Sté div. 50a 1,80 bcbg ht niv. soc. épicurien et tr. sympa ch. tr. belle JF 30a aimt la vie, les sorties et les voyages; rép. assurée (photo impérative) **Écrire journal réf. 1240/10 A**

Paris ing. 72a sportif musicol., marié privé d'affect. très dispo shte renc, dame 60-65a qui aussi rech. tdresse rel. dur., NF **Écrire journal réf. 1240/10 B**

75 50a bonne sit. aimant la vie sincère altruiste esprit ch. femme bon niveau en vue vie à 2 **Écrire journal réf. 1240/10 C**

75/40 Comment le dire? 56 ans libre, prof. lib., mais il veut continuer à dire je t'aime et à se l'entendre dire, à partager des projets et un amour. Alors pourquoi pas nous? **Écrire journal réf. 1240/10 D**

H, 41 ans, ingénieur, sportif, cherche une JF en vue de construire une relation durable **Écrire journal réf. 1240/10 1**

75 Dirigeant haut niveau, 57a, offre appui et soutien à JF étudiante ou cadre débutante à Paris, 30a maxi, sexy, sensuelle. tél. et photo souhaités. **Écrire journal réf. 1240/10 E**

84 H marié 54a ch. ami-amante pour cultiver jardin hédoniste avec tendresse et sincérité **Écrire journal réf. 1240/10 R**

34 et + beau gentleman 56a lib. sportif humour aisé golf cult, voy. ch. JF fine intel. pr vie à 2 **Écrire journal réf. 1240/10 S**

75 H retr. c. sup. div. ch. amie sens. pr rel. amicale tdre loisirs **Écrire journal réf. 1240/10 T**

92 bel H tendre sensuel ét sup. 48a ch. jolie JF sexy sportive **Écrire journal réf. 1240/10 X**

92 Hauts de Seine 61/1,74/67, tendre, sincère cherche ami 50-60 ans, même profil pour relation simple et harmonieuse avec brin d'humour **Écrire journal réf. 1240/10 U**

RP H 61/172/72 ét. sup. sport. éq. cps-esp. ch. hum. sens. sh. F < 47a jol. mce fém. pr rel. qual. tdre harm. ss à priori **Écrire journal réf. 1240/10 W**

94 H 50e div. b. phys. exc. niv. soc. aisé ch. JJF raff. min. ssuel. pr part. plais. de la vie sort. we rel. compl. durab. voir +, ph. **Écrire journal réf. 1240/10 Y**

75 H 67a phys. agré. épicur. tdre pas lib. dispo shte sortir rire aimer F classe désira. Reçoit **Écrire journal réf. 1240/10 Z**

Bretagne/RP, PDG dit bet H, libre, 1,82, brun, sportif, calme, humain génrx humour, goûts éclec. procht libre, activ. pro., shte engager projet qualité et complicité avec jolie JF 30–40a, raffinée, sens., équilibrée. ttes origines, enft accept. photo svp **Écrire journal réf. 1240/9 A**

À l'écrit: Une petite annonce

Écrivez une petite annonce pour Marjane et une pour vous sur une feuille séparée.

AVANT LE PROCHAIN COURS

Cahier: Faites **Préparation à la lecture**.

LECTURE

Discussion

1. Imaginez que vous avez déménagé loin de votre famille et de vos amis et que vous voulez écrire à quelqu'un pour parler de votre nouvelle vie. À qui écrivez-vous? Quels aspects de votre vie évoquez-vous?

2. Le narrateur de l'histoire est un jeune garçon qui a déménagé d'une petite ville du Costa Rica à Montréal, au Canada. Imaginez quelles différences il peut remarquer entre les paysages et la manière de vivre à Montréal et au Costa Rica.

Les Aurores montréales

Les Aurores montréales (1996) de Monique Proulx est un livre de nouvelles qui décrivent diverses facettes de la vie à Montréal. Les histoires montrent Montréal vue par des enfants, des vieux, des couples, des SDF (sans domicile fixe), des gens qui sont nés à Montréal, des immigrants. Le titre du livre est une variation sur le terme « aurore boréale » (une aurore boréale est un phénomène lumineux des régions polaires qui est caractérisé par la présence de couleurs vives dans le ciel la nuit). Le livre est divisé en cinq parties introduites par des prologues. Dans le premier prologue, intitulé « Gris et blanc », un narrateur écrit à son correspondant pour lui raconter ses impressions de la ville.

Gris et Blanc

Je t'écris, Manu, même si tu ne sais pas lire. J'espère que ta vie se porte à merveille° et que les rochers de Puerto Quepos se dressent fièrement quand tu nages dans la mer. Nous sommes installés, maintenant. Nous avons un sofa, un matelas° neuf, deux tables, quatre chaises droites presque de la même couleur et un réfrigérateur merveilleux qui pourrait contenir des tortillas en [10] grand nombre. Je dors sur le sofa, à côté du réfrigérateur merveilleux. Tout va bien, je me réveille souvent parce que le réfrigérateur ronfle°, mais le chemin vers la richesse est rempli de bruits qui n'effraient° pas l'oreille du brave. De [15] l'autre côté de la fenêtre, il y a beaucoup d'asphalte et de maisons grises. On voit des autos qui passent sans arrêt et ce ne sont jamais les mêmes, Manu, [20] je te le dis sans me vanter°.

se porter à merveille: *to be in excellent health*
un matelas: *a mattress*
ronfle: *snores*
qui n'effraient pas: *that do not scare*
sans me vanter: *without bragging*

Ça s'appelle Montréal. C'est un en- droit nordique et extrêmement civilisé. Toutes les autos s'arrêtent à tous les feux rouges° et les rires sont interdits 25 passé certaines heures. Il y a très peu de *guardias* et très peu de chiens. Le mot « nordique » veut dire qu'il fait froid comme tu ne peux pas imaginer même si c'est seulement novembre. 30 En ce moment, j'ai trois chandails en laine° de Montréal sur le dos, et mamá se réchauffe° devant la porte ouverte du four qui appartient au poêle° qui est grand et merveilleux, lui aussi. Mais on 35 s'habituera, c'est sûr, le chemin vers la richesse est un chemin froid.

Ce ne sera pas encore ce mois-ci que tu pourras venir, mais ne désespère pas. Je fais tous les soirs le geste de te caresser 40 la tête avant de m'endormir, ça m'aide à rêver de toi. Je rêve qu'on attrape des lézards ensemble et que tu cours plus vite que moi sur la grève° de Tarmentas et 45 que la mer fait un gronde- ment terrible qui me réveille, mais c'est le réfrigérateur.

Il y a une mer ici aussi, j'y suis allé une fois en compagnie de mon ami 50 Jorge et c'est très différent. La mer de Montréal est grise et tellement moderne qu'elle ne sent° pas les choses vivantes. J'ai parlé de toi à Jorge, je t'ai grossi d'une dizaine de kilos pour qu'il se 55 montre plus admiratif.

Voici comment se passent mes journées ordinaires. Il y a des moments comme se lever, manger et dormir, qui reviennent souvent et qui partent vite. Il 60 y a les deux épiceries de la rue Mont- Royal, M. Dromann et M. Paloz, qui m'engagent° pour faire des livraisons°. Je sais déjà plein de mots anglais, comme *fast, fast*. Le reste du temps, je 65 suis à l'école, c'est une grande école grise avec une cour en asphalte grise et un seul arbre que j'ai à moitié cassé quand j'ai grimpé° dessus. Les mo- ments d'école sont les pires, bien en- 70 tendu, j'essaie de retenir seulement les choses qui peuvent servir plus tard.

Le dimanche, avec Jorge, on fume des cigarettes et on marche, on marche. On peut marcher extrêmement 75 longtemps, à Montréal, sans jamais voir d'horizon. Une fois, comme ça, en cher- chant l'horizon, on s'est perdus et la *guardia* civile nous a ramenés très gen- timent à la maison dans une auto neuve 80 et j'ai pensé à toi, mon vieux Manu, qui aime tellement courir après les autos neuves pour faire peur aux touristes.

Je ne veux pas que tu croies que la vie n'est pas bonne ici, ce ne sera pas 85 vrai complètement, il y a des tas de cho- ses que je vois pour la première fois, et l'odeur de la richesse commence même à s'infiltrer dans notre pièce et demie. Hier, nous avons mangé des morceaux 90 de bœuf énormes, Manu, et d'une ten- dreté comme il n'y en a pas à Puerto Quepos, je t'en envoie un échantillon° bien enveloppé. Ce qui me dérange le plus, car je ne veux pas te mentir, c'est 95 le côté nordique de la ville, et le gris, qui est la couleur nationale. Mamá, elle, est surtout dérangée par les toilettes des ma- gasins, c'est là qu'elle travaille et qu'on la paie pour nettoyer. Si tu voyais ces 100 magasins, Manu, ils ont des magasins que tu dirais des villages en plus civilisé et en plus garni, tu peux marcher des heures dedans sans avoir le temps de regarder tous les objets merveilleux que 105 nous nous achèterons une fois rendus plus loin dans le chemin vers la richesse.

Mais la chose de ce soir, la chose dont il faut que je te parle. Mamá net- toyait le réfrigérateur et par hasard 110 elle s'est tournée vers la fenêtre. C'est elle qui l'a aperçue la première. Elle a poussé un cri qui m'a fait approcher tout de suite. Nous sommes restés tous les deux longtemps à regarder dehors en 115 riant comme des êtres sans cervelle°.

La beauté, Manu. La beauté blanche qui tombait à plein ciel, absolument blanche partout où c'était gris. Ah, dure° assez longtemps, Manu, fais durer 120 ta vie de chien jusqu'à ce que je puisse te faire venir ici, avec moi, pour jouer dans la neige.

Monique Proulx, *Les Aurores Montréales,* Boréal 1997

feux rouges: *red lights*
chandails en laine: *wool sweaters*
se réchauffe: *is warming herself up*
four... poêle: *oven … stove*
la grève: *the shore*
elle ne sent pas les choses vivantes:
    it does not smell like living things
m'engagent: *m'emploient*
livraisons: *deliveries*
j'ai grimpé: *I climbed*
un échantillon: *a sample*
cervelle: *brain*
dure: *last*

"Gris et blanc," Monique Proulx, Les Aurores montréales © Éditions Boréal, 1997

Compréhension

1. Qu'est-ce qu'on apprend sur le logement du narrateur?

2. Quels aspects de la vie montréalaise étonnent le narrateur? Lesquels sont positifs? Lesquels sont négatifs?

3. Quelles sont les activités du narrateur et de sa mère?

4. Quel exemple est-ce que le narrateur donne pour montrer que sa vie s'est améliorée?

5. Qu'est-ce qui s'est passé le soir où le narrateur a écrit sa lettre?

6. À qui est-ce que le narrateur écrit?

Réactions

1. D'après vous, quel âge a le narrateur? Pourquoi sa mère et lui sont-ils à Montréal? Quel est l'effet produit par le fait qu'on ne connaît pas le nom du narrateur?

2. Comment imaginez-vous la vie passée du narrateur à partir de sa description de sa vie présente? Qu'est-ce qui lui manque à Montréal?

3. Avez-vous été surpris(e) d'apprendre à qui le narrateur écrit? Pourquoi lui écrit-il, à votre avis? Quels détails du texte nous préparent à cette révélation?

4. Comment est-ce que le narrateur crée le suspense et la surprise dans son texte?

5. Comment interprétez-vous le titre, « Gris et blanc »?

6. Quels rapports voyez-vous entre la vie du narrateur à Montréal et celle de Marjane en Europe? Qu'est-ce que Marjane aurait pu écrire (*could have written*) à un(e) correspondant(e) ou dans son journal?

Questions de langue

1. Notez quatre adjectifs qui décrivent l'atmosphère de Montréal.

2. Cherchez des adjectifs au comparatif.

3. Cherchez un adjectif au superlatif.

4. Réécrivez les expressions de quantité suivantes d'une autre manière:
   a. des tortillas en grand nombre (lignes 10–11)
   b. plein de mots anglais (ligne 62)
   c. des tas de choses (lignes 85–86)

AVANT LE PROCHAIN COURS

Cahier: Faites **Préparation à l'écriture.**

INTERACTIONS

Sketch

Choisissez un sujet, préparez la scène et jouez-la devant la classe.

1. Rappelez-vous une scène du film et jouez-la en utilisant vos propres mots.

2. Au début du film, quelqu'un engage la conversation avec Marjane au café de l'aéroport d'Orly. Il/Elle ne sait pas grand-chose sur l'Iran. Marjane lui parle de son pays et lui raconte quelques détails de son histoire personnelle.

3. Marjane et sa grand-mère. Imaginez une situation vécue par Marjane que sa grand-mère n'approuve pas. Marjane raconte la situation à sa grand-mère, qui réagit avec désapprobation.

4. Marjane et Kia. En rentrant de Vienne, Marjane rend visite à son ami Kia, qui a fait la guerre et a été grièvement blessé. Ils se racontent les dernières années de leur vie, lui à la guerre et elle en Autriche.

« S'il te plaît, enlève cette… cagoule. Ça me rend claustrophobe. »

Exposé

Préparez un des sujets à la maison pour le présenter en classe.

1. Faites un exposé sur un aspect de l'Iran contemporain qui vous intéresse. Si vous connaissez des étudiants iraniens, vous pouvez aussi les interroger et incorporer leurs commentaires dans votre présentation.

2. Présentez une référence picturale du film
   a. À plusieurs endroits du film, Marjane a une expression qui rappelle celle de la femme dans le tableau *Le Cri* (1893), du peintre norvégien Edvard Munch (par exemple, quand Marjane découvre qu'un missile est tombé près de chez elle et a tué ses voisins, environ 39'45–39'55). Apportez une reproduction de ce tableau en classe, faites-en une description et donnez aussi quelques informations sur le peintre. Puis ajoutez des commentaires personnels et essayez d'interpréter la présence de références à ce tableau dans le film.
   b. La scène dans laquelle Marjane décrit sa transformation physique à l'adolescence (50'50–51'25) contient des images inspirées par le cubisme, par exemple le tableau *Guernica* (1937), de Picasso. Apportez une reproduction de ce tableau en classe, faites-en une description et donnez aussi quelques informations sur le peintre et sur le contexte du tableau. Puis montrez quelques parallèles entre le tableau et la scène du film et expliquez quels autres liens on peut trouver entre le tableau et le film en général.

3. Faites une présentation sur l'évolution des intérêts musicaux de Marjane et la manière dont les chansons anglaises sont utilisées dans le film.

4. Si vous avez des talents artistiques, parlez-en à la classe. Expliquez depuis quand vous vous intéressez à votre art et ce que vous faites pour vous perfectionner. Montrez des exemples de vos œuvres ou, si vous êtes musicien, apportez une vidéo de vous en train de jouer ou chanter (ou produisez-vous directement en classe).

Vocabulaire utile pour Exposé 2. (See also the vocabulary items for body parts in the *Cahier*, page 56.)

à droite (de): *on the right (of)*
à gauche (de): *on the left (of)*
à l'arrière-plan: *in the background*
au premier plan: *in the foreground*
déformé: *deformed*
flou: *blurred*
net: *well delineated*
vif: *vivid*
sombre: *dark*
un cadre: *frame*
un contour: *outline*
un contraste: *contrast*
une couleur: *color*
un paysage: *landscape*
un portrait: *portrait*
une toile: *canvas*
un ton: *tone*

LISTE DE VOCABULAIRE

Adjectifs

For extra practice with the vocabulary in this chapter, refer to the web quizzes at www.cengagebrain.com.

autoritaire *authoritarian*
blessé(e) *hurt*
compréhensif (-ive) *understanding*
conventionnel(le) *conventional*
critique *critical, judgmental*
cultivé(e) *cultured*
cynique *cynical*
décent(e) *decent*
déçu(e) *disappointed*
déprimé(e) *depressed*
déterminé(e) *determined*
digne *dignified*
direct(e) *direct*
énergique *energetic*
étranger (-ère) *foreign*
faible *weak*
fier (-ère) *proud*
fort(e) *strong*
fragile *fragile*
franc(he) *frank, open, honest*
grossier (-ère) *coarse, crude*
idéaliste *idealistic*
ignorant(e) *ignorant*
indécent(e) *indecent*

infidèle *unfaithful*
inquiet (-ète) *worried*
insolent(e) *insolent*
intègre *who has integrity*
intellectuel(le) *intellectual*
intolérant(e) *intolerant*
lâche *cowardly*
libre *free*
marginal(e) *marginal*
moqueur (-euse) *derisive, mocking*
musulman(e) *muslim*
naïf (-ïve) *naive*
occidental(e) *western*
oriental(e) *eastern*
rebelle *rebellious*
répressif (-ive) *repressive*
respectueux (-euse) *respectful*
seul(e) *alone*
sombre *dark*
tolérant(e) *tolerant*
traumatisant(e) *traumatic*
vif (-ive) *bright*
vulgaire *vulgar*

Noms

une armée *army*
une arrestation *arrest*
un assassinat *assassination*
une bande dessinée, BD *comic book, graphic novel*
un bombardement *bombing*
la censure *censorship*
un chagrin d'amour *heartbreak*
un conseil *advice*
une déception (amoureuse, sentimentale) *disappointment (unhappy love affair)*
un déménagement *move*
une dépression (nerveuse) *depression*
un dessin animé *cartoon*
Dieu *God*
une élection *election*
une émeute *riot*
un événement *event*
l'exil (m.) *exile*

le foulard *headscarf*
une guerre *war*
un internat *boarding school*
une manifestation *demonstration*
le/du maquillage *makeup*
un médicament *medicine*
un missile *missile*
un modèle *model*
une ombre chinoise *silhouette*
une ombre *shadow*
un opposant, une opposante *opponent*
le pétrole *oil*
la police *police*
un(e) policier (-ère) *police (wo)man*
un régime *regime*
une religieuse (bonne sœur) *nun*
la répression *repression*
une révolte *uprising*
un soldat *soldier*
la souffrance *suffering*

un témoin *witness*
une tentative de suicide *suicide attempt*
la torture *torture*

le voile *veil*
le port du voile *wearing the veil*
la voix off *voice-over*

Verbes

arrêter *to arrest*
assister à *to attend*
attaquer *to attack*
avoir honte (de) *to be ashamed (of)*
avoir le mal du pays *to be homesick*
avoir son franc-parler *to speak one's mind*
bombarder *to bomb*
censurer *to censor*
combattre (comme *battre*) *to fight*
conseiller à quelqu'un de faire quelque chose *to advise someone to do something*
croire à, en (irrég.) *to believe in*
déménager (comme *voyager*) *to move (to change residence)*
dessiner *to draw*
divorcer *to get a divorce*
émigrer *to emigrate*
emprisonner *to imprison*
endoctriner *to indoctrinate*
exécuter *to execute*
faire la guerre *to fight in a war*
faire une/de la dépression *to be suffering from depression*
faire des reproches à quelqu'un *to reproach someone*
grandir (comme *finir*) *to grow up*
guérir (comme *finir*) *to recover, to heal*
idéaliser *to idealize*
interdire à quelqu'un de faire quelque chose (comme *dire*) *to forbid someone to do something*
louer *to rent, to praise*
manquer à quelqu'un *to be missed by someone* (tu me manques: *I miss you*)
mentir (comme *partir*) *to lie*
mépriser *to scorn*
oublier *to forget*
participer (à) *to participate, to take part (in)*

promettre à quelqu'un de faire quelque chose (comme *mettre*) *to promise someone to do something*
quitter *to leave*
reprocher à quelqu'un de faire quelque chose *to reproach someone for doing something*
retrouver *to get back, to recover, to find again*
retrouver le goût à la vie *to recover one's zest for life*
se cacher *to hide*
s'ennuyer (voir *ennuyer*) *to be bored*
s'intégrer (comme *préférer*) *to fit in*
s'enfuir (comme *fuir*) *to flee*
s'exiler *to go into exile*
s'habituer (à) *to get used to*
s'inquiéter (comme *préférer*) *to worry*
se détériorer *to deteriorate, to get worse*
se fâcher *to get angry*
se maquiller *to put on makeup*
se marier *to get married*
se rappeler (comme *appeler*) *to remember*
se remémorer *to recall*
se sentir + adjectif (coupable, seul) (comme *partir*) *to feel + adjective (guilty, lonely)*
se souvenir (de) (comme *venir*) *to remember*
se suicider *to commit suicide*
souffrir (comme *ouvrir*) *to suffer*
surmonter *to overcome*
surveiller *to keep an eye on, to watch*
tomber amoureux (-euse) (de) *to fall in love (with)*
torturer *to torture*
tromper quelqu'un *to cheat on someone*

Present tense verb conjugation is reviewed in the **Chapitre préliminaire** (pages 227–232); the **Appendix** on page 241 includes conjugation patterns.

Refer to the **Appendix** for explanations of **manquer** (page 332), **quitter** (pages 334–335), **sentir**, **ressentir**, **se sentir** (page 336), **se rappeler** and **se souvenir** (pages 330–331).

Expressions

à l'étranger *abroad*
en public *in public*
être en colère *to be angry*

Vocabulaire supplémentaire

Adjectifs

confiant(e) *trusting*
vierge *virgin*

Noms

un abri *shelter*
une bronchite *bronchitis*
une cagoule *used as synonym for head-scarf in the film*
un cygne *swan*

un fauteuil roulant *wheelchair*
un imprimeur *printer (person)*
le jasmin *jasmine*
une marionnette *puppet*

Verbes

contrôler *to control*
errer *to wander*
exploser *to explode*
faire de l'aérobic *to do aerobics*
libérer (comme *préférer*) *to free, to release*
permettre à quelqu'un de faire quelque chose (comme *mettre*) *to allow someone to do something*

rendre hommage à quelqu'un *to pay homage to someone*
renier ses origines *to forget where one comes from*
se conformer *to conform*
se réfugier *to find refuge*
se soigner *to take care of oneself*

Vocabulaire familier (entendu dans le film)

un(e) chieur (-euse) *a pain*
un con, une conne *fool, idiot (extremely vulgar)*
un mec *guy*
un pote *pal*

Chapitre **4**

LA VIE PROFESSIONNELLE

Le Placard

Réalisateur: Francis
Veber, France (2001);
84 minutes

"Le placard," a film by Francis Veber. © 2000 GAUMONT/EFVE FILMS

*I*n this chapter, you will see how François Pignon, a nondescript, average Frenchman, manages to get back the job from which he was fired and to rebound in his personal life as well. Set in the workplace, this film stars several well-known French actors and addresses issues of discrimination with a comic tone. You will acquire vocabulary related to the workplace and review in depth how to provide details about people and things by using relative clauses. As in Chapter 1, the reading in this chapter addresses cultural differences; this reading, from *Les Chroniques de l'ingénieur Norton: Confidences d'un Américain à Paris* (1997), relates the difficulties of a fictional Frenchman who takes a job in the United States and is puzzled by some workplace practices.

Les personnages (*La distribution: les acteurs/actrices*): François Pignon (Daniel Auteuil), Félix Santini, le chef du personnel (Gérard Depardieu), Jean-Pierre Belone, le voisin (Michel Aumont), Guillaume, le directeur de la communication (Thierry Lhermitte), Mlle Bertrand (Michèle Laroque), Ariane (Armelle Deutsch), M. Kopel (Jean Rochefort), Christine, l'ex-femme de François (Alexandra Vandernoot), Frank, le fils de François (Stanislas Crevillen)

LES PRIX DU FILM

• Prix du Meilleur acteur pour Daniel Auteuil au Festival International du Film de Shanghai en 2001

85

ENTRÉE EN MATIÈRE

Discussion

1. Quelles difficultés peut-on rencontrer dans sa vie personnelle et professionnelle?

2. Comment peut-on réagir face à une crise? Est-ce que les moments de crise sont toujours négatifs?

Note culturelle

FRANCIS VEBER, GÉRARD DEPARDIEU ET DANIEL AUTEUIL

Le Placard est une comédie de Francis Veber, un scénariste et réalisateur à succès. Depuis les années 1970, Veber réalise des comédies dans lesquelles il met en scène un duo de personnages masculins. L'un des deux personnages est fort et confiant; l'autre est timide, gauche et souvent suicidaire. Ce personnage timide porte le même nom dans plusieurs films de Veber: François Pignon. Il se trouve embarqué dans des situations incongrues dans lesquelles il crée le désordre et perturbe la vie bien organisée de l'autre personnage. Le comique de Veber est basé sur les gestes, les mots et les situations. Ses dialogues contiennent beaucoup de jeux de mots et le rythme de ses films est rapide. Le rôle de Pignon a été interprété par des acteurs variés, dont Jacques Brel (un chanteur belge bien connu) dans *L'Emmerdeur* (1973), Jacques Villeret dans *Le Dîner de cons* (1998) et Gad Elmaleh dans *La Doublure* (2005). Dans *Le Placard,* les deux rôles principaux sont interprétés par deux acteurs très célèbres en France depuis les années 1980, Gérard Depardieu (Félix) et Daniel Auteuil (François Pignon).

Gérard Depardieu est né dans une famille modeste en 1948. Il a grandi à Châteauroux, dans le centre de la France. Il ne s'intéressait pas beaucoup à l'école et il préférait passer son temps dans la rue ou fréquenter les soldats de la base américaine près de laquelle il habitait. Il aimait beaucoup le cinéma américain et les films de François Truffaut (1932–1984), un grand réalisateur français. Il s'identifiait en particulier au personnage principal de son film *Les Quatre Cents Coups,* un jeune adolescent un peu perdu qui tombe dans la délinquance. Comme lui, Depardieu a eu une adolescence difficile, et, comme Truffaut, il a trouvé sa raison de vivre dans le cinéma. Depardieu a abandonné ses études à treize ans et il est parti à Paris, où il a fait ses premiers pas comme acteur de théâtre, puis de cinéma. Ses premiers rôles étaient des rôles de délinquant, puis il a joué dans des films policiers, des films historiques, des adaptations littéraires, des comédies et des drames. Il a reçu son premier César (l'équivalent français de l'Oscar) en 1981 pour son rôle d'acteur de théâtre pendant l'Occupation allemande dans *Le Dernier Métro,* de Truffaut. En 1990, il a obtenu son deuxième César, un prix à Cannes et une nomination à l'Oscar pour son interprétation du rôle principal dans *Cyrano de Bergerac.* Ces deux films, ainsi que son rôle dans *Jean de Florette* (1986), l'ont rendu célèbre dans le monde entier. Il a reçu de nombreuses récompenses à des festivals internationaux et il a joué aussi dans quelques films américains, dont *1492* (où il interprétait Christophe Colomb), *Green Card* et *My Father the Hero.* Depardieu est un boulimique de travail qui a joué dans plus de cent cinquante films.

Dans *Le Placard,* Depardieu a retrouvé Daniel Auteuil, avec qui il avait joué dans *Jean de Florette.* Depuis ce film, qui l'a révélé et pour lequel il a reçu le César du meilleur acteur, Auteuil a interprété de nombreux rôles dans des types de films très différents. Son jeu est très intériorisé et il est capable d'incarner des personnages ambigus. Daniel Auteuil et Gérard Depardieu sont, avec Dany Boon, les trois acteurs les mieux payés du cinéma français contemporain.

Source: Allociné www.allocine.fr

Le Dîner de cons is one of the films in this textbook.

Compréhension

1. Quelles sont les caractéristiques du cinéma de Veber?

2. Qui est François Pignon?

3. Qu'est-ce qui a influencé la carrière de Depardieu?

4. Qu'est-ce que Gérard Depardieu et Daniel Auteuil ont en commun?

Réactions

1. D'après vous, quels aspects du film *Le Placard* vont être faciles/difficiles à comprendre? Pourquoi?

2. Avez-vous vu certains des films mentionnés dans ce texte ou d'autres films dans lesquels Depardieu a joué? Si oui, comment pouvez-vous décrire son jeu (sa manière de jouer)?

3. Quels autres actrices ou acteurs français connaissez-vous?

4. Si vous avez vu des comédies françaises, avez-vous remarqué des différences avec les comédies américaines?

Lecture de comptes rendus sur le film

Voici un bref résumé du film, trouvé sur le web, suivi de quelques commentaires parus dans la presse. Lisez-les, puis répondez aux questions.

Résumé du film

Préparation

1. Devinez la signification des mots suivants à partir de leur ressemblance avec des mots anglais.

   a. effacé (ligne 13)   d. entourage (ligne 14)
   b. rebondir (ligne 13)   e. entraîneur (ligne 16)
   c. surprendre (ligne 13)

2. Le mot **le regard** (ligne 15) est apparenté au verbe **regarder**. Quelle est sa signification?

préservatifs: *condoms*

Rien ne va plus pour François Pignon. Il est divorcé, son fils ne veut plus le voir, et il apprend qu'il va être licencié de son poste de comptable dans une entreprise de préservatifs°. Il est sur le point de se 5 suicider quand survient son nouveau voisin, M. Belone, qui lui conseille de se faire passer pour un homosexuel pour garder son travail. La stratégie fonctionne. Le patron, craignant de 10 perdre ses clients homosexuels, revient sur sa décision. François, homme timide et effacé, va rebondir et surprendre son entourage. Ses collègues et son fils vont porter un nouveau regard sur lui. La vie 15 de Félix, l'entraîneur de l'équipe de rugby de l'entreprise, va s'en trouver changée.

Source: Allociné www.allocine.fr

How to Answer Questions about a Reading

Avoid general answers by referring to specifics in the passage. Note line numbers in your responses so you can refer your classmates to the words you are citing.

Compréhension

1. Quelle est la personnalité de François Pignon? Que fait-il comme travail?

2. Qu'est-ce que François Pignon a fait pour garder son travail? Est-ce que c'était une bonne idée?

3. Qu'est-ce qui a changé après cet épisode?

Réactions

1. Imaginez comment Pignon se fait passer pour un homosexuel.

2. Imaginez comment l'attitude de ses collègues et de son fils a changé.

3. À votre avis, qu'est-ce qui va se passer dans le film ?

4. Comparez les pochettes des DVD français et américain. Comment expliquez-vous les différences?

5. Avez-vous déjà vu certains des acteurs? Dans quels films? Quels types de personnages jouaient-ils?

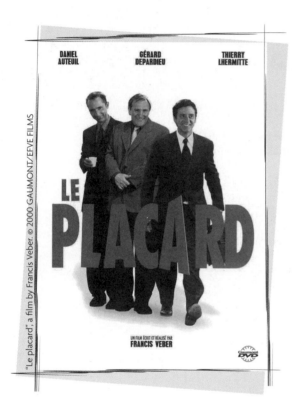

Questions de langue

Remplacez les expressions et mots suivants par des synonymes ou des expressions équivalentes.

a. être licencié (ligne 3)

b. Il est sur le point de (ligne 5)

c. fonctionne (ligne 10)

d. craignant (ligne 10)

e. porter un nouveau regard sur lui (ligne 15)

Extraits de comptes rendus

Préparation

1. Traduisez les adverbes de la liste et donnez les adjectifs féminins et masculins qui leur correspondent.

Adverbe	Traduction	Adjectif féminin	Adjectif masculin
a. impeccablement	*impec.*	*impeccable* ——→	
b. habilement	*skillfully*		
c. humainement	*human*		
d. merveilleusement	*marvelously*	*merveilleuse*	*merveilleur*
e. totalement	*totally*		

2. Quel verbe reconnaissez-vous dans l'adverbe « savamment »?

3. Les noms suivants sont apparentés à des adjectifs. Quelle est leur signification?
   a. cruautés (ligne 2), de la même famille que « cruel »
   b. amertume (ligne 5), de la même famille que « amer » (*bitter*)
   c. gravité (ligne 5), de la même famille que « grave »
   d. condensé (ligne 12), de la même famille que « condensé »

> Most adverbs are formed by adding **-ment** to the feminine form of the corresponding adjective; for example, **généreux** becomes **généreusement** (*generously*). The French ending **-ment** corresponds to the English *-ly*.

> Adjectives ending in **-ant** have corresponding adverbs that end in **-amment**; the adverb that corresponds to **savant(e)** (*clever*) is **savamment** (*cleverly*).

Extraits

Lisez les commentaires suivants pour avoir une meilleure idée du film que vous allez voir. Puis répondez aux questions qui suivent.

Le Nouvel Observateur

Comédie réussie, en ce sens qu'elle s'accompagne d'une rafale ininterrompue de rires, 1
« Le Placard » est en même temps… une étude implacable sur les cruautés du monde de 2
l'entreprise, en même temps que l'histoire d'un homme qui échappe à la servitude… 3

Première

… le scénario est impeccablement construit et fait rire avec une certaine intelligence… 4

Studio Magazine

Veber a ajouté un peu d'amertume à son cocktail d'humour et de gravité, ce qui con- 5
fère au *Placard* une force dramatique encore jamais atteinte dans la filmo[graphie] 6
de son auteur. 7

évite: *avoids*

MCinéma.com

… une comédie… avec une pointe de gravité qui évite° habilement la plupart des   8
clichés liés à l'homosexualité.   9

désopilante: *très amusante*
pléiade: *groupe*

Le Figaroscope

… une comédie aussi riche humainement que désopilante°. Et merveilleusement inter-   10
prétée par une pléiade° de comédiens irrésistibles.   11

agencé: *organisé*

Cahiers du Cinéma

Dans *Le Placard*, on retrouve savamment agencé°, un condensé du cinéma populaire   12
français des vingt dernières années…   13

le fond: *les idées*

Les Inrockuptibles

Vivant aux États-Unis, Veber se révèle sur le fond° totalement déconnecté de la réalité   14
de la société française.   15

poids lourds: *heavy weights*

Positif

… Pas une idée de cinéma, deux silhouettes féminines pour cinq poids lourds° d'un   16
casting masculin d'évidence vébérien.   17

Source: Allociné www.allocine.fr

Compréhension

Est-ce que vous vous attendez aux (*expect*) choses suivantes? Justifiez vos réponses
en citant les commentaires de la presse.

1. un film pendant lequel on rit beaucoup   Oui/Non
2. une farce   Oui/Non
3. une comédie qui traite de thèmes sérieux   Oui/Non
4. des thèmes féministes   Oui/Non
5. un film bien structuré   Oui/Non
6. une excellente distribution (*cast*)   Oui/Non

Questions de langue

1. Le texte contient un certain nombre de participes passés utilisés comme adjectifs. Déterminez à quels verbes ils correspondent et traduisez-les.

Participe passé	Verbe à l'infinitif	Traduction du participe passé
a. réussie		
b. (in)interrompue		
c. construit		
d. atteinte		
e. liés		
f. interprétée		
g. agencé		
h. déconnecté		

Except for **c.** and **d.**, all past participles follow a regular formation pattern. Refer to *Le participe passé* (pages 252–253).

2. On trouve deux pronoms relatifs dans les citations (**qui** et **ce qui**):

« l'histoire d'un homme **qui** échappe à la servitude » et « Veber a ajouté un peu d'amertume à son cocktail d'humour et de gravité, **ce qui** confère au *Placard* une force dramatique encore jamais atteinte dans la filmo[graphie] de son auteur ».
   a. Traduisez ces pronoms relatifs en vous basant sur le contexte.
   b. Quels mots est-ce que ces pronoms remplacent?
   c. Quelles ressemblances et différences remarquez-vous dans la structure de ces pronoms et dans le contexte dans lequel on les utilise?

You will study relative pronouns in this chapter, beginning on page 275.

Visionnement d'une séquence
(sans son ni sous-titres)

Du début du film jusqu'au moment où la femme et son fils quittent leur appartement (5 minutes).

Compréhension

Après le visionnement, notez la meilleure réponse.

1. Les deux hommes qui parlent à Pignon quand il arrive au travail _____.
   a. lui souhaitent probablement une bonne journée
   b. se moquent de lui
   c. admirent sa voiture

2. Le photographe est frustré parce que (qu') _____.
   a. les employés sont indisciplinés
   b. il y a trop de lumière *(light)*
   c. il ne peut pas inclure tout le monde dans le cadre

3. Dans les toilettes, les deux hommes discutent probablement _____.
   a. de la photo d'entreprise
   b. du patron (l'homme qui est au milieu de la photo et qui n'est pas content)
   c. du temps

4. Les collègues de François Pignon semblent être _____ à son égard.
   a. amicales
   b. indifférentes
   c. critiques

5. Dans l'appartement, la femme et son fils se disputent un peu parce que(qu')
_____.

    a. le fils a laissé ses affaires dans le salon

    b. ils pensent que l'autre personne devrait répondre au téléphone

    c. ils ne trouvent pas la clé de leur voiture

Réactions

1. D'après vous, pourquoi est-ce que François Pignon semble triste en sortant des toilettes?

2. Qui sont la femme et le jeune homme dans l'appartement?

Deuxième visionnement de la séquence
(avec son, sans sous-titres)

Compréhension

Lisez les questions ci-dessous, puis visionnez la scène une seconde fois en faisant bien attention à la bande-son. Notez la réponse correcte.

1. Les deux hommes qui parlent à Pignon quand il arrive au travail _____.

    a. le tutoient (lui disent « tu »)

    b. le vouvoient (lui disent «vous »)

    c. parlent de lui à la troisième personne

2. Ils lui demandent s'il a mis _____ pour se faire beau pour la photo.

    a. une belle cravate

    b. un beau costume

    c. une belle chemise

3. Le photographe dit aux employés de _____.

    a. se serrer

    b. se taire

    c. ne pas rire

> Notice that both parts of the negation go in front of the infinitive in 3.c.

4. Le photographe ne connaît pas les employés, alors il appelle l'un d'eux _____.

    a. « le blouson à gauche »

    b. « la cravate rouge »

    c. « le grand brun à droite »

5. Aux toilettes, l'homme dit au photographe que l'homme qui n'a pas été photographié va perdre son travail. Il dit: _____.

    a. « Il est renvoyé le mois prochain. »

    b. « Il est viré le mois prochain. »

    c. « Il est licencié la semaine prochaine. »

6. Pignon va perdre son travail _____.

    a. à cause d'une restructuration

    b. parce qu'il a commis une faute professionnelle

    c. car la compagnie est en déficit

7. Les collègues de François le trouvent _____.

    a. agaçant

    b. pauvre (pas riche)

    c. gentil mais pas très marrant

8. La femme dans l'appartement dit à son fils _____.

    a. qu'elle est en retard

    b. de rappeler plus tard

    c. qu'elle rappellera plus tard

Réactions

1. À quoi servent les quatre vignettes de l'extrait que vous venez de voir?

2. Imaginez ce que François Pignon va faire après l'extrait que vous avez vu.

Le français parlé

1. Lisez la transcription du dialogue de la séquence distribuée par votre professeur et analysez les points suivants.

Vocabulaire:

a. Notez les mots familiers et trouvez des synonymes en français standard et/ou une traduction en anglais.

b. Notez les mots de remplissage (*conversation fillers*). Comment les traduiriez-vous en anglais?

c. Notez un synonyme de « nous ».

Syntaxe:

a. Notez les négations.

b. Quel type de question est le plus utilisé (inversion, est-ce que, intonation)?

c. Commentez la structure des phrases suivantes. Comment diffère-t-elle de ce que vous avez appris?

« Il en a une belle cravate, Pignon! »

« On la fait cette photo, oui? »

« Vous êtes toujours dehors, la cravate! »

Prononciation:

a. Notez les lettres qui ne sont pas prononcées.

b. Notez les mots qui sont prononcés différemment de ce que vous avez appris.

2. Entraînez-vous à dire ce dialogue comme dans le film.

Préparation au visionnement du film

En regardant le film, faites attention aux aspects suivants et prenez des notes.

1. Les personnages du film: Qui sont les personnages principaux? Certains personnages sont-ils traités de manière caricaturale (sont-ils exagérés)?

2. Les gestes: La comédie est un genre où les acteurs sont très expressifs. C'est un genre idéal pour analyser les gestes et les expressions de visage, qui diffèrent parfois d'une culture à l'autre. Faites attention aux gestes et aux expressions des personnages et notez ceux qui vous semblent étranges.

3. Les thèmes: Quels thèmes sérieux sont traités sur le mode comique?

4. La technique: Qu'est-ce qui caractérise le comique de Francis Veber?

Viewing Tips

Notice:
- how colleagues greet and address each other in the office
- the director's approach to comedy

Ask yourself:
- How does the director treat stereotypes, homosexuality, and sexual harassment?

Anticipate:
- jokes that will be hard to understand
- a short sexual scene

> **AVANT LE PROCHAIN COURS**
>
> 1. *Le Placard:* Visionnez le film.
> 2. ***Cahier:*** Faites **Les mots pour le dire.**

LES MOTS POUR LE DIRE

Définitions

Le mot juste

Identifiez les lieux, personnes et choses qui suivent en utilisant des noms de la **Liste de vocabulaire** et du **Vocabulaire supplémentaire.**

Personnes

1. la personne qui dirige une entreprise

2. l'homme qui s'occupe d'une équipe de rugby

3. quelqu'un qui achète les produits d'une entreprise

4. la femme que François aime à la fin du film

Lieux

1. l'endroit où (*place where*) François et ses collègues travaillent

2. l'endroit où les employés prennent leur déjeuner

3. l'endroit où les joueurs de rugby se changent et prennent leur douche

4. le lieu où François trouve un petit chat abandonné

Choses/Actions

1. les choses qu'on fabrique dans l'entreprise où travaille François

2. ce que Félix aime faire pour détendre l'atmosphère

3. un comportement qui n'est pas acceptable au travail

4. ce qui explique la dépression de François au début du film

Synonymes

Trouvez le synonyme le plus proche.

1. se venger	a. faire des suggestions
2. rater sa vie	b. être anonyme
3. dissuader	c. perdre son travail
4. être licencié	d. décourager
5. sympathiser avec quelqu'un	e. devenir ami(e) avec quelqu'un
6. conseiller	f. ne pas réussir
7. passer inaperçu(e)	g. contre-attaquer

Références à consulter
• Liste de vocabulaire, page 106
• Votre dictionnaire personnel (page 67, *Cahier*)

The exercises in this section require passive recognition of the relative pronouns **qui, ce qui, que, ce que,** and **où.** You will study these pronouns in depth after this class period.

Situations

Les situations du film

Expliquez ce que les personnages font dans les circonstances décrites. Dans chaque situation, faites une phrase complète en utilisant un verbe de la **Liste de vocabulaire** (page 106).

Exemple: ce que Mlle Bertrand essaie de faire pour vérifier si François a un tatouage

Elle essaie d'enlever sa chemise.

1. ce que François est sur le point de faire avant que son voisin ne le dissuade
2. ce que fait François quand il rentre dans le bureau avec son café
3. ce qui permet à François de garder son travail
4. ce qui arrive à François quand Mlle Bertrand le fait boire
5. ce que Félix fait pour casser son image de macho homophobe
6. ce qui arrive à François quand son fils et ses collègues le respectent

Ce que means *what*.

Qu'est-ce que Guillaume conseille à Félix de faire? Comment Félix réagit-il?

Donnez des conseils

Les personnes suivantes ont des difficultés professionnelles et vous demandent des conseils. Conseillez-les en utilisant des verbes de la **Liste de vocabulaire** (page 106).

Exemple: Votre collègue est très stressé car il travaille trop.

Je conseille à mon collègue de se détendre / de ne pas travailler demain.

1. Votre sœur a un entretien d'embauche dans une entreprise prestigieuse, mais elle a un tatouage sur le bras.
2. Vos amis viennent d'obtenir un nouveau travail. Ils ont un peu peur car ils ne connaissent personne dans l'entreprise.
3. Votre patron aimerait se débarrasser de quelques employés. Vous n'êtes pas d'accord avec lui.
4. Votre frère n'aime pas du tout l'entreprise dans laquelle il travaille et il est déprimé.
5. Votre oncle, qui est chef d'entreprise, a des difficultés à trouver des clients pour ses produits, qui sont pourtant de très bonne qualité.

Be careful with the verb **conseiller**. The correct structure is **conseiller** *à* quelqu'un *de* faire quelque chose.
You have learned that the negation **ne... pas** surrounds a conjugated verb. When an infinitive is being negated, both parts of the negation precede the infinitive, as in **ne pas travailler** in the example.

Et vous?

Répondez aux questions suivantes avec un(e) camarade de classe. Ajoutez quelques détails.

1. Quel bon conseil est-ce que tu as reçu un jour? Qui te l'a donné? (Utilisez la structure, **X m'a conseillé de**) Pourquoi est-ce que c'était un bon conseil?
2. Quel mauvais conseil est-ce que tu as reçu un jour? Qui te l'a donné? Quelle a été la conséquence?

3. Est-ce que tu as un tatouage? Si oui, où est-il, et qu'est-ce qu'il représente? Si non, est-ce que tu as envie d'en avoir un, et qu'est-ce que tu aimerais comme motif?

4. Est-ce que tu fais partie d'une équipe de sport (ou est-ce que tu as une équipe préférée)? Laquelle? Qu'est-ce que tu penses de l'entraîneur?

5. (Si tu regardes la télé:) Quelle publicité est-ce que tu aimes en ce moment?

6. Qui est la dernière personne avec qui tu as sympathisé? Tu l'as rencontrée où? Qu'est-ce que vous avez en commun?

À l'écoute: Le harcèlement moral

1-24

Suite à plusieurs rapports de la Fondation européenne pour l'amélioration des conditions de vie et de travail depuis les années 1990, les législateurs européens ont passé des lois sanctionnant le harcèlement moral. Le texte que vous allez entendre explique en quoi consiste le harcèlement moral et qui en sont les victimes. Écoutez le texte, puis répondez aux questions suivantes.

1. Le harcèlement moral est un type de violence _____.
   a. physique
   b. psychologique
   c. domestique

2. Le harcèlement moral est _____.
   a. un nouveau phénomène
   b. un type de violence puni depuis longtemps
   c. une vieille pratique qu'on vient de définir

3. Qui n'est pas mentionné parmi les responsables de harcèlement moral?
   a. les collègues
   b. les patrons
   c. les conjoints (un mari ou une femme)

4. Quel exemple de harcèlement moral est donné?
   a. perdre des responsabilités
   b. avoir trop de responsabilités
   c. être obligé(e) à travailler en groupe

5. Le harcèlement moral peut se manifester par _____.
   a. des augmentations de salaire
   b. des diminutions de salaire
   c. des salaires qui augmentent moins vite que ceux des collègues

6. D'après le texte, les victimes de harcèlement moral sont parfois _____.
   a. agressées physiquement
   b. encouragées à démissionner
   c. licenciées sans raison

7. Les femmes sont _____ victimes de harcèlement moral que les hommes.
   a. moins souvent
   b. aussi souvent
   c. plus souvent

8. Le harcèlement moral _____.
   a. est une cause d'absentéisme
   b. permet d'augmenter la productivité
   c. n'a pas de conséquences pour l'entreprise

AVANT LE PROCHAIN COURS

1. *Manuel:* Étudiez *Les pronoms relatifs (Le choix du pronom relatif; Les pronoms relatifs sujets:* **qui, ce qui**; *Les pronoms relatifs objets directs:* **que, ce que**); *Le pronom relatif* **où** aux pages 275–279 et *Les pronoms démonstratifs* (pages 282–283) et faites les exercices des sections **Application immédiate 1** à **5** et **8.**

2. *Cahier:* Faites **Préparation à la discussion.**

DISCUSSION

Chronologie

Rétablissez la chronologie des scènes du film en les numérotant de 1 à 8. Puis mettez les verbes au passé et partagez vos réponses avec la classe ou un(e) camarade de classe en ajoutant quelques détails pour chaque scène.

_____ Jean-Pierre envoie une photo anonyme à l'entreprise de François.

_____ Félix essaie de sympathiser avec François.

_____ Frank s'intéresse à son père.

_____ Mlle Bertrand propose à François de dîner au bureau.

_____ On licencie François.

_____ François arrive au travail avec Mlle Bertrand.

_____ Guillaume conseille à Félix d'avoir moins de préjugés.

_____ François défile pendant la Gay Pride avec un préservatif géant sur la tête.

Quelques détails

Identifiez les choses ou les personnes suivantes le plus rapidement possible. Écrivez un mot ou une expression, mais ne faites pas de phrases complètes.

_____ 1. le vêtement rouge que François porte sur la photo d'entreprise

_____ 2. ce qui cause la dépression de François au début du film

_____ 3. l'animal que François trouve sur son balcon

_____ 4. le conseil que Jean-Pierre donne à François

_____ 5. ce qui persuade les employés que François est homosexuel

_____ 6. celle qui pense que François a les yeux ronds comme un pigeon

_____ 7. ce que Félix aime faire pour détendre l'atmosphère

_____ 8. le sport qui plaît à Félix

_____ 9. là où Félix essaie de sympathiser avec François

_____ 10. le cadeau que Félix offre à François pour sa fête

_____ 11. ce que Mlle Bertrand veut enlever à François

_____ 12. ce qu'il n'y a pas sur le bras de François

_____ 13. la personne que François va voir pour accuser Mlle Bertrand

_____ 14. la nationalité de ceux qui visitent l'usine

Réactions

1. Quelle est l'attitude de François Pignon face à (*toward*) la vie au début du film? Pourquoi? Décrivez l'attitude de ses collègues et de sa famille envers lui et imaginez comment il se sent.

2. Décrivez le stratagème de Jean-Pierre Belone pour que François Pignon garde son travail. Pourquoi Jean-Pierre donne-t-il ce conseil à François?

3. Qu'est-ce que Mlle Bertrand pense de la photo anonyme, et qu'est-ce qu'elle fait pour vérifier si François est homosexuel? Quelles en sont les conséquences? D'après vous, est-ce que la contre-attaque de François est justifiée?

4. Qui est Félix Santini? Est-ce qu'il correspond à un stéréotype aux États-Unis? Comment ses amis le traitent-ils? Pourquoi? Que pensez-vous de leur attitude envers Félix?

5. Racontez une des scènes où Félix tente de sympathiser avec François Pignon (à la cafétéria de l'entreprise, au restaurant, pour sa fête [la Saint-François], etc.). Laquelle trouvez-vous la plus amusante?

6. Pourquoi et comment François Pignon participe-t-il au défilé de la Gay Pride? Quelles en sont les conséquences?

7. Comment se termine l'histoire dans l'entreprise? Comparez la photo d'entreprise de la fin du film à celle prise un an plus tôt. Comment François a-t-il changé?

8. Comment pouvez-vous décrire le style comique de Francis Veber?

9. Que pensez-vous de la représentation des hommes et des femmes dans ce film?

10. Quelle est votre opinion du film? Quand est-ce que vous avez ri le plus? Est-ce qu'il y a des choses qui vous ont surpris(e)? choqué(e)? déplu?

(for 5.) On a French calendar, each day of the year is usually associated with a saint. St. Francis of Assisi is honored on October 4. On that day, people named François(e) celebrate their "Name Day." Their friends and family members greet them with "Bonne fête!" and sometimes give them a card or small gift.

La Gay Pride, also called *La marche des fiertés,* has been celebrated in Paris since the 1980s and in about twenty other French cities since the 1990s.

Déplaire is the opposite of **plaire.** Refer to page 332 if you need to review the structure of that verb.

Et vous?

Comparez votre expérience à l'université à celle des personnages du film. Discutez des questions suivantes avec un(e) camarade de classe.

1. Est-ce que tu connais quelqu'un comme François ou Félix? Explique comment cette personne se comporte dans un groupe et comment tu t'entends avec lui/elle.

2. Est-ce que l'atmosphère de l'entreprise du film ressemble à celle d'un endroit où tu as travaillé? Quelles sont les similarités et les différences?

Quel conseil est-ce que Jean-Pierre Belone donne à François? Pourquoi le chat est-il important?

Photofest, Inc.

3. Est-ce que tu as déjà perdu ton travail ou est-ce que tu connais quelqu'un qui a été licencié? Comment est-ce que tu as réagi? Comment est-ce que la personne a réagi? Est-ce que tu as retrouvé du travail? Est-ce que la personne a retrouvé du travail? Comment?

4. Tu as déjà rencontré des difficultés (dans tes études, dans ton travail, etc.)? Qu'est-ce que tu as fait pour les surmonter?

5. François s'est fait passer pour un homosexuel pour retrouver son travail. Et toi, est-ce que tu as déjà transformé la réalité pour obtenir quelque chose? Explique. (Tu peux parler d'une autre personne si tu préfères.)

6. Est-ce que tu as déjà changé d'opinion sur quelqu'un? Qu'est-ce qui explique ce changement?

🔊 **À l'écoute:** *Le Placard*

1-27

Vous allez entendre une conversation entre Marc et Véronique, qui viennent de voir le film *Le Placard* et discutent de leurs impressions à la sortie du cinéma. Écoutez leur conversation et vérifiez si vous avez compris en répondant aux questions qui suivent.

1. Véronique et Marc ont beaucoup aimé _____.
   a. la distribution (*cast*)
   b. les plaisanteries
   c. la musique

2. Quel personnage est-ce que Véronique a apprécié?
   a. le voisin de François
   b. le fils de François
   c. le patron de l'entreprise

3. Véronique a trouvé le personnage de Félix _____.
   a. parfait
   b. exagéré
   c. pas assez amusant

4. Véronique pense que les femmes devraient _____ les hommes comme Félix.
   a. quitter
   b. éduquer
   c. essayer de comprendre

5. Marc a _____ que Véronique sur le traitement du harcèlement sexuel dans le film.
   a. la même opinion
   b. une opinion plus negative
   c. une opinion plus positive

6. Pour Marc et Véronique, le film montre que les gens ont des _____.
   a. préjugés
   b. difficultés professionnelles
   c. illusions

7. Quand elle parle de l'attitude des personnages envers l'homosexualité, Véronique utilise l'exemple _____.
   a. des joueurs de rugby
   b. des comptables
   c. du voisin de François

8. Marc s'intéresse _____.
   a. aux farces
   b. aux drames
   c. aux comédies sérieuses

AVANT LE PROCHAIN COURS

1. *Manuel:* Étudiez *Les pronoms relatifs (Les pronoms relatifs objets d'une préposition* [à l'exception de **de**]; *Les pronoms relatifs objets de la préposition* **de: dont, ce dont**) aux pages 279–281 et faites les exercices des sections **Application immédiate 6** et **7.**

2. *Cahier:* Faites **Pour aller plus loin.**

POUR ALLER PLUS LOIN

Qui a dit quoi?

Les citations dans leur contexte

Les phrases ci-dessous sont extraites du film. Complétez-les avec le pronom relatif qui convient. Puis notez quel personnage de la liste suivante a dit chaque phrase et expliquez la signification de chaque citation dans le contexte du film. Vous pouvez utiliser les noms des personnages plusieurs fois.

Ariane	François	Mlle Bertrand	le patron
Félix	Jean-Pierre	Mme Santini (la femme de Félix)	

Exemple: Guillaume: « Je te demande pas *ce que* vous avez mangé. »

C'est ce que Guillaume dit à Félix après son repas au restaurant avec François. Il veut que Félix parle de la conversation, pas de la nourriture.

1. _____: « Restez l'homme timide et discret _____ ils ont côtoyé (*been next to*) pendant des années... Vous verrez, _____ va changer, c'est le regard des autres. »

2. _____: « Moi, _____ j'aime dans le rugby, c'est les douches.

_____: —Ah bon?

_____: —Oui.

_____: —Les douches?

_____: —Pas les douches elles-mêmes, eh bien parce que... les douches, on peut en prendre ailleurs qu'au rugby, quoi.

_____: —Eh oui... »

3. _____: « Je sais pas qui a envoyé ces photos, mais c'est sûrement pas un ami à vous. Remarquez, il a raté son coup (*missed his mark*) puisque c'est _____ vous a permis de garder votre place (*keep your job*). »

4. _____: « Elle est magnifique, elle est belle, intelligente mais elle a tous les hommes _____ elle veut. Pourquoi elle s'intéresserait à moi? »

5. _____: « Ce soir, je suis officiellement sorti d'un placard _____ j'étais jamais entré. »

6. _____: « Je connais une foule d'hommes dans l'entreprise, Mlle Bertrand, _____ seraient ravis (*delighted*) d'être agressés par vous. »

7. _____: « C'est vraiment dégueulasse (*disgusting*), ce que vous avez fait à Mlle Bertrand. »

8. _____: « C'est quoi la prochaine étape, Venise?

_____: —Je ne veux pas que tu me suives. Je t'interdis de te conduire comme un flic. Je fais _____ me plaît et je veux qu'on me foute la paix.

_____: —Tu es malade, Félix, il faut te soigner. Si tu ne m'écoutes pas, tu vas te retrouver dans la chambre de cet homme, tu vas lui offrir tes chocolats...

_____: —Ils sont foutus, mes chocolats. »

Le français parlé

1. Faites une liste des pronoms relatifs qui apparaissent dans les citations ci-dessus. Quels pronoms étudiés dans ce chapitre n'apparaissent pas?

Les pronoms relatifs	
qui apparaissent dans les citations	**qui n'apparaissent pas dans les citations**
1.	
2.	
3.	
4.	
5.	

1-28, 1-29

2. Relisez les explications sur la prononciation des pronoms relatifs dans le *Cahier* page 71 et imaginez comment les personnages peuvent prononcer les phrases de **Qui a dit quoi?** page 100. Puis écoutez les citations 2 et 8 sur votre *Audio Program* et répétez-les comme vous les entendez en vous mettant dans la peau des personnages.

Source: LE PLACARD, un film de Francis Veber, 2001, Gaumont Columbia Tristar

> Take a look at the left column of your pronoun table. These are the relative pronouns most frequently used in conversational French.

Le monde du travail

Vous allez parler des relations de travail dans le film et les comparer à votre expérience du monde de l'entreprise.

1. Un critique du *Nouvel Observateur* cité dans **Entrée en matière** écrit que le film est « une étude implacable sur les cruautés du monde de l'entreprise ». Quelles « cruautés du monde de l'entreprise » sont décrites dans le film? François et Félix sont-ils victimes de harcèlement moral?

2. Est-ce que l'ambiance et les personnages de l'entreprise du film correspondent à ce que vous savez sur le monde du travail? Basez-vous sur votre expérience personnelle ou sur celle de quelqu'un que vous connaissez.

3. Comment Veber traite-t-il le thème du harcèlement sexuel? Est-ce un sujet qu'il prend au sérieux et qui l'intéresse ou un sujet dont il se moque?

Une autre version du film

Choisissez une des trois situations ci-dessous et imaginez ce que disent les personnages dans cette situation. Écrivez cinq phrases en utilisant les cinq pronoms relatifs que vous avez notés dans la colonne de gauche de la section **Le français parlé** (page 101).

Situation 1: François parle de son ex-femme à Jean-Pierre.
Situation 2: À la fin de l'histoire, Mlle Bertrand donne ses impressions sur François et sur ce qui s'est passé.
Situation 3: Vous exprimez des opinions sur le film.

AVANT LE PROCHAIN COURS

Cahier: Faites **Préparation à la lecture.**

LECTURE

Discussion

1. Imaginez qu'un employé américain arrive dans l'entreprise où travaille François Pignon. Que pense-t-il de l'atmosphère de travail et de l'attitude de Félix et de ses amis? Est-il surpris par certaines choses?

2. Donnez un exemple de ce qui constitue le harcèlement sexuel pour vous. Pensez-vous que les attitudes et la législation dans le domaine du harcèlement sexuel soient les mêmes partout?

Un Américain dans une entreprise française

Le texte que vous allez lire est extrait du livre *Les Chroniques de l'ingénieur Norton: Confidences d'un Américain à Paris* (1997), par Christine Kerdellant. L'ingénieur Robert Norton est un Américain de quarante-deux ans qui habite à Paris depuis trois ans avec sa famille et qui travaille dans une entreprise de raffinages. Le livre consiste en une série de messages électroniques que Robert adresse à ses amis aux États-Unis et dans lesquels il leur explique les différences culturelles entre la France et son pays d'origine. Le ton est comique. Ce texte est dans la tradition d'un classique de la littérature française, *Les Lettres persanes* de Montesquieu (1721).

Dans le passage suivant, Robert Norton écrit à son ami Philip Tomkins pour lui parler des différences dans l'atmosphère de travail en France et aux États-Unis, en particulier en ce qui concerne les relations entre les sexes. La définition du harcèlement sexuel qui est implicite dans le texte est celle qui prévalait dans la législation française entre 1992 et 2002.

> Montesquieu's *Lettres persanes* is a fictional exchange of letters between two Persians who are visiting Paris and a friend who stayed home in Persia (today's Iran). Montesquieu uses their status as outsiders to make humorous observations about French society. A similar, more recent example of this genre is *Borat* (2006), a film about a fictitious journalist from Kazakhstan reporting about life in the United States.

> This text was written before sexual harassment laws became stricter in France and Europe in 2002. The French definition of sexual harassment is now closer to the Anglo-Saxon one.
>
> Note that when Norton uses the word **ici**, he means in France.

Christine Kerdellant, *Les chroniques de l'ingénieur Norton: confidences d'un américain à Paris*, © Belfond, un département de Place des éditeurs, 1997

drague: *tries to pick up*
par la taille: *by the waist*
syndicat: *labor union*
trainera: *will [not] drag you*
décolleté plongeant: *plunging neckline*
elle te battra froid: *she will give you the cold shoulder*
sa boîte: *son entreprise*
ça les fait hurler de rire: *it makes them scream with laughter*
les gauloiseries qu'il ne pourrait s'empêcher de débiter: *the dirty jokes he could not help telling*

philip tomkins@to.com
Mardi 11 juillet 1995
À la Compagnie française de raffinages, tout le monde drague° tout le monde, et personne ne semble avoir la moindre idée de ce que signifie le mot harcèlement sexuel. [5]

Tu peux siffler une femme à la cantine ou la prendre par la taille° sans qu'elle te dénonce au syndicat°. Ta voisine de bureau ne te traînera° pas au tribunal si tu la complimentes pour son décolleté plongeant° ou sa nouvelle coiffure. [10, 15]

Pour tout dire, tu as même intérêt à remarquer que ta secrétaire est passée chez le coiffeur. ... sinon elle te battra froid° le reste de la journée. [20]

J'avais un collègue à Milwaukee (Mike Stevenson, tu le connaissais peut-être) qui a été obligé de quitter sa boîte° parce qu'il avait eu un problème avec la documentaliste. Il avait trente-trois ans, elle soixante-deux. Il lui avait posé la main sur l'épaule alors qu'il lui expliquait le fonctionnement du nouveau tableur sur son micro-ordinateur. Elle l'a accusé de harcèlement sexuel, et il n'a pas pu prouver son innocence. [25, 30]

Lorsque je raconte ça ici, ça les fait hurler de rire°. [35]

Le seul qui n'ait pas le cœur à rire, c'est Patrice Saulnier, le responsable du labo — un grand jeune homme blond, *bien sous tous rapports* — qui a passé un an à Washington.

À sa descente d'avion, son nouveau patron, terrorisé à l'idée des repercussions que ne manqueraient pas d'avoir sur le climat social les gauloiseries qu'il ne pourrait s'empêcher de débiter°, a commencé par lui faire la leçon. En lui disant textuellement: [40, 45]

« Oubliez ce que vous avez appris en France, même si vous avez l'impression que toutes les Américaines rêvent du *French lover*. Et enfoncez-vous dans le crâne° ces trois règles: 50

Ne fermez jamais votre porte lorsque vous recevez une subordonnée: tout le monde doit pouvoir voir ce qui se passe entre vous; 55

Ne complimentez jamais une femme sur sa robe ou son lifting, son apparence extérieure n'est pas votre affaire;

Ne tombez jamais amoureux d'une collègue. Je sais bien que vous êtes fran- 60 çais, mais apprenez à vous retenir°. »

C'était plutôt bien résumé, non? Malheureusement, ces précautions n'ont pas suffi.

En matière de *sexually correct,* le 65 Français moyen est un éléphant dans un magasin de porcelaine.

Il y eut° une première alerte, six mois après son arrivée, le jour où le jeune play-boy a voulu traduire le jeu de mots 70 choisi par une agence de pub française pour défendre l'image de son pays: « En France, les jolies filles sont dans la rue, et les Boudin° dans les musées. »

Cela n'a fait sourire personne, et un 75 de ses collègues l'a rappelé à l'ordre.

Mais le pauvre Saulnier a ré- cidivé°. Il plaisantait régulièrement sur les baskets° que les Américaines portent avec un tailleur lorsqu'elles 80 se rendent° au bureau. Un jour, il a ajouté qu'il trouvait pour sa part les escarpins° beaucoup plus jolis. Deux assistantes sont allées se plaindre° au patron. 85

Il eut beau dire° qu'il ne leur avait jamais demandé de porter des escarpins, rien n'y a fait°. Il a été rapatrié quelques semaines plus tard.

Et quand il est arrivé en France, au 90 beau milieu d'une grève° du métro, il a découvert que les Parisiennes, nécessité faisant loi°, s'étaient converties elles aussi aux baskets…

En fait, le harcèlement sexuel existe 95 bien en France, mais sa définition est nettement plus restrictive que chez nous, où quelques grivoiseries° suffisent à vous faire condamner. Ici, il faut qu'il y ait eu des menaces°, des sollicita- 100 tions sexuelles explicites ou un abus de pouvoir.

enfoncez-vous dans le crâne: *beat into your skull*
vous retenir: *restrain yourself*
Il y eut: Il y a eu
les Boudin: *paintings by Eugène Boudin (1824–1898);* **un boudin:** *a type of sausage; here, a fat, shapeless woman*
a récidivé: *relapsed*
baskets: *tennis shoes*
elles se rendent: elles vont
escarpins: *pumps*
se plaindre: *to complain*
Il eut beau dire…rien n'y a fait: *He tried to say …, but it was in vain.*
grève: *strike*
nécessité faisant loi: par nécessité
grivoiseries: *dirty jokes*
menaces: *threats*

Compréhension

Indiquez si les phrases suivantes sont vraies ou fausses, puis justifiez votre réponse.

1. Dans l'entreprise française où travaille Robert Norton, tout le monde est familier avec la signification de l'expression « harcèlement sexuel ».

2. Les Françaises n'apprécient pas les compliments sur leur apparence personnelle.

3. Aux États-Unis, les gestes de familiarité avec les femmes sont dangereux, même si la femme est beauoup plus âgée que l'homme.

4. Les Français trouvent l'histoire de Mike Stevenson et de sa documentaliste très amusante.

5. Patrice Saulnier était considéré comme un jeune homme de bonne moralité en France.

6. Le patron américain de Patrice Saulnier a mentionné trois précautions à Patrice au sujet des relations hommes-femmes.

7. Patrice a suivi ces précautions et s'est comporté avec beaucoup de délicatesse.

8. Les collègues de Patrice ont apprécié ses jeux de mots sur les Boudin.

9. Patrice aime les femmes qui portent des chaussures de sport pour aller travailler.

10. Patrice est resté longtemps dans l'entreprise américaine.

11. Les Parisiennes ne portent jamais de baskets pour aller travailler.

12. Les grivoiseries étaient considérées comme du harcèlement sexuel dans l'entreprise américaine où Patrice travaillait.

Réactions

1. Pourquoi est-ce que Mike Stevenson a été licencié?

2. Patrice Saulnier a été rapatrié parce qu'il a fait des faux-pas pendant qu'il travaillait aux États-Unis. Lesquels?

3. Est-ce que vous trouvez le licenciement de Mike Stevenson et le rapatriement de Patrice Saulnier justifiés?

4. Quels sont les stéréotypes sur les Français dans ce texte? Est-ce qu'ils correspondent à l'idée que vous avez d'eux? D'où viennent les stéréotypes du texte et les vôtres? De la presse? Du cinéma? De la littérature?

Questions de langue

1. Reformulez les phrases et expressions suivantes pour montrer que vous les comprenez.
   a. « … personne ne semble avoir la moindre idée de ce que signifie le mot harcèlement sexuel. »
   b. « À sa descente d'avion… »
   c. « En matière de *sexually correct,* le Français moyen est un éléphant dans un magasin de porcelaine. »

2. Expliquez de façon plus simple l'idée exprimée par le jeu de mots suivant: « En France, les jolies filles sont dans la rue, et les Boudin dans les musées. »

3. Notez les pronoms relatifs et leurs antécédents.

4. Divisez la phrase suivante en quatre phrases en éliminant les pronoms relatifs. Suivez les directives.

> « Son nouveau patron, terrorisé à l'idée des répercussions que ne manqueraient pas d'avoir sur le climat social les gauloiseries qu'il ne pourrait s'empêcher de débiter, a commencé par lui faire la leçon. »

   a. Son nouveau patron … [Look for the main verb.]
   b. Son nouveau patron était … [How did the boss feel, and at the thought of what?]
   c. Les gauloiseries ne manqueraient pas d'avoir _____ sur le climat social.
   d. Il [Patrice Saulnier] ne pourrait s'empêcher de débiter _____.

5. Notez quels temps sont utilisés dans le paragraphe suivant et expliquez leur utilisation.

> « J'avais un collègue à Milwaukee (Mike Stevenson, tu le connaissais peut-être) qui a été obligé de quitter sa boîte parce qu'il avait eu un problème avec la documentaliste. Il avait trente-trois ans, elle soixante-deux. Il lui avait posé la main sur l'épaule alors qu'il lui expliquait le fonctionnement du nouveau tableur sur son micro-ordinateur. Elle l'a accusé de harcèlement sexuel, et il n'a pas pu prouver son innocence. »

INTERACTIONS

Sketch

Choisissez un sujet, préparez la scène et jouez-la devant la classe.

1. Les collègues de bureau de François Pignon viennent de recevoir la photo anonyme. Imaginez leur réaction et ce qu'elles décident de faire. Vous n'êtes pas obligé(e) d'imiter le film.

Qu'est-ce qui vient de se passer? Comment François va-t-il réagir?

2. François Pignon va voir le patron pour accuser Mlle Bertrand de harcèlement sexuel. Le patron lui pose des questions pour connaître les faits. Avec diplomatie, il suggère un arrangement à l'amiable et rappelle à Pignon que son entreprise combat activement la discrimination en tous genres.

3. Mme Santini est furieuse car elle vient de découvrir que son mari a acheté un joli pull rose en mohair. Imaginez une conversation entre elle et Félix quand il rentre du travail.

4. Félix essaie de sympathiser avec François Pignon. Il veut le convaincre qu'il n'est pas une brute. Vous pouvez situer la scène dans le décor du film (la cantine, le restaurant) ou imaginer d'autres circonstances.

5. Une jeune femme américaine, Mlle Smith, travaille dans une entreprise française à Paris. Elle va voir son patron pour se plaindre d'un collègue qui lui a fait un compliment sur sa nouvelle robe. Le patron ne comprend pas où est le problème.

Exposé

Préparez un des sujets à la maison pour le présenter en classe.

1. Votre expérience du monde du travail. Faites une présentation sur votre travail. Expliquez où vous travaillez et ce que vous faites dans l'entreprise. Parlez de vos collègues et de l'atmosphère de travail.

2. Le harcèlement sexuel ou d'autres types de discrimination. Parlez d'un cas de discrimination dont vous ou un(e) ami(e) avez (a) été victime ou que vous avez découvert dans les médias. Expliquez en quoi consistait la discrimination, ce que la victime a fait et comment on a résolu le problème. Donnez votre opinion sur cette situation.

3. Une expérience qui permet de rebondir. Dans le film, « sortir du placard » permet à François Pignon de retrouver le goût à la vie. Parlez d'un événement qui a permis à quelqu'un de rebondir. Vous pouvez parler d'une expérience personnelle ou de celle d'un de vos amis ou d'une personne célèbre (comme Lance Armstrong qui a gagné sept fois le Tour de France après son cancer).

LISTE DE VOCABULAIRE

Adjectifs

For extra practice with the vocabulary in this chapter, refer to the web quizzes at www.cengagebrain.com.

Costaud is typically also used in the feminine; costaude exists, but is rarely used.

The expressions à l'aise and mal à l'aise are not adjectives in French, but their English translations are adjectives.

agréable *pleasant*	honnête *honest*
à l'aise *at ease, comfortable*	insignifiant(e) *insignificant*
anonyme *anonymous; nondescript*	(bien/mal) intégré(e) *(well/badly)*
brutal(e) *brutal*	*integrated, fitting in*
costaud(e) *big and strong*	lamentable *pitiful*
démodé(e) *out of fashion*	licencié(e) *fired*
déprimé(e) *depressed*	macho (adj. inv. et nom) *macho*
discret(-ète) *reserved*	maigre *(unpleasantly) thin*
doux(-ce) *kind, mild-mannered*	mal à l'aise *uncomfortable*
dynamique *energetic*	médiocre *mediocre*
effacé(e) *self-effacing*	mince *thin*
énergique *energetic*	musclé(e) *muscular*
ennuyeux(-euse) *boring*	plein(e) de bonne volonté *well-meaning,*
expansif(-ive) *outgoing*	*who tries hard*
faible *weak*	plein(e) de vie *full of life*
fort(e) *strong*	réservé(e) *reserved*
gauche *awkward*	sensible *sensitive*
gentil(le) *kind, nice*	seul(e) *alone*
gris(e) *gray*	sportif (-ive) *athletic*
grisâtre *grayish*	sûr(e) de soi *self-confident*
homophobe (adj. et nom) *homophobe*	timide *shy*
homosexuel(le) (adj. et nom) *homosexual*	travailleur(-euse) *hard-working*

Noms

des baskets (f. pl.) *tennis shoes*	un licenciement *layoff*
un blouson (en cuir) *(leather) jacket*	un pantalon *pair of pants*
une cantine *work or school cafeteria*	un patron, une patronne *boss*
un(e) chef d'entreprise *business owner*	une photo *photo*
une chemise *man's shirt*	une plaisanterie (de bon/mauvais goût)
un chemisier *woman's blouse*	*joke (in good/bad taste)*
un(e) client(e) *customer*	un préjugé *prejudice*
un comportement *behavior*	un préservatif *condom*
un(e) (chef-)comptable *(chief) accountant*	une pub(licité) *ad(vertisement)*
un conseil *piece of advice*	un pull(-over) *sweater*
une cravate *tie*	une réunion *meeting*
un entraîneur, une entraîneuse *coach*	une robe *dress*
une entreprise *firm*	un tailleur *woman's business suit*
une équipe (de rugby) *(rugby) team*	un tatouage *tattoo*
le harcèlement sexuel *sexual harassment*	

Verbes

accuser quelqu'un de (faire) quelque chose *to accuse someone of (doing) something*

agresser *to assault*

conseiller à quelqu'un de faire quelque chose *to advise someone to do something*

détendre l'atmosphère *to lighten up the atmosphere, to defuse a situation*

enlever *to take off, to remove*

essayer (de faire quelque chose) (voir *essayer*) *to try (to do something)*

être sur le point de faire quelque chose *to be about to do something*

faire de la pub(licité) (pour quelque chose) *to advertise (something)*

faire des plaisanteries *to crack jokes*

licencier *to lay off*

passer inaperçu(e) *to go unnoticed*

plaisanter *to tease, to joke*

quitter quelqu'un *to leave someone*

renverser *to knock over; to spill*

retrouver *to get back, to recover, to find again*

retrouver le goût à la vie *to recover one's zest for life*

retrouver du/son travail *to find another job/to get one's job back*

se détendre *to relax*

s'endormir (comme *partir*) *to fall asleep*

se faire passer pour *to pass oneself off as*

se moquer (de) *to make fun (of)*

sensibiliser quelqu'un à quelque chose *to sensitize someone to something*

se réveiller *to wake up*

se sentir (comme *partir*) + adjectif/adverbe *to feel + adjective/adverb*

se suicider *to commit suicide*

s'intéresser (à) *to be interested (in)*

sympathiser (avec quelqu'un) *to strike up an acquaintance, a friendship (with someone)*

venger (comme *voyager*) *to avenge*

se venger (de) *to take revenge (against)*

> Present tense verb conjugation is reviewed on pages 227–232, and the Appendix includes conjugation patterns (page 341). You will be referred to specific patterns in the Appendix every time an irregular verb is listed in the vocabulary lists.

Prépositions et expressions adverbiales

à droite (de), sur la droite (de) *to/on the right (of)*

à gauche (de), sur la gauche (de) *to/on the left (of)*

à la mode *in fashion*

à la télé(vision) *on TV*

au milieu (de) *in the middle (of)*

au premier/deuxième/ ... /dernier rang *in the first/second/ . . . /last row*

en bas *at the bottom*

en haut *at the top*

sur la photo *in the picture*

Vocabulaire familier

Adjectifs

chiant(e) *boring*
embêtant(e) *boring*
marrant(e) = amusant(e)

minable *pitiful*
moche = laid(e)
viré(e) = licencié(e)

Noms

une boîte = une entreprise

une brute *bully*

Verbes

rater/louper quelque chose *to fail at
    something*
rater/louper sa vie *to be a failure*

sortir (comme *partir*) du placard *to
    come out of the closet*
virer = licencier

Vocabulaire supplémentaire

Noms

un balcon *balcony*
des betteraves (f. pl.) *beets*
un cadre (*photo*) *frame; executive (in a
    company)*
des carottes râpées (f. pl.) *shredded
    carrots*

un char *float (in a parade)*
un chat de gouttière *stray cat*
un défilé *parade*
une liaison *affair*
un vestiaire *locker room*

Verbes

casser le bras/la clavicule de quelqu'un
    to break someone's arm/collarbone
se casser le bras/la clavicule *to break
    one's arm/collarbone*
contre-attaquer *to counterattack*
défiler *to (be in a) parade*
dissuader quelqu'un de faire quelque
    chose *to dissuade someone from
    doing something*
endommager *to damage*

entrer dans le cadre *to fit in the frame*
être promu(e)/obtenir une promotion
    to be promoted
rebondir (comme *finir*) *to rebound*
rendre *to give back*
se jeter (voir *jeter*) (sur/de) *to throw
    oneself (on/off of something)*
se serrer *to get closer*
tromper quelqu'un *to cheat on someone*

Chapitre 5

POLITIQUE ET VIE PERSONNELLE

Indochine

Sony Pictures Classics/Photofest

Réalisateur: Régis Wargnier,
France (1992); 142 minutes

*I*n *Indochine,* you will witness the personal and professional tribulations of a rubber plantation owner (played by Catherine Deneuve) during the final years of France's colonial presence in Indochina (from the 1930s to the 1950s). The plot focuses on a mother-daughter relationship and a love triangle, both of which mirror the political turmoil of the time. In this chapter, you will acquire the vocabulary necessary to discuss personal relationships and the specific historical context of the film. The grammar focus on personal pronouns will enable you to express yourself more elegantly by avoiding repetition.

Les personnages (La distribution: les acteurs/actrices): Éliane Devries (Catherine Deneuve), Jean-Baptiste Le Guen (Vincent Perez), Camille (Linh Dan Pham), Guy Asselin (Jean Yanne), Yvette (Dominique Blanc), Émile (Henri Marteau), Tanh (Éric Nyugen)

LES PRIX DU FILM

- Cinq Césars (1993) (et onze nominations): Meilleure actrice (Catherine Deneuve), Meilleur second rôle féminin (Dominique Blanc), Meilleure photographie, Meilleur décor, Meilleur son
- Un Oscar (1993): Meilleur film étranger (et une nomination pour Catherine Deneuve pour l'Oscar de la meilleure actrice)

ENTRÉE EN MATIÈRE

Discussion

1. Est-ce que le mot « Indochine » évoque quelque chose pour vous? Si oui, est-ce que ces connotations sont négatives, positives ou neutres? Et le mot « Vietnam »? Quelles associations faites-vous quand vous pensez à ce mot?

2. Quels sont les ingrédients d'un grand film romantique? Quels films romantiques à grand spectacle connaissez-vous?

3. Quels types de conflits existent dans les familles? Dans quelles circonstances ces conflits peuvent-ils mener à la rupture (c'est-à-dire au point où les membres d'une même famille ne se voient plus et ne se parlent plus)?

There are different spellings for the word **Vietnam**, another of which appears in the reading on page 124 (Viêt-Nam).

LA PRÉSENCE FRANÇAISE EN INDOCHINE

Géographiquement, l'Indochine est le nom de la péninsule du Sud-Est asiatique, située à l'est de l'Inde et au sud de la Chine et comprenant la Birmanie, le Laos, la Thaïlande, Singapour, le Cambodge, le Vietnam et une partie de la Malaisie. Historiquement, le terme Indochine (ou Indochine française ou Union indochinoise) est le nom donné en 1884 aux territoires indochinois colonisés par la France: la Cochinchine, l'Annam, le Tonkin (qui font partie de l'actuel Vietnam) et le Cambodge. Le Laos a été annexé à l'Indochine française en 1893.

Les Français ont colonisé l'Indochine dans la seconde moitié du 19e siècle pour protéger leurs intérêts commerciaux et leurs missionnaires catholiques. Au début du 20e siècle, des intellectuels indochinois formés dans les universités françaises ont commencé à s'opposer à la domination française. L'opposition s'est radicalisée dans les années 1930 avec la création du parti communiste vietnamien. Le parti communiste a mené la lutte contre la colonisation française, puis contre l'occupation japonaise pendant la Seconde Guerre mondiale. Le peuple vietnamien a proclamé son indépendance le 2 septembre 1945 et s'est déclaré la République démocratique du Vietnam. Mais la France a refusé d'abandonner le territoire de la Cochinchine, au sud du Vietnam,

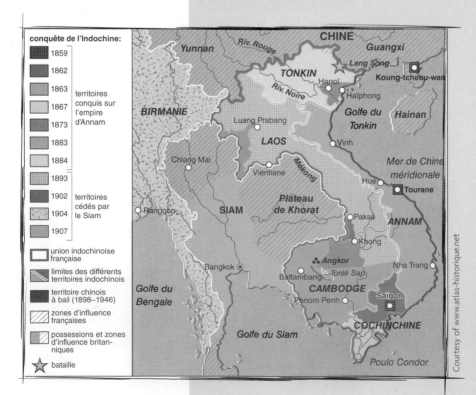

Courtesy of www.atlas-historique.net

ce qui a mené à la guerre d'Indochine. Après la défaite de l'armée française à la bataille de Diên Biên Phu en 1954, la France a accepté de signer les Accords de Genève. Ces accords ont déclaré l'indépendance du Laos et du Cambodge; ils ont divisé le Vietnam en deux parties de manière temporaire et ils ont prévu d'organiser des élections pour les réunifier. Mais les différences idéologiques ont mené à une guerre entre le Vietnam du Nord, communiste, et le gouvernement du Vietnam du Sud, soutenu par les États-Unis. La réunification du pays a eu lieu après la guerre du Vietnam, en 1976.

LES ÉVÉNEMENTS HISTORIQUES DANS LE FILM

L'histoire du film est racontée en flash-back au moment des Accords de Genève (1954). L'histoire elle-même se passe au début des années 1930, marquées par le développement du nationalisme vietnamien. Dans une scène au café au début du film, le chef de la police mentionne la rébellion de Yen-Bay en 1930: Il s'agit d'une rébellion de soldats indochinois qui ont tué leurs officiers français. L'armée française a exécuté les soldats indochinois et détruit le village où ils s'étaient réfugiés. En réaction contre cette répression, des nationalistes indochinois qui vivaient à Paris ont organisé une manifestation (*demonstration*) devant le Palais de l'Élysée. Le fiancé de Camille, Tanh, étudiant à Paris, a été expulsé de France parce qu'il avait participé à cette manifestation de solidarité.

On assiste aussi à une brève scène ayant lieu en 1936 lorsque le Front populaire, gouvernement de coalition de gauche en France, a ordonné la libération des opposants politiques indochinois emprisonnés dans l'île de Poulo Condor. C'est la scène où Camille sort du bagne (*penal colony*) et revoit brièvement sa mère.

Compréhension

1. Rétablissez la chronologie en reliant les dates de la colonne de gauche aux événements de la colonne de droite.

1. 1884	a. Accords de Genève
2. 1936	b. Naissance de l'Indochine française
3. 1er sept. 1939–2 sept. 1945	c. Guerre d'Indochine
4. 2 septembre 1945	d. Seconde Guerre mondiale
5. 1946–1954	e. Réunification du Vietnam
6. 1954	f. Guerre du Vietnam
7. 1964–1975	g. République démocratique du Vietnam
8. juillet 1976	h. Libération des prisonniers politiques de Poulo Condor

2. Quand et pourquoi est-ce que les Français ont colonisé l'Indochine?

3. Qui étaient les nationalistes indochinois et qu'est-ce qu'ils voulaient? Quels exemples de combats nationalistes sont mentionnés?

4. Quelles sont les causes et les conséquences de la guerre d'Indochine et de la guerre du Vietnam?

Réactions

1. Avez-vous vu des films dont l'action se passe au Vietnam? Quels étaient les thèmes de ces films?

2. Aimez-vous les films qui combinent une histoire d'amour et un contexte historique? Quels films de ce type avez-vous vus? Où se passaient-ils?

Lecture d'un compte rendu sur le film

Préparation

Before reading the article by Jacques Siclier about *Indochine*, read about the cultural context of the term **Indochine** in the **Note culturelle** and refer to the map of French Indochina, both on page 110.

1. Devinez la signification des mots suivants à partir du contexte et en pensant à des mots français apparentés.

Exemple: orageuse

   Ce mot est basé sur le mot « orage » (storm). → *stormy*

a. elle a grandi (ligne 6)   c. sûreté (ligne 26)
b. blessure (ligne 10) (blesser: *to hurt*)   d. durci (ligne 48)

2. Devinez la signification des mots suivants à partir du contexte et en pensant à des mots anglais apparentés.

a. privée (ligne 6)   d. fortuit (ligne 35)
b. colon (ligne 7)   e. sauveur (ligne 36)
c. vaisseau (ligne 32)   f. fatalité (ligne 41)

Voici des extraits d'un compte rendu sur le film paru dans *Le Monde* du 17 avril 1992. Lisez-le pour avoir une idée du genre de film que vous allez voir, puis répondez aux questions.

dont elle dirige ... hévéas: *whose rubber tree plantation she runs*
dont elle gère les biens: *whose assets she manages*
au fond d'elle-même, elle est « asiate »: *deep down she is Asian*
ours mal léché: *a boor, a lout (literally, a badly licked bear)*
tout bascule: tout change radicalement
enfer: *hell*
en fait des êtres pourchassés: *turns them into fugitives*
pris en charge: aidés
en lutte: rebelling, fighting

Le Monde, 17 avril 1992

INDOCHINE de Régis Wargnier
Indochine, ton nom est femme.
Une grande saga romanesque avec Catherine Deneuve, splendide, qui a l'aura des stars mythiques des années 30.
Jacques Siclier

… L'Indochine de Régis Wargnier, celle très précisément des années 30, est une femme qui se nomme Éliane Devries. …

Éliane a trente ans. Née en Indochine, privée très tôt de mère, elle a grandi auprès de son père, un colon aisé dont elle dirige la planta- 10 tion d'hévéas° (richesse économique de la colonie). À la suite d'une rude bles- sure d'amour, elle ne s'est pas mariée. Elle a adopté une princesse d'Annam, orpheline dès sa petite enfance, dont elle gère les biens°— très importants— 15 avec les siens. Camille (Linh Dan Pham) est sa fille. Riche, indépendante, énergique, suprêmement belle, Éliane Devries appartient à la bonne société blanche de Saïgon. Elle n'a jamais vu la 20 France et, au fond d'elle-même, elle est « asiate° ». Camille, adolescente, doit épouser un cousin, Tanh (Éric Nguyen), fils d'une femme d'affaires. Pour Éliane et son ami Guy Asselin (Jean Yanne), 25 chef de la sûreté, ours mal léché°, qui lui demande, en vain, de l'épouser, les jeunes gens représentent l'élite indochi- noise de demain.

Mais lorsque surgit, telle une appa- 30 rition romantique, le beau lieutenant de vaisseau Jean-Baptiste Le Guen (Vincent Perez), tout bascule°. Éliane se laisse séduire, devient sa maîtresse. Liaison orageuse. Un incident fortuit transforme 35 Jean-Baptiste en « sauveur » de Camille, qui en tombe amoureuse. On exile le lieutenant sur un îlot du Tonkin qui est un petit enfer°. On marie Camille. Elle s'enfuit, rejoint Jean-Baptiste au prix de 40 mille difficultés. Une sorte de fatalité en fait des êtres pourchassés° qui sont pris en charge° par les rebelles communistes. Héroïne d'un peuple en lutte°, désor- mais incapable de rejoindre, d'absoudre 45 et d'aimer le monde des « Blancs » où

How to Answer Questions about the Reading

Avoid general answers by referring to specifics in the passage. Note line numbers in your answers so you can refer your classmates to the word or words you are citing and speak about concrete details you noticed about a tumultu- ous affair in the context of France and Indochina.

elle a été élevée, Camille deviendra la Princesse rouge au cœur durci par l'épreuve du bagne°. …

Régis Wargnier, dans une superpro- 50 duction qui n'a pas craint° les risques, a recréé une tradition du romanesque cinématographique qui n'appartient pas à nos jardins à la française°. …

Il nous emporte dans une atmosphère 55 exaltée, des émotions, des sentiments, des passions, des aventures, des destinées marquées par un environnement social, économique, politique, exact sur le fond°, ultra-romanesque dans 60 sa représentation. … Indochine est un coup de foudre, un coup de cœur. …

l'épreuve du bagne: *the ordeal of the penal colony*
n'a pas craint: *wasn't afraid of*
nos jardins à la française: la tradition française
exact sur le fond: *historically correct*

Compréhension

1. À quel milieu appartiennent les personnages principaux? Quelles sont les relations entre eux? Référez-vous au compte rendu pour compléter le tableau ci-dessous.

Milieu / profession	Relations familiales / amicales / amoureuses
Éliane	
Camille	
Tanh	
Guy	
Jean-Baptiste	

2. Qu'est-ce qui a troublé la vie tranquille d'Éliane et de ses proches? Comment?

3. Quels aspects du contexte politique sont mentionnés?

Réactions

1. D'après vous, quels vont être les thèmes importants du film?

2. À quel type de décor vous attendez-vous (*do you expect*)? Pourquoi?

Questions de langue

1. Notez les mots du texte qui suggèrent qu'*Indochine* est une superproduction, un film à grand spectacle.

2. Révisez des pronoms déjà étudiés dans ce manuel.
   a. Quel nom est-ce que le pronom démonstratif **celle** (ligne 2) remplace?
   b. Rappelez-vous qu'un pronom relatif lie (*links*) deux phrases. Éliminez le pronom **dont** dans les phrases ci-dessous et remplacez chaque phrase par deux phrases.
      • « Elle a grandi auprès de son père, … **dont** elle dirige la plantation d'hévéas. »
      • « Elle a adopté une princesse d'Annam, … **dont** elle gère les biens. »

3. Quels noms est-ce que les pronoms suivants remplacent?
   a. **lui** (pronom complément d'objet indirect, ligne 26):
   b. **l'** (pronom complément d'objet direct, ligne 27):

If necessary, refresh your memory about demonstrative pronouns (page 282) and relative pronouns (page 275).

You will study and practice pronouns of all sorts in this chapter. If you would like to better understand the role pronouns play in the article on *Indochine* that you just completed, look ahead to **Grammaire** (page 285).

Visionnement d'une séquence
(avec son, sans sous-titres)

Lisez les questions ci-dessous, puis visionnez la scène une seconde fois en faisant bien attention à la bande-son. Répondez ensuite aux questions.

Compréhension

Après le visionnement, notez la réponse correcte.

1. La narratrice _____.
   a. est née en Indochine
   b. est venue en Indochine pour les funérailles
   c. est arrivée en Indochine quand elle était enfant

2. Qui est mort?
   a. les parents de la narratrice
   b. les amis de la narratrice
   c. des dignitaires français

3. Ils sont morts dans un accident _____.
   a. de voiture
   b. d'avion
   c. de train

4. La narratrice _____.
   a. n'avait plus ses parents.
   b. était mariée avec un prince.
   c. a adopté une princesse.

5. La narratrice évoque des choses inséparables. Lesquelles?
   a. les montagnes et la mer
   b. les humains et les bêtes
   c. l'Indochine et la France

6. La plantation de Lansai _____.
   a. s'est agrandie quand la narratrice a adopté Camille
   b. est l'une des six plus grandes d'Indochine
   c. contient 60.000 hectares d'hévéas

Réactions

1. Quelles classes de la société indochinoise apparaissent dans cet extrait?

2. Est-ce qu'Éliane élève Camille comme une Vietnamienne ou comme une Française? Que pensez-vous des vêtements des deux femmes?

Le français parlé

Regardez à nouveau la séquence. Écoutez le monologue d'Éliane et notez les liaisons et les **e** muets sur la transcription distribuée par votre professeur. Puis entraînez-vous à dire ce texte en imitant la belle voix de Catherine Deneuve.

Préparation au visionnement du film

En regardant le film, faites attention aux aspects suivants et prenez des notes sur vos observations.

1. L'utilisation du français et du vietnamien: Certains personnages parlent les deux langues. Dans quelles circonstances?

2. La structure du film (les flash-backs / retours en arrière): Notez quand vous voyez la narratrice en train de raconter l'histoire.

3. Les scènes où Éliane et Camille dansent: pourquoi ces parallèles?

AVANT LE PROCHAIN COURS

1. *Indochine:* Visionnez le film.

2. *Cahier:* Faites **Les mots pour le dire.**

3. *Manuel:* Étudiez *Les pronoms personnels; **y** et **en** (Introduction; Les pronoms compléments d'objet direct)* aux pages 286–288 et faites les exercices des sections **Application immédiate 1** et **2.**

Viewing Tips

Notice:
• parallels between scenes, the use of French and Vietnamese, the way the landscape is filmed

Ask yourself:
• How important is the historical context for the story? How is the colonial situation presented?

Anticipate:
• some disorientation due to the narrative structure

LES MOTS POUR LE DIRE

Définitions

Le mot juste

Référez-vous à la **Liste de vocabulaire** (pages 128–129). À quels noms les pronoms font-ils référence dans les phrases suivantes?

> *Exemple:* On **en** voit beaucoup sur la rivière au début du film.
>
> *en = des bateaux*

1. Émile et son équipage **l'**ont gagnée au début du film.

2. Éliane **en** a eu beaucoup, mais elle ne s'est jamais attachée à un homme en particulier.

3. Éliane **les** traite comme des enfants.

4. On **les** a célébrées dans le palais impérial; Camille et Tanh portaient des costumes traditionnels.

5. Camille **l'**a découverte quand elle cherchait Jean-Baptiste. Elle ne savait pas que son pays était si pauvre.

6. Camille est recherchée par la police parce qu' elle **en** a commis un.

7. Les nationalistes ne **les** aiment pas.

8. Éliane **en** dirige une grande.

9. Les nationalistes **l'**ont incendiée.

10. Camille **en** a eu un la première fois qu'elle a vu Jean-Baptiste. Il était si beau!

Références à consulter

• Liste de vocabulaire, page 128
• Votre dictionnaire personnel (*Cahier*, page 85)
• *Les pronoms personnels; **y** et **en** (Introduction; Les pronoms compléments d'objet direct),* pages 286–288

Vos définitions

À vous! Écrivez des définitions pour trois autres noms de la **Liste de vocabulaire** en utilisant des pronoms compléments d'objet direct, comme dans l'exercice précédent. Puis lisez vos phrases à la classe et demandez à vos camarades de trouver les mots que vous avez définis.

Les mots apparentés

Complétez les tableaux suivants en ajoutant les mots qui manquent. Consultez la **Liste de Vocabulaire** (page 128).

1. Trouvez l'adjectif qui correspond au nom et vice versa.

	Adjectif	Nom
a.	compatissant(e)	
b.		le conflit
c.		la destruction
d.	ferme	
e.		l'oppression

2. Trouvez le nom qui correspond au verbe et vice versa.

	Nom	Verbe
a.		disparaître
b.	la protection	
c.		rompre
d.		se fiancer
e.		se rebeller
f.		se retrouver
g.		souffrir

La géographie

Refer to the map on page 110 while doing this exercise. **L'île du Dragon** is located in Halong Bay, near Haiphong.

The pronoun **y** is translated *there* when it replaces a preposition (**dans, en, à**) followed by a place (**le Tonkin, Bretagne, Saïgon**). If you're curious to know more now, check out *Le pronom y* (page 293).

Saigon is the former name for Hô Chi Minh-Ville, a city in South Vietnam. There are two spellings in French, **Saïgon** and **Saigon**.

Associez les phrases de la première colonne aux lieux de la deuxième colonne.

1. Éliane y possède une maison.   a. dans le Tonkin

2. On y a muté Jean-Baptiste.   b. en Bretagne

3. Camille et Jean-Baptiste s'y sont cachés.   c. en Chine

4. Camille et Jean-Baptiste veulent s'y réfugier. d. à Poulo Condor

5. Camille y a été emprisonnée.   e. à Saïgon

6. On y a signé des accords en 1954.   f. à Paris

7. Tanh y a fait ses études.   g. dans l'île du Dragon

8. Jean-Baptiste y a grandi.   h. à Genève

Et vous?

Répondez aux questions suivantes avec un(e) camarade de classe. Ajoutez quelques détails.

1. Où est-ce que tu as grandi? Est-ce qu'il y avait de la misère ou de la violence à cet endroit?

2. Quand est-ce que tu t'es éloigné(e) de ta famille pour la première fois? Comment as-tu vécu cette séparation?

3. Qui ou qu'est-ce qui te manque le plus à l'université?

4. Avec quel type de personnes est-ce que tu t'entends bien?

5. À qui est-ce que tu peux faire confiance dans une situation difficile?

6. Est-ce que tu aimerais diriger une entreprise plus tard? D'après toi, quelles qualités sont nécessaires pour diriger une entreprise?

À l'écoute: Catherine Deneuve

1-31

Le texte que vous allez entendre est un bref résumé de la vie et de la carrière de Catherine Deneuve (1943–). Écoutez le passage et vérifiez si vous avez compris en répondant aux questions qui suivent.

1. Catherine Deneuve a été révélée en _____.
   a. 1964
   b. 1981
   c. 1992

2. Dans *Belle de jour*, elle joue le rôle d'une _____.
   a. jeune fille romantique
   b. prostituée
   c. directrice de théâtre

3. Elle a reçu son premier César pour _____.
   a. *Les Parapluies de Cherbourg*
   b. *Belle de jour*
   c. *Le Dernier Métro*

4. Elle joue dans _____.
   a. des films « grand public »
   b. des films d'auteur
   c. des films « grand public » et des films d'auteur _____.

5. Deneuve a prêté son image pour représenter Marianne, qui est _____.
   a. une ligne de vêtements
   b. un parfum de Dior
   c. le symbole de la République française

6. En dehors du cinéma, Deneuve _____.
   a. fait du théâtre
   b. s'implique dans des associations
   c. fait de la recherche médicale

> **Vocabulaire utile**
>
> **la Seconde Guerre mondiale (1939–1945):** *World War II*
> **film d'auteur:** *independent film*
> **l'avortement:** *abortion*
> **la peine de mort:** *death penalty*
> **le SIDA:** *AIDS*

> Catherine Deneuve plays Marjane's mother in *Persépolis* (Chapter 3).

> **Un peu d'histoire**
>
> Depuis la Révolution française, un des symboles de la France est « **Marianne** », une figure féminine qui personnifie la liberté et la raison. On la trouve sur des timbres et des pièces *(coins)*, sur des tableaux et des dessins humoristiques, dans des publicités, etc. Depuis les années 1970, on la représente sous la forme d'une femme célèbre, comme les actrices Brigitte Bardot, Catherine Deneuve et Sophie Marceau; la chanteuse Mireille Matthieu; et les mannequins *(models)* Inès de la Fressange et Laetitia Casta. Cette personnalité est élue par l'Association des maires *(mayors)* de France (92% des maires sont des hommes), et on fait un buste à son image. Les maires peuvent mettre ce buste dans leurs mairies. Il y a des gens qui critiquent cette pratique et disent que les personnalités choisies ne sont pas représentatives de la diversité de la France.

AVANT LE PROCHAIN COURS

1. *Manuel:* Étudiez *Les pronoms compléments d'objet indirect; Pronoms compléments d'objet direct ou indirect?; Les pronoms remplaçant un complément prépositionnel: les pronoms disjoints, y, en* (pages 289–294) et faites les exercices des sections **Application immédiate 3** à **8.**

2. *Cahier:* Faites **Préparation à la discussion.**

DISCUSSION

Chronologie

Rétablissez la chronologie des scènes du film en les numérotant de 1 à 8. Puis mettez les verbes au passé et partagez vos réponses avec la classe ou un(e) camarade de classe en ajoutant quelques détails pour chaque scène.

_____   Éliane vend sa plantation et elle part élever Étienne à Paris.

_____   Éliane demande à Guy d'éloigner Jean-Baptiste.

_____   Camille rejoint Jean-Baptiste et tue un militaire.

_____   Jean-Baptiste meurt.

_____   Éliane et Jean-Baptiste ont une liaison.

_____   Tanh et ses amis aident Camille et Jean-Baptiste à échapper à la police.

_____   Camille sort du bagne.

_____   Éliane raconte l'histoire de Camille et Jean-Baptiste à Étienne.

Quelques détails

Répondez le plus vite possible aux questions suivantes. Répondez par un mot ou une brève explication.

1. _____ Éliane l'a renvoyé après l'incendie de l'usine.

2. _____ Éliane y a parlé à Jean-Baptiste pour la première fois.

3. _____ Éliane pouvait lui faire confiance dans les moments difficiles.

4. _____ Camille n'a pas voulu que son fils y reste.

5. _____ Éliane l'a retrouvée dans un cabaret.

6. _____ Émile les a entraînés pendant un mois.

7. _____ Les invités étaient heureux qu'on en serve comme dessert pendant le repas de Noël.

8. _____ À Genève, les bateaux lui ont fait penser à l'Indochine.

9. _____ Tanh se battait pour que son pays l'obtienne.

10. _____ Guy dit que Jean-Baptiste l'a fait pour échapper à la cour martiale.

Réactions

1. Comment était composée la société en Indochine sous la colonisation? Comment est-ce que les relations entre les différents groupes sont décrites dans le film?

2. Quelles sont les valeurs de Jean-Baptiste au début du film, et comment évolue-t-il? (Comparez la scène où il ordonne de brûler le sampan et la scène du marché aux esclaves.)

3. Quelle est l'attitude d'Éliane envers ses employés? D'après vous, est-ce une bonne chef d'entreprise?

4. Comment Éliane élevait-elle Camille? Pourquoi a-t-elle demandé à l'officier d'éloigner Jean-Baptiste? Que pensez-vous de cela?

5. Pourquoi Camille s'est-elle mariée avec Tanh? Pourquoi Tanh a-t-il accepté qu'elle parte juste après le mariage?

Un **sampan** is a flat-bottomed Chinese boat.

6. Qu'est-ce que Camille a appris pendant son voyage à travers le Vietnam, et comment est-ce que cela a influencé son évolution politique? Comment ses vêtements illustrent-ils son évolution?

7. D'après vous, comment Jean-Baptiste est-il mort? S'est-il suicidé? A-t-il été assassiné? Si oui, par qui?

8. Comment expliquez-vous la transformation de Camille et sa décision d'oublier sa famille après sa sortie du bagne?

9. D'un point de vue politique, est-ce que c'était une bonne idée de laisser Camille en prison? Quels étaient les avantages de la laisser en prison et les avantages de la libérer?

10. Pourquoi Camille a-t-elle demandé à sa mère adoptive d'emmener Étienne en France? De quoi voulait-elle le protéger?

Où sont Camille et Jean-Baptiste? Qu'est-ce qui vient de se passer?

Photofest, Inc.

11. Pourquoi est-ce qu'Étienne a refusé de parler à sa mère à la fin? Comprenez-vous sa décision?

12. À quoi servent les scènes et personnages suivants?
    • la course d'aviron/de bateaux au début du film
    • la scène de la vente aux enchères
    • les scènes où Éliane et Camille dansent
    • le personnage d'Yvette (la femme du contremaître qui devient chanteuse de cabaret)

Et vous?

Discutez des questions suivantes avec un(e) camarade de classe.

1. Est-ce que tu aimerais avoir une patronne ou une mère comme Éliane? Pourquoi (pas)?

2. Quand tu étais adolescent(e), qu'est-ce que tu faisais pour être différent(e) de tes parents ou de tes amis?

3. Est-ce que tu as déjà fait une expérience qui t'a ouvert les yeux sur un aspect de la société que tu ne connaissais pas?

4. Quel événement historique t'a le plus marqué(e) (= a eu un grand impact sur toi)? Explique pourquoi.

5. On dit que « les voyages forment la jeunesse », c'est-à-dire qu'on apprend beaucoup de choses pendant un voyage. Est-ce que tu aimes voyager? Tu as déjà fait un voyage intéressant? / Où est-ce que tu as envie d'aller?

6. Tu as aimé *Indochine*? Quels aspects du film est-ce que tu as le plus/le moins aimés?

◀))
1-34

À l'écoute: *Indochine*

La conversation que vous allez entendre est un (faux) entretien à la radio entre un journaliste et une critique de cinéma après la cérémonie des *Academy Awards* où le film *Indochine* a reçu l'Oscar du Meilleur film étranger. Écoutez la conversation et vérifiez si vous avez compris en répondant aux questions qui suivent.

1. Quel élément n'est pas mentionné pour expliquer le succès du film?
   a. la notoriété du réalisateur
   b. la qualité des acteurs
   c. la beauté des images

2. L'histoire se passe _____.
   a. au début des années 1930
   b. à la fin des années 1930
   c. au début des années 1940

3. La critique dit qu'Éliane et sa fille _____ au début du film.
   a. ne sont pas très proches
   b. se disputent parfois
   c. s'entendent bien

4. La critique pense qu'Éliane a fait muter Jean-Baptiste _____.
   a. parce que son ami Guy lui avait conseillé de le faire
   b. parce qu'elle était jalouse
   c. parce qu'elle ne s'entendait plus avec lui

5. Le voyage à travers l'Indochine était important pour _____.
   a. la maturation politique de Camille
   b. l'éducation de Camille
   c. l'évolution psychologique de Camille

6. Le journaliste et la critique ont trouvé les retrouvailles entre Éliane et Camille _____.
   a. étouffantes
   b. éprouvantes
   c. émouvantes

AVANT LE PROCHAIN COURS

1. **Manuel:** Étudiez *Les pronoms disjoints, **y, en:** récapitulation* et *La position des pronoms* (pages 294–297), et faites les exercices des sections **Application immédiate 9** à **12**.

2. **Cahier:** Préparez **Pour aller plus loin.**

Pour aller plus loin

Qui a dit quoi?

Les citations dans leur contexte

Notez quel personnage de la liste suivante a dit chaque phrase, puis expliquez la signification de chaque citation dans le contexte du film. Vous pouvez utiliser les noms des personnages plusieurs fois.

l'amiral	un enfant	Jean-Baptiste
Camille	Étienne	un travailleur indochinois
Éliane	Guy	

1. —————: « J'espère tout de même que mes marins vont leur flanquer une bonne raclée *(give them a good thrashing)*.

   —————: —Voyons… , c'est mon équipe!

   —————: —C'est comme je le pense, ma chère …. Il ne faut pas leur donner des idées de victoire, à ces gens-là.

   —————: —Je vous parie 2000 piastres.

   —————: —Tenu, mais vous allez perdre. »

2. —————: « Dites-moi pourquoi vous l'aimez, pourquoi vous le trouvez beau, et je vous le laisse.

   (Voix off) —Finissons-en! Madame Devries, cinq cents [piastres]? »

3. —————: « Tu as voulu fuir. Tu es un déserteur. Tu m'as obligée à te battre. Tu crois qu'une mère aime battre ses enfants?

   —————————: —Tu es mon père et ma mère. »

4. —————————: « La sauver de moi? Tu veux te venger. C'est tout. Tu ne supportes pas la liberté; elle te menace.

   —————: —Lâche-moi!

   —————————: —Tu ne supportes pas que les autres vivent.

   —————: —Lâche-moi! »

5. —————: « Tu me jures que tu me caches rien?

   —————: —C'est toujours pareil, on la cherche partout… Elle est en train de devenir une légende, une Jeanne d'Arc d'Indochine. »

6. —————: « Elle n'a pas eu le temps de s'attacher à toi. Tu venais juste de naître… Je me suis longtemps demandé si tu devais savoir cette histoire. »

7. —————: « C'est pas moi; c'est mes parents; ils disent que vous êtes… une rouge, une sale communiste.

   —————: —Tu leur diras que c'est vrai. »

8. —————: « Va en France. Emmène-le. Ton Indochine n'existe plus. Elle est morte. »

🔊
1-35, 1-36

Le français parlé

Imaginez comment les personnages prononcent les citations de **Qui a dit quoi?** Puis écoutez les citations 1 et 4 sur votre *Audio Program* et répétez-les comme vous les entendez en vous mettant dans la peau des personnages.

Source: INDOCHINE, un film de Régis Wargnier, 2002, Bac Films, StudioCanal

Pay attention to the use of pronouns in these quotes. If you need to review the grammar, refer to **Grammaire**, beginning on page 285. Complete and correct the **Application immédiate** exercises and then complete the workbook sections **Préparation à la discussion** (page 89) and **Pour aller plus loin** (page 92).

The **piastre** was the currency used in French Indochina.

Que veut dire Éliane quand elle se compare à une mangue?

L'Indochine et la France

1. Qu'est-ce que les situations évoquées dans la section **Qui a dit quoi** révèlent sur les relations coloniales?

2. Des critiques du film *Indochine* ont vu dans la relation entre Éliane et Camille un miroir de la relation entre la France et l'Indochine. Selon cette interprétation, Éliane représente la France et Camille l'Indochine. Quels parallèles pouvez-vous trouver entre les deux relations? Écrivez une ou deux phrases pour chaque section ci-dessous en vous référant à **Votre dictionnaire personnel** (page 85, *Cahier*) et au **Vocabulaire utile**.

Vocabulaire utile

(in)dépendant(e): *(in)dependent*
malsain(e): *unhealthy*
sain(e): *healthy*
un climat de confiance: *atmosphere of trust*
l'hostilité: *hostility*
l'initiative: *initiative*
les règles: *rules*
la rivalité: *rivalry*
autoriser quelqu'un à faire quelque chose: *to allow someone to do something*
construire son identité: *to build one's identity*
interdire à quelqu'un de faire quelque chose: *to forbid someone to do something*
prendre une décision: *to make a decision*
surveiller: *to supervise, to watch over*
voler de ses propres ailes: *to try one's wings, to strike out on one's own*

Refer to the **Note culturelle** on page 110 if you need to review the historical context.

a. La relation entre Éliane et Camille: Considérez leurs personnalités, leurs comportements et leurs réactions.

Exemple: Éliane est autoritaire et Camille lui obéit quand elle est jeune.

b. La relation entre la France et l'Indochine: Cherchez des parallèles entre les remarques que vous venez de faire et les liens entre la France et l'Indochine.

Exemple: La France impose sa domination et de nombreux Indochinois sont soumis.

Éliane et Camille are allegorical figures—standing for ideas in addition to having a life of their own.

c. Maintenant, faites des parallèles entre les individus et les pays.

Exemple: Au début du film, Camille obéit à sa mère; les Indochinois acceptent la domination française.

Interview

Lors de leur séjour à Genève en 1954, Camille et Éliane ont accepté de répondre aux questions d'un(e) journaliste. Choisissez le rôle de Camille ou d'Éliane et travaillez avec un(e) partenaire. Répondez aux questions sur votre personnage, puis transformez-vous en journaliste pour interviewer votre partenaire.

Questions pour Éliane

1. Comment avez-vous élevé Camille et qu'est-ce que vous espériez pour elle?

2. Quand vous l'avez adoptée, étiez-vous consciente des difficultés potentielles?

3. Pourquoi avez-vous éloigné Jean-Baptiste quand vous avez compris que Camille était amoureuse de lui?

4. Comment est-ce que votre vie a changé quand Camille vous a quittée pour rejoindre Jean-Baptiste?

5. Pourquoi avez-vous décidé de vendre votre plantation et de vous installer en France?

6. Est-ce que l'Indochine vous manque? Avez-vous envie de retourner au Vietnam?

7. Pourquoi êtes-vous venue à Genève?

8. Qu'est-ce que vous souhaitez dire à votre fille?

> Remember that *pronoun* means *in the place of a noun.* Focus on incorporating pronouns to avoid repetition when answering questions.

Questions pour Camille

1. Que pensez-vous de l'éducation que votre mère adoptive vous a donnée? Pourquoi l'avez-vous quittée?

2. Qu'est-ce que votre voyage à travers votre pays vous a appris?

3. Pourquoi avez-vous tué un militaire français? Le regrettez-vous?

4. Combien de temps avez-vous passé au bagne? Comment est-ce que cette expérience vous a changée?

5. Pourquoi est-ce que vous n'avez pas voulu vivre avec votre famille après votre libération? Est-ce qu'elle vous a manqué?

6. Parlez-moi de votre vie depuis votre sortie du bagne.

7. Allez-vous revoir votre famille maintenant que la guerre d'Indochine est terminée?

8. Qu'est-ce que vous souhaitez dire à votre mère ou à votre fils?

À l'écrit: Une autre interview

Vous êtes chargé(e) d'interviewer Étienne (ou Jean-Baptiste avant sa mort). Écrivez cinq questions et des réponses possibles. Pour pratiquer la grammaire du chapitre, écrivez des questions qui nécessitent l'utilisation de pronoms dans la réponse.

AVANT LE PROCHAIN COURS

Cahier: Faites **Préparation à la lecture.**

LECTURE

Discussion

1. Quel type d'informations trouve-t-on dans une autobiographie?
2. Qu'est-ce qui différencie une autobiographie d'une œuvre de fiction?
3. Pour quelles raisons est-ce qu'on peut avoir envie d'écrire son autobiographie?
4. Avez-vous déjà lu une autobiographie? Aimez-vous ce genre?

Métisse blanche

Les passages que vous allez lire sont extraits de *Métisse blanche* (1989), un récit autobiographique de Kim Lefèvre. Kim Lefèvre est née et a vécu au Vietnam pendant la colonisation française. Sa mère était vietnamienne et son père était un militaire français. C'est la raison pour laquelle elle a choisi le titre *Métisse blanche*. Au Vietnam, elle a beaucoup souffert de sa situation de métisse. Puis elle est allée faire des études universitaires en France et elle a décidé d'y rester. Dans *Métisse blanche*, elle raconte son enfance et sa jeunesse au Vietnam et explique comment elle a finalement accepté ses origines et trouvé son identité.

L'enfance

paraît-il: *supposedly*
une jeune Annamite: *a young woman from Annam, a region in central Vietnam*
règles: *menstruation*
vous a doté d'un fils: *endowed you with a son*
une bru craintive: *a timid daughter-in-law*
géniteur: *progenitor*
meurtris: *hurt*
charnières: *turning points (literally: hinges)*
Affolée: *Frightened*
allait faire peser: *was going to have*
me confia: *m'a confiée*
nourrice: *wet nurse*
rebâtir: *to rebuild*
chercha: *a cherché, a essayé*
afin de me « rendre à ma race »: *to give me back to my race (The narrator's mother was pressured by her family to give up her daughter and send her to an orphanage run by French Catholic nuns.)*
Viêt-minh: *Ligue pour l'indépendance du Vietnam*
heurtait mes proches: *offended my relatives*

Je suis née, paraît-il°, à Hanoi un jour de printemps, peu avant la Seconde Guerre mondiale, de l'union éphémère entre une jeune Annamite° et un Français.

Je n'ai, sur ce sujet, pas de preuve 5 tangible, aucun acte de naissance n'ayant été établi avant ma quinzième année. D'ailleurs je n'ai pas cherché à le savoir. Cela n'avait aucune importance ni pour moi, ni pour les 10 autres. Nous vivions dans une société où la notion du temps quantifié n'existait pas. Nous savions que notre vie se divise en grandes périodes: 15 l'enfance, le temps des règles° pour une fille—signe de l'enfantement possible, donc du mariage proche—, l'âge d'être mère, puis celui d'être belle-mère lorsque enfin on a acquis le droit—si 20 la chance vous a doté d'un fils°—de régner sur une bru craintive° qui entre dans votre maison. Quatre ou cinq ans de plus ou de moins représentaient peu de chose. 25

Je ne sais à quoi ressemble mon géniteur°. Ma mère ne m'en a jamais parlé. Dans mes jours sombres il me plaît

Kim Lefèvre, Métisse blanche, Editions Phébus, 2008

de l'imaginer légionnaire, non pas « mon beau légionnaire », comme dit ici la 30 chanson, mais colon arrogant, détestable, un homme de l'autre côté. J'ai nourri à l'égard de ce père inconnu une haine violente, comme seuls en sont capables les enfants profondément meurtris°. 35

J'ai porté des noms successifs qui ont été les charnières° de ma vie. D'abord celui de ma mère—Trân—, lorsqu'elle s'est retrouvée seule avec une enfant à charge. Affolée° par l'ampleur des con- 40 séquences que mon existence allait faire peser° sur sa vie, elle me confia° à une nourrice° avant de s'enfuir loin, jusqu'à Saigon, terre pour elle étrangère où elle espérait rebâtir° un avenir. Ensuite, le 45 nom de mon géniteur—Tiffon—, à l'époque où, poussée par la famille unanime, ma mère chercha° à me placer dans un orphelinat afin de me « rendre à ma race »°. Car j'étais à proprement 50 parler une monstruosité dans le milieu très nationaliste où je vivais. Mon oncle faisait partie du Viêt-minh° depuis 1941 et tenait régulièrement des réunions dans la forêt de Tuyên-Quang. Tout en moi 55 heurtait mes proches°: mon physique de métisse, mon caractère imprévu°, difficile à comprendre, si peu Viêt-Namien, en un mot. On mettait tout ce qui était mauvais en moi sur le compte° du sang 60 français qui circulait dans mes veines. C'était ce qui empêchait les gens d'éprouver une affection réelle à mon égard°. Je les comprenais. Je les approuvais. Moi aussi, je détestais ce sang 65 que je portais. Petite fille°, je rêvais d'accidents providentiels qui me videraient de ce sang maudit, me laissant°

pure Viêt-Namienne, réconciliée avec mon entourage et avec moi-même. 70 Car j'aimais ce pays, les rizières, les haies de bambous verts, les mares° où je pataugeais° en compagnie d'autres enfants du même âge.

Je n'ai gardé aucun souvenir des 75 premières années de ma vie, hormis° ce sentiment très tôt ressenti d'être partout déplacée, étrangère. J'en ai beaucoup souffert, non comme d'une injustice mais comme d'une tare° existentielle. 80

imprévu: *unpredictable*
On mettait... sur le compte: *Everything that was bad in me was put down to*
à mon égard: *toward me*
Petite fille: Quand j'étais petite fille
qui me videraient de ce sang maudit, me laissant: *that would empty me of this accursed blood and leave me*
mares: *ponds*
pataugeais: *splashed about*
hormis: *except*
tare: *shortcoming*

Compréhension

1. Qui étaient les parents de la narratrice? Pourquoi est-ce que la narratrice ne sait pas exactement quand elle est née et pourquoi est-ce que ce fait n'est pas très important?

2. Quelles étaient les étapes importantes dans la vie d'une femme vietnamienne de la génération de la narratrice? Laquelle était particulièrement importante pour être respectée?

3. Comment la narratrice nomme-t-elle son père? Quels sentiments avait-elle pour lui?

4. Qui s'est occupé de la narratrice pendant les premières années de sa vie?

5. Pourquoi est-ce que sa mère l'a confiée à une nourrice au lieu de *(instead of)* s'occuper d'elle?

6. Pourquoi est-ce que la narratrice était mal acceptée dans la famille de sa mère?

7. Comment la narratrice vivait-elle sa différence et l'attitude de sa famille? (Est-ce qu'elle acceptait facilement d'être différente? Comment jugeait-elle l'attitude de sa famille?)

8. De quels aspects de son enfance est-ce qu'elle se souvient?

Questions de langue

1. Quels adjectifs du dernier paragraphe résument l'identité de la narratrice?

2. Qu'est-ce que les pronoms en italique remplacent dans les phrases suivantes?
   a. je n'ai pas cherché à *le* savoir (lignes 8–9)
   b. il me plaît de *l'*imaginer légionnaire (lignes 28–29)
   c. comme seuls *en* sont capables les enfants profondément meurtris (lignes 34–35)
   d. Je *les* comprenais. Je *les* approuvais. (lignes 64–65)
   e. J'*en* ai beaucoup souffert. (lignes 78–79)

Le départ pour la France

La narratrice a grandi. Elle a fait de brillantes études et est devenue institutrice au Vietnam. Puis elle a obtenu une bourse pour faire des études universitaires en France, où elle s'est installée définitivement. Le passage suivant décrit ses émotions au moment où elle a quitté le Vietnam et explique sa décision de rester en France.

semblable à: similaire à

arraché du sein maternel: *pulled away from his/her mother's breast*

une vierge: *a virgin*

Mais la vie s'est chargée d'apporter un démenti à mes pressentiments d'alors: *But life has shown me that my former fears were unjustified*

déçue: *disappointed*

constater: *to note*

un seul défenseur: *a single advocate*

fredonner: *to hum*

ensevelis dans l'oubli: *buried in oblivion*

faire la part... soustraite: *to weigh what it gave me and what it took away from me*

Je me souviens du sentiment de terreur et de désespoir que j'ai éprouvé à l'approche du départ, sentiment semblable à° celui d'un enfant qu'on aurait brutalement arraché du sein maternel°. Je me souviens également de ma peur de la France, un mélange de panique et de répulsion, comme lorsqu'on jette une vierge° dans le lit d'un inconnu. La France, c'est l'image du père qui m'avait abandonnée. 10

Mais la vie s'est chargée d'apporter un démenti à mes presentiments d'alors°. Car ce que le Viêt-nam m'avait refusé, la France me l'a accordé: elle m'a reçue et acceptée. Tout compte fait, je n'en suis pas déçue°. Ici, les choses me paraissent simples. Si je dis que je suis Viêt-Namienne, on me prend comme telle, si je dis que je suis française, on me demande de quelle origine je suis: sans plus. Certes, je n'ignore pas les courants racistes dirigés contre les communautés maghrébines et demain peut-être contre celles des Asiatiques de jour en jour plus nombreuses. Mais n'est-il pas réconfortant de constater° qu'il existe également tant d'antiracistes parmi les Français? Durant le temps que j'ai vécu au Viêt-nam, je n'ai pas rencontré un seul défenseur° des métis – l'attitude la plus tolérante consistant à faire comme si l'on n'avait pas remarqué leur particularité. 15

Je ne charge pas le Viêt-nam. C'est un pays cher à mon cœur. Je l'ai aimé d'un amour qu'il ne m'a jamais rendu. Les souvenirs de mon enfance sont imprégnés de son climat, de ses paysages, de ses odeurs, de la musique de sa langue. Je me surprends parfois à fredonner° des airs anciens que je croyais ensevelis dans l'oubli°. Le Viêt-nam, c'est la douceur du visage de ma mère. 40

Aujourd'hui, j'aime cette terre d'une autre façon, non plus à la manière d'une enfant meurtrie, mais comme une adulte capable de faire la part de ce qu'elle m'a donné de celle dont elle m'a soustraite°. 45

Compréhension

1. Quels sentiments éprouvait la narratrice au moment de quitter le Vietnam? Quelles images utilise-t-elle pour exprimer ses sentiments?

2. Pourquoi avait-elle peur d'aller en France?

3. La narratrice explique que sa peur était injustifiée et qu'elle apprécie sa vie en France. Pourquoi est-ce qu'elle se sent mieux en France qu'au Vietnam?

4. Que dit-elle sur le racisme en France?

5. Quels souvenirs du Vietnam a-t-elle gardés?

6. Comment ses sentiments pour le Vietnam ont-ils changé?

Questions de langue

1. Dans les phrases suivantes, est-ce que **me** est un pronom complément d'objet direct ou indirect? Justifiez votre réponse.
   a. La France, c'est l'image du père qui **m'**avait abandonnée.
   b. Car ce que le Viêt-nam **m'**avait refusé, la France **me** l'a accordé…
   c. elle **m'**a reçue et acceptée
   d. Je l'ai aimé d'un amour qu'il ne **m'**a jamais rendu.

2. Cherchez deux verbes au plus-que-parfait et expliquez pourquoi la narratrice utilise ce temps.

Refer to Chapter 2 (page 261) to refresh your memory about *plus-que-parfait*.

Réactions

1. Quelquefois les personnes qui choisissent de s'exiler dans un autre pays ont une vision idyllique de leur pays adoptif. Est-ce le cas pour la narratrice?

2. Avez-vous l'impression que la narratrice s'est « réconciliée » avec le Vietnam?

Refer to both readings from *Métisse blanche* when reflecting on these questions.

3. Dans un entretien, Kim Lefèvre a dit que c'est la souffrance qui donne envie d'écrire. D'après les extraits que vous avez lus, en quoi consiste la blessure/ la souffrance qui a mené Kim Lefèvre à écrire *Métisse blanche*?

4. Quels parallèles voyez-vous entre ces extraits de *Métisse blanche* et le film *Indochine*? Comprenez-vous mieux la décision de Camille de se séparer de son fils et son désir qu'il soit élevé en France?

5. Aimez-vous les récits autobiographiques (dans les livres ou les films)? Pourquoi (pas)? Est-ce qu'il y a des émissions de télévision qui se rapprochent du genre autobiographique?

AVANT LE PROCHAIN COURS

Cahier: Faites **Préparation à l'écriture**.

INTERACTIONS

Sketch

Choisissez un sujet, préparez la scène et jouez-la devant la classe.

1. Étienne a décidé de voir sa mère à Genève. Imaginez leur conversation.

2. La mère de Tanh, exilée en France avec un autre fils, répond aux questions de ses petits-enfants sur le Vietnam d'autrefois et explique les raisons pour lesquelles ils ne sont pas restés là-bas.

This section contains activities that allow you to work creatively with the vocabulary and structures from the chapter.

3. Guy et Éliane se retrouvent en France. Ils évoquent le passé et parlent de leurs vies depuis leur départ d'Indochine. Guy lui demande encore une fois de se marier avec lui.

4. Guy parle de sa vie en Indochine avec un ami. Il passe beaucoup de temps à lui parler de son amie Éliane, une femme formidable.

Exposé

Préparez un des trois sujets à la maison pour le présenter en classe. Cherchez des informations dans des livres de référence ou sur Internet, si nécessaire.

1. Les sites touristiques du Vietnam: Sur Internet, faites une recherche sur les voyages proposés par les tours-opérateurs. Présentez les sites les plus visités à la classe.

2. L'histoire: Faites une présentation sur la guerre d'Indochine (1946–1954) ou la guerre du Vietnam (1957–1975).

3. La cuisine vietnamienne: Est-ce qu'il y a des restaurants vietnamiens là où vous habitez? En quoi consiste un repas ou un plat typique?

LISTE DE VOCABULAIRE

For extra practice with the vocabulary in this chapter, refer to the web quizzes at www.cengagebrain.com.

Adjectifs

adoptif (-ive) *adoptive*
aisé(e) *well-off*
amical(e) *friendly*
autoritaire *authoritarian*
compatissant(e) *compassionate*
conflictuel(le) *conflictual*
destructeur (-trice) *destructive*
docile *docile*
dominateur (-trice) *dominating*

émouvant(e) *moving*
étouffant(e) *stifling*
lâche *cowardly*
opprimé(e) *oppressed*
orphelin(e) *orphan*
passionnel(le) *passionate*
possessif (-ive) *possessive*
proche *close*

Noms

un accord *agreement*
une aventure de passage *fling*
un bateau *boat*
un colon *colonist*
la compassion *compassion*
un coup de foudre *love at first sight*
un couple mixte *mixed couple*
une course *race*
un désaccord *disagreement*
une disparition *disappearance*
une émeute *rebellion*
une épreuve *test, exam; competition*
la faiblesse *weakness*
la fermeté *strength of character*
les fiançailles (f. pl.) *engagement*
la haine *hate*
une légende *legend*
une liaison *affair*

la libération *liberation*
un lien *link; relationship*
la main-d'œuvre *labor*
un métis, une métisse *person of mixed race*
un meurtre *murder*
la misère *dire poverty*
un paysan *peasant*
la personnification *personification*
une plantation *plantation*
une rébellion *rebellion*
les retrouvailles (f. pl.) *reunion*
une rupture *breakup*
la souffrance *suffering*
un tabou *taboo*
une troupe de théâtre *theater company*
une usine *factory*
la voix off *voiceover*

Verbes

Present tense verb conjugation is reviewed on pages 227–232, and the Appendix includes conjugation patterns (page 341). You will be referred to specific patterns in the Appendix every time an irregular verb is listed in the vocabulary lists.

aider quelqu'un à faire quelque chose *to help someone to do something*
battre (irrég.) *to beat; to defeat*
cacher/se cacher *to hide someone/ to hide*
commander *to rule; to order*
défier *to defy, to challenge*
déserter *to desert*
diriger (comme *voyager*) *to run, to manage*
disparaître (comme *connaître*) *to disappear*
échapper à *to escape from someone/ something*

élever (un enfant) (comme *acheter*) *to raise (a child)*
éloigner/s'éloigner (de) *to send away/ to go away (from)*
étouffer *to suffocate*
évoluer *to change*
exploiter *to exploit*
faire confiance à *to trust*
faire face à *to face someone/something*
faire son devoir *to do one's duty*
fuir (irrég.) *to flee*
grandir (comme *finir*) *to grow up*
incendier *to set fire to*

manquer à quelqu'un *to be missed by someone*

muter *to transfer*

prendre conscience de (irrégulier) *to become aware of*

protéger (comme *préférer* et *voyager*) *to protect*

rejoindre (comme *joindre*) *to meet up with; to reunite with*

renvoyer (comme *envoyer*) *to dismiss, to fire*

retrouver *to find (someone/something that was lost)*

rompre (avec) (irrég.) *to break up (with)*

sauver *to save*

sauver la vie à quelqu'un *to save someone's life*

se détacher (de) *to grow apart (from)*

se disputer (avec) *to quarrel*

s'échapper (de) *to escape (from a place)*

s'éloigner (de) *to go away (from)*

s'enfuir (comme *fuir*) *to flee*

s'entendre (bien/mal) (avec) *to get along well/to not to get along (with)*

se rapprocher (de) *to get closer (to)*

se rebeller (contre) *to rebel (against)*

se réconcilier (avec) *to reconcile*

se réfugier *to find refuge*

se rendre compte de/que *to realize something/that*

se révolter (contre) *to rise up, to rebel (against)*

se suicider *to commit suicide*

souffrir (comme *ouvrir*) *to suffer*

soutenir (comme *tenir*) *to support*

tomber amoureux (-euse) (de) *to fall in love (with)*

Refer to page 332 for practice on **manquer**.

Expressions

en deuil *in mourning*

par hasard *by chance*

Vocabulaire supplémentaire

Noms

une amnistie *amnesty*

un bagne *penal colony*

le caoutchouc *rubber*

le chef de la sûreté *security chief*

un contremaître *overseer*

une fumerie d'opium *opium den*

un hévéa *rubber tree*

une malédiction *curse*

un mandarin *mandarin (high dignitary)*

un marché aux esclaves *slave market*

la marine *navy*

un officier de marine *naval officer*

un sampan *sampan (flat-bottomed Chinese skiff)*

le travail forcé *forced labor*

une vente aux enchères *auction*

Verbes

accoucher (de) *to deliver (a baby)*

amnistier *to pardon*

gracier *to pardon*

passer en cour martiale *to be court-martialed*

peser (comme *acheter*) *to weigh*

torturer *to torture*

Expressions

à bord (de) *on board, aboard*

à la dérive *adrift*

Chapitre 6

LES HOMMES ET LES FEMMES

Chaos

New Yorker/Photofest

Réalisatrice: Coline Serreau,
France (2001); 109 minutes

*I*n *Chaos,* Coline Serreau criticizes several aspects of contemporary society through comedy. The new vocabulary in this chapter will allow you to discuss male–female relationships, as well as issues such as violence, prostitution, and forced marriages. The grammar focuses on the conditional, which will enable you to talk about what an ideal world might look like (from Serreau's point of view and your own) and how you might change the film if you were the director. The reading from *Le Monde* provides a real-life context for the social issues raised in the film.

Les personnages (La distribution: les acteurs/actrices): Hélène (Catherine Frot), Malika/Noémie (Rachida Brakni), Paul (Vincent Lindon), Mamie (Line Renaud), Fabrice (Aurélien Wiik), Florence et Charlotte, les copines de Fabrice (Chloé Lambert et Marie Denarnaud), Zora, la sœur de Malika (Hajar Nouma), Touki et Pali, les proxénètes (Ivan Franek et Wojciech Pszoniak)

LES PRIX DU FILM

- Cinq nominations aux Césars (2002): Meilleure actrice (Catherine Frot), Meilleur second rôle féminin (Line Renaud), Meilleur espoir féminin, Meilleur film, Meilleur scénario
- Un César (2002): Meilleur espoir féminin (Rachida Brakni)

ENTRÉE EN MATIÈRE

Discussion

1. Quelquefois on associe le mot « chaos » avec sa vie. Quand vous dites que votre vie est chaotique, qu'est-ce que cela signifie?

2. De manière plus générale, qu'est-ce qui est stressant dans la vie moderne pour les jeunes? pour les adultes? pour les personnes âgées?

3. Quelles difficultés est-ce que les femmes rencontrent parfois dans leur vie personnelle et professionnelle, ici et ailleurs (*elsewhere*) dans le monde?

4. Avez-vous l'habitude de voir de la violence au cinéma? Citez quelques films récents dans lesquels il y avait des scènes violentes. En quoi consistait la violence? Est-ce que certains types de violence vous dérangent (vous troublent) plus que d'autres?

Note culturelle

L'IMMIGRATION EN FRANCE

Une des deux intrigues du film *Chaos* concerne Malika, une jeune Française d'origine algérienne. Malika a quitté sa famille parce qu'elle était en conflit avec son père. Les informations qui suivent vous aideront à comprendre sa situation familiale.

La France est depuis longtemps un pays d'immigration. En 2007, il y avait 5,2 millions d'immigrés, soit 8,1% de la population. Un immigré est une personne résidant en France qui est née à l'étranger et qui avait une nationalité étrangère à la naissance. Un immigré peut acquérir la nationalité française: environ 40% des immigrés qui vivent en France sont français.

Avant la Deuxième Guerre mondiale, les étrangers qui venaient travailler en France étaient surtout des Européens, en majorité des Belges, des Italiens, des Portugais et des Espagnols. Après la guerre, l'immigration s'est intensifiée pour répondre aux besoins grandissants de l'économie française. Elle s'est diversifiée aussi, et de nombreux travailleurs africains et nord-africains issus des anciennes colonies françaises sont arrivés en France. Depuis les années 1970, les Maghrébins—c'est-à dire les personnes originaires d'Algérie, de Tunisie et du Maroc— constituent le groupe d'immigrés le plus important. La première génération des immigrés maghrébins—ceux qui sont arrivés dans les années 1950, 1960 et 1970—étaient en général des hommes seuls qui avaient laissé leurs familles dans leur pays, comme le père de Malika. Ils leur envoyaient une partie de leur salaire chaque mois et ils leur rendaient visite une fois par an, pendant les vacances. En 1976, le gouvernement français a autorisé le regroupement familial, c'est-à-dire qu'on a permis aux travailleurs immigrés ayant un emploi stable et un logement adéquat de faire venir leurs familles en France. Même si leurs familles vivaient en France, de nombreux immigrés espéraient retourner dans leurs pays plus tard, au moment de la retraite par exemple. Ils insistaient donc pour maintenir leurs traditions; ils emmenaient leurs enfants dans leur pays pendant les vacances et ils préféraient qu'ils se marient avec des personnes de la même origine. En réalité, la plupart des immigrés maghrébins sont restés en France, car les conditions économiques étaient meilleures que dans leurs pays d'origine et parce que leurs enfants se sont intégrés dans la société française grâce à l'école et aux relations sociales. En 2007, il y avait plus de 1,5 million d'immigrés natifs du Maghreb en France, dont 702.811 d'origine algérienne, 645.695 d'origine marocaine et 231.062 d'origine tunisienne (voir tableau).

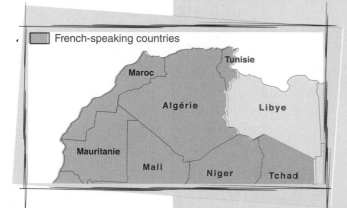

French-speaking countries

Tunisie
Maroc
Algérie
Libye
Mauritanie
Mali
Niger
Tchad

Immigrés selon le pays de naissance		
Champ: France 2007		
	en %	effectifs
Europe	**38,4**	**2 018 102**
Europe des 27	**34,3**	**1 802 532**
Espagne	5,0	262 883
Italie	6,2	323 809
Portugal	11,0	576 084
Royaume-Uni	2,7	142 949
Autres pays d'Europe	13,6	712 377
Afrique	**42,3**	**2 223 617**
Algérie	13,4	702 811
Maroc	12,3	645 695
Tunisie	4,4	231 062
Autres pays d'Afrique	12,3	644 049
Asie	**14,0**	**735 863**
Turquie	4,5	234 540
Cambodge, Laos, Vietnam	3,1	162 063
Autres pays d'Asie	6,5	339 260
Amérique, Océanie	**5,2**	**275 114**
Total	**100**	**5 252 696**

Source: INSEE, recensement 2007, exploitation principale

Compréhension

1. D'après le texte, quel pourcentage de la population française est constitué par les immigrés?

2. D'après le tableau « Immigrés selon le pays de naissance », quel pourcentage d'immigrés venait d'Europe, d'Afrique, d'Asie et d'Amérique/Océanie en 2007? De quels pays venaient les trois groupes d'immigrés les plus représentés?

3. Comment est-ce que l'origine des immigrés a changé au cours du vingtième siècle?

4. Qu'est-ce que c'était que le regroupement familial? Quelles étaient les conditions pour en bénéficier?

5. Comment est-ce que le regroupement familial a affecté l'immigration?

> If you need to review which articles and prepositions to use with countries, see *Chapitre 1*, page 234.

Réactions

1. Imaginez les différences de vie entre les enfants des immigrés maghrébins de la première génération et leurs camarades de classe non immigrés.

2. Quelles tensions pouvaient exister entre ces enfants d'immigrés et leurs parents?

3. Est-ce que vous pouvez faire des parallèles avec l'immigration aux États-Unis?

4. Quelles sont vos origines? Avez-vous encore des traditions liées à ces origines?

Lecture d'un compte rendu sur le film

Préparation

Vous allez lire un compte rendu sur le film paru dans *Le Point* du 5 octobre 2001. C'est un texte difficile qui donne une bonne idée du style très personnel que l'on peut trouver dans des articles de presse français. Préparez-vous pour la lecture en considérant les points suivants.

1. Pensez à des mots anglais qui ressemblent à des mots français. Par exemple, quels mots anglais sont apparentés aux mots suivants?
   a. poli (ligne 11)
   b. prédit (ligne 11)
   c. époux (ligne 18)
   d. sauve (ligne 27)
   e. enfer (ligne 49)
   f. prélude (ligne 57)

2. Quel verbe trouve-t-on dans le mot « asservissement » (ligne 28)? Pouvez-vous deviner la signification de ce mot dans le contexte de la phrase où il se trouve?

3. Éliminez les passages qui ne sont pas absolument nécessaires à la compréhension du texte.

   > Commas can help a reader grasp a main idea without reading every word. As in this passage, one can often ignore information set off by commas. Here the deleted text provides additional information about Malika.

   Exemple: « Si *Chaos*, ~~le dernier film de Coline Serreau,~~ s'était limité à l'histoire de Malika, ~~jeune fille arabe qui, échappant à un mariage arrangé par son père, tombe dans la prostitution et subit l'horreur des maisons de dressage,~~ sans doute aurions-nous regardé cette nouvelle dénonciation de l'oppression des femmes arabes avec un intérêt poli. »

   À vous: Éliminez les passages qui ne sont pas absolument nécessaires pour comprendre la phrase suivante: « Si, en revanche, *Chaos* s'en était tenu à la rébellion d'Hélène, bourgeoise française qui en a assez de "torcher" ses deux hommes, un époux et un fils épinglés avec virulence, il aurait fallu constater que Coline Serreau, décidément, aime à nous faire rire, depuis *Trois hommes et un couffin*, avec la désertion des femmes. »

4. Remarquez les parallélismes. Cela peut vous aider à comprendre des mots que vous ne connaissez pas. Par exemple, il y a un parallèle dans les deux propositions suivantes:

   > When one refers to **un parallélisme** (a parallelism), this means that there is a parallel structure. In this case, two **si** clauses are followed by the **plus-que-parfait**.

   « Si *Chaos* … s'**était limité** à l'histoire de Malika… » (*If* Chaos *had limited itself to Malika's story…*) et « Si, en revanche, *Chaos* s'en était tenu à la rébellion d'Hélène… »
   (*If, on the contrary,* Chaos *had been only about Hélène's rebellion…*)
   Grâce au parallélisme, vous pouvez deviner que « s'en tenir à » est un synonyme de « se limiter à ».

5. Identifiez les structures. Cela vous permet de trouver le verbe principal plus rapidement. Les exemples qui suivent commencent par **si** + un verbe au plus-que-parfait. On sait que le verbe principal va être au conditionnel.

   > After an expression with **si + imparfait** or **si + plus-que-parfait**, the main verb is in the conditionnel. You will study and work with these structures in the grammar presentation later in this chapter. If you wish to look ahead, refer to pages 306–307.

   « **Si *Chaos*,** le dernier film de Coline Serreau, s'**était limité** à l'histoire de Malika, jeune fille arabe qui, échappant à un mariage arrangé par son père, tombe dans la prostitution et subit l'horreur des maisons de dressage, sans doute **aurions-nous regardé** cette nouvelle dénonciation de l'oppression des femmes arabes avec un intérêt poli. »

   (*If* Chaos *had limited itself to Malika's story… we probably would have watched…*)

« **Si**, en revanche, *Chaos* **s'en était tenu** à la rébellion d'Hélène, bourgeoise française qui en a assez de "torcher" ses deux hommes, un époux et un fils épinglés avec virulence, **il aurait fallu constater** que Coline Serreau, décidément, aime à nous faire rire, depuis *Trois hommes et un couffin*, avec la désertion des femmes. »

(il aurait fallu constater = on aurait dû constater, nous aurions dû constater [*one would have had to note*])

(*If, on the contrary,* Chaos *had been only about Hélène's rebellion… one would have had to note…*)

Femmes au bord du chaos
Cinéma. « Chaos », la fable de Coline Serreau, bouscule°. Une rencontre choc entre une bourgeoise française et une jeune prostituée arabe

François-Guillaume Lorrain

Si « Chaos », le dernier film de Coline Serreau, s'était limité à l'histoire de Malika, jeune fille arabe qui, échappant à un mariage arrangé par son père, tombe dans la prostitution et subit l'horreur des maisons de dressage°, sans doute aurions-nous regardé° cette nouvelle dénonciation de l'oppression des femmes arabes avec un intérêt poli. Et prédit°, malgré les « événements »°, un accueil assez mou° d'un public français s'estimant encore peu concerné.

Si, en revanche, « Chaos » s'en était tenu° à la rébellion d'Hélène, bourgeoise française qui en a assez de « torcher° » ses deux hommes, un époux et un fils épinglés° avec virulence, il aurait fallu constater° que Coline Serreau, décidément, aime à nous faire rire, depuis « Trois hommes et un couffin », avec la désertion des femmes.

Mais « Chaos » est plus que tout cela. Car Malika—Rachida Brakni—et Hélène—Catherine Frot—se rencontrent. Rencontre qui sauve les deux femmes de leur asservissement et pose une question bien plus dérangeante°: et si une femme française gagnait à prendre modèle sur la révolte d'une femme arabe?

Drôle de rencontre°, dira-t-on: Malika fuit ses proxénètes° et se jette vers la voiture d'Hélène, dont l'époux, Paul—Vincent Lindon—verrouille° les portes. Malika rattrapée et tabassée°, Paul, sous les yeux d'Hélène, efface° le sang sur ses vitres, puis démarre°. Une ouverture choc filmée sur la musique trépidante de Saint-Germain qui donne le ton d'un film remarquablement frénétique. Si cela ne tenait qu'à Paul°, il n'y aurait pas de film. Mais, chez Serreau, ce sont les femmes qui font vivre la fiction. Et de vie, justement, il est question°, ou plutôt de résurrection: très vite, Hélène retrouve Malika dans un hôpital, l'aide à sortir de son enfer et, l'épaulant, se découvre d'autres qualités que celles de femme au foyer. Fidèle à son titre, « Chaos » est un film rude qui bouscule, déménage°, bref, nous emmène loin de la voiture verrouillée de Paul. Mais le cinéma, n'est-ce pas d'abord une drôle de rencontre qui prélude à un grand voyage?

bouscule: choque, fait réfléchir
maisons de dressage: *houses for training prostitutes*
sans doute aurions-nous regardé: *we probably would have watched*
Et prédit: *And [we would have] predicted*
« les événements »: allusion aux attentats terroristes du 11 septembre 2001
un accueil assez mou: *a lukewarm welcome*
Si… s'en était tenu: *If, on the other hand, "Chaos" had limited itself to*
torcher (fam.): *to wipe, to clean after*
épinglés: *pinned down, described*
il aurait fallu constater: *one would have had to note*
dérangeante: troublante
Drôle de rencontre: *Strange encounter*
proxénètes: *pimps*
verrouille: *locks*
tabassée: *beaten up*
efface: *wipes off*
démarre: *starts the car*
Si cela ne tenait qu'à Paul: *If it were up to Paul*
Et de vie, justement, il est question: *And it is really about life*
déménage: *makes us think*

Leonard Nimoy did a remake of *Trois hommes et un couffin* entitled *Three Men and a Baby* in 1987, starring Tom Selleck, Steve Guttenberg, and Ted Danson.

How to Answer Questions about the Reading

Avoid general answers by referring to specifics in the passage. Note line numbers in your answers so you can refer your classmates to the word or words you are citing and speak about concrete details you understood about Malika, Hélène, Paul, and Coline Serreau.

Compréhension

Paragraphe 1

1. Qui est Malika et qu'est-ce qui lui arrive dans le film?

2. En général, quelle est la réaction du public français quand un film parle des femmes arabes? Pourquoi?

Paragraphe 2

3. Qui est Hélène et qu'est-ce qu'elle fait dans le film?

4. Les hommes de la famille d'Hélène sont-ils présentés de manière positive ou négative? Expliquez votre réponse en citant le texte.

Paragraphe 3

5. Qu'est-ce que Malika et Hélène ont en commun?

Paragraphe 4

6. Qu'est-ce qui est arrivé à Malika?

7. Comment Paul a-t-il réagi? Et Hélène?

8. Quel effet a le film sur les spectateurs?

Réactions

1. Quels clichés peut-on trouver dans un film qui parle de l'oppression des femmes arabes?

2. Quels clichés peut-on trouver dans un film qui parle de la rébellion d'une bourgeoise française?

3. D'après vous, quel impact est-ce que la rencontre entre Hélène et Malika va avoir sur elles et sur leurs familles?

Questions de langue

1. Reliez les verbes du texte (colonne de gauche) à un synonyme (colonne de droite) en vous aidant du contexte.

1. subir (subit, ligne 5)	a. aider
2. asservir (asservissement, ligne 28)	b. fermer à clé
3. fuir (fuit, ligne 34)	c. troubler
4. verrouiller (verrouille, ligne 36)	d. dominer
5. tabasser (tabassée, ligne 37)	e. partir
6. épauler (épaulant, ligne 50)	f. battre
7. bousculer (bouscule, ligne 53)	g. endurer

2. Remarquez l'utilisation de **faire + infinitif** dans les phrases suivantes. Comment pouvez-vous les traduire?
a. « Coline Serreau… aime à nous faire rire »
b. « … ce sont les femmes qui font vivre la fiction »

3. Cherchez un pronom d'objet direct et un pronom démonstratif dans le dernier paragraphe et expliquez quels noms ils remplacent.

Visionnement d'une séquence
(sans son ni sous-titres)

Du début du film à la fin du générique, quand Paul et Hélène sortent de la laverie de voiture (0'-3').

Compréhension

Après avoir visionné la scène sans son ni sous-titres, racontez-la de façon chronologique. Consultez le **Vocabulaire utile** si nécessaire.

Refer to the Appendix for an explanation of *faire + infinitif* (*faire causatif*).

Review demonstrative pronouns (pages 282–283) and direct object pronouns (pages 286–288) if necessary.

Vocabulaire utile

un ascenseur: *elevator*
battre: *to beat up*
blessé(e): *hurt*
se dépêcher: *to hurry*
éteindre: *to turn off*
le sang: *blood*
verrouiller: *to lock*
une vitre: *car window*

Réactions

1. D'après vous, où allait le couple quand l'incident s'est produit?

2. Est-ce que l'homme et la femme semblent heureux ensemble?

3. Quels sons imaginez-vous?

4. Imaginez: Que dit Malika quand elle se jette sur la voiture?

5. Selon vous, à qui est-ce qu'Hélène veut téléphoner?

Deuxième visionnement de la séquence
(avec son, sans sous-titres)

Lisez les questions ci-dessous, puis visionnez la scène une seconde fois en faisant bien attention à la bande-son. Répondez ensuite aux questions.

Compréhension

1. La jeune fille _____.
   a. demande qu'on lui ouvre la porte
   b. dit qu'on veut la tuer
   c. demande qu'on appelle la police

2. Paul et Hélène remontent vite dans leur voiture parce que Paul a vu _____.
   a. une ambulance
   b. les flics (les policiers)
   c. les proxénètes

3. Hélène veut téléphoner _____.
   a. à la police
   b. aux pompiers (*fire department*)
   c. au SAMU (Service d'Aide Médicale d'Urgence)

4. Quand elle commence à téléphoner, Paul lui dit qu'elle n'est pas raisonnable. Il dit qu'elle est _____.
   a. folle
   b. dingue
   c. malade

5. Paul ne veut pas qu'Hélène téléphone parce qu' _____.
   a. il ne veut pas être en retard à son dîner
   b. il a peur d'être considéré responsable de l'accident
   c. il a peur de la réaction des proxénètes

6. Paul veut laver la voiture. Il dit:
   a. « Il faut laver la voiture. »
   b. « On doit laver la voiture. »
   c. « On va laver la voiture. »

Réactions

1. D'après le compte rendu que vous avez lu et la séquence que vous venez de visionner, pourquoi le film s'appelle-t-il *Chaos*?

2. Le compte rendu parle de l'asservissement d'Hélène et de Malika. Avez-vous remarqué des exemples d'asservissement dans la séquence?

3. Quel symbolisme voyez-vous dans le lavage de la voiture? Et dans la manière dont le titre, *Chaos,* apparaît sur l'écran? Quel mot des lignes 46–51 du compte rendu pouvez-vous associer à ces images?

4. Comment imaginez-vous la suite du film?

Le français parlé

1. Visionnez à nouveau la séquence (0'45-2'02) et faites une transcription du dialogue.

2. Comparez votre transcription au français standard que vous avez étudié et examinez les différences:
   a. Notez les mots qui manquent.
   b. Notez les lettres qui ne sont pas prononcées.
   c. Notez les mots familiers qui sont utilisés. Trouvez des synonymes en français standard et/ou une traduction en anglais.
   d. Notez un synonyme de « nous ».

3. Entraînez-vous à dire ce dialogue comme dans le film.

Viewing Tips

Notice:
• transitions between scenes, parallels, the soundtrack

Ask yourself:
• What aspects of society does Coline Serreau criticize, and how does her technique reinforce the criticism?

Anticipate:
• a few scenes depicting violence against women and prostitution

Préparation au visionnement du film

En regardant le film, faites attention aux aspects suivants et prenez des notes sur vos observations.

1. Les scènes: Sont-elles courtes ou longues?

2. Les transitions: Sont-elles subtiles ou explicites?

3. Les parallèles: Quelles scènes se font écho?

4. Le retour en arrière (le flashback): Quand commence-t-il?

AVANT LE PROCHAIN COURS

1. *Chaos:* Visionnez le film.

2. *Cahier:* Faites **Les mots pour le dire.**

LES MOTS POUR LE DIRE

Définitions

Le mot juste

Trouvez les noms qui correspondent aux descriptions suivantes, puis faites une brève phrase avec ces noms dans le contexte du film.

1. l'enfant le (la) plus âgé(e) dans une famille

2. pas plausible

3. un trait de personnalité de quelqu'un qui veut s'en sortir

4. l'endroit où on investit de l'argent

5. là où on dépose son argent dans une banque

Références à consulter
• Liste de vocabulaire, page 151
• Votre dictionnaire personnel (page 103, *Cahier*)

6. une personne qui assiste à un accident, un vol, un crime, etc.

7. un groupe de personnes qui se procure des prostituées et organise leur travail

8. un groupe de personnes qui discutent sur Facebook, par exemple

9. aller voir quelqu'un

10. une personne trop gentille (**Vocabulaire familier**)

Vos définitions

Inventez des définitions pour trois autres mots de la **Liste de vocabulaire** aux pages 151–153.

Le français familier

Après avoir révisé le **Vocabulaire familier** à la fin du chapitre, remplacez les mots soulignés par leurs équivalents en français standard.

Exemple: Quand Malika était sur le point de mourir, <u>un toubib</u> lui a donné des antibiotiques.

un médecin

1. Quand Hélène a répondu au message de son mari de la cabine au sous-sol du bar, elle était complètement <u>bourrée</u>.

2. Paul a vite démarré quand <u>les flics</u> sont arrivés.

3. Malika a été obligée de <u>faire le trottoir</u>.

4. Quand Fabrice a dit qu'il n'aimait pas le poisson, sa mère lui a dit de <u>fermer sa gueule</u>.

5. Malika a commencé à mettre de l'argent dans <u>des planques</u> un peu partout.

6. Les frères de Malika s'intéressent surtout <u>au fric</u>.

7. Paul s'intéresse surtout à <u>son boulot</u>.

8. Paul et Fabrice ne savent pas <u>faire la bouffe</u>.

Situations

Réactions

Qu'est-ce que ces personnes ont fait ou ressenti (*felt*) dans les circonstances suivantes? Faites de courtes phrases à l'aide des verbes suivants, qui viennent de la **Liste de vocabulaire.**

agresser	saccager	se cacher	se sentir coupable
faire confiance à qqn	s'enfuir	se pendre	violer

Exemple: Paul, quand Malika s'est jetée sur sa voiture

Il a verrouillé les portières. / Il a fermé les portes à clé.

1. les voyous, quand Malika n'a pas réussi à monter dans la voiture de Paul et Hélène

2. Hélène, après qu'elle et Paul ont laissé Malika sur le trottoir et sont allés laver la voiture

3. Paul, quand Mamie lui a rendu visite et lui a apporté de l'huile de noix

4. Florence, pour se venger de Fabrice, qui la trompait

5. la mère de Malika, quand on lui a pris ses enfants et que son amant l'a abandonnée

6. Malika, quand son père lui a dit qu'il l'emmenait en Algérie pour la marier à un vieil homme

7. Malika, quand elle n'a pas compris que Touki était malhonnête et qu'elle est montée dans sa voiture

8. les truands, quand ils sont allés dans la chambre de Malika dans la maison de dressage

D'autres situations

Sur le modèle de l'exercice ci-dessus, décrivez trois situations du film. Lisez vos situations à la classe et demandez à vos camarades d'identifier le contexte, comme précédemment.

Et vous?

Comparez votre expérience à celle de certains personnages du film. Avec un(e) partenaire, répondez aux questions suivantes oralement.

1. À quel âge est-ce que tu as ouvert ton premier compte en banque?

2. Est-ce que tu fais des économies? Des investissements?

3. Tu te sens parfois coupable? Quand?

4. À qui est-ce que tu fais confiance? De qui ou de quoi est-ce que tu te méfies?

5. Est-ce que tu t'es déjà vengé(e) de quelqu'un? De qui? Pourquoi? Comment?

6. Est-ce que tu appartiens à des réseaux sociaux? Lesquels? Combien de temps est-ce que tu passes en ligne dans une journée?

7. Est-ce que tes parents te rendent souvent visite? Qu'est-ce qu'ils t'apportent comme cadeau? Est-ce que tu es content(e) de les voir, ou est-ce que tu te caches comme Paul et Fabrice?

8. Tu connais quelqu'un qui a fait / qui va faire un mariage arrangé? D'après toi, quels sont les avantages et les inconvénients d'un mariage arrangé?

2-3

À l'écoute: Les Franco-Maghrébins

Le texte que vous allez entendre vous permettra de mieux connaître les origines et les conditions de vie des Franco-Maghrébins (comme Malika et ses frères et sœurs dans le film). On les appelait aussi les Beurs dans les années 1980 et 1990. Avant de l'écouter, relisez les informations sur l'immigration dans **Entrée en matière: Note culturelle,** consultez le **Vocabulaire utile** et lisez les questions. Puis vérifiez si vous avez compris en répondant aux questions.

The word **beur** comes from a particular type of slang called **le verlan**. In **verlan** the syllables of certain words are reversed—as in **féca** (café) and **tromé** (métro). Additional changes can occur, as is the case for **beur** (inversion of **arabe**) and **meuf** (inversion of **femme**). **Verlan** itself is the inversion of **l'envers**, which means 'the reverse.' Many **verlan** words are used by young people in everyday French.

> **Vocabulaire utile**
>
> **maghrébin(e):** originaire du Maghreb (l'Algérie, le Maroc, la Tunisie)
> **musulman(e):** *Muslim*
> **un échec:** *failure*
> **se maquiller:** *to put on makeup*

1. Les Franco-Maghrébins sont de nationalité _____.
   a. algérienne
   b. française
   c. marocaine

2. Quand les parents des Beurs ont immigré en France, la majorité _____.
   a. parlait couramment français
   b. avait un bon niveau d'éducation
   c. parlait arabe

3. Les filles de la deuxième génération avaient _____ de problèmes d'identité que les garçons.
   a. moins
   b. autant
   c. plus

4. Souvent, les parents maghrébins n'autorisaient pas leurs filles à _____.
   a. aller à l'école
   b. faire les tâches ménagères
   c. sortir et se maquiller

5. Aujourd'hui, les Franco-Magrébins ont _____ de difficultés que les autres Français de leur génération à trouver du travail.
   a. moins
   b. autant
   c. plus

6. Beur FM est _____.
   a. une station de radio politique
   b. une station de radio culturelle
   c. le titre d'un film dans lequel le personnage principal est un Franco-Maghrébin

---

AVANT LE PROCHAIN COURS

1. *Manuel:* Étudiez *La formation du futur, L'emploi du futur, La formation du conditionnel présent,* et *L'emploi du conditionnel présent* (pages 299–304) et faites les exercices des sections **Application immédiate 1 à 7.**

2. *Cahier:* Faites **Préparation à la discussion.**

DISCUSSION

Chronologie

Rétablissez la chronologie des scènes du film en les numérotant de 1 à 8, puis mettez les phrases au passé et partagez vos réponses avec la classe ou un(e) camarade de classe.

Marseille is a port city in the south of France. Ferries from Marseille leave for and arrive from Algeria.

_____ Hélène emmène Malika chez Mamie.

_____ Mamie rend visite à Paul et Hélène rend visite à Fabrice.

_____ Malika et Hélène viennent en aide à Zora à Marseille.

_____ Hélène et Paul assistent à l'agression d'une prostituée.

_____ Hélène va voir Malika à l'hôpital.

_____ Malika raconte son histoire.

_____ Malika va à Bâle pour s'occuper de ses finances.

_____ Les proxénètes apprennent que Malika est à l'hôpital.

Quelques détails

1. Ajoutez quelques détails pour chaque phrase de la chronologie. Décidez si vous allez utiliser le passé composé, l'imparfait ou le plus-que-parfait.

2. Imaginez la vie de Malika, Zora, Hélène, Paul, Fabrice et Mamie après le film. Faites une phrase au futur pour chaque personnage.

3. Imaginez que vous êtes un des personnages du film. Expliquez deux choses que vous feriez et deux choses que vous ne feriez pas.

Réactions

1. Comment la rencontre entre Hélène et Malika a-t-elle provoqué le chaos dans la famille d'Hélène?

2. Serreau crée un parallélisme dans les deux scènes du début du film où les mères (Mamie et Hélène) vont rendre visite à leurs fils. Expliquez les similarités. Pourquoi ce parallèle est-il important?

3. Pourquoi Serreau met-elle en parallèle la scène où les deux copines de Fabrice s'installent chez lui et celle où Mamie, Hélène et Malika partent en voyage?

4. Pourquoi Malika a-t-elle décidé de séduire Paul? Et Fabrice, qui ne lui avait rien fait?

Où sont Malika et Paul?

5. Pourquoi est-ce que Zora a refusé de suivre Malika initialement, et pourquoi l'a-t-elle suivie à la fin du film?

6. Décrivez et interprétez la dernière image du film. Qu'est-ce qui va peut-être se passer après, d'après vous?

7. Comment Serreau dépeint-elle les différents milieux sociaux (les bourgeois et les immigrés)? Est-ce que leurs valeurs sont différentes?

8. Comment est-ce que Serreau présente les trois générations du film: (1) Mamie; (2) Hélène et Paul; les parents de Malika; (3) Fabrice et ses amies; les frères et sœurs de Malika? Est-ce que sa critique est plus virulente pour une des générations?

The proverb **Tel père, tel fils** (*Like father, like son*) might be useful here.

9. Comment Serreau présente-t-elle les hommes et les femmes? Que pensez-vous de sa façon de montrer Paul amoureux?

10. Quel aspect du film vous a le plus intéressé(e)? L'histoire d'Hélène? Celle de Malika? Autre chose?

11. Quelle(s) scène(s) avez-vous particulièrement aimée(s)? Quelle(s) scène(s) vous a/ont fait rire?

12. Coline Serreau utilise souvent la caricature/l'exagération pour dépeindre les problèmes de société. Dans quel sens les personnages principaux sont-ils caricaturaux, et à quoi sert la caricature dans chaque cas? (Considérez Paul, Fabrice, Hélène, Malika et Mamie.)

Et vous?

Discutez des questions suivantes avec un(e) camarade de classe.

1. Est-ce que tu as déjà vécu une expérience qui a un peu ou beaucoup changé ta vie? Explique (si ce n'est pas trop personnel).

2. Comment sont tes relations avec les membres de ta famille? Est-ce que tu vois souvent tes grands-parents? Qu'est-ce que vous faites ensemble?

3. Si tu habitais chez tes parents, est-ce que tu te comporterais comme Fabrice? Qu'est-ce que tu ferais? Qu'est-ce que tu ne ferais pas?

4. Si tu habitais chez tes parents et que tu te comportais comme Fabrice, comment est-ce que tes parents réagiraient? Qu'est-ce qu'ils diraient ou feraient?

5. Qu'est-ce que tu penses des relations entre les hommes et les femmes dans notre culture?

6. Qu'est-ce que tu penses des relations entre les générations dans notre culture?

🔊 À l'écoute: *Chaos*

2-6

Imaginons que Coline Serreau soit l'invitée d'une émission de télévision consacrée au cinéma. La présentatrice a choisi de parler de *Chaos*. Écoutez leur discussion et vérifiez si vous avez compris en répondant aux questions qui suivent.

1. La présentatrice dit que Paul et Hélène réagissent _____ lorsqu'ils assistent à l'agression de Malika.
   a. avec indifférence
   b. violemment
   c. différemment

2. Avant l'agression, ils menaient une vie _____.
   a. routinière
   b. stimulante
   c. passive

3. Hélène est choquée par _____ de son mari.
   a. l'égoïsme
   b. l'indifférence
   c. le matérialisme

4. Hélène aide Malika à _____.
   a. se rendre compte du manque de respect des hommes
   b. surmonter ses difficultés
   c. exploiter les hommes

5. On reproche souvent à Coline Serreau _____.
   a. de filmer des moments de crise
   b. de ne pas respecter ses personnages
   c. de critiquer les hommes

6. Coline Serreau pense que Paul _____.
   a. est naturellement méchant
   b. mène une vie équilibrée
   c. a perdu le sens des priorités

7. Pour Serreau, les gens ne pensent plus parce qu(e) _____.
   a. leur vie est trop facile
   b. ils consomment trop
   c. ils travaillent trop

8. Les femmes prennent plus conscience de leur « robotisation » parce qu'elles _____.
   a. sont peu sensibles
   b. ont plus de temps que les hommes
   c. souffrent plus que les hommes

AVANT LE PROCHAIN COURS

1. *Manuel:* Étudiez *Le conditionnel passé* (pages 304–305) et *Les phrases hypothétiques* (pages 306–307) et faites les exercices des sections **Application immédiate 8** à **14**.

2. *Cahier:* Préparez **Pour aller plus loin**.

This chapter presents the future, the conditional, and hypothetical sentences in the context of male-female relationships, especially those involving violence, prostitution, and forced marriage. With the help of the **Liste de vocabulaire** (pages 151–153), you will articulate possible outcomes and discuss hypothetical situations related to Coline Serreau's social criticism and utopian ideas that surface in *Chaos*. If you need to review the grammar, refer to **Grammaire**, beginning on page 299. Complete and correct the **Application immédiate** exercises in the textbook, and then complete the *Cahier* sections **Préparation à la discussion** (page 107) and **Pour aller plus loin** (page 112).

POUR ALLER PLUS LOIN

Qui a dit quoi?

Les citations dans leur contexte

Notez quel personnage de la liste suivante a dit chaque phrase, puis expliquez la signification de chaque citation dans le contexte du film. Vous pouvez utiliser les noms des personnages plusieurs fois.

Fabrice	Malika	le père de Zora et Malika
Hélène	Paul	Zora

1. _____ : « Tu éteins ce portable! On va laver la voiture.

   _____ : —Et la fille?

   _____ : —Quelle fille? »

2. _____: « Ta mère et moi on est un peu en train de se séparer.

_____: —Ah...

_____: —C'est pas officiel mais...

_____: —Ah...

_____: —Tu t'en fous?

_____: —Euh non, je m'en fous pas.

_____: —Mais si, tu t'en fous.

_____: —C'est-à-dire que là, on a des potes qui nous attendent pour la séance de huit heures, et comme il est huit heures dix, euh...

_____: —Ben vas-y, fonce!

_____: —Salut! »

3. _____: « Moi, ce qui me passionne dans la vie, c'est mon boulot! c'est gagner dans mon boulot! Les femmes, si tu t'embringues avec elles, c'est deux minutes de plaisir pour des heures d'embêtements... quand c'est pas des années! »

4. _____: « À quelle heure elle rentre maman?

_____: —Elle rentre pas.

_____: —Ah bon, et nous on fait comment, nous?... C'est n'importe quoi, cette cuisine. »

5. _____: « Il m'a dit qu'il était là pour aider les victimes du racisme, pas les femmes qui faisaient du tort à l'islam (*who harmed Islam*). »

6. _____: « Ce qui est sûr, c'est qu'aujourd'hui c'était la dernière fois que je faisais la cuisine pour toi et ton père. A partir de maintenant, ici c'est chacun pour soi.

_____: — Mais tu déjantes, maman.

_____: — Je te prie de fermer ta gueule.

_____: —Attends, c'est quoi ça, c'est la guerre?

_____: —Totale, oui. »

7. _____: « Tout ce qu'ils veulent, c'est ça: des motos, des téléphones portables, de l'argent facile et des meufs qui obéissent. S'ils se révoltent, c'est pour avoir ça, c'est tout. Soi-disant qu'ils devaient me tuer si je reviens à la maison. Soi-disant pour l'honneur de leur famille, l'honneur des Arabes, l'honneur de leur religion. »

8. _____: « Tu la touches pas, hein, tu la touches pas. Qu'est-ce que je vais faire avec elle si tu démolis son visage, hein (*if you mess up her face*)? Je t'interdis de la toucher jusqu'au départ.

_____: —Quel départ?

_____: —En Algérie. »

After leaving her father, Malika seeks help from a volunteer of **SOS Racisme. SOS Racisme** is an organization that was created in 1984 to fight xenophobia and to help first- and second-generation immigrants integrate in French society. The organization still exists.

Le français parlé

2-7, 2-8

Imaginez comment les personnages prononcent les citations de **Qui a dit quoi?** Puis écoutez les citations 2 et 6 sur votre *Audio Program* et répétez-les comme vous les entendez en vous mettant dans la peau des personnages.

Source: CHAOS, un film de Coline Serreau, 2001, StudioCanal

Vocabulaire utile

le chacun pour soi: *everyone for him/herself*

le conservatisme: *conservatism*

le cynisme: *cynicism*

l'égoïsme (m.): *selfishness*

l'hypocrisie (f.): *hypocrisy*

l'indifférence (f.): *indifference*

le manque de respect: *lack of respect*

le matérialisme: *materialism*

la paresse: *laziness*

le sexisme: *sexism*

Le monde de Coline Serreau

Le commentaire social

Oralement, expliquez ce que Coline Serreau critique dans chaque situation de **Qui a dit quoi?** Consultez le **Vocabulaire utile** si nécessaire.

La société idéale

À partir des critiques de la société que vous avez remarquées dans le film, imaginez comment serait la société idéale selon Coline Serreau. En petits groupes, faites des phrases décrivant cinq aspects de cette nouvelle société. Utilisez le conditionnel présent.

Exemple: Dans une société idéale, les personnes âgées ne vivraient pas seules.

Les invraisemblances du film

Dans la réalité, qu'est-ce qui ne se passerait pas? Faites une liste des situations invraisemblables du film. Écrivez vos réponses au conditionnel présent.

Exemple: Dans la réalité, Hélène n'abandonnerait pas son travail.

Hypothèses et réactions

Une invraisemblance (*an improbability*) refers here to events represented in the film that are unlikely to happen in real life. The situations in this film are exaggerated to create comedy and to communicate a message.

- Imaginez la vie de Malika si elle s'était mariée avec le vieil Algérien. Faites quatre phrases au conditionnel passé en utilisant la structure suivante.

   Exemple: Si Malika s'était mariée avec le vieil Algérien, ...

- Essayez d'aller plus loin avec les propositions avec **si**. Complétez chaque phrase oralement au conditionnel passé, puis transformez la fin de la phrase en proposition introduite par **si**. Continuez ainsi, selon le modèle, en petits groupes.

   Exemple: Si Hélène n'avait pas offert de bouilloire à Fabrice, ...

   Étudiant(e) 1: Si Hélène n'avait pas offert de bouilloire (kettle) à Fabrice, elle ne serait pas allée chez lui.

   Étudiant(e) 2: Si elle n'était pas allée chez lui, elle n'aurait pas su qu'il ne voulait pas la voir.

   Étudiant(e) 3: Si elle n'avait pas su qu'il ne voulait pas la voir, elle n'aurait pas eu d'épiphanie ...

Pay attention to the structure **si + plus-que-parfait ... conditionnel passé**. For each sentence, take the main verb of the preceding sentence and put it in a **si** clause, and so on. The verb will switch from the **conditionnel passé** to the **plus-que-parfait**.

1. Si Malika n'avait pas retrouvé son vrai passeport, ...
2. Si Rosario (la femme de ménage) avait été là, ...
3. Si Malika avait téléphoné à Paul pendant sa réunion (*meeting*), ...
4. Si Hélène n'avait pas été une poire, ...
5. Si Mamie avait été plus stricte avec Paul, ...

À l'écrit: Une autre version du film

Qu'est-ce que vous auriez ou n'auriez pas fait à la place de Coline Serreau? Écrivez cinq commentaires au conditionnel passé.

Suggestions

- **Les personnages:** Sont-ils bien interprétés? Sont-ils trop caricaturaux? Les acteurs sont-ils bien choisis?
- **La longueur et la structure du film:** Le film est-il trop court? Trop long? Comme il faut? Le film est-il équilibré? Avez-vous aimé les transitions? Est-ce que Serreau maintient votre intérêt?
- **L'action:** Est-elle trop compliquée? Est-ce que le retour en arrière est bien intégré?
- **Les scènes:** Auriez-vous éliminé des scènes? En auriez-vous ajouté?
- **Le dénouement:** Auriez-vous choisi une fin moins ouverte? Comment auriez-vous terminé le film?

Exemple: **Les personnages: Dans mon film, Fabrice aurait été plus responsable et plus respectueux.**

1. Les personnages
2. La longueur et la structure du film
3. L'action
4. Les scènes
5. Le dénouement

AVANT LE PROCHAIN COURS

Cahier: Faites **Préparation à la lecture**.

> **Vocabulaire utile**
>
> **le décor:** *set*
> **le dénouement:** *denouement, ending*
> **le dialogue:** *dialog*
> **la distribution:** *cast*
> **le générique:** *credits*
> **l'intrigue (f.):** *plot*
> **le jeu/l'interprétation (f.):** *acting*
> **le personnage:** *character*
> **le retour en arrière/ le flashback:** *flashback*
> **interpréter (un rôle, un personnage):** *to play (a part, a character)*
> **jouer:** *to act*
> **tourner:** *to shoot (a film)*

LECTURE

Discussion

1. D'après vous, pourquoi est-ce que le père de Malika voulait marier ses filles avec des Algériens?

2. Quand vous étiez au lycée, qu'auriez-vous fait si une de vos camarades de classe n'était pas revenue après les vacances de printemps sans avoir mentionné son absence?

L'histoire vraie de Fatoumata

Dans son film, Coline Serreau s'est inspirée de la réalité des mariages arrangés. L'article que vous allez lire relate une histoire similaire à celle de Malika, l'histoire d'une jeune Sénégalaise qui a disparu pendant sa dernière année de lycée. La journaliste explique ce que les professeurs et les amis de cette jeune fille ont fait pour la retrouver.

> The official website for *Chaos* had a section called **Dossier** in which Serreau posted articles with themes relevant to her film, such as arranged marriages, prostitution, and domestic violence. This article is taken from this site.

Un lycée se mobilise après la disparition d'une élève sénégalaise. Fatoumata n'est pas rentrée de vacances
Marie-Pierre Subtil

Le Monde,
28 mai 2000

Excellente élève de latin, elle avait choisi cette option, facultative au bacca- lauréat. Mais le jour de l'examen, elle n'était pas là. Aujourd'hui, ses camarades du lycée Col- 5 bert, dans le 10ᵉ arrondissement de Paris, craignent° qu'elle manque aussi les épreuves à venir, alors qu'elle avait toute chance d'être admise en hypokhâgne à la prochaine rentrée. 10

The **hypokhâgne**: after the **bac**, the first year of a **classe préparatoire** for students who want to prepare to take a competitive exam for admission to a **Grande École** specializing in the humanities

Mais où est donc passée Fatoumata Konta, brillante élève de terminale lit- téraire, disparue depuis début avril? L'ensemble du lycée, élèves, adminis- tration et enseignants, remuent ciel et 15 terre pour résoudre l'énigme. Lors de la première semaine des vacances de Pâques, cette Sénégalaise de vingt ans rencontre des camarades de classe dans le métro. Pendant la seconde, elle doit 20 rejoindre son père — « sans profes- sion », selon les uns, « marabout° », selon les autres — , au Sénégal depuis un mois. Juste pour les vacances. Mais deux de ses amies reçoivent un courrier, 25 posté le 18 avril de Dakar. Dans l'un, elle charge sa camarade de « bien pren- dre les cours » pour elle. Dans l'autre, elle dit que tout va bien, mais termine sa missive° par: « Très bonne rentrée… 30 sans moi. À bientôt… Fatou. »

craignent: *fear*
un marabout: *marabout (wise man with supernatural powers in Muslim Africa)*
sa missive: sa lettre
Reste à localiser la jeune fille: *But first the young woman must be found*
passer un coup de fil: *to telephone*
son homologue: *his counterpart*
nul n'est dupe: *no one can be fooled*

UN MARIAGE FORCÉ?

Depuis, pas de nouvelles. Ses cama- rades, qui savaient sa détermination à poursuivre des études supérieures, pensent qu'elle est restée au Sénégal 35 contre son gré. Ils craignent un mariage forcé. Simple supposition, mais les présomptions sont fortes. La mère de la jeune fille, domiciliée dans le 19ᵉ arrondissement, multiplie les versions 40 en fonction de ses interlocuteurs. Dans un premier temps, elle invoque « un problème d'avion », puis une maladie. À l'un, elle dit que Fatoumata, aînée d'une famille de sept enfants, est en 45 Afrique mais pas au Sénégal, à l'autre, elle affirme que sa fille est à Paris…

Des 750 élèves du lycée Colbert, 600 ont signé une pétition en faveur de « Fatou », qui a été remise au service 50 social de l'ambassade du Sénégal à Paris. Profitant de la visite officielle du président Abdoulaye Wade, une déléga- tion d'élèves a rencontré la conseillère de l'épouse du chef de l'État sénégalais. 55 Elle leur a suggéré d'entrer en contact avec une association de défense des droits de l'homme à Dakar, qui pourrait jouer les intermédiaires.

Reste à localiser la jeune fille°. Notre 60 correspondante à Dakar, Brigitte Breuil- lac, nous indique qu'aucune Sénégalaise du nom de Fatoumata Konta n'a été enregistrée ni à l'arrivée ni au départ, à l'aéroport Léopold-Sédar-Senghor, 65 entre le 10 mars et le 25 avril, selon les services de la police des frontières. Les amis de Fatou mènent l'enquête, ne négligeant aucun détail. Elle avait emprunté un téléphone portable à un 70 camarade, avant son départ, afin de passer un coup de fil° au Sénégal? Ils se débrouillent pour retrouver le numéro appelé, pour localiser son interlocuteur. Ils alertent le Ministère de l'Éducation 75 nationale.

Jack Lang a fait savoir qu'il avait demandé à son homologue° des affaires étrangères, Hubert Védrine, de tout mettre en œuvre pour que la jeune fille 80 puisse réintégrer sa classe. Mais nul n'est dupe°: si sa famille la séquestre, il sera très difficile de la retrouver.

Compréhension

1. Qu'est-ce que vous avez appris sur Fatou dans cet article?

2. Pourquoi les camarades de Fatoumata ont-ils trouvé son absence bizarre?

3. Sous quel prétexte Fatou est-elle allée au Sénégal?

4. Comment sa mère explique-t-elle son absence? Est-ce que ses explications sont logiques?

5. Qu'est-ce que les lycéens ont fait pour obtenir des informations sur Fatoumata et aider à la rechercher?

6. Quel élément de l'enquête rend la situation encore plus mystérieuse?

Questions de langue

1. Donnez des synonymes pour les expressions suivantes:
   a. craignent (ligne 7)
   b. les épreuves à venir (ligne 8)
   c. lors de (ligne 16)
   d. qui savaient sa détermination à poursuivre des études supérieures (lignes 33–34)

2. Aux lignes 16–31, la journaliste utilise le présent pour parler du passé (c'est ce qu'on appelle « le présent historique »).
   a. Réécrivez ce passage au passé. Utilisez le passé composé ou l'imparfait, selon le contexte.
   b. Comparez la version au présent et celle au passé. D'après vous, quel est l'effet du présent historique?

3. Quel type de pronom est utilisé dans les phrases suivantes? Quel nom est-ce que le pronom remplace?
   a. « Elle leur a suggéré » (ligne 56)
   b. « il sera très difficile de la retrouver » (lignes 82–83)

4. Utilisez une phrase avec **si** pour expliquer les conséquences de l'absence de Fatou sur son avenir. Ces conséquences sont expliquées dans la phrase « Aujourd'hui, ses camarades du lycée Colbert… craignent qu'elle manque aussi les épreuves à venir, alors qu'elle avait toute chance d'être admise en hypokhâgne… » (lignes 4–10). Si Fatou…

La fin de l'histoire

Après avoir été retenue au Sénégal par son père, Fatoumata Konta est rentrée en France
Sandrine Blanchard et Brigitte Breuillac

Le Monde,
19 juillet 2000

Fatoumata Konta est rentrée en France. Brillante élève du lycée Colbert à Paris, cette jeune fille de vingt ans, partie au Sénégal pendant les vacances de Pâques, était retenue dans un village du sud de la Casamance par son père, un marabout, qui refusait sa relation amoureuse avec un Français. Fatoumata est arrivée, lundi 17 juillet, à Paris et « est à nouveau libre », a indiqué le Ministère de l'Éducation nationale.

Depuis trois mois, ses amies, l'équipe du lycée et plusieurs associations, dont° le MRAP et la Ligue des droits de l'homme, s'étaient mobilisés pour obtenir le retour de Fatoumata. Résidant à Paris avec sa mère depuis l'âge de huit ans, la jeune fille devait passer son bac et avait toute chance d'être admise en hypokhâgne à la prochaine rentrée. « Dimanche dernier, Fatoumata a réussi à regagner Dakar. C'est alors que son fiancé a pu lui transmettre un billet d'avion pour la France, » explique le ministre. « Jack Lang s'est longuement entretenu au téléphone dimanche après-midi avec le président du Sénégal, qui a immédiatement donné son accord pour que la lycéenne quitte sans encombre le territoire sénégalais. »

This excerpt relates the happy ending of Fatoumata's story. Held against her will in Senegal, she succeeded in escaping and returned to France three months after her disappearance.

dont: *including*

Compréhension

1. Où était Fatou, et pourquoi son père l'avait-il séquestrée?

2. Qui a participé à sa recherche?

3. Comment a-t-elle pu rentrer en France?

Questions de langue

1. Quels synonymes pourrait-on utiliser pour les mots suivants?
   a. résidant (ligne 18)
   b. regagner (ligne 24)
   c. longuement (ligne 27)
   d. le territoire (ligne 32)

2. Cherchez des synonymes dans le texte pour les mots ou expressions suivants.
   a. douée
   b. a retrouvé sa liberté
   c. sans incident

3. Choisissez la traduction correcte.
   a. la jeune fille devait passer son bac
      had to pass the bac   was supposed to take the bac
   b. et avait toute chance d'être admise
      was lucky to be admitted   was likely to be admitted
   c. Jack Lang s'est longuement entretenu au téléphone
      had an entertaining phone call   had a long phone conversation

Réaction

Quels sont les rapports entre ce texte et le film *Chaos*?

AVANT LE PROCHAIN COURS

Cahier: Faites **Préparation à l'écriture**.

INTERACTIONS

Sketch

Choisissez un sujet, préparez la scène et jouez-la devant la classe.

1. C'est la guerre! Hélène part de chez elle un matin pour rendre visite à Malika à l'hôpital. La cuisine n'est pas rangée; il n'y a rien dans le frigo; la lessive n'est pas faite. Paul explose et ils se disputent.

2. Chez le conseiller conjugal. À la fin du film, Paul et Hélène vont consulter un conseiller conjugal pour essayer de reconstruire leur couple sur de nouvelles bases.

This section contains activities that allow you to work creatively with the vocabulary and structures from the chapter.

3. Vous êtes assistant(e) social(e) dans un lycée. Une jeune fille d'origine étrangère vient vous voir, car elle pense que son père veut la marier avec un homme qu'elle ne connaît pas. Vous convoquez le père pour discuter de la situation et essayer de le dissuader. Soyez respectueux (-euse) des différences culturelles.

4. Mamie rend visite à une amie. Elles parlent de leurs vies et de leurs familles. Mamie parle de ses difficultés avec Paul et demande conseil à son amie.

5. Vous êtes journaliste et vous interviewez Malika après le démantèlement du réseau de proxénétisme. Vous voulez connaître son histoire personnelle et savoir comment elle est arrivée à s'en sortir.

Exposé

Préparez un des sujets à la maison pour le présenter en classe.

1. Connaissez-vous un(e) jeune d'une autre culture qui vit aux États-Unis? Comment s'est passée son intégration (à l'école, dans la société)? Quelles difficultés a-t-il/elle rencontrées? Présentez son itinéraire à la classe. N'oubliez pas de donner des exemples spécifiques et de raconter des anecdotes. Vous pouvez apporter des photos si vous le souhaitez.

2. Faites une petite recherche sur les mariages arrangés. Où les pratique-t-on aujourd'hui? Où les pratiquait-on autrefois? Pour quelles raisons?

3. Avez-vous vu un autre film ou lu un livre qui traite d'une épiphanie ou d'une histoire similaire à celle de Malika? Si oui, présentez ce livre ou ce film à la classe.

 LISTE DE VOCABULAIRE

Adjectifs

complice (adj. et nom) *accomplice*
invraisemblable *implausible, unlikely*
irresponsable *irresponsible*

lâche *cowardly*
pressé(e) *in a hurry*

> For extra practice with the vocabulary in this chapter, refer to the web quizzes at www.cengagebrain.com.

Noms

une agression *attack*
un(e) aîné(e) (adj. et nom) *oldest child*
le bac(calauréat) *exam taken at the end of high school*
la Bourse *the stock exchange*
une cité *housing project*
un compte en banque *bank account*
une épiphanie *epiphany*
la force de caractère *strength of character*
un investissement *investment*
une invraisemblance *implausibility*
un mariage arrangé *arranged marriage*

un portable *cell phone*
une prostituée *prostitute*
un proxénète *pimp*
un réseau (social) *(social) network*
un réseau de prostitution *prostitution ring*
une rupture *breakup*
le sang *blood*
la solidarité *solidarity*
les tâches ménagères (f. pl.) *housework*
un témoin *witness*
la volonté *will power*
un voyou *crook, bad guy*

Verbes

agresser *to attack*

annuler *to cancel*

appeler au secours *to call for help*

assister à quelque chose *to attend; to witness*

avertir (comme *finir*) *to warn*

avoir le coup de foudre *to fall in love at first sight*

battre (irrég.) *to beat (up)*

cacher quelque chose ou quelqu'un *to hide something or someone*

démanteler (comme *acheter*) *to dismantle*

donner rendez-vous à quelqu'un *to set up a date with someone*

être dans le coma *to be in a coma*

faire confiance à quelqu'un *to trust someone*

faire des économies/économiser *to save money*

faire un investissement/investir (comme *finir*) *to invest*

hériter (de) *to inherit (from)*

protéger (comme *préférer* et *voyager*) *to protect*

rendre visite à quelqu'un *to visit someone*

rompre (avec quelqu'un) *to break up (with someone)*

saccager (comme *voyager*) *to destroy*

se cacher *to hide (oneself)*

se consacrer à *to dedicate oneself to*

se dépêcher *to hurry*

se méfier (de) *to mistrust, to beware (of)*

s'enfuir (comme *fuir*) *to run away*

s'en sortir (comme *partir*) *to overcome, to rise above a difficult situation*

se rendre + préposition *to go*

se rendre compte (de quelque chose/ que + phrase) *to realize (something/ that)*

se sentir + adjectif ou adverbe (comme *partir*) *to feel + adjective or adverb*

se sentir coupable *to feel guilty*

se sentir revivre *to feel alive again*

se venger (comme *voyager*) *to take revenge*

séduire (comme *lire*) *to seduce*

tromper quelqu'un *to cheat on someone*

venir en aide à quelqu'un (irrég.) *to help someone in need*

violer *to rape*

> Refer to the Appendix on page 336 for an explanation of **sentir/se sentir/ressentir**

Vocabulaire familier

Adjectifs

accro (adj. invariable et nom) = dépendant (d'une drogue)

bourré(e) = ivre (pas familier) *drunk*

dingue *crazy*

Noms

une bécane = une bicyclette

une mobylette = une moto

un boulot = un travail

la came = la drogue

un dealer = un revendeur

un flic = un policier

le fric = l'argent

un gros bonnet, un gros poisson = une personne importante dans son milieu

un maquereau, un mac = un proxénète

une meuf = une femme

une passe = un rapport sexuel avec un(e) client(e)

une planque = une cachette

une poire = quelqu'un qui se laisse exploiter

une pute = une prostituée

un toubib = un médecin

Verbes

allumer = séduire
avoir la haine = ressentir une grande haine
déjanter = devenir un peu fou, avoir un comportement anormal
faire la bouffe = faire la cuisine

faire la manche = mendier
faire le trottoir = se prostituer
fermer sa gueule = se taire
ramer = faire des efforts, se donner du mal
tabasser = frapper

Vocabulaire supplémentaire

Noms

un embêtement *bother, complication*
un fauteuil roulant *wheelchair*
une maison de dressage *training center*
un pare-brise *windshield*
une planche *board, plank*
un portefeuille *portfolio (of investments)*

une portière *car door*
une procuration *power of attorney*
la réanimation (être en réanimation) *intensive care unit (to be in the ICU)*
un truand *gangster, crook*

Verbes

amocher quelqu'un *to mess someone up (to make someone ugly, by beating them, for example)*
assommer quelqu'un *to knock someone out*
blanchir (de l'argent) (comme *finir*) *to launder (money)*
déchiqueter (comme *acheter*) *to tear to shreds*
démarrer *to start (a car)*
être en manque *to have withdrawal symptoms*

léguer (comme *préférer*) *to bequeath, to will*
mettre de l'argent de côté (irrég.) *to save money*
placer (de l'argent) (comme *commencer*) *to invest (money)*
rechuter *to relapse*
se pendre *to hang oneself*
sursauter *to start, to jump*
verrouiller *to lock*

Chapitre 7

ÉCOLE ET SOCIÉTÉ

Entre les murs

Réalisateur: Laurent Cantet, France (2008); 128 minutes

Sony Pictures Classics/Photofest

Entre les murs is a fictional film with a documentary feel. It chronicles the lives of French teacher François Marin and his eighth-grade students at a Parisian middle school over the course of an academic year. The students come from diverse backgrounds. The film is based on a best-selling book by teacher François Bégaudeau, who wrote the screenplay and plays the character based on himself in the movie. Cantet shows François and his students engaged in their daily activities. The film focuses on the animated back-and-forth exchanges between the students and their teacher and each other. One of the students, Souleymane, goes too far, and the second half of the film focuses on his situation. The film was shot on location, with real-life students playing themselves. It won the award for Best Film at the Cannes film festival in 2008 and sparked heated debates about its representation of teachers, students, and the French educational system.

The vocabulary and the grammar for the chapter will help you discuss the plot, as well as your own experiences as a student. You will explore the uses of the subjunctive in order to express your opinions about the characters' actions and your views about education in general.

The reading by Daniel Pennac expands on the chapter themes and looks at education from the point of view of a bad student turned teacher and writer (Pennac himself).

Les personnages (La distribution: les acteurs/actrices): François Marin (François Bégaudeau), Souleymane (Franck Keïta), Esmeralda (Esmeralda Ouertani), Khoumba (Rachel Regulier), autres élèves du Collège Dolto

- Quatre autres nominations aux Césars (2009) pour Meilleur film, Meilleur réalisateur, Meilleur son, Meilleur montage
- Une nomination aux Academy Awards (2009) dans la catégorie Meilleur film étranger

LES PRIX DU FILM

- De nombreux prix, dont la Palme d'Or au festival de Cannes (2008) et le César du Meilleur scénario dans la catégorie adaptation (2009)

ENTRÉE EN MATIÈRE

Discussion

Avant de voir ce film, souvenez-vous de votre expérience d'élève en classe de 4ᵉ (*8th grade*) et réfléchissez aux questions suivantes.

1. Comment étaient les relations entre les élèves et les profs? Et entre les élèves? Est-ce qu'il y avait des problèmes de discipline? Vous souvenez-vous d'un incident en particulier?

2. Quelles règles deviez-vous respecter? Qu'est-ce que vous ne pouviez pas faire, et quelles étaient les conséquences si vous faisiez quelque chose d'interdit?

3. Quel était le programme dans votre cours d'anglais? Est-ce que vous vous souvenez des livres que vous avez lus?

4. Quels aspects de la langue avez-vous étudiés: la grammaire? le vocabulaire? Comment ces sujets étaient-ils enseignés?

LE COLLÈGE EN FRANCE

Le film se passe dans une classe de 4ᵉ au Collège Dolto, dans le vingtième arrondissement, à l'est de Paris. Les informations suivantes sur le contexte scolaire vous permettront de mieux comprendre le film.

LE COLLÈGE

Le film *Entre les murs* se passe dans un collège, qui est un établissement scolaire pour les élèves âgés de douze à quinze ans environ. Il y a quatre niveaux au collège: la classe de 6ᵉ (douze ans), la 5ᵉ (treize ans), la 4ᵉ (quatorze ans) et la 3ᵉ (quinze ans).

LA CLASSE

Une « classe » dans un collège ou un lycée français est un niveau scolaire (la 6ᵉ, la 5ᵉ, etc.), mais le terme est surtout utilisé pour faire référence à des sections comprenant une trentaine d'élèves, appelées 6ᵉ A, 6ᵉ B, 6ᵉ C, etc., ou 6ᵉ 1, 6ᵉ 2, 6ᵉ 3 (les élèves du film sont en 4ᵉ 3). Les élèves de ces classes spécifiques restent ensemble pendant une année scolaire, de septembre à juin. Ils suivent les mêmes cours, à l'exception d'une ou deux options, et ils ont les mêmes professeurs. Chaque classe a un(e) professeur principal(e) qui sert de liaison entre les élèves, leurs parents, les autres professeurs de la classe et l'administration. C'est au/à la « prof principal(e) » qu'on s'adresse quand il y a un problème. Les élèves ont un « carnet de correspondance » dans lequel le/la prof principal(e) peut écrire des messages que les élèves doivent faire signer par leurs parents. Chaque classe a aussi deux délégué(e)s d'élèves élu(e)s par leurs camarades et deux délégué(e)s de parents. Les délégué(e)s servent aussi de liaison et ils participent au conseil de classe et au conseil de discipline.

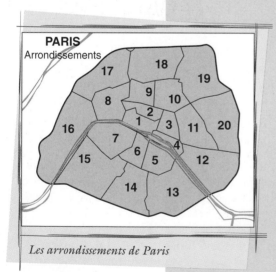

PARIS
Arrondissements

Les arrondissements de Paris

The term « la professeur » is used more and more frequently in France to refer to a female teacher, but some still prefer to say « le professeur ». The abbreviation « la prof » is widely accepted. In Quebec, a female teacher is called « une professeure ».

LE CONSEIL DE CLASSE

C'est l'ensemble des personnes responsables d'une classe: les professeurs, le/la principal(e), le/la CPE (conseiller/conseillère principal[e] d'éducation, l'équivalent approximatif du *guidance counselor*) et les délégué(e)s des élèves et des parents.
Le conseil de classe se réunit à la fin de chaque trimestre (et la réunion s'appelle aussi un conseil de classe). On y parle de chaque élève de la classe: on analyse ses résultats, on parle de son comportement, on calcule sa moyenne générale (la moyenne des notes qu'il/elle a obtenues dans chaque matière), et on écrit un commentaire général sur son bulletin. On décide aussi si on va lui donner une mention spéciale, comme les félicitations (pour un excellent élève), les encouragements (pour un[e] élève qui fait des efforts ou pour un[e] bon[ne] élève qui ne mérite pas tout à fait les félicitations) ou un avertissement (pour un[e] élève ayant un mauvais comportement ou des difficultés scolaires).

Le conseil de classe est très important en fin de 3e, parce qu'il décide si l'élève va continuer sa scolarité dans un lycée général (qui mène au baccalauréat et à l'université) ou dans un lycée professionnel (qui mène à un diplôme professionnel et au monde du travail). Le lycée général a une meilleure réputation, donc la plupart des élèves espèrent que le conseil de classe les autorisera à y aller. Les parents qui ne sont pas d'accord avec la décision du conseil de classe peuvent faire appel.

LES NOTES

Les élèves français sont notés de 0 à 20. Pour réussir, il faut avoir la moyenne, c'est-à-dire 10 sur 20. La notation est moins généreuse qu'aux États-Unis. 12/20 correspond à peu près à un B et 15/20 à un A. Il est rare d'avoir une moyenne supérieure à 16/20, surtout dans les matières plus subjectives, comme le français (ou la philosophie au lycée).

At the end of the film, Henriette is depressed because she is afraid that she will have to go to the **lycée professionnel** (although the decision won't be made for another year).

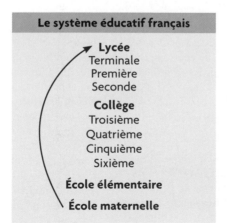

Le système éducatif français

Lycée
Terminale
Première
Seconde

Collège
Troisième
Quatrième
Cinquième
Sixième

École élémentaire

École maternelle

Compréhension

1. À quoi correspond le collège aux États-Unis?

2. Quel est le rôle du/de la prof principal(e) et des délégué(e)s d'élèves?

3. Qu'est-ce que c'est qu'un conseil de classe? (deux définitions)

4. Pourquoi est-ce que le conseil de classe est particulièrement important la dernière année de collège?

Réactions

1. Quelles différences remarquez-vous entre un collège français et une *middle school* américaine? Quels sont les avantages et les inconvénients des deux systèmes, à votre avis?

2. Que pensez-vous des notes en France? Est-ce que c'est une bonne façon d'encourager les élèves à faire plus d'efforts?

Lecture d'un compte rendu sur le film

A good understanding of relative pronouns will help you improve your reading skills. Refer to **Grammaire** on pages 275–282 if necessary.

Voici un compte rendu paru dans *La Vie*, un journal hebdomadaire (*a weekly*) parisien, le 25 septembre 2008. Lisez-le avant de visionner le film, puis répondez aux questions.

Préparation

1. Regardez le paragraphe qui commence par « Un tel unanimisme... ».
   a. Quels noms est-ce que les pronoms démonstratifs « celle » et « ceux » remplacent? (lignes 21 et 25)
   b. Quels sont les antécédents des trois pronoms « qui »? Comment traduisez-vous ce pronom dans chaque cas?

2. Regardez de près la phrase « Le spectacle de cette classe... réjouissant » (lignes 28–31).
   a. Quelle est la proposition principale (*the main clause*) (elle contient l'idée principale)?
   b. Quelle est la proposition relative (*the relative clause*) (elle contient des informations supplémentaires sur un nom de la proposition principale)?
   c. Quel est le pronom relatif, et quel nom remplace-t-il?
   d. Remplacez cette phrase par deux phrases indépendantes.

Reading Tips

Avoid general answers by referring to specifics in the passage. Note line numbers so you can refer to the words you are citing in your answers.

dans le huis clos: *behind closed doors*
Zep: zone d'éducation prioritaire *(areas in which high-need schools receive extra funding for education)*
subjugue: *fascinates*
Il débarque: il arrive
louanges: *praise*
Jack Lang, Xavier Darcos: *former Ministers of Education in left- and right-wing governments, respectively*
étonne: *is surprising*
gamins: *kids*
mal-être: *malaise, anxiety*
s'accrochent: *hang on*
a beau répéter: *repeats in vain*
on ne peut: on ne peut pas
se voiler la face: *to ignore something (here: to ignore the questions raised by the film)*
certains: certaines personnes
réjouissant: amusant
envoyer... droit dans le mur: *variation on aller droit dans le mur (to head straight for disaster)*

Éducation Le film de Laurent Cantet primé à Cannes est-il un chef-d'œuvre ou une imposture? Enquête sur les réalités du collège.

ENTRE LES MURS
La Palme du Malaise

Que se joue-t-il dans le huis clos° d'une salle de classe? La réponse apparaissait déjà dans le roman de François Bégaudeau, ancien prof de français 5 qui, dans *Entre les murs*, racontait une année scolaire. Riche de cette lecture, le réalisateur Laurent Cantet a filmé les élèves d'une 10 classe de 4ᵉ d'un collège de Zep° du 20ᵉ arrondissement de Paris. On connaît la suite. Présenté au festival de Cannes, son film subjugue° le jury qui lui décerne à l'unanimité la Palme d'or. 15 Aujourd'hui, il débarque° sur les écrans, précédé d'un concert de louanges°, qui fait applaudir aussi bien Jack Lang que Xavier Darcos°...

Un tel unanimisme pourtant étonne° 20 au regard d'un film qui nous renvoie en pleine face une crise majeure de notre société: celle du collège qui concentre toutes les difficultés de l'école aujourd'hui. Échec des gamins° et mal- 25 être° profond des profs, même parmi ceux qui y croient et s'accrochent°.

Laurent Cantet a beau répéter° qu'il s'agit d'un film, pas d'un documentaire, on ne peut° se voiler la face°. Le specta- 30 cle de cette classe dont certains° ne veulent voir que l'étonnante vitalité n'est pas réjouissant°. Il doit nous interroger. Il est plus que temps, si on ne veut pas envoyer des milliers de gamins droit... 35 dans le mur°.

« LA VIE, Hebdomadaire Chrétien d'Actualité » n°3291 du 25 septembre 2008.

Compréhension

1. Sur quoi est basé le film *Entre les murs*?

2. Qui sont les acteurs du film?

3. Comment est-ce que le film a été reçu? (Citez des mots précis.) Est-ce que sa réception dépend de l'affiliation politique des spectateurs?

4. Pourquoi est-ce que le succès du film peut surprendre?

5. Quel aspect positif de la classe est-ce que les admirateurs du film remarquent?

6. Est-ce que l'auteur de l'article partage l'enthousiasme et l'optimisme de ceux qui aiment le film?

Réactions

Après avoir lu ce compte rendu, imaginez quels aspects de la vie de la classe de 4ᵉ vont être présentés dans le film.

Questions de langue

1. Trouvez une autre manière de poser la première question de l'article (lignes 1–2).

2. Quel nom est-ce que vous pourriez substituer au pronom **y** (ligne 25)? (Ce nom n'est pas dans le texte.) Comment pourriez-vous réécrire « ceux qui y croient » en utilisant le nom au lieu du pronom **y**?

3. Quelle est la différence dans l'utilisation du pronom **Il** dans les deux dernières phrases (lignes 31, 32)?

> Refer to **Grammaire** page 293 for a review of **y**.

Visionnement d'une séquence
(avec son, sans sous-titres)

Du début du film à la fin de la scène dans la salle des professeurs (4–5 minutes).

Premier visionnement de la séquence

Compréhension

1. De quoi parlent les professeurs?

2. Quelle impression avez-vous de l'ambiance et des conditions de travail dans ce collège?

Deuxième visionnement de la séquence

Compréhension

Visionnez la scène dans la salle des professeurs une seconde fois (de 2' à 3'40") en faisant bien attention à la bande-son. Notez des informations dans le tableau ci-dessous.

Équipe éducative	Responsabilité/fonction au collège	Est au collège depuis	Autre information?
Hervé			
Olivier			
Patrick			
Anne			
Frédéric			
Julie			
Aline			
Gilles			
François			

Réactions

1. Est-ce que les profs du collège vous semblent sympathiques?

2. Avez-vous d'autres commentaires à faire sur cette séquence?

Le français parlé

1. Lisez la transcription du dialogue de la séquence apportée par votre professeur et analysez les points suivants:
   a. Soulignez les mots de remplissage (*conversation fillers*). Comment les traduiriez-vous en anglais?
   b. Barrez les lettres qui ne sont pas prononcées.
   c. Notez les mots qui sont prononcés différemment de ce que vous avez appris.

2. Entraînez-vous à dire ce dialogue comme dans le film.

Préparation au visionnement du film

En regardant le film, faites attention aux aspects suivants et prenez des notes.

1. Qu'est-ce que les élèves étudient en cours de français? Quand est-ce qu'ils critiquent les méthodes pédagogiques du prof?

2. De quels pays sont originaires les élèves qu'on voit le plus? Quelle est leur attitude vis-à-vis de la France et des pays d'où viennent leurs camarades de classe?

3. Quels incidents font « boule de neige » (*snowball*) pour Souleymane?

4. Le décor, les images et les sons: Qu'est-ce qu'on voit dans le film? Où est placée la caméra? Quels sons remarquez-vous?

Viewing Tips

Notice:
- camera movements, close-ups, and sounds
- the use of **verlan** (Refer to the annotation on page 140 for information about this type of slang, and to the list of **Vocabulaire familier** on pages 152–153 for some examples of **verlan**.)

Ask yourself:
- Why does the situation worsen?
- Are the teacher's methods effective?

Anticipate:
- some foul language

AVANT LE PROCHAIN COURS

1. *Entre les murs:* Visionnez le film.

2. *Cahier:* Faites **Les mots pour le dire.**

3. *Manuel:* Étudiez *Le subjonctif* (*Introduction, Le subjonctif présent* et *Le subjonctif passé*) aux pages 309–313 et faites les exercices des sections **Application immédiate 1** à **4**.

LES MOTS POUR LE DIRE

Définitions

Le mot juste

Quels noms correspondent aux descriptions suivantes?

1. un(e) élève qui représente ses camarades de classe
2. ce qu'on trouve sur un bulletin scolaire
3. le sentiment qu'on a parfois pour quelqu'un qu'on trouve inférieur
4. la section d'une ville où on habite
5. une personne qui vit et travaille illégalement dans un pays
6. les choses qu'un(e) élève apporte en classe (livres, cahiers, stylos, sac, etc.)
7. le moment où l'année scolaire commence
8. une conséquence possible quand un(e) élève ne respecte pas les règles

Référence à consulter
• Liste de vocabulaire, page 177

Vos définitions

Inventez des définitions pour trois autres mots de la **Liste de vocabulaire** à la page 177.

Structures

Écrivez des phrases avec les verbes ci-dessous en vous référant à *Entre les murs.* Ces verbes ont une structure similaire: **conseiller/interdire/permettre/reprocher à quelqu'un de faire quelque chose.**

Exemple: M. Marin interdit à ses élèves de porter des casquettes en classe.

1. **conseiller** *(to advise)*:
2. **interdire** *(to forbid)*:
3. **permettre** *(to allow)*:
4. **reprocher** *(to reproach)*:

Un bulletin scolaire

Regardez le bulletin d'Élodie, élève de 4ᵉ dans un collège de Lorraine, et répondez aux questions.

BULLETIN DU 1er TRIMESTRE

Professeur principal : Mme D

Discipline Nom du professeur	Moyennes		Notes extrêmes		Appréciations générales
	Élève	Classe	-	+	
Français	13,3	11,8	4,8	15,9	Bon trimestre. Élève souvent trop discrète, c'est dommage!
Mathématiques	14,7	12,0	6,3	16,4	Bon trimestre, Élodie est une élève agréable et sérieuse qui devrait plus s'affirmer en classe,
Histoire-Géographie	10,5	9,1	3,0	15,6	Résultats moyens, il faut persévérer et ne pas vous décourager.
Anglais	9,7	10,9	4,0	16,5	Des difficultés mais de la bonne volonté en classe. Poursuivez vos efforts et essayez de participer plus souvent afin de progresser.
Espagnol	7,0	10,0	4,0	17,0	Des difficultés. Le travail est trop superficiel,
S.V.T	12,4	12,2	3,6	19,2	Résultats moyens, Il faut persévérer,
Physique - Chimie	9,9	9,6	3,2	15,0	Résultats moyens. Il faut continuer à s'accorder et ne pas hésiter à intervenir en classe.
Technologie	9,3	10,3	4,6	16,0	un peu juste
E.P.S	10,5	14,0	10,5	17,8	Ensemble moyen, cependant Élodie fournit le travail nécessaire pour réussir. Poursuivez vos efforts!
Éducation musicale	13,5	14,7	11,2	17,0	Bon trimestre.
Arts plastiques	14,5	15,1	9,0	17,0	Trimestre satisfaisant.
Latin	13,0	15,4	9,5	19,2	Ensemble correct, Élodie ne doit pas se décourager.
Note de Vie Scolaire	20,0	18,3	10,0	20,0	
Moyenne générale	12,2	12,2			
Vie Scolaire	Absences (en 1/2 journées) : 1 Retards : 1				

Courtesy of Author

1. Quelle est la moyenne générale d'Élodie? Dans quels cours est-ce qu'elle a de bonnes notes? Dans quels cours est-ce qu'elle n'a pas la moyenne?

2. Dans sa classe, est-ce qu'Élodie est une bonne élève, une mauvaise élève ou une élève moyenne? Expliquez.

3. Dans quels cours est-ce que les notes de la classe sont les meilleures? les moins bonnes?

4. Quels adjectifs sont utilisés par les professeurs pour décrire Élodie?

5. En général, qu'est-ce que les professeurs reprochent à Élodie? Qu'est-ce qu'ils lui conseillent?

6. Qu'est-ce que vous pensez des notes de la classe? des appréciations des professeurs? Est-ce que ce bulletin ressemble à un de vos bulletins quand vous étiez au collège?

Et vous?

Discutez des questions suivantes avec un(e) camarade de classe.

1. Qu'est-ce que tu penses de ton emploi du temps ce semestre?

2. Tu aimes les professeurs exigeants? Pourquoi (pas)?

3. Est-ce que tu te plains parfois quand tu as une mauvaise note?

4. Est-ce que tes profs de permettent de manquer des cours? Si non, quelle est la sanction si tu manques un cours ?

5. Qu'est-ce que tu conseilles à un nouvel étudiant de faire pour réussir à l'université?

6. Quel est le rôle des délégués des étudiants à l'université? Est-ce que tu participes à l'élection des délégués? Tu as envie d'être délégué(e)?

À l'écoute: L'éducation prioritaire en France

2-10

Le collège qui est représenté dans le film est un établissement où les difficultés scolaires et sociales sont plus importantes que dans la majorité des collèges français. Le texte que vous allez entendre explique ce qu'on fait en France pour aider les établissements de ce type, situés dans des « zones d'éducation prioritaire ». Consultez le vocabulaire et lisez les questions, puis écoutez le passage et vérifiez si vous avez compris en répondant aux questions.

1. En France, _____ décide des programmes et détermine quels professeurs vont enseigner dans un établissement particulier.
a. le principal
b. le district scolaire
c. le Ministère de l'Éducation

2. Il y a des différences entre les établissements en ce qui concerne _____.
a. les qualifications des professeurs
b. le niveau des élèves
c. la qualité des équipes sportives

3. On a commencé à prendre des mesures spécifiques pour aider les établissements à risque dans les années _____.
a. 1980
b. 1990
c. 2000

> **Vocabulaire utile**
>
> **un établissement scolaire:** *a school* (école élémentaire, collège, lycée)

4. Les établissements qui se trouvent dans des zones d'éducation prioritaire _____.
a. reçoivent plus d'argent
b. peuvent choisir leurs élèves
c. proposent des programmes où alternent les études et le travail

5. Les élèves des établissements d'éducation prioritaire ont _____.
a. un plus grand choix de langues étrangères
b. plus d'aide dans leurs études
c. plus de vacances

6. Quel est le pourcentage d'élèves qui fréquentent des établissements d'éducation prioritaire en France?
a. 10%
b. 15%
c. 20%

AVANT LE PROCHAIN COURS

1. *Manuel:* Étudiez *Emploi du subjonctif* aux pages 313–318 et faites les exercices des sections **Application immédiate 5 à 8**.

2. *Cahier:* Faites **Préparation à la discussion**.

DISCUSSION

Chronologie

Rétablissez la chronologie des scènes du film en les numérotant de 1 à 8. Puis mettez les phrases au passé et lisez-les à haute voix pour vérifier vos réponses.

_____ a. M. Marin dit qu'il est déçu par le comportement des déléguées pendant et après le conseil de classe.

_____ b. Khoumba manque de respect à M. Marin pendant la discussion du *Journal d'Anne Frank*.

_____ c. Le conseil de discipline se réunit et prononce l'exclusion de Souleymane.

_____ d. Un prof craque dans la salle des profs, car il ne peut plus supporter ses élèves.

_____ e. Esmeralda et Louise se plaignent de M. Marin auprès de la CPE.

_____ f. Une discussion sur le foot dégénère en conflit.

_____ g. Souleymane s'énerve contre Carl et Esmeralda. M. Marin interrompt son cours pour l'emmener chez le principal.

_____ h. Les élèves reprochent à M. Marin d'enseigner des choses inutiles ou de choisir de mauvais exemples.

Quelques détails

Ajoutez quelques détails pour chaque phrase de la chronologie en finissant les phrases suivantes.

a. M. Marin s'attendait à ce qu'elle…

Il est fâché que…

b. M. Marin voulait que…

Khoumba pensait que…

c. Le principal a expliqué les faits avant que…

Un des délégués des parents était surpris que…

d. Ce prof est furieux que…

Il faudrait que ce prof…

e. Elles n'étaient pas contentes que…

Elles sont allées voir la CPE pour que…

f. Le conflit a eu lieu après que Carl…

M. Marin accepte les différences d'opinion à condition que…

g. M. Marin a fait cela parce qu'il est inadmissible qu'un élève…

Le principal n'était pas surpris que…

h. M. Marin a utilisé Bill comme exemple bien que…

Les élèves préfèreraient que M. Marin…

Réactions

1. Faites un portrait rapide du prof et des élèves de cette classe, en particulier Esmeralda, Khoumba, Souleymane, Carl, Arthur et Wei (servez-vous de leurs autoportraits).

2. Qu'est-ce que les élèves apprennent dans leur cours de français pendant l'année? (Quelles activités sont montrées?)

3. Comment le film est-il différent de la vie réelle d'une classe? Sur quels moments est-ce que le réalisateur insiste? Qu'est-ce qu'on ne voit pas?

Qu'est-ce que les élèves sont en train de faire? Qu'est-ce qui s'est passé pendant cette scène?

4. Quelles tensions existent dans cette classe? Comment pouvez-vous décrire les relations des élèves entre eux et leurs relations avec le prof, François Marin? Quand est-ce que des élèves font front / sont solidaires contre lui?

5. Quelles sont les objections des élèves pour certaines des activités (pensez à l'imparfait du subjonctif, à l'explication dumot « succulent », aux autoportraits)?

6. Qu'est-ce qui s'est passé au conseil de classe? De quoi et de qui est-ce qu'on a parlé? Est-ce que certains aspects de la réunion vous ont surpris(e)?

7. Faites une liste des problèmes de Souleymane dans le cours de français, et expliquez pourquoi il se retrouve devant le conseil de discipline. Êtes-vous d'accord avec sa punition (l'éviction du collège)?

8. Qu'est-ce que les réunions entre parents et professeur nous apprennent sur le contexte familial des élèves? sur les aspirations des parents? sur la réputation du collège?

9. (Si vous avez vu *Rue Cases-Nègres*) Quelles différences avez-vous remarquées entre *Rue Cases-Nègres* et *Entre les murs* en ce qui concerne l'ambiance de la classe, les relations prof-élèves et les méthodes pédagogiques?

10. Qu'est-ce que vous pensez du film? Décrivez en détail une scène ou un personnage qui vous a intéressé(e).

Et vous?

Discutez des questions suivantes avec un(e) camarade de classe.

1. Qu'est-ce que tu penses de François Marin et de ses méthodes pédagogiques? Est-ce qu'il ressemble à un(e) prof que tu as eu(e) au collège ou au lycée? Tu aurais aimé avoir un prof comme lui?

2. Où était ton collège? Combien d'élèves y avait-il? Comment étaient les relations entre les élèves et les profs? et entre les élèves? Quelles règles deviez-vous respecter? Est-ce qu'il y avait des problèmes de discipline?

3. Qu'est-ce que tu as étudié en cours d'anglais en 4ᵉ? Est-ce que tu as fait de la grammaire? Quels livres est-ce que tu as lus? Donne quelques détails.

4. Est-ce que tu te souviens d'un prof en particulier quand tu étais au collège? d'un événement marquant? d'un élève perturbateur? Explique.

2-15

À l'écoute: *Entre les murs*

Youcef et Marine, deux jeunes professeurs, discutent du film en sortant du cinéma. Écoutez leur conversation et vérifiez si vous avez compris en répondant aux questions.

Vocabulaire utile:

la tchatche: *jabber*
un gamin: *a kid*
l'argenterie: *silverware*
Cannes: la ville où a lieu le festival de films chaque année en mai

1. Marine pense que le film donne une représentation _____ du collège.
   a. vraie
   b. irréaliste
   c. idéalisée

2. Elle ne comprend pas que le prof du film passe tant de temps à _____.
   a. expliquer les expressions difficiles
   b. répondre quand les élèves le provoquent
   c. exercer son autorité

3. Marine trouve que le prof _____ ses élèves.
   a. méprise
   b. valorise
   c. a un vrai dialogue avec

4. Marine et Youcef sont d'accord pour dire que les élèves du film _____.
   a. ont honte de leur manière de parler
   b. n'essaient pas de s'intéresser à leurs cours
   c. ont un vocabulaire très limité

5. Après avoir vu le film Youcef va faire attention à _____.
   a. ne pas ridiculiser ses élèves
   b. employer un vocabulaire accessible
   c. rendre ses cours plus amusants

6. Marine et Youcef enseignent dans un collège _____.
   a. privilégié
   b. de banlieue
   c. parisien

7. Youcef mentionne Cannes parce qu(e) _____.
   a. il va y emmener ses élèves
   b. Marine va y passer ses vacances d'été
   c. les élèves du film y sont allés

8. En général, l'opinion de Youcef sur le film est _____ que celle de Marine.
   a. meilleure
   b. moins bonne
   c. la même

AVANT LE PROCHAIN COURS

1. *Manuel:* Étudiez *Subjonctif ou infinitif?* aux pages 318–322 et faites les exercices des sections **Application immédiate 9** à **13**.

2. *Cahier:* Faites **Pour aller plus loin**.

POUR ALLER PLUS LOIN

Qui a dit quoi?

Les citations dans leur contexte

Les phrases suivantes sont extraites du film. Mettez le verbe au subjonctif, puis notez quel personnage de la liste ci-dessous a dit chaque phrase. Ensuite, expliquez brièvement le contexte.

M. Marin	La mère de Burak	Le principal
La prof enceinte	Souleymane	

1. _____: « Je veux juste que tu _____ (lire), c'est tout. Mais je pense que je suis dans mon droit en te demandant de lire. Non?

   _____: —Non!

   _____: —Tu crois pas?

   _____: —Tout le monde n'a pas lu le livre, je suppose, et vous vous excitez sur moi, c'est quoi?

   _____: —Pas du tout, je m'excite sur rien. J'aimerais juste qu'on travaille. »

2. _____: « J'en attends à peu près la même chose, c'est-à-dire que vous me _____ (révéler) des choses, que vous _____ (exprimer) des sentiments, des sensations, que vous _____ (raconter)... des faits qui me permettront de mieux vous connaître. »

3. _____: « Burak, moi, mon souhait, ce serait qu'il _____ (aller) à Henri IV.

   _____: —Henri IV... Pourquoi vous souhaitez ça? »

4. _____: « Pourquoi elle a ce geste-là?

   _____: —Elle aime pas les photos.

   _____: —Eh ben, tu mets ça. Tu mets: "Ma mère n'aime pas qu'on la _____ (prendre) en photo." Voilà, tu fais une légende, tu vois.

   _____: —Ouais ouais.

   _____: —Et tu fais ça avec toutes les autres photos et... t'as gagné. »

5. _____: « Je souhaite deux choses: la première chose, c'est que la maman de Wei _____ (rester) en France et la deuxième, c'est que mon enfant _____ (être) aussi intelligent que Wei. »

6. _____: « Tu trouves normal qu'un professeur _____ (interrompre) son cours pour emmener un élève dans le bureau du principal? »

7. _____: « J'aimerais que vous le _____ (mentionner) dans votre rapport parce que lors du conseil de discipline, je veux pas que ça _____ (être) utilisé contre nous. C'est pas la peine de se cacher, mieux vaut l'écrire.

   _____: —Je comprends. »

8. _____ : « Bon, là, tu passes en 3e. T'as très largement le temps de penser à ton orientation à la fin de la 3e. Il est pas du tout évident que tu _____ (aller) en professionnelle. Ça dépend de tes résultats en 3e. C'est… c'est tout. »

Le français parlé

Retournez aux citations de **Qui a dit quoi** et faites les activités suivantes.

1. Quelles remarques pouvez-vous faire sur les négations?

2. Quel type de question est utilisé?

3. En plus des négations et des questions, notez d'autres mots ou structures de phrases caractéristiques du français parlé.

2-16, 2-17

4. Imaginez comment les personnages prononcent les citations de **Qui a dit quoi?** Puis écoutez les citations 1 et 4 sur votre *Audio Program* et répétez-les comme vous les entendez en vous mettant dans la peau des personnages.

Source: ENTRE LES MURS, un film de Laurent Cantet, 2008, Haut et Court

La pédagogie de M. Marin

Voici quelques situations du film dans lesquelles nous pouvons observer la manière d'enseigner de M. Marin. Exprimez votre opinion sur son attitude en utilisant le subjonctif quand il est nécessaire. Vous pouvez commencer votre discussion de la manière suivante:

> **Je pense/crois/trouve que…, Il me semble que…, C'est une ré-action appropriée/normale/compréhensible,** etc.
>
> OU　**Je ne pense/crois/trouve pas que ce soit une réaction appropriée/normale/compréhensible…, Il ne faut pas que…, Il vaudrait mieux que…, À sa place, je… (+ conditionnel)**

Refer to **Grammaire** pages 313–314 for other expressions you can use.

1. Le premier jour, il dit que les élèves des autres collèges perdent moins de temps et apprennent plus de choses que ceux du Collège Dolto.

2. Il veut que les élèves apprennent l'imparfait du subjonctif (et il est agréablement surpris que Khoumba sache conjuguer une partie du verbe **être** à l'imparfait du subjonctif).

3. Quand les élèves lui reprochent d'utiliser le prénom Bill dans ses exemples, il se justifie en disant que c'est un prénom très courant et que c'est le prénom d'un président américain récent.

4. Quand Esmeralda et Khoumba lui demandent d'épeler le mot **Lafayette**, il s'étonne qu'elles sortent de leur quartier et qu'elles fassent du shopping aux Galeries Lafayette (et il ne répond pas à la question).

5. Quand Souleymane lui demande s'il est homosexuel, il engage une discussion sur le sujet et il veut savoir pourquoi cela intéresse Souleymane.

6. Après que Khoumba a refusé de lire un extrait du *Journal d'Anne Frank*, il l'oblige à rester après la classe et à dire « Je m'excuse, Monsieur, d'avoir été insolente ».

7. Après la présentation de Wei, il le félicite et dit qu'il a l'impression de mieux le connaître.

Qu'est-ce qu'ils regardent? Comment Souleymane et M. Marin s'entendent-ils dans cette scène?

Sony Pictures Classics/Photofest

8. Quand Souleymane manque d'inspiration pour son autoportrait, il lui suggère d'utiliser des photos. Puis il affiche le travail de Souleymane sur le mur.

9. Il défend Souleymane pendant le conseil de classe du deuxième trimestre. Il préfèrerait qu'on ne le sanctionne pas. Il pense que Souleymane ne s'intéresse pas aux études parce qu'il est « scolairement limité ».

10. Quand la CPE lui dit que Louise et Esmeralda se sont plaintes de lui, il est furieux et il descend dans la cour pour discuter avec les élèves.

La vie au collège

L'idéal et la réalité

Imaginez que M. Marin et un élève de la classe parlent de leur collège avec un(e) ami(e). Ils décrivent leur vie actuelle et la vie qu'ils aimeraient avoir. Complétez les phrases selon le modèle.

> *Exemple:* J'ai des élèves qui ne peuvent pas se concentrer. (réalité → indicatif)
>
> J'aimerais avoir des élèves qui fassent attention à ce que je dis. (idéal → subjonctif)

François Marin

1. J'ai des élèves qui…   J'aimerais avoir des élèves qui…

2. J'ai des collègues qui…   Je voudrais avoir des collègues qui…

3. J'enseigne dans un collège où/qui…   Je préfèrerais enseigner dans un collège où/qui…

Un(e) élève de la classe (au choix): _____

1. J'ai un prof qui…   J'aimerais avoir un prof qui…

2. J'ai des camarades de classe qui…   Je voudrais avoir des camarades de classe qui…

3. Je vais à un collège où/qui…   Je préfèrerais aller à un collège où/qui…

Refer to **Grammaire** pages 317–318 for the use of the subjunctive to express hypothetical situations.

Réflexions sur l'année scolaire

À la fin de l'année, M. Marin, le principal et un élève de la classe font le bilan (*assessment*) de leur année et prennent des résolutions pour l'année suivante. Imaginez trois phrases que chacun pourrait dire ou écrire.

Exemple (Henriette): *Je suis contente que l'année soit terminée.*

Je regrette de ne rien avoir appris.

J'espère que je comprendrai mieux l'année prochaine.

Le principal

1. Je suis heureux que…

2. Je regrette que…

3. Je souhaite…

François Marin

1. C'est dommage que…

2. Je regrette de…

3. Il faudrait que…

Un(e) élève de la classe (au choix): _____

1. Je suis content que…

2. Je regrette de…

3. J'aimerais…

Et vous?

Discutez de l'année universitaire avec un(e) camarade de classe. Utilisez les suggestions pour commencer votre discussion, puis ajoutez quelques détails.

1. J'ai un/des cours qui… J'aimerais avoir un/des cours qui…

2. J'ai un prof de _____ qui… Je préfèrerais…

3. Je suis content de/que…

4. Je regrette de/que…

5. Le semestre prochain, j'espère…

6. (Au choix)

Félicitations, encouragements, avertissements

Chaque semestre, le conseil de classe attribue les félicitations, les encouragements ou un avertissement à certains élèves. Voici un commentaire trouvé sur un blog concernant cette pratique. Assurez-vous que vous avez compris en répondant aux questions, puis préparez des arguments pour répondre à la question posée à la fin du commentaire.

Je rentre du conseil de classe de mes 2 sixièmes, et il a été question de cette pratique en cours dans le collège de mes fils: le fait de distribuer un diplôme de félicitation, d'attribuer des encouragements ou bien un avertissement au travail ou au comportement en fonction des résultats, mais aussi en fonction du comportement, des efforts, etc...

Et l'autre maman déléguée dont la petite fille vit très mal le fait de ne pas parvenir à être félicitée (alors que d'autres avec une moyenne identique, mais plus de participation orale, ou plus de régularité l'ont été) fustigeait cette « tradition », condamnant le renforcement de l'esprit de compétition déjà assez costaud dans les classes et apportant une certaine honte à ceux qui ne réussissent pas à décrocher le diplôme.

Pour ma part j'avoue ne pas être choquée par cette habitude, même si l'un de mes fils a déjà versé quelques larmes d'avoir raté les précieuses félicitations visées. On dédramatise et il repart pour le trimestre prochain.

D'après vous, c'est positif ce genre de choses, ou bien c'est préjudiciable à 12 ans?

Avec la permission du blogueur a au feminin.com; http://forum.aufeminin.com/forum/ enfants2/__f12683_enfants2-Felicitations-encouragementsavertissements. html

Compréhension

1. Qu'est-ce qu'on apprend sur la personne qui a écrit ce commentaire: Pourquoi est-elle allée au conseil de classe? Combien d'enfants a-t-elle au collège? En quelle classe sont ses enfants? Est-ce que ce sont de bons élèves?

2. Quels arguments sont présentés contre la pratique des félicitations, des encouragements et des avertissements? Qui est contre, et pourquoi?

3. Comment est-ce que l'auteur du commentaire est affectée personnellement par cette pratique (les félicitations, encouragements, etc.) et quelle est sa réaction?

4. Quelle question pose l'auteur du commentaire? (Réécrivez-la de manière plus explicite.)

Discussion

Préparez des arguments pour répondre à la question posée dans le commentaire. Utilisez le subjonctif (quand cela est nécessaire) pour exprimer vos opinions et nuancer vos idées.

À l'écrit: Poster un commentaire

Écrivez quelques phrases en réponse à la question sur les félicitations, les encouragements et les avertissements. Dans votre paragraphe, vous pouvez expliquez comment cette pratique ressemble à/diffère de ce qu'on fait aux États-Unis pour féliciter/encourager/avertir les élèves.

AVANT LE PROCHAIN COURS

Cahier: Faites **Préparation à la lecture.**

LECTURE

Discussion

1. D'après vous, quelles sont les différences entre une classe de collège dans les années 1950 et aujourd'hui? Classez ces différences par ordre d'importance.

2. Selon vous, pourquoi est-ce que certains élèves ont du mal à s'exprimer avec précision et concision?

Chagrin d'école

Chagrin d'école (2007) est un livre de souvenirs et de réflexions sur l'école. L'auteur, Daniel Pennac, était un mauvais élève, mais, à force d'efforts et grâce aux encouragements de quelques professeurs exceptionnels, il a réussi l'examen du baccalauréat et est allé à l'université. Plus tard, il est même devenu professeur, puis écrivain. Il a écrit *Chagrin d'école* pour parler de la souffrance des mauvais élèves à l'école et dans leurs familles et pour s'interroger sur les raisons de leurs difficultés.

Une visite dans un lycée

Dans le premier extrait, Daniel Pennac raconte une visite qu'il a faite dans une classe de lycée technique dans la région de Lyon. Il était invité pour parler aux élèves de leur expérience scolaire et de son travail d'écrivain.

—Les profs, ils nous prennent la tête°, m'sieur!

…

—Comment ça, les profs vous prennent la tête? 5

—Ils prennent la tête, c'est tout! Avec leurs trucs qui servent à rien!

—Par exemple, quel truc qui ne sert à rien?

—Tout, quoi! Les… matières°! C'est 10 pas la vie!

—Comment t'appelles-tu?

—Maximilien.

—Eh bien tu te trompes, Maximilien, les profs ne te prennent pas la tête, 15 ils essaient de te la rendre. Parce que ta tête, elle est déjà prise.

—Elle est prise, ma tête?

—Qu'est-ce que tu portes à tes pieds?

—À mes pieds? J'ai mes N, m'sieur! 20 (Ici le nom de la marque°.)

—Tes quoi?

—Mes N, j'ai mes N!

—Et qu'est-ce que c'est, tes N?

—Comment ça, qu'est-ce que c'est? 25 C'est mes N!

—Comme objet, je veux dire, qu'est-ce que c'est comme objet?

—C'est mes N! 30

Et, comme il ne s'agissait pas d'humilier Maximilien, c'est aux autres que j'ai, une nouvelle fois, posé la question:

—Qu'est-ce que Maximilien porte à ses pieds? 35

Il y eut des échanges de regards, un silence embarrassé; nous venions de passer une bonne heure ensemble, nous avions discuté, réfléchi, plaisanté, beaucoup ri, ils auraient bien voulu m'aider, mais il fallut en convenir, Maximilien avait raison: 40

—C'est ses N, m'sieur.

—D'accord, j'ai bien vu, oui, ce sont des N, mais comme objet, qu'est-ce que c'est comme objet? 45

Silence.

Puis, une fille, soudain:

—Ah! Oui, comme objet! Ben, c'est des baskets!

—C'est ça. Et un nom plus général 50 que « baskets » pour désigner ce genre d'objet, tu aurais°?

—Des… chaussures?

—Voilà, ce sont des baskets, des chaussures, des pompes, des groles, des 55 godasses, des tatanes, tout ce que vous voulez, mais pas des N! N, c'est leur marque et la marque n'est pas l'objet!

Question de leur professeur:

—L'objet sert à marcher, la marque 60 sert à quoi?

Une fusée éclairante° au fond de la classe:

—À s'la péter°, m'dame!

Rigolade° générale. 65

La professeur°:

—À faire le prétentieux, oui.

Nouvelle question de leur prof, qui désigne le pull-over d'un autre garçon.

prendre la tête: agacer, embêter, ennuyer
les matières: les sujets étudiés en classe (les maths, le français, etc.)
marque: *brand (name)*
Et un nom… tu aurais?: Tu aurais un nom plus général…?
fusée éclairante: *flare*
se la péter: *to show off*
rigolade: rires

—Et toi, Samir, qu'est-ce que tu 70
portes, là?

Même réponse instantanée:

—C'est mon L, m'dame!

Ici, j'ai mimé une agonie atroce,
comme si Samir venait de m'empoisonner 75
et que je mourais en direct devant eux,
quand une autre voix s'est écriée en riant:

—Non, non, c'est un pull! Ça va,
m'sieur, restez avec nous, c'est un pull,
son L, c'est un pull! 80

Résurrection:

—Oui, c'est son pull-over, et même
si « pull-over » est un mot d'origine
anglaise, c'est toujours mieux qu'une
marque! Ma mère aurait dit: son chandail, 85
et ma grand-mère: son tricot, vieux mot,
« tricot », mais toujours mieux qu'une
marque, parce que ce sont les marques,
Maximilien, qui vous prennent la tête, pas
les profs! Elles vous prennent la tête, vos 90
marques: C'est mes N, c'est mon L, c'est
ma T, c'est mon X, c'est mes Y! Elles
vous prennent votre tête, elles vous prennent votre argent, elles vous prennent vos
mots, et elles vous prennent votre corps 95
aussi, comme un uniforme, elles font de
vous des publicités vivantes, comme les
mannequins en plastique des magasins!

Ici, je leur raconte que dans mon enfance il y avait des hommes-sandwichs 100
et que je me rappelais encore l'un
d'eux, sur le trottoir, en face de chez
moi, un vieux monsieur sanglé entre
deux panneaux° qui vantaient une
marque de moutarde: 105

—Les marques font la même chose
avec vous.

Maximilien, pas si bête:

—Sauf que nous, elles nous paient
pas! 110

panneau: *board*

Compréhension

1. Qu'est-ce que Maximilien veut dire quand il dit que les profs prennent la tête des élèves? Qu'est-ce que Maximilien reproche aux profs?

2. Le narrateur utilise la même expression que Maximilien, mais de manière plus littérale. Qu'est-ce qu'il veut dire quand il dit que les profs ne prennent pas la tête des élèves, mais qu'ils la leur rendent?

3. Qu'est-ce que la discussion sur les N montre? D'après vous, à quoi est-ce que N fait référence?

4. Comment est-ce que le narrateur a réagi quand Samir a dit qu'il portait un L? Est-ce qu'il était sérieux? Qu'est-ce que c'est, un L?

5. Qu'est-ce que le narrateur reproche aux marques? À quoi est-ce qu'il compare les élèves qui portent des vêtements de marque?

6. Quelle est la différence entre les hommes-sandwichs d'autrefois et les élèves d'aujourd'hui?

Réactions

1. Qu'est-ce que vous pensez de ce que dit le narrateur sur les marques et de la comparaison des lignes 97–99?

2. Est-ce que les marques étaient importantes quand vous étiez au collège ou au lycée? Si oui, expliquez l'impact qu'elles avaient sur les élèves.

3. Avez-vous remarqué si les élèves du film *Entre les murs* portaient des vêtements ou avaient des accessoires de marque?

4. Quelles similarités pouvez-vous remarquer entre les élèves de ce texte et ceux du film (dans leur attitude face à leurs études et leur comportement en classe)? Comparez aussi la réaction du narrateur et celle de M. Marin dans le film.

Questions de langue

1. Les niveaux de langue: Analysez les différences entre la manière de parler des élèves, de leur prof et du narrateur.
   a. Comment est-ce que la prof exprime l'idée de « se la péter »?
   b. Quelles différences remarquez-vous dans les échanges suivants:
      • —Ils prennent la tête, c'est tout! Avec leurs trucs qui servent à rien!
        —Par exemple, quel truc qui ne sert à rien?
      • —C'est ses N, m'sieur.
        —D'accord, j'ai bien vu, oui, ce sont des N…

2. Le français oral
   a. Analysez la structure des paires de phrases suivantes: Quel est le sujet? Comment le sujet est-il renforcé?
      • (élève) Les profs, ils nous prennent la tête, m'sieur!
        (narrateur) Elles vous prennent la tête, vos marques.
      • (narrateur) Ta tête, elle est déjà prise.
        (élève) Elle est prise, ma tête?
   b. Faites une phrase sur le même modèle pour parler d'un objet qui vous appartient ou d'une personne que vous connaissez.

3. Quels sont d'autres moyens d'exprimer les mots ou expressions ci-dessous?
   a. le mot **chaussure**
   b. le mot **pull-over**
   c. l'expression en italique: Et, comme *il ne s'agissait pas d'humilier Maximilien*, c'est aux autres que j'ai, une nouvelle fois, posé la question…

Les élèves d'hier et d'aujourd'hui

Dans ce deuxième extrait de *Chagrin d'école*, le narrateur réfléchit aux différences entre les élèves d'hier et d'aujourd'hui.

met de choix: nourriture très appréciée
certificat du même nom: le certificat d'études, *a difficult exam that students used to take at the end of elementary school (Refer to page 48 for more information)*
s'estompent: disparaissent progressivement
collines: *hills*

Daniel Pennac, *Chagrin d'école,* Éditions Gallimard, 2007

« Fais attention, m'ont prévenu mes amis quand j'ai entrepris la rédaction de ce livre, les élèves ont énormément changé depuis ton enfance, et même depuis la douzaine d'années où tu as 5 cessé d'enseigner! Ce ne sont plus du tout les mêmes, tu sais! »

Oui et non.

Ce sont des enfants et des adolescents du même âge que moi à la fin des 10 années cinquante, voilà au moins un point de reconnaissance. Ils se lèvent toujours aussi tôt, leurs horaires et leurs sacs sont toujours aussi lourds et leurs professeurs, bons ou mauvais, restent 15 des mets de choix° au menu de leurs conversations, trois autres points communs.

Ah! Une différence: ils sont plus nombreux 20 que dans mon enfance, quand les études s'arrêtaient pour beaucoup au certificat du même nom°. Et ils sont de toutes les couleurs, du moins dans mon quartier, où vivent les immigrés qui ont construit 25 le Paris contemporain. Le nombre et la couleur font des différences notables, c'est vrai, mais qui s'estompent° dès qu'on quitte le XXe arrondissement, surtout les différences de couleur. De 30 moins en moins nombreux, les élèves de couleur, en descendant de nos collines° vers le centre de Paris. Presque plus aucun dans les lycées qui flanquent le Panthéon. Très peu d'élèves black ou 35 beurs dans nos centres-villes — la proportion de la charité, disons — et nous voici ramenés à la blanche école des années soixante.

Non, la différence fondamentale 40 entre les élèves d'aujourd'hui et ceux d'hier est ailleurs: ils ne portent pas les vieux pulls de leurs grands frères. La voilà, la vraie différence! Ma mère tricotait un pull-over à Bernard qui, ayant 45 grandi, me le refilait. Même chose pour

Doumé et Jean-Louis, nos aînés. Les « chandails » de notre mère constituaient l'inévitable surprise de Noël. Il n'y avait pas de marque, pas d'étiquette° 50 *pull Maman*; pourtant la plupart des enfants de ma génération portaient des pulls maman.

Aujourd'hui non; C'est Mère-Grand° marketing qui habille grands 55 et petits. C'est elle qui habille, nourrit, désaltère°, chausse, coiffe, équipe tout un chacun°, c'est elle qui barde° l'élève d'électronique, le monte sur rollers, vélo, scooter, moto, trottinette, c'est elle 60 qui le distrait, l'informe, le branche°, le place sous transfusion musicale permanente et le disperse aux quatre coins de l'univers consommable, c'est elle qui l'endort, c'est elle qui le réveille et, 65 quand il s'assied en classe, c'est elle qui vibre au fond de sa poche pour le rassurer: Je suis là, n'aie pas peur, je suis là, dans ton téléphone, tu n'es pas l'otage du ghetto scolaire! 70

étiquette: *tag*
Mère-Grand: Grand-Mère
désaltérer: *to quench somebody's thirst*
tout un chacun: tout le monde
barde: couvre
branche: *connects*

Compréhension

1. Qu'est-ce que le narrateur faisait avant d'être écrivain?
2. De quoi est-ce que ses amis avaient peur quand il a commencé à écrire son livre *Chagrin d'école*?
3. D'après le narrateur, qu'est-ce qui n'a pas changé depuis qu'il était élève? Qu'est-ce qui a changé? Comment explique-t-il ces changements?
4. Qu'est-ce que le narrateur dit sur la diversité dans les établissements scolaires parisiens?
5. Quelle est la différence principale entre les élèves d'avant et ceux d'aujourd'hui? Qu'est-ce que le narrateur veut dire par cela?
6. Comment est-ce que cette différence affecte la scolarité des élèves?

Réactions

1. Qu'est-ce que vous pensez de ce que l'auteur considère la différence fondamentale entre les élèves d'hier et d'aujourd'hui? Avez-vous été surpris(e) par cette idée? Que veut-il dire, en fait?
2. Pourquoi est-ce que les mères d'aujourd'hui tricotent rarement? Est-ce que votre mère vous tricote des pulls ou vous fait des vêtements? Est-ce que vous portez les vieux pulls de vos grands frères ou de vos grandes sœurs?
3. Qu'est-ce que le narrateur pense de la société de consommation? Quel(s) rapport(s) (*connections*) pouvez-vous faire entre les deux extraits de *Chagrin d'école* que vous avez lus?
4. Pensez-vous que la consommation ait un impact important sur l'éducation aux États-Unis?

Questions de langue

1. Qu'est-ce que c'est qu'une étiquette *pull Maman*?
2. D'après vous, à quels objets est-ce que le narrateur fait implicitement référence quand il dit: « C'est elle [Mère-Grand marketing] qui le distrait, l'informe, le branche, le place sous transfusion musicale permanente… l'endort, c'est elle qui le réveille et, quand il s'assied en classe, c'est elle qui vibre au fond de sa poche pour le rassurer »?
3. Comment est-ce que le narrateur crée un rythme rapide dans le dernier paragraphe? Pourquoi a-t-il choisi ce rythme? (Qu'est-ce qu'il veut imiter?)

AVANT LE PROCHAIN COURS

Cahier: Faites **Préparation à l'écriture.**

INTERACTIONS

Sketch

Choisissez un sujet (ou inventez-en un), préparez la scène et jouez-la devant la classe.

1. Conversation entre un(e) élève du collège et Souleymane quelques mois après l'expulsion de celui-ci: l'élève veut savoir comment Souleymane s'est habitué à son nouveau collège; Souleymane demande des nouvelles de ses anciens camarades; ils parlent de ce qui s'est passé en 4ᵉ.

2. Conversation entre le prof déprimé et son médecin: le prof qui craque dans la salle des profs va voir son médecin, car il se sent déprimé; le médecin l'interroge sur son travail et lui fait quelques suggestions.

3. Le conseil de classe: quelques profs discutent des résultats et du comportement de Khoumba, Esmeralda et Wei.

4. Entretien avec un ou plusieurs élèves au Festival de Cannes: les élèves qui ont joué dans le film sont allés à Cannes pour la présentation du film, qui a gagné la Palme d'Or. Un journaliste les interroge sur leur collège et sur leur rôle dans le film, et il leur demande leurs impressions de Cannes et du festival.

Exposé

Préparez un des sujets suivants à la maison pour le présenter en classe.

1. Faites votre autoportrait et illustrez-le par quelques documents.

2. Parler pour convaincre: choisissez un sujet qui vous passionne et présentez vos arguments à la classe.

3. Parlez d'un prof qui vous a marqué à l'école élémentaire, au collège ou au lycée.

4. Faites un exposé sur un monument ou un lieu connu du 20ᵉ arrondissement de Paris.

5. Faites une recherche sur Cannes et son festival de film. Parlez brièvement de quelques films en compétition lors d'un festival récent.

LISTE DE VOCABULAIRE

Adjectifs

agressif (-ive) *aggressive*
blessé(e) *injured*
bruyant(e) *noisy*
compréhensif (-ive) *understanding*
débrouillard(e) *resourceful*
discipliné(e)/indiscipliné(e) *disciplined/
    undisciplined*
dur(e) *difficult*
énervé(e) *irritated*
exigeant(e) *demanding*
favorisé(e)/défavorisé(e) *privileged/
    underprivileged*
fier, fière *proud*
gentil(le) *nice, kind*
grossier, grossière *foul-mouthed*
insolent(e) *insolent*
juste/injuste *just/unjust*

laxiste *lax*
maladroit(e) *clumsy, tactless*
méprisant(e) *disdainful*
moqueur (-euse) *mocking*
moyen(ne) *average*
patient(e)/impatient(e) *patient/
    impatient*
poli(e)/impoli(e) *polite/impolite*
provocateur, provocatrice *confrontational*
respectueux (-euse)/irrespecteux (-euse)
    respectful/disrespectful
rival(e) *rival*
sain(e)/malsain(e) *healthy/unhealthy
    (for a relationship, a situation,
    housing, or food)*
strict(e) *strict*
vulgaire *vulgar*

> For extra practice with the vocabulary in this chapter, refer to the web quizzes at **www.cengagebrain.com**. Refer to the **Liste de Vocabulaire** on page 35 (Chapter 1) for more school-related vocabulary.

Noms

les affaires (f. pl.) *belongings*
une année scolaire *school year*
une attitude *attitude*
un autoportrait *self-portrait*
un avenir *future*
un avertissement *a warning*
une banlieue *suburb*
un bulletin (scolaire) *report card*
un (immigré) clandestin *illegal alien*
un collège *middle school, junior high
    school*
le comportement *attitude*
un conflit *conflict*
une confrontation *conflict, clash*
la conjugaison *conjugation*
un conseil de classe *teacher-parents-
    students committee (see **Note
    culturelle** page 157)*
un conseil de discipline *disciplinary
    committee*
un(e) délégué(e) [de classe]: [*class*]
    representative
un échec (scolaire) *failure (at school)*
un(e) élève *elementary, middle, high
    school student*

un emploi du temps *schedule*
une exclusion *suspension, expulsion*
une explication (de texte) *explanation,
    (textual) analysis*
le favoritisme *favoritism*
un look *look*
le mépris *scorn*
une moyenne *grade point average*
une note *grade*
un portable *cell phone*
un(e) principal(e) *principal*
un(e) prof(esseur) principal(e) équivalent
    approximatif de *homeroom teacher*
une punition *punishment*
un quartier *neighborhood*
la récréation *recess*
le règlement, les règles (f. pl.) *rules*
la rentrée (scolaire) *the beginning of the
    school year*
un renvoi *suspension, expulsion*
une réunion *meeting*
un rival(e) *rival*
la rivalité *rivalry*
la salle des profs *teachers'
    lounge*

une sanction *punishment, disciplinary measure*
une sensation *feeling, sensation*
un sentiment *feeling, emotion*

un tableau *blackboard*
la tension *tension*
un trimestre *an academic quarter*

Present tense verb conjugation is reviewed in the Grammaire (pages 227–231), and the Appendix on page 341 includes conjugation patterns.

Verbes

accueillir (irrég.) *to welcome*
afficher (un poster, une photo) *to display*
aider quelqu'un (à faire quelque chose) *to help someone (do something)*
assister à (une réunion, un cours, un concert, etc.) *to attend (a meeting, a class, a concert, etc.)*
avertir (de) (comme *finir*) *to warn (about)*
avoir honte (de) *to be ashamed (of)*
avoir la moyenne *to have a passing grade*
avoir le droit (de faire quelque chose) *to have the right/to be allowed (to do something)*
avoir peur (de, que) *to be afraid (of, that)*
blesser *to hurt*
conjuguer *to conjugate*
conseiller à quelqu'un de faire quelque chose *to advise someone to do something*
convaincre quelqu'un de faire quelque chose (comme *vaincre*) *to convince someone to do something*
échouer *to fail*
en avoir marre (de) *to be fed up (with)*
enseigner *to teach*
exclure (de) (irrég.) *to expel (from)*
exiger *to demand*
exprimer *to express*
expulser *to expel*
faire du bruit *to make noise, to be noisy*
faire exprès de faire quelque chose *to do something on purpose*
faire mal à quelqu'un *to hurt someone*
insulter *to insult*
interdire à quelqu'un de faire quelque chose (comme *dire*) *to forbid someone to do something*

interroger (un élève) *to call on (a student)*
interrompre (comme *rompre*) *to interrupt*
lever le doigt/la main *to raise one's hand*
lire (à haute voix) (irrég.) *to read (aloud)*
manquer de respect à quelqu'un *to lack respect for someone*
pénaliser *to penalize*
perdre du temps *to waste time*
perdre patience *to lose patience*
permettre à quelqu'un de faire quelque chose (comme *mettre*) *to allow someone to do something*
porter plainte (contre) *to register a complaint (against)*
poser une question *to ask a question*
provoquer *to provoke*
renvoyer (comme *envoyer*) *to dismiss, to expel, to send back*
reprocher quelque chose à quelqu'un, reprocher à quelqu'un de faire quelque chose *to reproach someone for (doing) something*
réussir (à) (comme *finir*) *to succeed*
s'améliorer *to improve*
se comporter + adverbe (bien, mal) *to behave + adverb (well, badly)*
se conduire + adverbe (bien, mal) (voir *conduire*) *to behave + adverb (well, badly)*
s'énerver *to get mad*
s'ennuyer (voir *ennuyer*) *to be bored*
s'entendre (bien/mal) *to get along (well, badly)*
se débrouiller *to be resourceful*
se détériorer *to get worse (for a thing or a situation)*

Vocabulaire familier (entendu dans le film)

Adjectifs

cheum = verlan pour moche, laid
ouf = verlan pour fou
séfran = verlan pour français

tebé = verlan pour bête
vénère = verlan pour énervé

Refer to the marginal note on page 140 for information on **verlan**.

Noms et pronoms

ace, aç = verlan pour ça (comme ace =
  comme ça)
un baggy *baggy pants*
un bahut = un lycée
un bled = un village
un bouffon = un imbécile, une personne
  très stupide

un(e) daron(ne) = père, mère
une pétasse *slut; vulgar looking,
  bad-mouthed woman or
  teenage girl*
un séfran = verlan pour français
un tiéquar = verlan pour quartier

This section of the list is designed to help you understand the film, but it is not intended for academic use and may contain objectionable language.

Verbes et expressions

francer = se comporter comme un
  français
je m'en fous *I don't care*

charrier = exagérer, aller trop loin (Vous
  charriez trop, faut pas charrier)

Vocabulaire supplémentaire

Noms

le bavardage *chattering*
un cahier de texte *homework notebook*
une capuche *hood*
un carnet de correspondance *notebook
  for parent-teacher communication*
une carte de séjour *resident alien card*
une casquette *cap*
un classeur *ring binder*
une cour (de récréation) *school yard,
  (playground)*
les encouragements (m. pl.) *une distinction scolaire (see* **Note culturelle**
  page 157)

une équipe *team*
les félicitations (f. pl.) *une distinction
  scolaire (see* **Note culturelle**
  page 157)
une légende *caption*
le réfectoire *dining hall*
la retraite, prendre sa retraite *retirement,
  to retire*
un sac à dos *backpack*
un tatouage *tattoo*

Chapitre 8

DIVERTISSEMENT

Le Dîner de cons

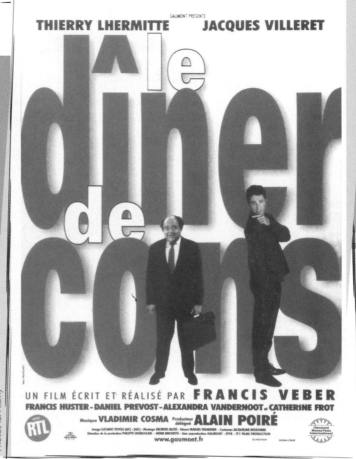

Photos 12/Alamy

Réalisateur: Francis
Veber, France (1998);
77 minutes

*M*any things go wrong when Pierre Brochant tries to organize a dinner in which the guests are to play a very unusual game. The vocabulary and grammar you have learned this semester will help you describe, comment on, and reenact very intricate situations. The film was remade as *Dinner for Schmucks* (2010), with Steve Carell and Paul Rudd.

Les personnages (*La distribution: les acteurs/actrices*):
François Pignon (Jacques Villeret), Pierre Brochant (Thierry Lhermitte), Christine Brochant (Alexandra Vandernoot), Juste Leblanc (Francis Huster), Lucien Cheval (Daniel Prévost), Marlène Sasseur (Catherine Frot), Jean Cordier (Edgar Givry), Le professeur Sorbier (Christian Pereira)

LES PRIX DU FILM

- Six nominations aux Césars (1999): Meilleur acteur, Meilleur second rôle masculin, Meilleur second rôle féminin (Catherine Frot), Meilleur réalisateur, Meilleur film, Meilleur scénario
- Trois Césars (1999): Meilleur acteur (Jacques Villeret), Meilleur second rôle masculin (Daniel Prévost), Meilleur scénario

ENTRÉE EN MATIÈRE

Discussion

1. À quelles occasions est-ce que vous invitez des amis à dîner? Qui invitez-vous? De quoi parlez-vous?

2. Avez-vous déjà organisé un dîner ou une soirée à thème? Si oui, quel thème avez-vous choisi et comment avez-vous procédé? Sinon, quels thèmes seraient intéressants pour un tel dîner?

3. Connaissez-vous quelqu'un de maladroit (*clumsy, tactless*) qui cause toujours des catastrophes ou à qui il arrive toujours des catastrophes? Expliquez.

4. Avez-vous déjà passé une journée horrible où vous n'avez eu que des problèmes? Racontez ce qui vous est arrivé.

Note culturelle

LES FILMS FRANÇAIS ET LEURS « REMAKES » AMÉRICAINS

Le film *Le Dîner de cons* a été adapté aux États-Unis sous le titre *Dinner for Schmucks* en 2010. Les remakes de ce type sont assez fréquents, et ils sont très intéressants d'un point de vue culturel, car on peut analyser et interpréter les différences entre les deux versions.

Un « remake » est un film basé sur le scénario d'un film préexistant, qu'on refait pour le moderniser ou parce que le film original était dans une autre langue et avec des acteurs étrangers. Ce type d'adaptation permet de profiter du succès d'un film antérieur sans prendre trop de risques. Il coûte aussi moins cher — même s'il faut payer des droits au réalisateur du film original — car l'intrigue existe déjà. Bien sûr, il faut faire des modifications en tenant compte du contexte culturel et des goûts cinématographiques des spectateurs, et il faut trouver de nouveaux acteurs. Souvent, les spectateurs ignorent que le film est basé sur un film antérieur, surtout lorsque celui-ci est un film étranger. Plus de quatre-vingts films français à succès ont été adaptés aux États-Unis depuis les années 1930 (voir quelques exemples sur la liste qui suit). Tous les genres sont représentés: film policier, thriller, drame psychologique, film historique, comédie. Francis Veber (le réalisateur du *Placard* et du *Dîner de cons*) est un scénariste et réalisateur très apprécié des studios américains, et une dizaine de films auxquels il a collaboré ont fait l'objet d'un remake. Dans un entretien de 2006, il dit qu'il a été contacté par Woody Allen, qui proposait de jouer le personnage de François Pignon dans le remake du *Dîner de cons* (mais Veber pensait que Steve Carell était le plus approprié pour le rôle).

Une comparaison entre les films français et leurs remakes américains révèle quelques différences qui s'expliquent par le contexte culturel et la tradition cinématographique des deux pays. On remarque par exemple que l'intrigue des films américains est plus facile à comprendre, car la structure est en général plus linéaire et il y a moins d'ambiguïté. La fin des films est plus ouverte dans un film français: le spectateur doit souvent imaginer ce qui va se passer. Il y a plus d'action et d'effets spéciaux dans un film américain. Les films français, au contraire, ont tendance à privilégier les dialogues et la psychologie des personnages. Enfin, les films américains sont plus sentimentaux. Il y a toujours une belle histoire d'amour, et les films ont un côté positif, même quand ils se terminent mal.

Source: Merrill, Trevor. "Francis Veber and the Art of Comedy." Lingua Romana 5.1, Fall 2006

Quelques remakes de films français	
Film français	**Remakes**
Boudu sauvé des eaux, Jean Renoir, 1932	*Down and Out in Beverly Hills*, Paul Mazursky, 1986
Les Diaboliques, Henri-Georges Clouzot 1955	*Diabolique*, Jeremiah Chechik, 1996
À bout de souffle, Jean-Luc Godard, 1959	*Breathless*, Jim McBride, 1983
L'Homme qui aimait les femmes, François Truffaut, 1977	*The Man Who Loved Women*, Blake Edwards, 1983
La Cage aux folles, Edouard Molinaro, 1978	*The Birdcage*, Mike Nichols, 1996
Le Retour de Martin Guerre, Daniel Vigne, 1982	*Sommersby*, John Amiel, 1993
Les Compères, Francis Veber, 1983	*Father's Day*, Ivan Reitman, 1997
Trois hommes et un couffin, Coline Serreau, 1985	*Three Men and a Baby*, Leonard Nimoy, 1987
Nikita, Luc Besson, 1990	*Point of No Return*, John Badham, 1993
Mon Père, ce héros, G. Lauzier, 1991	*My Father, the Hero*, Steve Miner, 1994
Les Visiteurs, Jean-Marie Poiré, 1993	*Just Visiting*, Jean-Marie Poiré, 2001
Taxi, Gérard Pirès, 1998	*Taxi*, Tim Story, 2004
Le Dîner de cons, Francis Veber, 1998	*Dinner for Schmucks*, Jay Roach, 2010
Anthony Zimmer, Jérôme Salle, 2005	*The Tourist*, Florian Henckel von Donnersmarck, 2010
Pour Elle, Fred Cavayé, 2008	*The Next Three Days*, Paul Haggis, 2010

Compréhension

1. Qu'est-ce que c'est qu'un remake?

2. Depuis quand et pour quelles raisons fait-on des remakes?

3. Quels types de films français ont été adaptés aux États-Unis? Connaissez-vous certains films de la liste?

4. Quels changements trouve-t-on en général dans un remake, et pourquoi?

Réactions

1. Selon le tableau, combien d'années peut-il y avoir entre la sortie d'un film et celle de son remake? Donnez quelques exemples et faites des hypothèses pour expliquer la période de temps entre les deux.

2. Connaissez-vous certains des films du tableau? Pour les films américains, saviez-vous qu'ils étaient basés sur des films français?

3. Quelles caractéristiques des films français mentionnées dans le texte est-ce que vous avez remarquées dans les films que vous avez vus dans ce cours?

4. Avez-vous vu *Dinner for Schmucks*? L'avez-vous aimé? D'après vous, quels aspects de ce film ne figuraient probablement pas dans l'original (*Le Dîner de cons*)?

Lecture d'un compte rendu sur le film

Préparation

1. À quel nom est-ce que le pronom **le** fait référence dans « vient de **le** quitter » (lignes 11–12)?

2. Analysez la phrase suivante: « Pignon propose les services de son collègue Lucien Cheval, contrôleur fiscal qui détient l'adresse d'un playboy que les deux amis réconciliés soupçonnent d'héberger la fugueuse (*to shelter the runaway*). »

a. Qui a l'adresse d'un playboy?

b. Qui est soupçonné d'héberger une femme?

c. Qui soupçonne cette personne?

un tiers: *a third person*
un tour de reins: un mal au dos
survient: arrive par surprise
confond l'une et l'autre: *confuses one for the other*
ulcérées: vexées
il n'en est rien: ce n'est pas vrai
Tandis que: Pendant que
qui détient: qui a
d'héberger la fugueuse: *to shelter / to put up the runaway*
serrée: *tight*
bévue: *blunder*

Éditeur parisien connu, Pierre Brochant organise, tous les mercredis, avec ses amis, des « dîners de cons » au cours desquels chacun invite un imbécile confirmé. Lorsqu'il rencontre, à son 5 domicile, François Pignon (qui lui a été conseillé par un tiers°), il le reçoit immobilisé par un tour de reins°. Pignon va accumuler les initiatives cat- 10 astrophiques. La femme de Brochant, Christine, vient de le quitter et sa maîtresse, Marlène, survient°. Pignon confond l'une et l'autre°; elles sont ul-cérées°. Puis il appelle Juste Leblanc, 15 chez qui Brochant pense que sa femme s'est réfugiée. Mais il n'en est rien°. Tandis que° Juste vient réconforter Pierre, Pignon propose les services de son collègue Lucien Cheval, contrôleur 20 fiscal qui détient° l'adresse d'un play-boy que les deux amis réconciliés soupçonnent d'héberger la fugueuse°. Mais on découvre que c'est la femme de Cheval qui est infidèle. Furieux, 25 le contrôleur promet à Brochant une vérification serrée°. Christine télé-phone pour se réconcilier avec son mari. Mais Pignon commet une ultime bévue°…   30

How to Answer Questions about the Reading

Avoid general answers by referring to specifics in the passage. Note line numbers in your answers so you can refer your classmates to the word or words you are citing and speak concretely about Pierre, François, and the dinner party.

Compréhension

1. Qu'est-ce que c'est qu'un « dîner de cons »? Qu'est-ce qu'on y fait, d'après vous?

2. Qui est-ce que Brochant a invité?

3. Pourquoi est-ce que le tour de reins de Brochant est mentionné? Qu'est-ce que François Pignon a fait chez Brochant?

4. Établissez l'identité des personnages du texte en choisissant parmi les combinaisons possibles. Pour chaque phrase, complétez le premier blanc avec un nom de la colonne de gauche et le deuxième blanc avec un nom de la colonne de droite. Vous pouvez utiliser la même expression plusieurs fois.

la maîtresse	Pierre Brochant
la maîtresse présumée	François Pignon
l'amant présumé	un playboy
le collègue	Juste Leblanc
l'ami	Christine Brochant
la femme	
le con	

a. François Pignon est _____ de _____.

b. Christine est _____ de _____.

c. Christine est aussi _____ de _____.

    d. Enfin, Christine est _____ de _____.

    e. Marlène est _____ de _____.

    f. Juste Leblanc est _____ de _____.

    g. Juste Leblanc est aussi _____ de _____.

    h. Lucien Cheval est _____ de _____.

    i. La femme de Cheval est _____ de _____.

5. Qui sont les « les deux amis réconciliés » (ligne 21)? Pourquoi étaient-ils fâchés?

Questions de langue

1. Trouvez un synonyme dans le texte pour les expressions et mots suivants.

    a. chez lui

    b. aider, consoler

    c. il téléphone

    d. un contrôle

    e. une erreur

2. Les pronoms relatifs

    a. Trouvez un pronom relatif sujet.

    b. Trouvez un pronom relatif complément d'objet direct.

    c. Expliquez pourquoi on utilise le pronom relatif **desquels** (**au cours desquels,** ligne 4) et le pronom relatif **qui** (**chez qui,** ligne 15).

Réactions

1. Pourquoi ce résumé est-il difficile à comprendre? D'un point de vue stylistique, qu'est-ce qui contribue à la complexité du texte? Pourquoi l'auteur a-t-il choisi ce style?

2. Comment imaginez-vous le rythme du film?

3. Qui est la victime des catastrophes causées par Pignon? Pourquoi, à votre avis?

4. D'après vous, qui est Pignon et qui est Brochant sur l'affiche française? Préférez-vous l'affiche française ou l'affiche américaine?

Visionnement d'une séquence
(sans son ni sous-titres)

Du début du film jusqu'au générique (6 minutes).

Les questions de compréhension portent sur les scènes qui ont lieu deux minutes après le début du film (les scènes au club de sport, dans le train et dans la voiture).

Compréhension

Pour chaque question, notez la meilleure réponse.

1. L'homme qui arrive au club de sport (Pierre Brochant) parle probablement à son ami _____.
   a. de sa partie de tennis
   b. d'un problème
   c. des nouvelles dans le journal

2. L'homme à qui il parle (Jean Cordier) _____.
   a. l'aime beaucoup
   b. le respecte
   c. se méfie de lui (*distrusts him*)

3. Quand Pierre Brochant voit une louche (*ladle*) dans les bagages de Jean Cordier, il _____.
   a. reste indifférent
   b. est intrigué
   c. a envie de rire

4. L'homme qui arrive dans le TGV parle probablement à son voisin _____.
   a. des monuments qu'il a visités
   b. de sa collection de photos
   c. des maquettes qu'il a construites

Réactions

1. Comment sont les relations entre Pierre Brochant et Jean Cordier? Imaginez pourquoi.

2. Si vous remarquiez une louche dans les bagages d'un de vos amis, quelle question poseriez-vous?

Refer to *Les phrases hypothétiques* (pages 306–307) to review this type of **si** clause.

Deuxième visionnement de la séquence
(avec son, sans sous-titres)

Lisez les questions ci-dessous, puis visionnez la scène une seconde fois en faisant bien attention à la bande-son. Répondez ensuite aux questions.

Compréhension

1. Jean Cordier (l'ami de Pierre Brochant) part pour _____.
   a. Paris
   b. Biarritz
   c. Annecy

2. Jean Cordier part parce qu'il _____.
   a. veut aller à la mer
   b. va fêter l'anniversaire de son père
   c. va acheter des antiquités

3. Pierre Brochant dit qu'il est _____ parce qu'il n'a pas d'invité pour son dîner mercredi.
   a. embêté
   b. désolé
   c. embarrassé

4. D'après Jean Cordier, pourquoi est-ce que Pierre Brochant s'intéresse à la collection de louches de son père (le père de Jean Cordier)?
   a. Pierre voudrait acheter une de ses louches.
   b. Pierre voudrait lui poser des questions sur une louche du dix-huitième siècle.
   c. Pierre voudrait l'inviter à un dîner de cons pour qu'il parle de sa collection.

5. Dans le train, François Pignon parle _____ à son voisin.
   a. de ses voyages
   b. des difficultés qu'il a rencontrées pour faire ses maquettes
   c. d'une présentation qu'il va faire sur ses maquettes

6. Au téléphone, Jean Cordier dit à Pierre _____.
   a. qu'il a fait bon voyage
   b. qu'il y avait du monde dans le train
   c. qu'il a trouvé un champion du monde

Réactions

1. D'après vous, quel est le rapport (*connection*) entre l'homme qui joue au boomerang, l'homme qui parle au café et François Pignon?

2. Si vous étiez à côté d'un homme comme François Pignon (dans un avion, par exemple), que feriez-vous?

Le français parlé

1. Vous allez lire une transcription du début de la séquence distribuée par votre professeur. Analysez les éléments du dialogue qui appartiennent à la langue parlée:
   a. Quel type de question est utilisé le plus souvent?
   b. Quelles lettres et quels mots ont disparu?
   c. Comment sont les négations?
   d. Quel pronom est utilisé à la place de « nous »?
   e. Quels mots familiers sont utilisés?

2. Soulignez les **e** muets, puis imaginez comment les personnages prononcent le dialogue.

3. Visionnez à nouveau la séquence et entraînez-vous à dire le dialogue comme dans le film.

Préparation au visionnement du film

En regardant le film, faites attention aux aspects suivants et prenez des notes sur vos observations.

1. Le lieu et la durée de l'action: Où se passe l'histoire? Combien de temps dure-t-elle? À quoi est-ce que cela vous fait penser?

2. Notez la façon dont les gens se saluent *(greet each other)*. Qui se serre la main? Qui se fait la bise *(kiss each other on the cheek)*? Combien de bises fait-on?

AVANT LE PROCHAIN COURS

1. *Le Dîner de cons*: Visionnez le film.

2. *Cahier:* Faites **Les mots pour le dire.**

3. *Manuel:* Révisez *La forme interrogative* (pages 235–245).

LES MOTS POUR LE DIRE

Définitions

Le mot juste

Donnez les réponses aux questions suivantes en utilisant des mots de la **Liste de Vocabulaire** pages 205–206.

1. Qu'est-ce qu'on utilise pour servir de la soupe?

2. Avec quoi est-ce qu'on téléphone quand on n'est pas chez soi?

3. Avec qui est-ce qu'on trompe son mari ou sa femme?

4. Comment s'appelle un objet en bois qu'on associe aux Aborigènes d'Australie?

5. De quoi est-ce qu'on a besoin pour faire des maquettes?

6. Quand est-ce que les joueurs se reposent pendant un match de foot?

7. Où est-ce qu'on cherche un numéro de téléphone?

8. Quel type de vin se boit tous les jours?

9. Qui encourage une équipe de foot?

10. Comment s'appelle une dispute entre un mari et sa femme?

11. Sur quoi laisse-t-on un message quand personne ne décroche le téléphone?

12. Qu'est-ce qui cause parfois une dépression?

Vos définitions

Inventez des définitions pour trois mots de la **Liste de Vocabulaire** aux pages 205–206.

À qui Pignon a-t-il téléphoné? Pourquoi Brochant s'impatiente-t-il?

Situations

Les actions de Pignon

Les phrases de la colonne « Ce que Pignon a fait » décrivent certaines actions de Pignon dans le film. Dites comment Pignon a procédé en les reliant aux phrases de la colonne « Comment il l'a fait ».

> This exercise requires passive recognition of the **gérondif** (**en + participe présent**), which is translated in English by "*by/while + verb + ing.*" Refer to the Appendix on page 332 for an explanation of this form.

Ce que Pignon a fait

1. __a__ Il a mis en danger la fortune de Brochant…

2. _____ Il a essayé de trouver Christine…

3. _____ Il a composé le numéro de Marlène par erreur…

4. _____ Il a éloigné Christine…

5. _____ Il a surmonté son divorce…

6. _____ Il a servi de cobaye (*guinea pig*)…

7. _____ Il a révélé les œuvres d'art à Cheval…

8. _____ Il s'est vengé de Brochant…

Comment il l'a fait

a. en invitant un contrôleur fiscal.

b. en essayant d'appeler le docteur Sorbier.

c. en disant que Brochant avait une maîtresse.

d. en se faisant passer pour un producteur.

e. en se trompant de porte.

f. en construisant des maquettes.

g. en faisant beaucoup de bêtises.

h. en buvant de la piquette.

> When using the expression **suggérer à quelqu'un de faire quelque chose**, you need to use indirect object pronouns (**me, te, lui, nous, vous, leur**). Review these on pages 289–290. Note that **ne** and **pas** stay together in front of a negative infinitive (**ne pas marcher**).

Suggestions

Comme Pignon, vous aimez bien intervenir dans la vie des gens qui vous entourent. Faites des suggestions aux personnes suivantes en utilisant des verbes de la **Liste de Vocabulaire** (page 205). Utilisez ces deux structures différentes:

> a. suggérer à quelqu'un de faire quelque chose
>
> b. suggérer que + subjonctif

Exemple: Votre ami a très mal au dos.

> a. *Je lui suggère d'appeler un médecin et de ne pas marcher.*
>
> b. *Je suggère qu'il appelle un médecin et qu'il ne marche pas.*

1. Votre mère aime beaucoup les poupées anciennes (*antique dolls*).
2. Vos amis ont le trac car ils vont jouer dans une pièce la semaine prochaine.
3. Le téléphone sonne au moment où votre camarade de chambre part pour l'université (et elle est en retard).
4. Votre ami est en colère car sa petite amie vient de lui raccrocher au nez.
5. Vos parents ne se sentent pas bien. Ils sont invités à un repas ce soir.
6. Votre voisin est déprimé parce que sa femme l'a quitté.

Le français familier

En d'autres mots

Voici des expressions utilisées par les personnages du film. Reliez-les aux explications qui suivent.

1. _____ ne pas être une lumière
2. _____ envoyer quelqu'un sur les roses
3. _____ mettre les pieds dans le plat
4. _____ un coureur de jupon
5. _____ se payer la tête de quelqu'un
6. _____ décrocher la palme
7. _____ un boute-en-train

a. gagner le premier prix
b. ne pas être très intelligent
c. se moquer de quelqu'un
d. quelqu'un qui aime s'amuser et faire rire les gens
e. quelqu'un qui aime les femmes
f. dire à quelqu'un qu'il est gênant / qu'il vous embête
g. faire une gaffe

Associations

Choisissez une des expressions de vocabulaire familier de la colonne de gauche de l'exercice qui précède (**En d'autres mots**) pour décrire chaque personnage ou action suivante. Conjuguez les verbes.

Exemple: François Pignon (Pierre Brochant ne le trouve pas très intelligent.)

Ce n'est pas une lumière. / Il décroche la palme.

1. Meneaux (Il a beaucoup de maîtresses.)
2. Lucien Cheval (François Pignon le trouve jovial et de bonne humeur.)

3. l'attitude des hôtes des dîners de cons envers leurs invités (Ils se moquent d'eux.)

4. Pignon, quand il révèle à Christine que son mari a une maîtresse (Elle venait se réconcilier avec lui.)

5. la réaction de Lucien lorsque Pignon le dérange pendant le match de foot (Il n'est pas content et raccroche le téléphone.)

Et vous?

Discutez des questions suivantes avec un(e) camarade de classe.

1. Quels sont tes passe-temps? Est-ce que tu fais une collection?

2. Tu passes beaucoup de temps sur ton portable? Quand est-ce que tu téléphones, et à qui est-ce que tu parles le plus?

3. Est-ce que tu penses qu'il faudrait interdire l'utilisation des portables dans les voitures?

4. Est-ce que le message sur ton répondeur est original? Qu'est-ce qu'il dit? Quel est le message le plus intéressant que tu aies entendu?

5. Dans quelles circonstances est-ce que tu as le trac? Qu'est-ce que tu fais pour réduire ton trac?

6. Est-ce qu'il y a quelque chose d'intéressant sur le campus ou en ville ce week-end? Qu'est-ce que tu me suggères de faire?

◀)) À l'écoute: La Coupe du monde de football de 1998

2-19

Comme Lucien Cheval, des millions de personnes se passionnent pour le foot, et surtout pour la Coupe du monde, qui a lieu tous les quatre ans. Le texte que vous allez entendre explique pourquoi la Coupe du monde de 1998 a été un grand événement médiatique.

> **Vocabulaire utile**
>
> **surnommé(e):** *nicknamed*
> **un maillot:** *jersey*
> **le quart de finale:** *quarterfinal*
> **la demi-finale:** *semifinal*
> **un but:** *goal*
> **le Maghreb:** trois pays de l'Afrique du Nord—l'Algérie, le Maroc, la Tunisie—qui ont des liens étroits avec la France
> **un Beur:** un Français né de parents maghrébins
> **un drapeau:** *flag*
> **« Liberté, égalité, fraternité »:** la devise française

1. Où a eu lieu la Coupe du monde en 1998?
   a. en France
   b. en Allemagne
   c. en Italie

2. Quelle équipe était favorite?
   a. la France
   b. la Croatie
   c. le Brésil

3. Quel est le surnom de l'équipe de France?
   a. « les Bleus »
   b. « les Blacks »
   c. « les Bleus, blancs, rouges »

4. Combien de buts est-ce que les Français ont marqué en finale?
   a. un
   b. deux
   c. trois

5. Pourquoi est-ce que cette finale est mémorable?
   a. parce que des disputes ont éclaté au Stade de France.
   b. parce qu'elle a généré un immense enthousiasme en France.
   c. parce que le Brésil a gagné sa cinquième Coupe du monde.

6. Quel aspect du match a intéressé les médias?
   a. la composition de l'équipe de France
   b. le fait que c'était la première qualification de la France en finale
   c. le score final

7. Comment Zinédine Zidane est-il décrit?
   a. C'est un Black.
   b. C'est un Blanc.
   c. C'est un Beur.

8. Quelle caractéristique de la société française est-ce que la finale a révélée?
   a. la xénophobie
   b. la diversité
   c. les divisions

AVANT LE PROCHAIN COURS

1. **Manuel:** Révisez *Le passé composé et l'imparfait* (Chapitre 2, page 255) et *Le plus-que-parfait* (Chapitre 2, page 261).

2. **Manuel:** Révisez *Le conditionnel* (Chapitre 6, pages 302–305).

3. **Manuel:** Révisez *Les pronoms compléments d'objet direct, Les pronoms compléments d'objet indirect, Le pronom **y** et Le pronom **en*** (Chapitre 5, pages 286–294).

4. **Cahier:** Faites **Préparation à la discussion**.

DISCUSSION

Chronologie

Rétablissez la chronologie des scènes du film en les numérotant de 1 à 8. Puis mettez les verbes au passé composé. Lisez les phrases à haute voix en classe pour vérifier.

_____ a. Christine téléphone à Pierre pour dire qu'elle le quitte.

_____ b. Pignon se fait passer pour un producteur belge.

_____ c. Pignon se trompe de numéro de téléphone et appelle Marlène au lieu du docteur Sorbier.

_____ d. Pignon fait tomber Brochant au moment où ils partent pour le dîner.

_____ e. Christine a un accident.

_____ f. Brochant se rend compte de sa méchanceté.

_____ g. Cheval (l'inspecteur fiscal) va chez Brochant pour l'aider à retrouver sa femme.

_____ h. Pignon prend Christine pour Marlène et se débarrasse d'elle.

Quelques détails

Ajoutez quelques détails pour chaque phrase de la chronologie. Expliquez le contexte de chaque scène (ce qui s'était passé avant), ce que les personnages ont fait ou ressenti, comment la scène s'est terminée, etc. Utilisez le passé composé, l'imparfait et le plus-que-parfait.

Réactions

1. Qu'est-ce que c'est qu'un « dîner de cons »? Comment est-ce que Pierre Brochant a trouvé son invité? Quel autre « con » est invité?

2. Que pensez-vous des passe-temps des personnes que Brochant et ses amis considèrent idiotes?

3. Quel prétexte est-ce que Brochant a trouvé pour inviter François Pignon? Comment Pignon a-t-il réagi?

4. Comment Pignon a-t-il essayé d'aider Brochant et comment ses actions ont-elles aggravé la situation? Décrivez ses différentes actions aux moments suivants:
   a. quand Brochant avait mal au dos
   b. quand Pignon voulait débarrasser Brochant de Marlène
   c. quand Pignon voulait aider Brochant à trouver sa femme (l'épisode avec Juste Leblanc et Lucien Cheval)

5. Expliquez les jeux de mots dans les dialogues suivants.
   a. « Il s'appelle Juste Leblanc.
      —Ah bon, il a pas d' prénom? »
   b. « C'est Marlène Sasseur.
      —C'est pas vot' sœur? »

6. Qui est Meneaux? Quel est son rôle dans l'histoire?

7. Quelle dernière action est-ce que Pignon a faite avant de partir de chez Brochant? Comment imaginez-vous la suite du film?

8. Quelle est la morale de ce film? Expliquez la valeur symbolique du boomerang du début.

9. Ce film est adapté d'une pièce à succès de Francis Veber (qui est aussi auteur et metteur en scène de théâtre). Quels aspects du film font penser à une pièce de théâtre?

10. Si vous avez vu le remake du film *Le Dîner de cons*, quelles différences avez-vous remarquées avec l'original?

Et vous?

Discutez des questions suivantes avec un(e) camarade de classe.

1. Qu'est-ce que tu penses de François Pignon? Est-ce que tu as pitié de lui? Est-ce qu'il t'énerve?

2. D'après toi, est-ce que Christine a raison de quitter Pierre? Est-ce que tu penses qu'ils vont se réconcilier?

3. Qu'est-ce que tu ferais si quelqu'un t'invitait à un dîner de cons? si ton/ta petit(e) ami(e) acceptait une invitation à un dîner de cons?

4. Quand tu voyages (en bus, en train, en avion), comment est-ce que tu passes le temps? Est-ce que tu aimes discuter avec tes voisins? De quoi parlez-vous? Tu as déjà rencontré quelqu'un d'intéressant en voyageant? Raconte!

5. Si tu faisais une maquette d'un monument célèbre, tu choisirais quel monument? Pourquoi?

6. Qu'est-ce que tu fais quand tu as mal au dos (ou quand tu es malade)? Tu aimerais que les médecins américains fassent des visites à domicile? Tu serais d'accord pour payer un supplément pour cela?

En France, une consultation médicale coûte 23 euros dans le cabinet du médecin et 33 euros si le médecin va chez le patient. Les consultations sont remboursées à 70%.

Qui est Lucien Cheval? Que fait-il chez Pierre Brochant?

🔊
2-22

À l'écoute: *Le Dîner de cons*

Éric suit un cours de français. Il doit passer un examen oral qui consiste à résumer un des films qu'il a vus pendant le semestre et à exprimer son opinion sur le film. Écoutez le paragraphe qu'il a préparé et vérifiez si vous avez compris en répondant aux questions qui suivent.

1. Éric dit qu'il _____.
   a. a le trac
   b. est une lumière
   c. ne va pas parler longtemps

2. Éric pense que son niveau en français _____.
   a. est excellent
   b. n'est pas très bon
   c. va faire rire ses camarades de classe

3. Il a peur _____.
   a. que son/sa prof se moque de lui
   b. de dire des bêtises
   c. d'avoir une mauvaise note

4. Il trouve François comique _____.
   a. parce qu'il donne beaucoup de détails sur ses maquettes
   b. parce que son physique contraste avec celui de Brochant
   c. parce qu'il fait beaucoup de bêtises

5. Quel adjectif est-ce qu'Éric n'utilise pas quand il parle du physique de François?
   a. gros
   b. rond
   c. petit

6. Éric ne parle pas de la scène où _____.
   a. François prétend être producteur de cinéma
   b. l'ami de François apprend que sa femme est infidèle
   c. François prend la maîtresse de Brochant pour sa femme

7. Il a apprécié les subtilités _____.
   a. des situations du film
   b. des dialogues
   c. du jeu des acteurs

8. Il a aimé _____.
   a. que Brochant soit puni
   b. que Pignon continue à aider Brochant bien qu'il soit méchant
   c. que Brochant prenne Pignon pour un imbécile

AVANT LE PROCHAIN COURS

1. **Manuel:** Révisez *Le subjonctif présent, Le subjonctif passé, Emploi du subjonctif* et *Subjonctif ou infinitif?* (Chapitre 7, pages 309–321).

2. **Cahier:** Préparez **Pour aller plus loin.**

POUR ALLER PLUS LOIN

Qui a dit quoi?

Les citations dans leur contexte

Brochant	le docteur	Marlène
Cheval	Leblanc	Pignon

Mettez les verbes des phrases suivantes au temps approprié du subjonctif. Puis notez quel personnage de la liste a dit chaque phrase et expliquez la signification de chaque citation dans le contexte du film. Vous pouvez utiliser les noms des personnages plusieurs fois.

1. _____: « C'est grave?

   _____: —Non, mais j'ai peur qu'il _____ (falloir) annuler votre dîner. »

2. _____: « Imaginez qu'il _____ (apprendre) pourquoi vous l'avez invité!

   _____: —Aucun risque. On fait très attention. Jamais un con n'a su pourquoi on l'avait invité. »

3. _____: « Qu'un grand éditeur comme vous _____ (vouloir) publier un ouvrage sur mes maquettes et que vous m'_____ (inviter) à dîner en plus! Vous avez changé ma vie, M. Brochant.

   _____: — Oui, pour ce qui est de l'ouvrage, c'est encore un projet un peu vague, hein. »

4. _____: « Excusez-moi, mais je n'arrive pas à croire que votre femme _____ (partir) avec un con. »

5. _____: « Je veux pas te faire de peine, Pierre, mais je ne crois pas qu'elle _____ (revenir). En fait, tu sais ce que je pense? qu'elle est retournée chez Leblanc. »

6. _____: « Vous voulez pas que je l'_____ (attendre)? Vous vous enfermez dans votre chambre et hop, je fais barrage. »

7. _____: « Pierre, je n'ai pas de très bonnes nouvelles, elle m'a appelé tout à l'heure... J'ai peur qu'elle n(e) _____ (aller) chez Meneaux. »

8. _____: « Je te rappelle parce que... j'ai un service à te demander.

   _____: —D'accord, mais à une condition.

   _____: —Laquelle?

   _____: —C'est que tu _____ (crier) "Allez l'OM". Je veux t'entendre crier "Allez l'OM". »

9. _____: « Et ben tu vois, à la réflexion, je suis pas sûr que ce _____ (être) très prudent d'inviter un contrôleur fiscal chez soi. »

10. _____: « Ça sent la fraude fiscale à plein nez et je m'en fous!

    _____: —Oh là là, il faut que tu te _____ (reprendre), toi. Rentre vite chez toi, prends une bonne douche. »

These quotes illustrate the use of the subjunctive. Review the subjunctive on pages 309–321. Keep the story in mind when choosing between the present and the past subjunctive. In some cases, the context may allow you to choose either tense. In item 3, the implied beginning of the first clause is **Je suis surpris/flatté** (qu'un grand éditeur...).

« Allez l'OM, allez l'OM, allez! » est le chant des supporters de l'équipe de foot de Marseille (l'Olympique de Marseille).

2-23, 2-24

Le français parlé

Imaginez comment les personnages prononcent les citations de **Qui a dit quoi?** Puis écoutez les citations 3 et 8 sur votre *Audio Program* et répétez-les comme vous les entendez en vous mettant dans la peau des personnages.

Source: LE DÎNER DE CONS, un film de Francis Veber, 1998, Gaumont Columbia Tristar

Les loisirs

Les loisirs des personnages

Imaginez les activités des personnages du film. Utilisez le subjonctif si nécessaire.

> Quelles collections font-ils?
> À quels sports jouent-ils?
> À quelles activités culturelles ou artistiques est-ce qu'ils s'intéressent?
> Est-ce qu'ils jouent d'un instrument?
> Que font-ils le week-end?

Refer to **Les activités: faire de, jouer à, jouer de** (Appendix, page 331) to review which verbs to use to talk about leisure activities.

Exemple: François Pignon

> *Je sais qu'il fait des maquettes et qu'il s'intéresse au foot. Je ne pense pas qu'il pratique un sport. Il est possible qu'il fasse une collection de boîtes d'allumettes.*

1. Pierre Brochant
2. Christine Brochant
3. Lucien Cheval
4. Marlène Sasseur

Le sport et vous

Référez-vous au document à la page 198 pour vous familiariser avec les activités sportives des Français. Comparez les activités des Français et des Américains et parlez de votre pratique sportive passée, présente et future.

This exercise includes several of the points you have reviewed in this chapter. Refer to the *Cahier* exercises for Chapter 8 if you need help with past tenses, the conditional, or the subjunctive.

1. Êtes-vous surpris(e) que certains sports soient absents de la liste? Est-ce que la liste contient des sports que vous ne connaissez pas? Contient-elle des activités que vous ne considérez pas comme des sports?

2. Quel(s) sport(s) pratiquez-vous régulièrement? Combien de fois et pendant combien de temps par semaine? Quand avez-vous commencé ce sport? Feriez-vous plus de sport si vous aviez plus de temps ou d'argent?

3. Quels sports pratiquiez-vous quand vous étiez plus jeune? Si vous ne le(s) pratiquez plus, pourquoi avez-vous arrêté? Quels sports pratiquerez-vous quand vous serez plus âgé(e)?

4. De quelle(s) équipe(s) êtes-vous supporter? Comment manifestez-vous votre soutien (*support*)?

5. Est-il important qu'il y ait des équipes de football américain dans les lycées et les universités? Justifiez votre opinion.

6. Si vous étiez responsable de la santé publique, que feriez-vous pour encourager l'activité physique à tous les stades de la vie?

la **plongée:** *diving*
la **pétanque:** *a type of outdoor bowling*
la **course à pied:** *running*
le **footing:** *jogging*
l'**athlétisme:** *track*
la **musculation:** *weight training*
la **moto:** *motorcycling*
le **kart:** *kart racing*
le **roller:** *rollerblading*
le **skate:** *skateboarding*
l'**aviron:** *rowing*

Les principales pratiques d'activités physiques et sportives en 2003

Champ = personnes de 15 ans ou plus

Activités ou familles d'activités	Effectifs de pratiquants (1) (en milliers)	% au moins une fois par semaine
Ensemble des sportifs	34 082	74
Dont:		
Vélo	18 128	24
natation, plongée	14 144	13
marche	12 683	25
pétanque, billard	10 550	8
course à pied, footing, athlétisme	8 057	28
ski, surf	7220	5
gymnastique	6275	40
pêche	5306	11
tennis de table, badminton, squash	4639	9
football	4319	26
musculation	4161	16
moto, kart, automobile	3634	23
tennis	3599	14
basket-ball, volley-ball, handball	2914	19
danse	2482	16
roller, skate	2452	13
canoë, aviron, ski nautique	5154	6

Source: INSEE, enquête « Participation culturelle et sportive », mai 2003.
(1) personnes ayant répondu avoir pratiqué cette activité au moins une fois au cours des douze mois précédant l'enquête, y compris occasionnellement

Les loisirs d'un(e) camarade de classe

Interrogez un(e) étudiant(e) de la classe sur ses passe-temps.

1. Écrivez cinq questions que vous souhaitez poser à votre camarade pour comprendre l'évolution de ses goûts.
   a. (au passé composé)
   b. (à l'imparfait)
   c. (au subjonctif)
   d. (avec une structure avec **si** + imparfait)
   e. (avec une structure avec **si** + plus-que-parfait)

2. Interrogez votre camarade en notant ses réponses.

3. Présentez les réponses de votre camarade à la classe.

Expressions interrogatives utiles	
Combien	*Préposition* + quoi
Combien de fois	Qu'est-ce que
Pendant combien de temps	Qu'est-ce qui
	Quand
Comment	Quel(le)(s)
Où	Qui
Pourquoi	Qui est-ce que
Préposition + qui	

À l'écrit: Les loisirs d'un(e) camarade de classe

Écrivez cinq phrases pour décrire une activité de loisir d'un(e) camarade de classe. Expliquez comment son intérêt pour cette activité a commencé et dites quand et comment il/elle pratique cette activité. Expliquez aussi comment il/elle pense pratiquer cette activité dans l'avenir et ce qui la rendrait encore plus intéressante.

Include varied verbs in the subjunctive, conditional, and indicative (past, present, future).

AVANT LE PROCHAIN COURS

Cahier: Faites **Préparation à la lecture.**

LECTURE

Discussion

1. Comment les personnalités des acteurs et actrices diffèrent-elles dans leurs films et dans la vie? Quels acteurs et quelles actrices sont très différents dans ces deux domaines?

2. Qu'est-ce qui explique que certains acteurs ou actrices jouent toujours le même type de rôle (l'amoureux, le clown, etc.)?

Jacques Villeret, l'interprète de François Pignon

Vous allez lire deux brefs passages qui vont vous permettre de faire connaissance avec le grand acteur comique Jacques Villeret (1951–2005). Le premier est extrait d'un article du journal *La Croix* paru juste après sa mort en janvier 2005. Le deuxième est une interview pour le magazine *L'Express.*

fêlures: *cracks; here, deep wounds*
insouciance: *casual lack of concern*
il livra combat: *il a livré combat,
il s'est battu contre*
cet ami qui vous veut du mal: *this
friend that wishes you ill*
inéluctable: *unavoidable*
à sa mesure: *tailor-made*
baume: *balm, remedy*
nocif: *dangereux*
Dans la cour de récréation: *At
recess*
lui avait légué: *lui avait donné*
Éclaireurs de France: *French
boy scouts*
proviseur: *principal*
ne tarda pas à repérer: *n'a
pas tardé à… was not long in
noticing*
se produisit: *s'est produit*
apporta: *a apporté*
assurance: *strength*

L'insoutenable fragilité de Jacques Villeret

DÉCÈS. En 80 films et trente ans de carrière, Jacques Villeret, emporté vendredi à l'âge de 53 ans, aura offert l'expression d'une extrême sensibilité à travers des compositions tragi-comiques qui masquaient de grandes fêlures°.

Bruno Bouvet

Le regard de Jacques Villeret portait quelque chose d'une fragilité innée, d'une insurmontable incapacité à l'insouciance°. Ses yeux, aux fausses allures de naïveté, affrontaient le monde avec une implacable lucidité qui lui rendait douloureuse la répétition des jours. Dix fois, cent fois, il livra combat° aux démons de l'alcool. Les illusions apaisantes de « cet ami qui vous veut du mal° », comme il l'appelait, l'ont progressivement détruit jusqu'à rendre inéluctable° cette hémorragie interne qui l'a emporté vendredi à l'âge de 53 ans, dans une chambre de l'hôpital d'Évreux. Pour guérir ses blessures secrètes et s'inventer un monde à sa mesure°, l'enfant de Loches, en Touraine, avait un autre baume°, moins nocif°.

Dans la cour de récréation°, Jacques Villeret — son père adoptif, agent technique dans un lycée, lui avait légué° son nom après s'être marié avec sa mère, coiffeuse — imitait ses professeurs avec une prédisposition à la comédie qui lui offrait l'adhésion générale de ses camarades. Le président du groupe local des Éclaireurs de France°, qui était aussi le proviseur° du lycée, ne tarda pas à repérer° les facultés exceptionnelles de l'adolescent lorsque celui-ci se produisit° pour la première fois sur la scène du Palace Cinéma de Loches.

Le théâtre lui apporta° l'évidence d'un destin, l'assurance° d'une seconde peau. …

« L'insoutenable fragilité de Jacques Villeret », Bruno Bouvet, La Croix, 31 janvier 2005

Compréhension

1. Dans les deux premières phrases, quels noms décrivent les différentes personnalités de Jacques Villeret?
   a. sa personnalité apparente (l'impression qu'il donnait)
   b. sa vraie personnalité

2. Comment est-ce que Villeret faisait face aux difficultés de l'existence?

3. De quoi est-il mort?

4. De quel milieu venait-il?

5. Qui a découvert ses talents de comédien? Dans quelles circonstances?

6. Quelle importance a eu le théâtre dans sa vie?

Questions de langue

1. Analysez cette phrase du premier paragraphe: « Les illusions apaisantes de "cet ami qui vous veut du mal", comme il l'appelait, l'ont progressivement détruit… » À qui ou à quoi les mots suivants font-ils référence?
   a. l'expression « Cet ami qui vous veut du mal »
   b. le pronom l' (« comme il l'appelait »)
   c. le pronom l' (« l'ont progressivement détruit »)

2. Que signifient les parties de phrases suivantes? Suggérez une façon plus simple pour dire la même chose.
   a. « qui lui rendait douloureuse la répétition des jours » (lignes 7–9)
   b. « il livra combat aux démons de l'alcool » (ligne 10)
   c. « jusqu'à rendre inéluctable cette hémorragie interne qui l'a emporté » (lignes 13–15) (Utilisez **jusqu'à ce que** dans votre réponse.)

3. Notez quelques verbes à l'imparfait et au passé composé, un verbe au plus-que-parfait et un infinitif passé. Comment expliquez-vous le grand nombre de verbes à l'imparfait?

a. verbes à l'imparfait: _____

b. verbes au passé composé: _____

c. verbe au plus-que-parfait: _____

d. verbes à l'infinitif passé: _____

4. Donnez un synonyme pour chaque mot suivant tiré du texte.

a. emporté (ligne 15): _____

b. masquaient (introduction): _____

c. baume (ligne 20): _____

d. après s'être marié (ligne 24): _____

e. l'adhésion (ligne 27): _____

f. se produisit (lignes 32–33): _____

Interview de Jacques Villeret

L'interview de Jacques Villeret (1951–2005) que vous allez lire fait partie d'une série d'interviews sur le même modèle réalisées par le magazine français *L'Express*. Ce sont surtout des interviews d'artistes et de politiciens français, mais il y a aussi des célébrités mondiales.

"L'Interview de Jacques Villeret" © L'Express, 6 novembre 2003

Il était le con du *Dîner de cons* et le paumé° sublime des *Enfants du marais*. Deux films qui ont été parmi les plus grands succès de ces dernières années. Aujourd'hui, il récidive° avec *Le Furet*, sous la direction du trublion° Jean-Pierre Mocky: une nouvelle réussite, dont il est, cette fois, le producteur. Car ce n'est pas tant° sa bouille° ronde qui explique sa popularité que sa capacité à prendre les risques qu'il faut. Et quand il le faut.

Journaliste: Le principal trait de votre caractère?

Jacques Villeret: Je suis perfectionniste au point d'en devenir obsessionnel. Faire du comique, c'est moyennement amusant: si je n'ai pas ce que je veux, si ça ne tombe pas au millimètre, je peux disjoncter° et piquer des colères° démesurées.

J: Votre principal défaut?

JV: Je manque d'humour. C'est vrai, on me le reproche souvent.

J: La qualité que vous préférez chez un homme?

JV: Qu'il soit attentif aux autres. Qu'il ne juge pas. Je n'aime pas du tout les conseilleurs.

J: Et chez une femme? 30
JV: La douceur.

J: Le bonheur parfait selon vous?

JV: Ça ne dure qu'un instant. En revanche°, les emmerdements°, eux, durent toujours… 35

J: La dernière fois que vous avez pleuré?

JV: En écoutant une chanson de Brel°.

J: Vos musiciens préférés? 40

JV: J'aime les choses douces: Chopin, Schubert. Mais aussi les chanteurs: Trenet, Brassens, Brel, Léo Ferré, Gainsbourg. Ou Dutronc°.

J: La chanson que vous sifflez sous 45 votre douche?

JV: « La Mélancolie », de Ferré.

J: Votre film culte?

JV: *Les Lumières de la ville,* de Chaplin°. 50

J: Votre écrivain préféré?

JV: Céline°.

J: Le personnage historique que vous admirez le plus?

JV: Georges Mandel, un grand 55 homme politique assassiné, en 1944, par la Milice de Vichy°.

J: Vos héros aujourd'hui?

le paumé (fam.): *the lost soul*
il récidive: il recommence
trublion: *agitator*
Ce n'est pas tant: *It's not so much*
bouille (fam.): *face*
disjoncter (fam.): *to lose it*
piquer des colères (fam.): se mettre en colère
En revanche: Au contraire
emmerdements (fam.): problèmes, complications
Brel: Jacques Brel, *twentieth-century Belgian singer-songwriter*
Trenet, Brassens, Brel, Léo Ferré, Gainsbourg, Dutronc: *twentieth-century singers and songwriters. Jacques Dutronc is also a rock musician and actor.*
Les Lumières de la ville: *City Lights (1931), Charlie Chaplin's last film.*
Céline (1894–1961): *French writer and doctor whose novels deal with war, poverty, and suffering. His anti-Semitism and collaboration with the Nazis during World War II tarnished his literary reputation.*
Vichy: *short for* **le gouvernement de Vichy***, the regime headed by* **Maréchal Pétain** *under the German Occupation (1940–1944) during World War II, and whose seat was in Vichy, in central France. The Vichy government collaborated with Nazi Germany and persecuted dissenters, like Mandel. The* **Milice française** *(French militia), created in 1943, was used to pursue Jews and Resistance fighters.*

cannes: *fishing poles*
bouchon: *float*
m'évanouir: *to faint*
aboutissement: *outcome, result*
Nietzsche: *Friedrich Nietzsche,*
nineteenth-century German
philosopher
lame: *blade, i.e., death*

JV: Les grands sportifs et les grands artistes. Tous ceux qui arrivent 60 à se dépasser et qui, par leurs exploits, procurent du bonheur aux autres.

J: Et que possédez-vous de plus cher?

JV: Le goût toujours intact d'exercer 65 mon métier. J'ai attrapé le virus du théâtre à l'âge de 5 ans. Et, depuis, il ne m'a jamais quitté.

J: Votre fleur préférée?

JV: Toutes celles de mon jardin. 70

J: Que détestez-vous par-dessus tout?

JV: La vulgarité. Les gens qui parlent à 120 décibels au restaurant ou dans un lieu public. Comme s'ils étaient seuls au monde. 75

J: Votre occupation préférée?

JV: La pêche. En eau calme. Je peux rester une journée entière derrière mes cannes° à fixer mon bouchon°. C'est bon, ça me fait réfléchir, 80 ça me vide de ma mauvaise énergie.

Je viens d'ailleurs de découvrir qu'au 19ᵉ siècle, au Japon, la pêche était l'exercice obligé des samouraïs avant une bataille. 85

J: Et si vous deviez changer une chose dans votre apparence physique?

JV: Je n'ai pas ce problème...

J: Votre plus grand regret?

JV: Ne savoir ni peindre ni jouer de 90 la musique.

J: Comment aimeriez-vous mourir?

JV: J'aimerais m'évanouir°.

J: État présent de votre esprit?

JV: La joie de travailler de façon 95 encore assez artisanale. Mon plaisir est dans l'aboutissement° de ce travail. Je crois que rien ne résiste au travail.

J: Votre devise?

JV: Je me suis souvent raccroché à 100 la phrase de Nietzsche°: « Tout ce qui ne vous tue pas vous rend plus fort. » C'est très vrai. Même si parfois la lame° passe près.

Compréhension

1. Trois films auxquels Jacques Villeret a participé sont mentionnés. Pour chaque film, dites s'il était acteur, réalisateur ou producteur.
   a. *Le Dîner de cons*
   b. *Les Enfants du marais*
   c. *Le Furet*

2. Qu'est-ce qui explique la réussite de Villeret?

3. Quel aspect de sa personnalité peut paraître paradoxal?

4. Est-ce qu'il vous semble plutôt optimiste ou plutôt pessimiste?

5. Qu'est-ce qui est le plus important pour lui? À quoi compare-t-il sa passion du théâtre?

6. Quel est son passe-temps favori et qu'est-ce qu'il lui apporte?

7. Expliquez la signification de la devise préférée de Jacques Villeret.

Questions de langue

Refer to *La forme interrogative* (pages 235–245) for 1; *Les phrases hypothétiques* (pages 306–307) for 2; and *Les pronoms démonstratifs* (pages 282–283), *Les pronoms disjoints* (pages 291–292), and *Les pronoms relatifs* (pages 275–282) for 4.

1. Les questions du journaliste sont incomplètes. Complétez-les en ajoutant les mots interrogatifs qui manquent.
   a. Votre principal défaut?:
   b. La qualité que vous préférez chez un homme?:
   c. Vos musiciens préférés?:

2. Comment le journaliste pourrait-il compléter la question suivante?
Et si vous deviez changer une chose dans votre apparence physique,
_____?

3. Maintenant terminez les réponses de Jacques Villeret.
   a. Journaliste: La qualité que vous préférez chez un homme?
      JV: Je _____ qu'il soit attentif aux autres.
   b. Journaliste: Votre plus grand regret?
      JV: Je _____ ne savoir ni peindre ni jouer
      de la musique.

4. Cherchez les pronoms suivants dans l'interview de Jacques Villeret:
   a. deux pronoms démonstratifs:
   b. un pronom disjoint qui met l'accent sur le sujet de la phrase (comme **moi, je**):
   c. quatre pronoms relatifs:

5. Dans l'interview de Jacques Villeret, cherchez des phrases contenant
   l'équivalent français des négations suivantes.
   a. *not . . . at all*:
   b. *only*:
   c. *never (not . . . ever)*:
   d. *neither . . . nor*:
   e. *nothing* (sujet, comme dans *nothing happens*):

Réactions

1. Comment Villeret exerçait-il son métier, d'après l'entretien?

2. Parmi les adjectifs suivants, lesquels s'appliquent au Jacques Villeret que
   vous avez découvert dans l'article et/ou dans l'interview? Cochez toutes les
   réponses qui conviennent.

   _____ décontracté (*relaxed*)   _____ paresseux

   _____ grossier   _____ passionné

   _____ insouciant (*carefree*)   _____ persévérant

   _____ optimiste   _____ sensible (*sensitive*)

3. Comparez Jacques Villeret et le personnage qu'il incarne dans *Le Dîner de cons*.

4. Qu'est-ce que vous pouvez conclure sur la vie de Villeret en lisant sa devise
   préférée?

5. Quelle est votre devise?

AVANT LE PROCHAIN COURS

Cahier: Faites **Préparation à l'écriture.**

INTERACTIONS

Sketch

This section contains activities that allow you to work creatively with the vocabulary and structures from the chapter.

Choisissez un sujet, préparez la scène et jouez-la devant la classe.

1. Jouez une scène du film en utilisant votre propre dialogue.

2. Cheval vient d'apprendre que sa femme le trompe. Pignon essaie de le réconforter.

3. On n'assiste pas vraiment au « dîner de cons » dans le film. Jouez ce dîner avec Pignon et le collectionneur de boomerangs comme invités.

4. Un(e) ami(e) vous téléphone pour vous dire qu'il a trouvé un(e) invité(e) parfait(e) pour votre dîner de personnes originales. Posez-lui des questions pour savoir comment il/elle l'a rencontré(e) et pour avoir le maximum d'informations sur la personne en question.

Exposé

Préparez un des sujets suivants à la maison pour le présenter en classe. Utilisez les questions proposées pour structurer votre présentation, mais ne vous limitez pas à ces suggestions.

1. Si vous connaissez quelqu'un qui a un passe-temps original (ou même bizarre), parlez-en à la classe.

   Répondez aux questions suivantes.
   a. Qui est cette personne? Où l'avez-vous rencontrée?
   b. Quel est son passe-temps?
   c. Comment avez-vous découvert son passe-temps?
   d. Pourquoi trouvez-vous cette personne originale ou bizarre?

2. Faites-vous une collection? Si oui, parlez-en à la classe.

   Répondez aux questions suivantes.
   a. Qu'est-ce que vous collectionnez?
   b. Depuis quand avez-vous cette collection?
   c. Comment est-ce que cette passion a commencé?
   d. Que faites-vous pour développer votre collection?

Question 3.a. is not relevant if you choose « le Concorde ». Give some information about the airplane instead.

 3. Référez-vous à **www.cengagebrain.com** pour faire une recherche sur l'un des monuments ou objets français dont François Pignon a fait une maquette et présentez-le à la classe: le Concorde, le château de Chenonceaux, le pont de Tancarville, la tour Eiffel.

   Répondez aux questions suivantes.
   a. Où trouve-t-on ce monument?
   b. Quand est-ce qu'on a construit ce monument ou cette chose?
   c. Pourquoi est-ce qu'on l'a construit(e)?
   d. Pourquoi est-il/elle célèbre? Est-il/elle encore visité(e) ou utilisé(e)?

Look up the lyrics for « Le temps ne fait rien à l'affaire », the Georges Brassens song playing during the credits, at **www.cengagebrain.com**. Can you find the reference to a *con*?

4. Faites une présentation sur le chanteur Georges Brassens (1921–1981), dont la chanson « Le temps ne fait rien à l'affaire » figure au générique du film *Le Dîner de cons*. Chanteur-compositeur très apprécié, Brassens était considéré comme un troubadour des temps modernes: il écrivait ses propres chansons et les chantait simplement, accompagné de sa guitare.

LES ÉTUDES

On trouve des scènes dans un établissement scolaire ou à l'université dans plusieurs films de *Séquences*, comme *L'Auberge espagnole*, *Rue Cases-Nègres*, *Persépolis* et *Entre les murs*.

« L'instruction est la clé qui ouvre la deuxième porte de notre liberté ». (Rue Cases-Nègres)

AP Photo/Michel Euler

1. Comment est-ce que les élèves et la pédagogie ont évolué à l'école et au collège si l'on considère *Rue Cases-Nègres* (situé dans les années 1930) et *Entre les murs* (années 2000)?

2. Quelles ressemblances ou différences remarquez-vous entre la photo ci-dessus et le(s) campus que vous connaissez? Entre la photo et l'amphithéâtre dans *L'Auberge espagnole* et *Persépolis*? Qu'est-ce qui surprendrait un(e) étudiant(e) de l'université sur la photo s'il/si elle venait étudier sur votre campus?

3. Comment l'instruction (c'est-à-dire ce qu'on apprend à l'école ou à l'université) permet-elle de trouver la liberté? Quelle est l'importance de ce qu'on apprend en dehors des cours?

4. Pensez-vous que la citation sous la photo s'applique de la même manière aux enfants de *Rue Cases-Nègres* et d'*Entre les murs*, aux étudiants de *L'Auberge espagnole* et de *Persépolis*, et à Malika et Zora dans *Chaos*?

LE SPORT ET LES LOISIRS

Le foot et le rugby sont deux sports très populaires en Europe et dans le monde entier. Ils sont aussi très appréciés par les personnages des films *Le Placard*, *Entre les murs* et *Le Dîner de cons*.

Allez les Bleus!

Valery Hache/AFP/Getty Images

ARRÊT SUR IMAGES

1. Êtes-vous étonné(e) de trouver des références au foot et au rugby dans *Le Placard*, *Entre les murs* et *Le Dîner de cons*? Expliquez.

2. Quand l'équipe de France de football a gagné la Coupe du monde de football en 1998, les journalistes ont utilisé l'expression « Black, blanc, beur » pour la décrire, par analogie avec les couleurs du drapeau français, « Bleu, blanc, rouge ». La victoire de l'équipe a été perçue comme un symbole de l'intégration de gens de toutes origines dans la société française. Est-ce que le film *Entre les murs* donne la même impression?

3. Quel est la place du foot dans *Entre les murs*? Est-ce qu'il unit ou divise les élèves? et les élèves et les profs? En général, pensez-vous que le sport rapproche ou divise les gens et les peuples?

4. Quelle est la place du sport dans votre vie? Quelles sont vos (autres) loisirs?

LES STRUCTURES SOCIALES ET FAMILIALES

Différents modèles sociaux et familiaux sont représentés dans les films que vous avez vus ce semestre.

Images of Africa Photobank/Alamy

Une famille étendue au Congo

1. Quelles sont les caractéristiques d'une famille étendue? Dans quels films de *Séquences* avez-vous remarqué des familles étendues? Quelles autres structures familiales sont représentées dans les films que vous avez vus dans ce cours (célibataires, couples, familles adoptives, monoparentales, nucléaires, polygames)?

2. Dans quels films est-ce que la communauté joue un rôle important? Comment diffère son influence sur l'individu d'un film à l'autre?

3. Quel rôle joue la grand-mère dans *Rue Cases-Nègres*, *Persépolis* et *Chaos*?

4. Quels films vous semblent les plus critiques de l'individualisme? Comment sont les rapports dans le couple et entre les générations dans ces films?

5. Comment est votre famille? Quelles relations avez-vous avec les membres de votre famille élargie (grands-parents, oncles et tantes, cousins, etc.)?

DE L'ADOLESCENCE À L'ÂGE ADULTE

L'adolescence et le passage souvent difficile de l'adolescence à l'âge adulte sont des thèmes importants dans *L'Auberge espagnole*, *Rue Cases-Nègres*, *Persépolis*, *Indochine*, *Chaos* et *Entre les murs*.

2.4.7. Films/The Kobal Collection

Marjane chante sur une musique d'Iron Maiden dans Persépolis.

1. D'après l'image et vos souvenirs du film *Persépolis*, quels étaient les goûts musicaux et vestimentaires de Marjane quand elle était adolescente?

2. À quoi est-ce qu'on associe généralement la période de l'adolescence? Comment ces thèmes sont-ils traités dans *Persépolis, Indochine, Chaos* et *Entre les murs*?

3. Comment la situation politique ou sociale a-t-elle affecté le développement des personnages suivants pendant l'adolescence? Marjane (*Persépolis*), Camille (*Indochine*), Malika et Zora (*Chaos*), Souleymane (*Entre les murs*)?

4. De quel(s) aspect(s) de votre adolescence vous souvenez-vous particulièrement?

ARRÊT SUR IMAGES

LES HOMMES ET LES FEMMES

Réfléchissez aux trajectoires de vie des femmes et aux relations entre hommes et femmes dans les films de *Séquences*.

Thierry Tronnel/Corbis

Christine Lagarde, ancienne Ministre de l'Économie, des Finances et de l'Industrie (France), Présidente du FMI (Fonds monétaire international) depuis 2011

Getty Images for Time Warner

Bineta Diop, juriste sénégalaise, créatrice de l'ONG Femmes Africa solidarité, inscrite sur la liste des cent personnes les plus influentes dans le monde selon le numéro d'avril 2011 de Time Magazine

1. Pourquoi est-ce que Tortilla (*Rue Cases-Nègres*), Marjane (*Persépolis*), Malika (*Chaos*), et Kiné et Gagnesiri (*Tableau Ferraille*) ne sont pas totalement libres de choisir leur destin?

2. Que pensez-vous de la représentation des femmes et des thèmes qui les concernent dans les films de Francis Veber (*Le Placard, Le Dîner de cons*)?

3. Comment est-ce que les relations entre les hommes et les femmes sont présentées dans quelques films de *Séquences* (par exemple **L'Auberge espagnole, Indochine** et un autre film de votre choix)?

4. Est-ce que les femmes et les relations hommes-femmes sont présentées sous un angle différent par les réalisatrices (dans *Rue Cases-Nègres, Persépolis* et *Chaos*)?

LES CLICHÉS ET LES STÉRÉOTYPES

Les films peuvent renforcer les clichés et les stéréotypes ou, au contraire, offrir de nouvelles perspectives sur les personnes et les lieux représentés.

ARRÊT SUR IMAGES

kated./Shutterstock.com

Travelshots/SuperStock

marco mayer/Shutterstock.com

1. Quelles impressions de la France donnent les photos de ces deux pages? Quelles photos correspondent le plus à votre image mentale de ce pays?

2. Quelles images se présentent à votre esprit quand vous pensez aux endroits suivants: la Martinique, l'Iran, la banlieue parisienne, le Sénégal, le Vietnam? Est-ce que la représentation de ces lieux

dans *Rue Cases-Nègres, Persépolis, Entre les murs, Tableau Ferraille* et *Indochine* correspond à l'idée que vous en aviez?

3. Comparez la représentation du paysage dans *Rue Cases-Nègres* et *Indochine*. Pourquoi la réalisatrice et le réalisateur de ces films ont-ils choisi de représenter les lieux ainsi?

LES CLICHÉS ET LES STÉRÉOTYPES (SUITE)

La Défense à Paris

Le viaduc de Millau

Le TGV (train à grande vitesse)

4. Quels stéréotypes vous viennent à l'esprit quand vous pensez aux nationalités suivantes: les Allemands, les Anglais, les Espagnols, les Français? Comment ces stéréotypes sont-ils traités dans *L'Auberge espagnole*?

5. Quels autres types de stéréotypes trouve-t-on dans les films de *Séquences* que vous avez vus?

6. Comment est-ce que Marjane Satrapi, Coline Serreau et Francis Veber combattent les stéréotypes dans *Persépolis, Chaos, Le Dîner de cons* et *Le Placard*?

7

LES DIFFÉRENCES

L'origine nationale, les différences sociales, la sexualité et la religion créent parfois des obstacles qui sont difficiles à surmonter.

Peter Menzel/www.menzelphoto.com

ARRÊT SUR IMAGES

1. Quels contrastes remarquez-vous sur la photo?

2. Comment la photo peut-elle expliquer les conflits qui opposent parfois les jeunes filles issues de l'immigration et leurs parents? Comment ce conflit se manifeste-t-il dans *Chaos*? (Que veut faire le père de Malika? Comment Malika réagit-elle?)

3. Est-ce que ce type de conflit affecte seulement les immigrants ou s'agit-il aussi d'un conflit de générations? Quels sujets causent des conflits ou des différences d'opinion entre votre génération et celle de vos parents?

4. Quelles sont d'autres causes de conflit et d'exclusion représentées dans les films de *Séquences*? Par exemple, quelles différences culturelles rendent l'adaptation de Marjane en Autriche et en France difficile dans *Persépolis*? Dans *Entre les murs*, comment est-ce que l'origine nationale et sociale des élèves affecte l'atmosphère de la classe et la communication avec le prof?

LES VÊTEMENTS

Les vêtements permettent souvent de connaître les valeurs des personnes qui les portent.

Stephane Gautier/age fotostock

Sheila Smart Photography/PhotoEdit

Susan Van Etten/PhotoEdit

1. Analysez les choix vestimentaires des personnes représentées sur les photos.

2. Quelles remarques pouvez-vous faire sur l'habillement des personnages suivants: Carmen (l'ami de José) et la mère de Léopold dans *Rue Cases-Nègres;* Camille et Éliane dans *Indochine;* Malika dans *Chaos;* Arthur (le gothique) dans *Entre les murs;* Kiné et Gagnesiri dans *Tableau Ferraille*? Quelles valeurs est-ce que leurs vêtements reflètent?

3. Le port du voile par les femmes musulmanes vivant dans les sociétés occidentales est un sujet controversé. Le voile est souvent perçu comme un symbole d'oppression, mais certain(e)s le considèrent au contraire libérateur. Quels arguments pouvez-vous trouver pour ces deux interprétations? Quel est le point de vue sur le voile dans *Persépolis*?

4. Un proverbe français dit que « l'habit ne fait pas le moine (*monk*) », ce qui veut dire qu'il ne faut pas juger les gens par l'apparence. Expliquez une situation où vous vous êtes trompé(e) sur quelqu'un en vous basant sur les vêtements qu'il/elle portait.

5. Quel est votre style vestimentaire? Qu'est-ce que vos vêtements révèlent sur votre personnalité?

9

LES VOYAGES

Dans *L'Auberge espagnole,* Xavier fait un séjour linguistique à Barcelone dans l'espoir d'obtenir un bon poste au Ministère de l'économie, des finances et de l'industrie à son retour. Mais les voyages peuvent transformer les gens. En rentrant d'Espagne, Xavier décide de changer d'orientation professionnelle.

David A. Barnes/Alamy

Le Ministère de l'économie, des finances et de l'industrie à Paris

Travelshots.com/Alamy

L'église de la Sainte Famille à Barcelone

1. Quelles sont les différences entre ces deux bâtiments? Quelles valeurs est-ce qu'ils expriment? Comment sont présentés les personnages qui ont des fonctions importantes au Ministère de l'économie, des finances et de l'industrie (Monsieur Perrin dans *L'Auberge espagnole* et Lucien Cheval dans *Le Dîner de cons*)?

2. Le séjour à l'étranger de Xavier a eu un énorme impact sur sa vie. Comment ces deux bâtiments peuvent-ils raconter la transformation de Xavier dans le film *L'Auberge espagnole*? Et vous, à quel bâtiment vous identifiez-vous le plus?

3. Comment est-ce que le fait de voyager a transformé Marjane dans *Persépolis* et Camille dans *Indochine*? Dans quel autre film du cours est-ce que la situation géographique est intimement liée au développement d'un personnage?

4. Et vous, avez-vous déjà fait un voyage qui a changé votre perspective?

LES MIGRATIONS

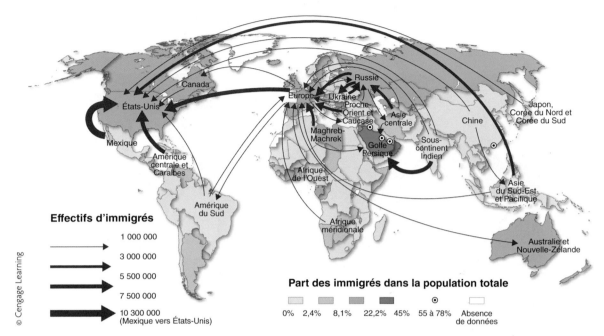

Effectifs d'immigrés

1 000 000

3 000 000

5 500 000

7 500 000

10 300 000
(Mexique vers États-Unis)

© Cengage Learning

Part des immigrés dans la population totale

0%   2,4%   8,1%   22,2%   45%   55 à 78%   Absence de données

Les migrations à la fin du XXᵉ siècle

1. Regardez la carte: D'où viennent les migrants de la fin du XXᵉ siècle, et quels sont les principaux pays d'immigration?

2. Pour quelles raisons est-ce qu'on peut décider de quitter son pays ou sa région pour une longue période de temps ou définitivement?

3. D'où viennent les parents de quelques élèves du film *Entre les murs* et le père de Malika dans *Chaos*? Quelles raisons expliquent l'installation de Marjane en France (*Persépolis*), celle d'Éliane en Indochine, puis en France (*Indochine*), et la décision du père de Malika (*Chaos*) et des parents de Souleymane et de Wei (*Entre les murs*) d'émigrer en France?

4. À quelles difficultés est-ce que les immigrés sont confrontés? Lesquelles sont communes à tous? Lesquelles varient? Illustrez vos réponses en parlant de quelques personnages des films de *Séquences*.

L'HISTOIRE

Plusieurs films de *Séquences* évoquent des circonstances historiques précises et leur impact sur la vie des personnages.

2.4.7. Films/The Kobal Collection

1. Comment la Révolution islamique de 1979 a-t-elle affecté la vie de Marjane et de ses camarades dans *Persépolis*?

2. La question de l'identité est un thème important dans les films du cours qui traitent de la colonisation et de ses conséquences, en particulier dans *Rue Cases-Nègres*, *Indochine*, *Tableau Ferraille*, *Chaos* et *Entre les murs*. Quel est le contexte historique de ces films, et comment se pose la question de l'identité?

3. José (*Rue Cases-Nègres*) et Camille (*Indochine*) ont probablement appris l'histoire dans des manuels français. Imaginez ce qu'ils ont pu ressentir quand ils ont appris que leurs ancêtres étaient des Gaulois (un peuple celtique qui vivait en Europe occidentale pendant l'Antiquité, avant la conquête romaine). Comment les élèves du film *Entre les murs* réagissent-ils quand le prof utilise des exemples qui ne tiennent pas compte de la diversité culturelle de la classe?

4. Quel rôle joue l'Histoire dans votre vie? Est-ce que vous vivez/avez vécu dans un lieu historique? Quels événements historiques ont marqué votre vie? Avez-vous l'impression que votre identité dépend de circonstances historiques particulières?

LES LIEUX DE MÉMOIRE

Certains objets et lieux réels ou imaginaires occupent une place importante dans notre mémoire collective et individuelle. On les appelle des "lieux de mémoire".

La place de la Bastille

1. François Pignon, le protagoniste du film *Le Dîner de cons,* aime faire des maquettes d'objets et de monuments célèbres. De quoi a-t-il fait des maquettes? Pourquoi a-t-il choisi ces objets ou monuments?

2. Certains monuments ont une valeur symbolique. Par exemple, la place de la Bastille commémore l'endroit où la Révolution française a commencé, et elle symbolise depuis la lutte contre l'oppression. D'après vous, pourquoi est-ce que le défilé de la Gay Pride passe par la place de la Bastille (dans *Le Placard* et dans la réalité)? Qu'est-ce qui arrive à François Pignon grâce à cet événement?

3. Que représente la Statue de la Liberté pour les Américains et pour ceux et celles qui souhaitent vivre aux États-Unis? Dans *Tableau Ferraille*, on voit une reproduction de la Statue de la Liberté sur le mur du cimetière. Quel rapport y a-t-il entre ce symbole et le contexte politique du film? Et entre ce symbole et l'évolution personnelle de Gagnesiri?

4. Imaginez de quels lieux (spécifiques ou abstraits) les personnages suivants se souviennent: Xavier (*L'Auberge espagnole*), Médouze et José *(Rue Cases-Nègres)*, Marjane (*Persépolis*), Éliane (*Indochine*), Gagnesiri (*Tableau Ferraille*). Expliquez vos choix.

5. Quels sont vos lieux de mémoire?

LA LANGUE

Dans *L'Auberge espagnole*, Isabelle ne comprend pas qu'on veuille maintenir le catalan tout en développant l'Union européenne. Pour elle, la création d'une identité européenne est en contradiction avec la préservation des langues et identités régionales.

Carcassone en français et en catalan

Picture Contact/Alamy

1. Comment l'Union européenne peut-elle constituer un danger pour les identités nationales ou régionales?

2. Dans quels films est-ce que l'on entend une autre langue en plus du français? Dans quelles circonstances les personnages parlent-ils chaque langue? Comment est-ce que l'utilisation de cette autre langue est liée au thème de l'identité?

3. Même si on parle une seule langue, on la parle différemment en fonction des circonstances et des personnes à qui on s'adresse. Dans quels films avez-vous appris du français familier? Pourquoi trouve-t-on plus de langage populaire dans ces films que dans d'autres films de *Séquences*? Quels personnages emploient beaucoup d'expressions familières?

4. Comparez votre façon de parler avec celle de vos amis et de vos professeurs. Quelle importance peut avoir le langage qu'on choisit d'employer? Comment est-ce que votre langue et votre façon de parler sont liées à vos origines géographiques et aux différentes facettes de votre identité?

IDENTITÉS EN TRANSITION

La littérature et le cinéma dépeignent des personnages dans des moments de crise, confrontés à des situations qui les obligent à réfléchir et à redéfinir leur identité.

John Kellerman/Alamy

Le Penseur *d'Auguste Rodin*

1. À quoi pense l'homme sculpté par Rodin, à votre avis? Comment pouvez-vous relier la sculpture à ces mots de Xavier dans *L'Auberge espagnole:* « J'ai en général jamais su pourquoi j'étais là où j'étais »?

2. Dans quels films de *Séquences* la crise identitaire est-elle liée à des circonstances historiques? Dans lesquels est-elle due à des circonstances personnelles? Quel titre de film exprime le plus l'idée de crise?

3. Qu'est-ce qui permet aux personnages de sortir de la crise et de trouver leur voie? (Un voyage? L'intervention d'une autre personne? Une situation douloureuse?)

4. Quelle expérience personnelle ou collective a eu un grand impact sur vous et a changé votre vision de la vie (même momentanément)?

LECTURES ALLÉGORIQUES

Dans les arts visuels et en littérature, les personnages ont parfois un rôle allégorique, c'est-à-dire qu'ils représentent aussi des idées. On peut trouver des allégories dans les tableaux ou films qui dépeignent des événements historiques.

Eugène Delacroix, La Liberté guidant le peuple (1830)

1. Regardez le célèbre tableau de Delacroix, *La Liberté guidant le peuple,* qui dépeint la révolution de 1830 contre le régime monarchique en France. Que représente la femme dans le tableau? Comment est-ce que le peintre a renforcé sa position dominante? À votre avis, est-ce que Marjane a étudié ce tableau pendant ses études d'art à Téhéran (*Persépolis*)?

2. Qu'est-ce que Camille et Éliane représentent dans le film *Indochine*? Et Gagnesiri et Kiné dans *Tableau Ferraille*?

3. En 1994, une adaptation du tableau de Delacroix a servi de poster pour un festival de films français organisé dans les universités américaines et subventionné par le gouvernement français.

Dans cette adaptation, la femme est sur un globe, et la baïonnette dans sa main gauche est remplacée par une pellicule *(film reel)*. Comment interprétez-vous cette adaptation en sachant que l'affiche a été créée au moment des négociations du GATT (présentées dans le Chapitre préliminaire)? Quel est le rapport entre le cinéma (comme art) et la liberté?

4. Pourquoi est-il important d'encourager tous les pays qui le souhaitent à produire des films? Comment est-ce que les films de *Séquences* ont contribué à votre appréciation du cinéma en général? Classez les films que vous avez vus dans ce cours par ordre de préférence et expliquez votre classement.

LISTE DE VOCABULAIRE

Adjectifs

condescendant(e) *condescending*
fidèle/infidèle (à) *faithful/unfaithful (to)*
grossier (-ière) *vulgar*

For extra practice with the vocabulary in this chapter, refer to the web quizzes at www.cengagebrain.com.

Noms

une allumette *match*
un amant *lover*
un annuaire *phone book*
une blague *joke*
un chagrin d'amour *broken heart*
un contrôleur fiscal *tax auditor*
un éditeur, une éditrice *publisher*
une équipe *team*
un(e) invité(e) *guest*
une maîtresse *lover*

une maquette *model*
la mi-temps *half time*
un passe-temps *hobby*
un portable *cell phone*
un producteur, une productrice
    producer
un répondeur *answering machine*
un romancier, une romancière *novelist*
une scène de ménage *marital dispute*
un tableau *painting*

Verbes

aggraver *to make worse*
annuler *to cancel*
appeler (voir *appeler*) *to call*
avoir le trac *to be nervous, to have stage fright*
avoir pitié (de) *to feel pity (for)*
collectionner *to collect*
composer un numéro *to dial a number*
construire (comme *conduire*) *to build*
décrocher *to pick up the phone*
déranger (comme *voyager*) *to bother*
empêcher quelqu'un de faire quelque chose *to prevent someone from doing something*
enlever (comme *acheter*) *to remove*
éprouver (de la tristesse, de la compassion, etc.) *to feel (sadness, compassion, etc.), to have an emotion*
fabriquer *to build*
faire pitié *to be pitiful*
faire une bêtise *to do something wrong*
faire une collection (de + nom) *to collect*
inviter quelqu'un à faire quelque chose *to invite someone to do something*
plaisanter *to joke*
prendre (irrég.) quelqu'un pour quelqu'un d'autre *to mistake someone for someone else*
prendre (irrég.) quelqu'un pour un imbécile *to consider someone stupid*

raccrocher (au nez de quelqu'un) *to hang up (on someone)*
rappeler (comme *appeler*) *to call back*
remonter le moral à quelqu'un *to cheer someone up*
répéter (comme *préférer*) *to rehearse; to repeat*
ressentir (de la tristesse, de la compassion, etc.) (comme *partir*) *to feel (sadness, compassion)*
se faire mal (au dos) *to hurt oneself (one's back)*
se faire passer pour quelqu'un *to pass oneself off as someone*
se moquer (de) *to make fun (of)*
se régaler *to have a good time; to enjoy one's food*
se retourner contre quelqu'un (pour une situation) *to backfire*
se tromper *to make a mistake*
se tromper (de + nom) *to make a mistake (to be mistaken about)*
se tromper de numéro de telephone *to dial the wrong number*
soutenir (comme *tenir*) *to support (someone or something); to withstand, to bear (a situation)*
tromper *to cheat on; to betray*
venger quelqu'un (comme *voyager*) *to avenge someone*
se venger *to take one's revenge*

Present tense verb conjugation is reviewed in the **Grammaire** (pages 227–232), and the Appendix on page 341 includes conjugation patterns.

Refer to the Appendix on page 336 for explanations of **sentir, se sentir,** and **ressentir.**

Prépositions

au lieu de + nom/+ infinitif *instead of + noun/+ verb + -ing*
de la part de quelqu'un *for someone else, on behalf of*

Expressions

Ça (ne) me (te, le, la, etc.) regarde (pas). *It's (none of) my (your, his, her, etc.) business.*
En route! *Let's go!*
Je meurs de faim. *I'm starving.*

Qu'est-ce qu'il/elle est + adjectif! *He/She is so . . . ! What a . . . !*
Qu'est-ce qu'il est bête! *What a dummy!*
Qui est à l'appareil? *Who's calling?*
Sans blague! *No kidding!*

Vocabulaire supplémentaire

Noms

un bibelot *knick-knack*
un boomerang *boomerang*
la colle *glue*
une devise *motto*
un haut-parleur *loudspeaker*
une louche *ladle*

Verbes

avoir le fou rire *to have the giggles*
faire boomerang, avoir un effet boomerang *to have a boomerang effect, to backfire*

Vocabulaire familier

Adjectifs

chiant(e) *boring, a drag*
con(ne) = idiot(e), imbecile
épatant(e) = fantastique, super

Noms

un boute-en-train *the life of the party*
un(e) con(ne) = un(e) idiot(e), un(e) imbécile
un(e) crac = une personne très intelligente
une garçonnière *bachelor pad*
un pauvre type *poor guy (someone you feel sorry for)*
de la piquette = du vin de mauvaise qualité, qui pique (*burns*) quand on le boit

Verbes et expressions

C'est bien fait pour toi (lui, etc.)! *Serves you (him, etc.) right!*
C'est pas une lumière. *He/She's not very bright.*
décrocher (un prix, la palme) = gagner
draguer *to pursue, to pick up*
envoyer quelqu'un sur les roses *to tell someone to buzz off*
J'en peux plus. *I've had it. (I can't take it anymore.)*
Je peux plus le (la, etc.) voir. *I can't stand him (her, etc.) anymore.*
piquer = voler (*to steal*)
se faire un tour de reins *to hurt one's back*
se payer la tête de quelqu'un (voir *payer*) = se moquer de quelqu'un

VIE PRIVÉE, VIE PUBLIQUE

Tableau Ferraille

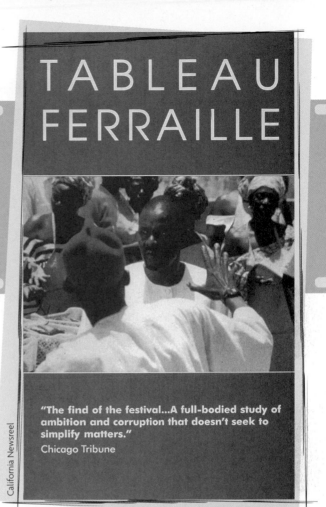

TABLEAU FERRAILLE

California Newsreel

"The find of the festival...A full-bodied study of ambition and corruption that doesn't seek to simplify matters."
Chicago Tribune

Réalisateur: Moussa Sene Absa, Sénégal (1998); 85 minutes

*S*et in postcolonial Senegal, the film for this chapter tells the story of an idealistic politician who is discredited because of the greed and corruption around him. His political life is enmeshed with his personal life, as he yields to pressure to take a second wife. The film is in both French and Wolof; the new vocabulary for this chapter focuses on politics and private life; and the reading addresses one of the themes of the film, polygamy.

Les personnages (La distribution: les acteurs/actrices): Daam (Ismaël Lô), Gagnesiri (Ndèye Fatou Ndaw), Kiné (Ndèye Binela Diop), Gora (Amadou Diop), Président (Thierno Ndiaye), Anta (Isseu Niang), Ndiaye Civilisé (Akéla Sagna), Diop Dollar (Daniel Ripert)

As of March 2011, the film was available for instant viewing on the TV5 site (see catalog at http://cinema.tv5monde.com/catalogue#ajax/films/t).

Ismaël Lô is a well-known singer and guitarist who is sometimes called the "Bob Dylan of Senegal."

LES PRIX DU FILM

• FESPACO (1997): Meilleure image; le FESPACO est le Festival Panafricain du Cinéma de Ouagadougou, qui a lieu tous les deux ans au Burkina Faso.

ENTRÉE EN MATIÈRE

Discussion

1. Dans quelles circonstances est-ce qu'un homme ou une femme politique peut perdre sa réputation? Comment est-ce qu'on peut réagir face à ce genre de situation?

2. Comment est-ce que la mort de quelqu'un peut affecter la vie de ses proches? Donnez des exemples de cette situation dans des films que vous avez vus.

Note culturelle

LE SÉNÉGAL

L'action du film se passe à Tableau Ferraille, un village situé à l'extérieur de Dakar, la capitale du Sénégal. Le Sénégal est un pays d'Afrique de l'ouest qui comptait un peu plus de douze millions d'habitants en 2009. La population appartient à une vingtaine d'ethnies, dont les principales sont les Wolofs (43%), les Peuls ou Pulaars (24%) et les Sérères (15%). Dans le domaine religieux, 94% des Sénégalais sont musulmans, 5% chrétiens, et 1% pratiquent une religion traditionnelle.

Avant son indépendance en 1960, le Sénégal faisait partie de l'Afrique occidentale française, une fédération de huit territoires colonisés par la France pour des raisons économiques et politiques (pour faire concurrence aux autres pouvoirs européens implantés en Afrique). Pour ces raisons historiques, le français est la langue officielle du Sénégal. Il est utilisé dans l'administration et l'enseignement, mais il n'est parlé et compris que par une petite fraction de la population. Les Sénégalais parlent la langue de leur groupe ethnique. Quatre-vingt-dix pour cent de la population parle et comprend le wolof, qui est la langue de l'ethnie la plus importante du pays. Le wolof est donc la langue utilisée dans la communication de tous les jours et dans le monde des affaires. Les émissions de radio sont généralement en wolof, alors que les journaux utilisent le français.

Le Sénégal est une république depuis 1960. Son premier président, Léopold Sédar Senghor, était un intellectuel et poète renommé qui avait fait ses études à Paris. C'est lui qui a écrit les paroles de l'hymne national du Sénégal. Abdou Diouf lui a succédé de 1983 à 2000. Depuis, le pays est dirigé par Abdoulaye Wade, élu chef de l'État en 2000 et réélu en 2007.

Des réalisateurs de talent ont représenté la société sénégalaise passée et présente dans leurs films. Moussa Sene Absa appartient à la deuxième génération de cinéastes qui, après Ousmane Sembène (1923–2007) et Djibril Diop Mambéty (1945–1998), analysent les conséquences du passé colonial et les défis de la modernité dans leurs films. Moussa Sene Absa est né à Dakar en 1958. Il a fait des études de cinéma à Paris et a réalisé plusieurs longs métrages, dont *Ça twiste à Poponguine* (1993), *Tableau Ferraille* (1996) et *Madame Brouette* (2003). Pour lui, le cinéma a la capacité de faire réfléchir les spectateurs et évoluer la société. Un de ses thèmes privilégiés est la situation des femmes dans son pays. Il aimerait que ses films contribuent à plus d'égalité entre les sexes.

Compréhension

1. Comment est composée la société sénégalaise actuelle?

2. Depuis quand est-ce que le Sénégal est indépendant? Qui a été son premier président?

3. Pourquoi le français est-il la langue officielle du Sénégal? Quelle langue est parlée par la majorité de la population?

4. Quels sont des thèmes importants du cinéma sénégalais?

Réactions

1. D'après vous, quelles langues va-t-on entendre dans le film? Qui les parle? (Pensez à la situation linguistique dans *Rue Cases-Nègres*, si vous avez déjà vu ce film.)

2. En vous basant sur ce que vous savez sur les sociétés africaines, imaginez comment Moussa Sene Absa va représenter la vie des femmes dans *Tableau Ferraille*.

Moussa Sene Absa, le réalisateur de Tableau Ferraille

Lecture d'un compte rendu sur le film

Préparation

La phrase suivante est longue et complexe, car elle contient des pronoms démonstratifs et des propositions relatives. Analysez-la pour mieux la comprendre.

Refer to *Les pronoms relatifs* (pages 275–282) and *Les pronoms démonstratifs* (pages 282–283).

> « Ce film ne raconte pas autre chose que l'histoire d'un deuil (*mourning*), celui des aspirations de Daam, natif du village, qui se sera hissé jusqu'aux plus hautes sphères de l'État par son sens de la probité, avant d'être trahi par ceux des siens (= sa famille, ses amis), devenus affairistes, dont il a favorisé l'ascension. »

1. Quel mot est-ce que le pronom démonstratif **celui** remplace?

2. Quelle est la proposition principale (*the main clause*)?

3. Qu'est-ce qu'on apprend sur Daam?
   a. Cherchez un adjectif qui le décrit.
   b. Trouvez la proposition relative qui le décrit.

4. Qu'est-ce qu'on apprend sur les parents et amis de Daam?
   a. Cherchez un adjectif qui les décrit.
   b. Trouvez la proposition relative qui les décrit.

5. Remplacez la proposition relative « dont il a favorisé l'ascension » par une proposition indépendante.

   Il a favorisé l'ascension…

long métrage: *feature-length film*
réquisitoire: *indictment*
prévarication: *failure to fulfill one's duties*
en liesse: *rejoicing*
carriole: *cart*
deuil: *mourning*
qui se sera hissé *who rose*
probité: *honesty, integrity*
ceux des siens: *those close to him*
affairistes: *deal makers*
parvient à dépasser: *manages to go beyond*
abondamment fréquentée par: *a common theme of*

TABLEAU FERRAILLE
Film sénégalais de Moussa Sene Absa
Jacques Mandelbaum

Le Monde, 9 avril 1998

Cinquième long métrage° du cinéaste sénégalais Moussa Sene Absa, *Tableau Ferraille* est un réquisitoire° contre le pouvoir corrupteur de l'argent et la prévarication° des élites. Le film s'ouvre sur un montage parallèle entre l'inauguration d'une route dans le village de Tableau Ferraille et une famille quittant les rues en liesse° dans une carriole°. Une femme en descend pour se recueillir devant une tombe et introduit le long retour en arrière qui va mettre en lumière le sens de cette mystérieuse séquence d'ouverture. Ce film ne raconte pas autre chose que l'histoire d'un deuil°, celui des aspirations de Daam, natif du village, qui se sera hissé° jusqu'aux plus hautes sphères de l'État par son sens de la probité°, avant d'être trahi par ceux des siens°, devenus affairistes°, dont il a favorisé l'ascension. Scandée par des scènes chantées et dansées, cette œuvre parvient° à dépasser les limites illustratives d'un genre, la parabole sociale, abondamment fréquentée par° le cinéma africain.

Compréhension

Dites si les affirmations sont vraies ou fausses.

1. Le film est une critique de la corruption des personnes qui gouvernent.

2. Les premières images du film font alterner un événement public et une scène privée.

3. On voit une personne dans un cimetière.

4. La structure du film est linéaire et chronologique.

5. Daam est né à Tableau Ferraille.

6. Daam était un politicien respecté.

7. Le cinéma africain s'intéresse aux questions de société.

8. Ce film obéit totalement aux conventions du genre de la parabole sociale.

Réactions

1. Imaginez qui quitte le village de Tableau Ferraille et pourquoi.

2. D'après vous, l'histoire est racontée du point de vue de quel personnage?

Questions de langue

1. Quels noms est-ce que les pronoms suivants remplacent?
   a. en (ligne 11)
   b. qui (ligne 13)
   c. qui (ligne 18)

2. Quels pronoms utiliserait-on en anglais pour b et c? Expliquez la différence entre le français et l'anglais dans ce cas.

Visionnement d'une séquence
(sans son ni sous-titres)

Du début du film à la fin de la conversation des hommes dans un bureau (9 minutes).

Après le visionnement, trouvez la bonne réponse.

1. Qu'est-ce qu'on ne voit pas dans cette séquence?
   a. une plage polluée
   b. des yachts
   c. la Statue de la Liberté

2. Pourquoi est-ce qu'il y a beaucoup de gens dans les rues?
   a. Ils assistent à une célébration religieuse.
   b. Ils sont en grève (*on strike*).
   c. Ils célèbrent un changement politique.

3. Les hommes dans le bureau _____.
   a. sont des personnages que nous n'avons pas encore vus
   b. préparent une élection
   c. sont tous très optimistes

4. Il y a un retour en arrière _____.
   a. quand la femme en orange est dans le cimetière
   b. quand la foule quitte le couple
   c. quand l'enfant joue avec un camion au bord de la mer

5. Pourquoi est-ce que le couple s'en va? Choisissez la réponse la plus probable.
   a. C'est par choix; ils veulent déménager.
   b. L'homme a perdu les élections.
   c. Ils sont discrédités car la femme a eu une aventure amoureuse.

6. D'après vous, les hommes en bleu qui chantent _____.
   a. sont chargés d'éloigner le couple du village
   b. sont au village pour présenter un spectacle (*show*)
   c. font des commentaires sur ce qui se passe

> **Viewing tips**
> - You will hear very little dialogue in the opening sequence, and there is more Wolof than French. Pay attention to the setting and try to notice when French is spoken. (Remember that Wolof is spoken by the people while French, the official language of Senegal, is used in government.)
> - Note where the flashback begins in this clip.

Deuxième visionnement de la séquence
(avec son, sans sous-titres)

Compréhension

Lisez les questions ci-dessous, puis visionnez la scène une seconde fois en faisant bien attention à la bande-son. Répondez ensuite aux questions.

1. Qui parle français? Choisissez toutes les réponses qui conviennent.
   a. les personnes qui sont sur la carriole (*cart*)
   b. les hommes dans le bureau
   c. les hommes qui accompagnent l'homme en violet

2. L'homme qui entre dans le bureau est _____.
   a. député
   b. ministre
   c. sénateur

3. De quel problème est-ce qu'il parle?
   a. Depuis 30 ans, le pays ne sait pas où il va.
   b. Son parti risque de perdre les élections.
   c. Les États-Unis ont trop d'influence.

4. Que dit l'homme au costume rose dans le bureau?
   a. Il pense gagner les élections à Tableau Ferraille.
   b. Il ne pense pas que l'Afrique puisse sortir du chaos.
   c. Il veut négocier avec les compagnies pétrolières.

Réactions

1. Quels thèmes sont introduits dans les images et dialogues du début du film?

2. Imaginez à quoi pense la femme au cimetière.

Préparation au visionnement du film

En regardant le film, faites attention aux aspects suivants et prenez des notes sur vos observations.

1. Quels éléments vous permettent de distinguer entre le passé et le présent? Qu'est-ce qui se passe au présent? En combien de séquences est-ce que le passé est présenté?

2. Comment est-ce que Daam fait sa demande en mariage? Comment est-ce que Daam et Gagnesiri passent leur première nuit ensemble (leur nuit de noces)?

3. Quelle est la réaction de Gagnesiri quand Daam décide de prendre une seconde femme?

4. Notez comment est organisée la vie de la famille polygame.

Viewing Tips

Notice:
- the marriage customs
- how the life of the polyga-mous family is organized

Ask yourself:
- What is the director's attitude toward tradition and modernity in this film?
- What do the two wives represent?

Anticipate:
- some disorientation due to the narrative structure
- difficulty understanding the dialogue because of the shift between French and Wolof

AVANT LE PROCHAIN COURS

1. *Tableau Ferraille:* Visionnez le film.

2. *Cahier:* Faites **Les mots pour le dire.**

LES MOTS POUR LE DIRE

Définitions

Le nom juste

Quels noms de la **Liste de vocabulaire** (pages 225–226) correspondent aux descriptions suivantes?

1. une association qui défend les droits des travailleurs
2. ce qu'on perd quand on a la maladie d'Alzheimer
3. quelque chose qu'on achète pour se souvenir d'un voyage
4. celui ou celle qui est responsable d'un musée
5. ce dont il faut se débarrasser (*to get rid of*) pour éviter la pollution
6. l'endroit où l'on enterre les morts
7. la période de tristesse et de réflexion qui suit la mort d'une personne qu'on aime
8. la cérémonie qui a lieu après la mort de quelqu'un
9. ce qui cause parfois la chute d'un politicien
10. les neuf mois pendant lesquels une femme attend un enfant

Références à consulter
• Liste de vocabulaire, pages 225–226
• Votre dictionnaire personnel (page 161, *Cahier*)
• *Les pronoms relatifs* (pages 275–282)

Le verbe juste

Que font les personnes suivantes? Utilisez des verbes de la **Liste de vocabulaire** (page 226) dans vos phrases.

Exemple: ce que fait parfois une personne qui n'est pas loyale

Elle trahit.

1. ce qui se passe parfois quand une femme sans ressources a besoin d'argent
2. ce que fait un candidat avant une élection
3. ce qui arrive à quelqu'un qui tombe amoureux instantanément
4. ce que fait souvent un politicien impliqué dans un scandale
5. ce que font les patrons en période de difficultés économiques
6. ce que fait un bon ami quand ses amis ont des difficultés

Vos définitions

Inventez des définitions pour trois autres mots de la **Liste de vocabulaire**.

Structures

Tableau Ferraille est structuré par des retours en arrière pendant lesquels Gagnesiri se souvient de sa vie passée. Référez-vous à **L'expression du souvenir** dans l'Appendice (page 330) pour faire les exercices suivants.

Les souvenirs des personnages

Complétez les phrases suivantes en utilisant le nom ou la structure qui convient.

1. Daam _____ du jour où il a rencontré Gagnesiri. Il _____ avoir eu le coup de foudre pour elle.

2. Gagnesiri a des _____ positifs du début de son mariage.

3. Daam _____ lui et ses amis avaient beaucoup d'ambition pour leur pays.

4. Quand Gagnesiri pense à la vie d'Anta, cela lui _____ la sienne (*hers*).

5. Daam boit beaucoup, alors sa _____ est affectée. Il _____ mal des événements qui ont causé sa chute.

6. Pendant la grossesse de Kiné, Gagnesiri devait lui _____ de bien se nourrir.

7. Au cimetière, Gagnesiri _____ les bons et les mauvais moments de sa vie.

Et vous?

Pensez à une période de votre enfance ou de votre adolescence et dites à un(e) partenaire ce dont vous vous souvenez. Commencez vos phrases de la façon suggérée et ajoutez des détails. Consultez les phrases modèles dans la section **L'expression du souvenir** de l'Appendice.

> Review *Le passé composé et l'imparfait* (pages 255–256).

Exemple: Je me souviens de…

Je me souviens de ma prof de français du lycée. C'était une prof sympathique et exigeante, etc.

1. Je me souviens de…

2. Je me rappelle…

3. Je me souviens de… / Je me rappelle + infinitif passé…

4. Je me souviens que… / Je me rappelle que + proposition…

5. Ma mère (Mon père, Mes profs) me rappelai(en)t toujours de + infinitif…

◀)) À l'écoute: Le Sénégal

2-26

Le texte que vous allez entendre explique la situation linguistique au Sénégal dans son contexte historique. Lisez les questions, puis écoutez le passage et vérifiez si vous avez compris en répondant aux questions.

1. Le Sénégal est devenu une colonie française en _____.
   a. 1500
   b. 1895
   c. 1960

2. Quel pourcentage de la population sénégalaise parle le français?
   a. moins de 20%
   b. 40%
   c. 90%

3. Le premier président du Sénégal s'appelait _____.
   a. Léopold Sédar Senghor
   b. Abdou Diouf
   c. Abdoulaye Wade

4. Le premier président du Sénégal était _____.
   a. un homme d'affaires
   b. un intellectuel
   c. un médecin

5. Il a été président _____.
   a. de 1960 à 1970
   b. de 1960 à 1980
   c. de 1970 à 1980

6. Il a encouragé _____.
   a. l'élimination du français à l'école
   b. l'utilisation de l'arabe
   c. le développement des langues nationales

7. Combien de langues nationales figurent dans la constitution du Sénégal?
   a. six
   b. huit
   c. dix

8. Quand est-ce que l'enseignement du wolof dans les écoles élémentaires a commencé?
   a. dans les années 40
   b. dans les années 70
   c. dans les années 90

AVANT LE PROCHAIN COURS

1. *Manuel:* Révisez *Les pronoms personnels;* *y* et *en* (pages 286–297).

2. *Cahier:* Faites **Préparation à la discussion.**

DISCUSSION

Chronologie

Rétablissez la chronologie de l'histoire du film en numérotant les phrases de 1 à 8. Puis mettez les verbes au passé. Lisez les phrases à haute voix en classe pour vérifier.

_____ Daam est élu député de Tableau Ferraille.

_____ Daam prend une deuxième femme.

_____ Daam est accusé de corruption et il est discrédité.

_____ Daam est nommé Ministre de l'économie et du développement et s'installe à Dakar.

_____ Gagnesiri et Daam quittent le village et s'arrêtent au cimetière.

_____ Daam ne soutient pas le projet de pont de Président, mais Président obtient le contrat.

_____ Daam fait campagne dans le village où vit Gagnesiri.

_____ Kiné devient conservatrice de musée.

Quelques détails

Ajoutez quelques détails pour chaque phrase de la chronologie en faisant attention à utiliser des pronoms.

Réactions

1. Décrivez la structure narrative du film et comment on passe du présent au passé.

2. Quel genre de politicien est Daam au début du film? À quoi croit-il?

3. Dans quelles circonstances est-ce que Daam a rencontré Gagnesiri? Comment avez-vous trouvé sa proposition de mariage?

4. Décrivez les rapports entre Daam et Président, le gérant de la conserverie.

5. Qui était Anta? Qu'est-ce qui lui est arrivé? Qu'est-ce qui est arrivé à sa fille, Ndoumbé?

6. Pourquoi Daam a-t-il décidé de prendre une seconde femme? Comment l'a-t-il annoncé à Gagnesiri? Qu'est-ce que vous pensez de la réaction de celle-ci?

7. Comment s'est organisée la vie de la nouvelle famille?

8. Comment et pourquoi est-ce que Kiné a trahi Daam?

9. Qu'est-ce qui a causé la chute politique de Daam?

10. Comment Daam et ses femmes ont-ils réagi au moment du scandale?

11. Pourquoi Gagnesiri s'est-elle arrêtée au cimetière en quittant le village? À quoi a-t-elle pensé sur la tombe de son amie, et quelle décision a-t-elle prise?

12. Donnez votre opinion sur le film. L'avez-vous aimé? Y a-t-il des choses que vous n'avez pas comprises? Y a-t-il des choses qui vous ont surpris(e) ou même choqué(e)? Avez-vous eu des difficultés à comprendre le français?

Et vous?

Discutez des questions suivantes avec un(e) camarade de classe.

1. Est-ce que tu t'es déjà présenté(e) à une élection (au lycée, à l'université)? Si oui, comment est-ce que tu as fait campagne?

Qui sont ces deux hommes? Pourquoi se sont-ils disputés?

California Newsreel

2. Est-ce que tu t'intéresses à la politique? Quand est-ce que tu as voté récemment?

3. D'après toi, quelles qualités sont nécessaires pour faire de la politique?

4. Est-ce que tu te souviens d'hommes ou de femmes politiques américain(e)s qui ont perdu leur réputation? Pourquoi ont-ils/-elles été discrédité(e)s?

5. (Question pour les étudiantes) Est-ce que tu es plutôt comme Kiné ou comme Gagnesiri?

6. (Question pour les étudiants) Est-ce que ton idéal féminin ressemble davantage à Kiné ou à Gagnesiri?

7. D'après toi, qu'est-ce que Gagnesiri va faire à la fin du film? Si tu étais Gagnesiri, qu'est-ce que tu ferais?

8. Qu'est-ce que tu penses de la façon dont la polygamie est présentée dans le film?

🔊
2-29

À l'écoute: *Tableau Ferraille*

Jacqueline et Michel sortent du cinéma où ils viennent de voir *Tableau Ferraille* et ils donnent leurs impressions. Écoutez ce qu'ils disent et vérifiez si vous avez compris en complétant les phrases qui suivent.

1. Jacqueline a eu des difficultés à comprendre le film à cause _____.
   a. des thèmes
   b. de la structure
   c. de la langue

2. Elle a remarqué les transitions entre passé et présent grâce _____.
   a. à la bande-son
   b. aux couleurs
   c. aux dialogues

3. Michel a trouvé surprenant _____.
   a. que Daam veuille épouser Gagnesiri si vite
   b. que Daam fasse campagne dans un petit village
   c. que Daam soit élu député

4. Jacqueline a été troublée par l'attitude négative envers les femmes _____.
   a. vierges
   b. mères
   c. stériles

5. Pour Jacqueline, le film est _____ des femmes modernes que des femmes traditionnelles.
   a. moins critique
   b. aussi critique
   c. plus critique

6. La modernité est synonyme d(e) _____.
   a. progrès
   b. corruption
   c. américanisation

7. Michel est surpris _____.
   a. que Kiné n'ait pas résisté aux pressions
   b. que Daam n'ait pas fait son devoir
   c. que Daam n'ait pas clamé (*did not proclaim*) son innocence

8. Jacqueline pense que Daam est devenu _____.
   a. corrompu
   b. cynique
   c. alcoolique

AVANT LE PROCHAIN COURS

1. *Manuel:* Révisez *La formation du conditionnel présent* (pages 302–303), *L'emploi du conditionnel présent* (pages 303–304), *Les pronoms relatifs* (pages 275–282) et *Les pronoms démonstratifs* (pages 282–283).

2. *Cahier:* Préparez **Pour aller plus loin.**

POUR ALLER PLUS LOIN

Qui a dit quoi?

Refer to *Les pronoms relatifs* (pages 275–282) and *Les pronoms personnels; y et en* (pages 286–298). Consult *La position des pronoms à l'impératif* (page 296) for #5.

Les citations dans leur contexte

Complétez chaque phrase avec les pronoms appropriés (pronoms personnels, *y*, pronoms relatifs). Puis notez quel personnage de la liste ci-dessous a dit chaque phrase. Ensuite, expliquez brièvement le contexte.

| Daam | Gagnesiri | Kiné | le ministre | Ndiaye Civilisé | Président |

1. _____: « Ah, si seulement on savait pourquoi on se bat aujourd'hui.

   _____: —Mais pour sortir du chaos.

   _____: —Sortir du chaos? Est-ce encore possible?

   _____: —On va _____ arriver. »

2. _____: « _____, tu fais de la politique. _____, je fais des affaires. »

3. _____: « Ne te laisse pas bouffer (= manger) par cette femme _____ ne_____ donne pas d'enfant. »

4. _____: « Quoi, un député qui n'arrive pas à se faire entendre?

   _____: —Écoute- _____ bien, Gagnesiri. Tu commences à _____ casser les oreilles (*to get on my nerves; literally, to break my ears*) avec les enfants des autres pour _____tu t'inquiètes. _____, je m'inquiète pour les enfants _____tu _____ as pas donnés. »

5. _____: « Je me disais que t'as besoin d'une mère pour tes enfants, et Kiné, _____ doit être féconde comme une brebis. »

6. _____: « Voici Kiné. Je veux _____ épouser.

   _____: —Tu me demandes mon avis ou c'est déjà décidé?

   _____: —Il m'a même pas encore demandé mon avis.

   _____: —Pour moi c'est oui. À condition qu'elle _____ rende heureux.

   _____: —Je _____ promets. »

7. _____: « Gora Junior, voici ton cadeau. C'est oncle Sam... C'est un client américain _____ me _____ a rapporté spécialement des États-Unis. Disneyland. »

8. _____: « Qu'est-ce qui se passe ici?

   _____: —Il se passe que je m'ennuie.

   _____: —Comment ça, tu t'ennuies? Mais Kiné, tu es la femme d'un ministre. Tu ne manques de rien, tu as une belle villa comme tu _____ rêvais, une belle voiture, un enfant à élever et un autre...

   _____: —Je suis pas une poule pondeuse... »

Le français parlé

Retournez aux citations de **Qui a dit quoi?** et faites les activités suivantes.

1. Quelles formes de questions sont utilisées?

2. Quelles remarques pouvez-vous faire sur les négations?

3. Trouvez des synonymes pour les expressions familières en italique:
   a. « Ne te laisse pas *bouffer* par cette femme qui ne te donne pas d'enfant. »
   b. « Tu commences à me *casser les oreilles...* »

4. Notez d'autres mots caractéristiques du français parlé.

5. Imaginez comment les personnages prononcent les citations de **Qui a dit quoi?** Puis écoutez les citations 6 et 8 sur votre *Audio Program* et répétez-les comme vous les entendez en vous mettant dans la peau des personnages.

2-30, 2-31

Source: TABLEAU FERRAILLE, un film de Moussa Sene Absa, 1997, ADR Productions, California Newsreel

La condition de la femme

1. D'après les citations ci-dessus, quel est le rôle de la femme dans la société sénégalaise?

2. Comment est-ce que les scènes suivantes du film confirment ce rôle de la femme?
   a. la nuit de noces (Comment la nuit de noces de Gagnesiri et Daam diffère-t-elle d'une nuit de noces typique dans votre culture?)
   b. les scènes où le Conseil des femmes apparaît, au moment du mariage et après la disgrâce de Daam (Qu'est-ce qui explique son changement d'attitude envers Gagnesiri?)

California Newsreel

Qui sont-elles? Comment sont leurs vies?

3. Comparez les valeurs que Gagnesiri et Kiné représentent.

La vie économique

1. En quoi consistait la vie économique de Tableau Ferraille?

2. Quel était l'impact de l'activité économique sur l'environnement?

3. Comment étaient les relations entre les travailleurs et les dirigeants de la conserverie? Qu'est-ce qui est arrivé à Ndoumbé, la fille d'Anta?

4. Quelles références aux États-Unis avez-vous remarquées? À quel personnage sont-elles associées? Qu'est-ce que le réalisateur suggère par ces références?

La vie politique

Vocabulaire

À quels mots du domaine politique de la **Liste de vocabulaire** ou de votre **Dictionnaire personnel** les pronoms en caractères gras font-ils référence?

Exemple: On **le** contacte parfois quand on veut attirer l'attention sur un problème.

le = le/son député

1. Ceux et celles qui s'intéressent à la politique **en** sont souvent membres.

2. On s'**y** présente quand on a des ambitions politiques.

3. On fait souvent pression sur **eux**.

4. Un candidat **en** a beaucoup et il doit obtenir plus de voix qu'**eux**.

5. Les candidats doivent **les** séduire pour obtenir leurs voix.

6. On **en** offre parfois aux politiciens pour obtenir leur soutien, mais c'est illégal.

7. Un politicien **le** fait après un scandale, car il n'a plus de crédibilité.

8. On **le** fait en novembre aux États-Unis pour élire ses représentants.

La carrière politique de Daam

1. Expliquez les différents stades de la carrière politique de Daam. Pour chaque lieu, dites en quoi consistait son travail, quelles idées il défendait et à quels problèmes il était confronté.
   a. à Tableau Ferraille
   b. à Dakar

2. D'après vous, pourquoi est-ce que Daam n'a pas essayé de clamer son innocence et de défendre sa réputation?

À l'écrit: Les mémoires de Daam

Une vingtaine d'années après sa disgrâce, Daam a décidé d'écrire ses mémoires. Imaginez comment il parle de sa carrière politique et du scandale qui y a mis fin. Basez-vous sur vos réponses à **La carrière politique de Daam** pour écrire un paragraphe de cinq phrases au passé, en faisant attention à votre choix de temps verbal. Utilisez des pronoms pour relier vos phrases et éviter les répétitions.

AVANT LE PROCHAIN COURS

Cahier: Faites **Préparation à la lecture**.

LECTURE

Vous avez rencontré un exemple de polygamie dans le film *Tableau Ferraille*. Les extraits que vous allez lire vont vous permettre de mieux comprendre cette pratique, qui est courante en Afrique et dans d'autres pays.

Discussion

1. Quels hommes de Tableau Ferraille ont décidé de prendre une deuxième femme? Pourquoi? Comment les premières femmes ont-elles réagi?

2. D'après vous, pourquoi la polygamie s'est-elle développée puis maintenue dans certaines sociétés?

Polygamie d'hier à aujourd'hui

Ce passage met la polygamie dans son contexte historique et distingue deux formes de polygamie qui se pratiquent en Afrique.

Un indice° de réussite sociale

En Afrique, mariage a longtemps rimé avec polygamie. À une époque pas encore si lointaine, 80 pour cent des foyers° étaient polygames. Aujourd'hui, les statistiques offrent un meilleur visage: 30 pour cent de polygames, dont 80 pour cent de bigames, c'est-à-dire des hommes mariés à deux épouses.

Mais l'Afrique a-t-elle inventé la polygamie? Une certitude: si ce continent demeure° le lieu par excellence où ce phénomène dispose encore d'une° certaine acceptation morale, il est très loin d'en avoir été le précurseur. Les Saintes Écritures, à travers l'Ancien Testament, rappelaient déjà que Salomon eut° 700 femmes, dont 300 épouses et 400 domestiques!

L'Afrique a donc forcément pris le train en marche°, mais y a trouvé pendant plus longtemps que les autres une source d'équilibre et d'harmonie de sa société. Deux grandes formes de polygamie se pratiquent en Afrique. Une polygamie héritée des traditions, et une autre héritée principalement de la religion musulmane. La polygamie héritée des traditions est sans limite. En clair, l'homme peut prendre autant de femmes qu'il le souhaite, à l'aune de° sa capacité à leur donner des terres à cultiver. La polygamie musulmane a quant à elle des règles strictes: l'homme ne doit pas prendre plus de quatre femmes, et doit les traiter toutes de manière égale. En clair, elles doivent être logées à la même enseigne°, recevoir toutes les mêmes cadeaux et garder leur mari à temps presque égal dans leur lit!

"Polygamie d'hier à aujourd'hui," Francophonies du sud #6, un supplément to *Le Français dans le monde* #330, novembre 2003

indice: *sign, index*
foyers: *households*
demeure: *remains*
dispose encore d'une: *still has*
eut: *had* (passé simple de **avoir**)
a pris le train en marche: *jumped on the bandwagon*
à l'aune de: *according to*
être logées à la même enseigne: *be treated the same way*

Compréhension

1. Quel pourcentage de foyers africains est polygame? et bigame?

2. Où trouve-t-on les premiers exemples de polygamie?

3. Comment l'Afrique se distingue-t-elle des autres cultures polygames?

4. Qu'est-ce qui différencie les deux types de polygamie en Afrique?

Réactions

À quel type de polygamie décrite dans l'article ressemble la polygamie pratiquée dans *Tableau Ferraille*? Expliquez.

Questions de langue

1. Réécrivez les phrases suivantes en remplaçant les pronoms en italique par des noms.
   a. « … *il* est très loin d'*en* avoir été le précurseur. »
   b. « L'Afrique… *y* a trouvé… une source d'équilibre et d'harmonie de sa société. »
   c. « … sa capacité à *leur* donner des terres à cultiver. »
   d. « l'homme… doit *les* traiter toutes de manière égale. »

2. Réécrivez les phrases suivantes en faisant les changements suggérés.
   a. « … l'homme peut prendre autant de femmes qu'il le souhaite… » (Utilisez le verbe **se marier** et le mot **fois** [*time(s)*].)
   b. « … elles doivent… recevoir toutes les mêmes cadeaux et garder leur mari à temps presque égal dans leur lit! » (Remplacez **les mêmes cadeaux** par l'équivalent de *as many gifts* et **à temps presque égal** par l'équivalent de *as much time*.)

Refer to *La comparaison avec le nom* (page 264) to review the use of **autant** in 2.

3. Comment traduit-on les mots suivants?
   a. si (ligne 3)
   b. si (ligne 12)
   c. rappelaient (ligne 17)
   d. en clair (lignes 29 et 36–37)

Ce passage explique pourquoi la polygamie s'est développée en Afrique et quel impact la modernisation a eu sur cette pratique.

ne pas s'en tenir à: *not to limit themselves to*
leur vécu quotidien: *their daily lives*
en fonction de: *according to*
disposer: *to have*
renvoyer à: *to call up*
au même titre que: *like*
ce qui ne veut nullement dire: *which does not mean at all*
Fon: *ethnic group in Benin and southwest Nigeria*
très juste: *tight (financially)*
aurait le dessus sur: *would lead to the disappearance of*
semble déjouer ces pronostics: *seems to prove this prediction false*
Au grand dam des: *This enrages*

Un mode de vie

… Si les facteurs explicatifs de la polygamie sont d'ordre économique, religieux, social ou politique, la pratique, elle, est d'abord culturelle. Les uns et les autres choisissent de ne pas s'en 5
tenir à° une seule épouse, non pas au terme d'un calcul stratégique, mais simplement parce qu'il s'agit d'un mode de vie présent dans leur vécu quotidien° et dans leur histoire. 10

Il se trouve cependant un certain nombre de commodités qui ont permis à la pratique de prospérer. Cultiver la terre nécessitait une abondante main-d'œuvre et pour beaucoup, la polygamie 15
apportait une solution au problème, et permettait par ailleurs, dans les villages où la répartition des terres se faisait en fonction de° la taille de la famille, de disposer° d'une surface plus grande. 20

Pour d'autres, en plus de l'avantage économique, s'ajoutait la dimension politique. « Mon grand-père était chef dans l'est de la Centrafrique, raconte Donguama. Pour avoir un royaume 25
prospère et stable, il avait impérativement besoin d'avoir plusieurs femmes. D'abord parce qu'avec les enfants, cela donnait plus d'importance à son royaume, mais surtout parce que les 30
différents mariages lui permettaient de s'allier aux groupes ethniques rivaux qui non seulement ne pouvaient plus l'attaquer parce qu'il avait épousé leur fille, mais en plus lui devaient assistance 35
en cas de danger et vice versa. »

Tout cela peut sembler bien lointain et renvoyer à° des clichés de l'Afrique pré-coloniale. Et pourtant la polygamie a survécu à la modernité et continue 40
d'être dans de nombreux pays africains une pratique courante, légale, reconnue comme régime matrimonial au même titre que° la monogamie. Au Cameroun, au Mali, au Sénégal, au Togo, la légis- 45
lation prévoit que les conjoints peuvent opter pour le régime matrimonial de leur choix. En Guinée et en Côte d'Ivoire, la polygamie est abolie, ce qui ne veut nullement dire° qu'elle n'existe plus. 50

Si des chefs comme Mswati III, trente-cinq ans, roi du Swaziland en Afrique australe, ou les Fon° du Nord-Ouest Cameroun peuvent avoir plus d'une demi-douzaine d'épouses, 80 pour 55
cent des polygames africains sont… seulement bigames. Très souvent, ce sont les impératifs socio-économiques qui les incitent à s'en tenir à deux épouses. « Si j'avais plus d'argent, j'aurai eu trois 60
ou quatre femmes », reconnaît Étienne Dossou, fonctionnaire béninois. « Parce que je suis le seul fils de ma mère. Mais là, avec deux femmes et sept enfants, ça commence à être très juste°. » 65

Mettre fin à l'hypocrisie

Alors que beaucoup prédisaient que la modernisation, à travers les contraintes de la vie urbaine et la scolarisation des populations, aurait le dessus sur° la polygamie, le phénomène semble déjouer 70
ces pronostics° et fait de la résistance. Au grand dam des° associations de défense des droits de la femme qui dénoncent une pratique « contraignante et avilissante pour la femme ». 75

Celles-ci considèrent la polygamie comme une pratique « moyenâgeuse, traumatisante pour les femmes et les enfants qui en sont issus pour le seul ego des hommes ». Les mariages poly- 80
gamiques offrent parfois le spectacle de violentes scènes de ménage et de querelles entre les enfants et les différentes femmes du foyer.

Mais ce serait oublier que la poly- 85 gamie offre aussi une structure familiale plus élargie, qui permet un meilleur encadrement et une école de solidarité pour les enfants. À tel point qu'à Liège en Belgique, des chercheurs réunis dans le 90 cadre° de la « Chaire Hoover d'éthique économique et sociale° » préconisent° ni plus ni moins « l'autorisation du mariage civil polygame ». Leur argumentaire se fonde notamment sur le fait 95 qu'une « démocratie moderne repose en particulier sur l'attachement à la neutralité de l'État vis-à-vis des choix de vie des individus qui la constituent ». Autre argument, « la reconnaissance du ma- 100 riage polygame mettrait de surcroît fin° à une hypocrisie. » L'allusion renvoie entre autres à tous les hommes qui vivent avec une femme et une maîtresse quasi-officielle. C'est ce que l'on appelle un 105 « deuxième bureau » en Afrique.

dans le cadre de: *in the context of*
« Chaire Hoover d'éthique économique et sociale »: *Hoover Chair in Economic and Social Ethics at the Catholic University of Louvain (Belgium)*
préconisent: *advocate*
mettrait de surcroît fin: *would also end*

Compréhension

1. Pour quelle raison principale est-ce que certains Africains choisissent d'être polygames?

2. Quels avantages économiques est-ce que la polygamie apportait aux sociétés traditionnelles? Expliquez la signification de la phrase suivante: « … la polygamie… permettait… de disposer d'une surface plus grande. »

3. Quels étaient les avantages politiques de la polygamie?

4. À quelle période historique associe-t-on en général la polygamie? A-t-on raison?

5. Quels aspects de la vie moderne semblent s'opposer à la persistance de la polygamie?

6. L'article évoque des aspects négatifs et positifs de la polygamie.
   a. Qui la critique et pourquoi? Notez les adjectifs utilisés pour critiquer la pratique.
   b. Quel aspect positif est évoqué?
   c. Qui suggère d'autoriser la polygamie en Europe? Quels sont leurs arguments?

Réactions

1. Qu'est-ce que vous avez appris sur la polygamie en lisant ce texte?

2. Quels arguments (pour ou contre la polygamie) mentionnés dans la dernière section vous semblent les plus cohérents?

3. Est-ce que certains de ces arguments s'appliquent à la représentation de la polygamie dans *Tableau Ferraille*? Est-ce que le film présente la polygamie de façon négative, positive ou neutre?

Refer to these points for the following questions:

1. *Les pronoms relatifs* (pages 275–282)

2. *Les articles avec les pays* and *Les prépositions avec les villes et les pays* (page 234)

3. *Les phrases hypothétiques* (pages 306–307)

4. *La comparaison avec le nom* (page 264) and *Le comparatif des adjectifs* (page 273)

Questions de langue

1. Les pronoms

a. Cherchez trois pronoms relatifs différents dans ce passage.

b. Expliquez l'utilisation du pronom disjoint dans « … la pratique, elle, est d'abord culturelle… » (lignes 3–4). Comment le traduiriez-vous?

c. Quel nom est-ce que les pronoms suivants remplacent?
- celles-ci (ligne 76)
- en (ligne 79)
- la (ligne 99)

2. En vous basant sur les lignes 44–48, décidez quel article défini (**le** ou **la**) on utilise avec les pays suivants. Puis utilisez ces pays dans une phrase qui commence par **Il vient…** (*He comes from* [*Cameroon.*]).

a. Cameroun

b. Côte d'Ivoire

c. Guinée

d. Mali

e. Sénégal

f. Togo

3. Trouvez l'erreur de grammaire! Il y a une erreur de structure dans la phrase d'Étienne Dossou: « Si j'avais plus d'argent, j'aurai eu trois ou quatre femmes … » Quelle(s) structure(s) aurait-il dû utiliser?

4. Cherchez:

a. le comparatif de trois adjectifs dans les paragraphes 2 et 8

b. le comparatif d'un nom dans le paragraphe 3

AVANT LE PROCHAIN COURS

Cahier: Faites **Préparation à l'écriture**.

INTERACTIONS

Sketch

This section contains activities that allow you to work creatively with the vocabulary and structures from the chapter.

Choisissez un sujet, préparez la scène et jouez-la devant la classe.

1. Président veut vraiment obtenir le contrat pour la construction du pont. Il fait pression sur Kiné pour arriver à ses fins (*to get what he wants*).

2. Dialogue entre Daam et un de ses amis: Daam explique à un de ses amis ce qui s'est vraiment passé concernant le contrat du pont, et il lui demande conseil. Doit-il se taire? Doit-il révéler la vérité? Son ami l'aide à décider.

3. Gagnesiri ne sait pas très bien ce qu'elle devrait faire ou ce qu'elle veut faire après la disgrâce de Daam. Elle cherche conseil auprès d'une femme traditionnelle.

4. Gagnesiri ne sait pas très bien ce qu'elle devrait faire ou ce qu'elle veut faire après la disgrâce de Daam. Elle cherche conseil auprès d'une femme émancipée.

Exposé

Préparez un des sujets suivants à la maison pour le présenter en classe.

1. Faites une recherche sur l'histoire du Sénégal, en particulier ses relations avec la France, et présentez ce que vous avez découvert.

2. Faites une présentation sur un aspect du Sénégal contemporain (l'économie, la situation politique, les coutumes, la littérature, la chanson, la gastronomie, la langue, etc.).

3. Interrogez un(e) étudiant(e) francophone sur la situation politique et les élections dans son pays. Présentez vos résultats en les comparant à la situation aux États-Unis.

> Qui est président? Depuis quand? Combien de partis politiques y a-t-il? Quels sont leurs programmes? etc.

LISTE DE VOCABULAIRE

> For extra practice with the vocabulary in this chapter, refer to the web quizzes at www.cengagebrain.com.

Adjectifs

cynique *cynical*
déchu(e) *fallen*
digne *full of dignity*
discrédité(e) *discredited*
enceinte *pregnant*
idéaliste *idealist*
ivre *drunk*

loyal(e) *loyal*
polygame *polygamous*
radioactif (-ive) *radioactive*
résolu(e) *resolute*
soûl(e) *drunk*
stérile *sterile*
vierge *virgin*

Noms

un(e) adversaire *opponent*
un(e) candidat(e) *candidate*
le capitalisme (sauvage) *(unrestrained) capitalism*
un chef d'entreprise *CEO*
un cimetière *cemetery*
un(e) citoyen(ne) *citizen*
un conservateur, une conservatrice (de musée) *curator*
un contrat *contract*
la convoitise *greed*
les déchets industriels (m. pl.) *industrial waste*
un(e) député(e) *deputy, representative*
le deuil *mourning;* être en deuil *to be in mourning*
la dignité *dignity*
un dossier *proposal, file*
un entrepreneur *entrepreneur*
une entreprise *business*

un fonds de solidarité *solidarity fund*
une foule *crowd*
une galerie d'art *art gallery*
une grève *strike*
la grossesse *pregnancy*
un licenciement *lay-off*
la loyauté *loyalty*
la maternité *motherhood*
la mémoire *memory*
la nuit de noces, la lune de miel *honeymoon*
les obsèques (f. pl.) *burial*
un ouvrier, une ouvrière *blue-collar worker*
un parti *party*
un(e) politicien(ne) *politician*
la polygamie *polygamy*
un pont *bridge*
un pot-de-vin *bribe*
un projet *plan, project*

un scandale *scandal*
un souvenir *a memory*
un syndicat *(labor) union*
une tombe *tomb*

la trahison *betrayal*
la virginité *virginity*
une voix *vote*

Present tense verb conjugation is reviewed in the Grammaire (pages 227–232), and the Appendix on page 341 includes conjugation patterns.

Refer to the Appendix on page 330 for work on verbs and nouns that express the act of remembering; refer to pages 334–335 for explanations of **quitter**.

Verbes

accuser quelqu'un de quelque chose *to accuse someone of something*
améliorer *to improve*
avoir le coup de foudre (pour) *to fall in love at first sight (with)*
compromettre quelqu'un (comme mettre) *to compromise someone*
convoiter *to covet*
démissionner (de) *to resign (from)*
élire (comme *lire*) *to elect*
être candidat(e) (à) *to be a candidate (for)*
faire campagne *to campaign*
faire confiance à *to trust*
faire pression sur quelqu'un *to put pressure on someone*
quitter quelqu'un/un endroit *to leave someone/a place*
reprocher quelque chose à quelqu'un *to blame someone for something*
reprocher à quelqu'un de faire quelque chose *to blame someone for doing something*

se compromettre *to compromise oneself*
se disputer *to quarrel*
se fâcher *to get angry; to have a falling out*
se fier à *to trust*
se méfier (de) *to mistrust*
se présenter (à une election) *to run (for office)*
se prostituer *to prostitute oneself*
se rappeler *to remember*
se recueillir (sur la tombe de quelqu'un) (irrég.) *to meditate*
soutenir (comme *tenir*) *to support*
se souvenir (de) (comme *venir*) *to remember*
tirer profit de *to profit from*
tomber amoureux (-euse) (de) *to fall in love (with)*
trahir (comme *finir*) *to betray*
voter *to vote*

Vocabulaire supplémentaire

Adjectif

taché(e) (de sang) *(blood-) stained*

Noms

une carriole *cart*
une charrette *cart*
un chœur *chorus*
une conserverie *cannery*
un drap *sheet*
un garde du corps *bodyguard*

un griot *storyteller and family historian*
un mandat *term (of office)*
un ministre *minister (political)*
le népotisme *nepotism*
une subvention *subsidy*
un tonneau *barrel*

Chapitre Préliminaire

GRAMMAIRE

Le présent de l'indicatif

Sommaire

    La formation du présent de l'indicatif

        Les verbes en *-er*

        Les verbes en *-ir*

        Les verbes en *-re*

        Les verbes irréguliers

        Application immédiate 1

        Les verbes pronominaux

        Application immédiate 2

    L'emploi du présent de l'indicatif

        Application immédiate 3

> This **Grammaire** section is a self-study module that appears in each chapter. Each grammar section includes formal explanations and self-corrected Application immédiate exercises. Homework directions in the main part of the textbook tell you when to study the different sections. Your instructor may also go over the explanations in class.

GRAMMAIRE P

LE PRÉSENT DE L'INDICATIF

For more practice, visit www.cengagebrain.com.

In previous semesters, you probably spent a lot of time learning the forms of verbs in the present tense of the indicative. It is useful to review them briefly and to recycle them continuously as you learn new verbs and structures. This chapter presents the different types of conjugations in the present tense. You will find references to these verb families next to the verbs in each chapter's vocabulary list, and you can find out more in the regular and irregular verb tables beginning on page 339.

La formation du présent de l'indicatif

French verbs are divided into three groups, each with its own sub-patterns and exceptions. There are also many irregular verbs.

Les verbes en -er

The most common pattern is that of verbs whose infinitive ends in **-er,** such as **parler**.

1. To conjugate -**er** verbs, delete -**er** from the infinitive; then add the endings -**e, -es, -e, -ons, -ez, -ent.**

parler	
je parl**e**	nous parl**ons**
tu parl**es**	vous parl**ez**
il/elle/on parl**e**	ils/elles parl**ent**

227

Note that the **je, tu, il/elle/on,** and **ils/elles** forms are pronounced the same way. Resist the temptation to pronounce the -**ent** of the third-person plural! A good way to remember this is to think of a shoe: the forms inside the shoe have the same pronunciation.

2. Two types of verbs follow this basic pattern with a slight change in the **nous** form:

   • verbs ending in -**ger,** such as **voyager**
   Add an **e** after the stem so that the present conjugation is pronounced throughout with a soft **g** (and not as in **gorille**): **je voyage, tu voyages, il/elle/on voyage, nous voyageons, vous voyagez, ils/elles voyagent.**

   • verbs ending in -**cer,** such as **commencer**
   Replace the **c** with a **ç** so that the present conjugation is pronounced throughout with a soft **c** (and not as in **copain**): **je commence, tu commences, il/elle/on commence, nous commençons, vous commencez, ils/elles commencent.**

3. Some verbs have stem changes in all forms except **nous** and **vous.** Remember these as "shoe" verbs because of the visual pattern created by their forms: the stem of the **nous** and **vous** forms is the same as the stem of the infinitive.

   • Verbs with **é** or **e** in their penultimate syllable, such as **préférer** and **acheter**: the letters **é** and **e** change to **è**.

verbs like *préférer*		verbs like *acheter*	
je préfère	nous préférons	j'achète	nous achetons
tu préfères	vous préférez	tu achètes	vous achetez
il/elle/on préfère	ils préfèrent	il/elle/on achète	ils/elles achètent

   • Verbs in -**yer**, like **nettoyer or ennuyer**: the **y** changes to **i** in front of a mute **e**.

verbs like *nettoyer*	
je nettoie	nous nettoyons
tu nettoies	vous nettoyez
il/elle/on nettoie	ils/elles nettoient

   • Verbs like **payer** can keep the **y** or change to **i**: **je paye** or **je paie.**
   • **Appeler** and **jeter** are exceptions: the penultimate **e** does not change to **è**. Instead, the consonant that follows **e** is doubled.

verbs like *appeler*		verbs like *jeter*	
j'appelle	nous appelons	je jette	nous jetons
tu appelles	vous appelez	tu jettes	vous jetez
il/elle/on appelle	ils/elles appellent	il/elle/on jette	ils/elles jettent

Les verbes en -*ir*

There are three types of verbs ending in -**ir**:

1. Verbs like **finir**

   To find the stem, delete -**ir** from the infinitive; then add the endings -**is, -is, -it, -issons, -issez, -issent.**

finir (divertir, réfléchir, réussir, etc.)	
je fin**is**	nous fin**issons**
tu fin**is**	vous fin**issez**
il/elle/on fin**it**	ils/elles fin**issent**

2. Verbs like **partir**

These verbs have two stems, to which are added the endings **-s, -s, -t, -ons, -ez, -ent**.

- To find the singular stem (**je, tu, il/elle/on**), delete **-ir** and the consonant that precedes it.
- To find the plural stem (**nous, vous, ils/elles**), just delete **-ir**.

partir (dormir, servir, sortir, etc.)	
je par**s**	nous par**tons**
tu par**s**	vous par**tez**
il/elle/on par**t**	ils/elles par**tent**

Knowing the different conjugation patterns of **-ir** verbs will help you with the conjugation of the **imparfait,** which uses the **nous** form of the present tense as its stem. Compare, for example, the **imparfait** of **finir (je finissais)** and of **partir (je partais)**.

3. Verbs like **ouvrir**

Verbs like **ouvrir** are conjugated like **-er** verbs.

ouvrir (découvrir, offrir, souffrir)	
j'ouvr**e**	nous ouvr**ons**
tu ouvr**es**	vous ouvr**ez**
il/elle/on ouvr**e**	ils/elles ouvr**ent**

Les verbes en -re

To find the stem, delete **-re** from the infinitive and add the endings **-s, -s, -, -ons, -ez, -ent**.

répondre (attendre, descendre, entendre, perdre, rendre, etc.)	
je répond**s**	nous répond**ons**
tu répond**s**	vous répond**ez**
il/elle/on répond	ils/elles répond**ent**

Les verbes irréguliers

Finally, there are many irregular verbs. The most important ones are listed here.

aller (*to go*): je vais, tu vas, il/elle/on va, nous allons, vous allez, ils/elles vont

avoir (*to have*): j'ai, tu as, il/elle/on a, nous avons, vous avez, ils/elles ont

battre (*to beat*): je bats, tu bats, il/elle/on bat, nous battons, vous battez, ils/elles battent

boire (*to drink*): je bois, tu bois, il/elle/on boit, nous buvons, vous buvez, ils/elles boivent

conduire (*to drive*): je conduis, tu conduis, il/elle/on conduit, nous conduisons, vous conduisez, ils/elles conduisent

GRAMMAIRE P

connaître (*to know*): je connais, tu connais, il/elle/on connaît, nous connaissons, vous connaissez, ils/elles connaissent

croire (*to believe*): je crois, tu crois, il/elle/on croit, nous croyons, vous croyez, ils/elles croient

devoir (*to have to, to owe*): je dois, tu dois, il/elle/on doit, nous devons, vous devez, ils/elles doivent

dire (*to say*): je dis, tu dis, il/elle/on dit, nous disons, vous dites, ils/elles disent

écrire (*to write*): j'écris, tu écris, il/elle/on écrit, nous écrivons, vous écrivez, ils/elles écrivent

être (*to be*): je suis, tu es, il/elle/on est, nous sommes, vous êtes, ils/elles sont

faire (*to do, to make*): je fais, tu fais, il/elle/on fait, nous faisons, vous faites, ils/elles font

falloir (*to be necessary*): il faut

lire (*to read*): je lis, tu lis, il/elle/on lit, nous lisons, vous lisez, ils/elles lisent

mettre (*to put*): je mets, tu mets, il/elle/on met, nous mettons, vous mettez, ils/elles mettent

mourir (*to die*): je meurs, tu meurs, il/elle/on meurt, nous mourons, vous mourez, ils/elles meurent

paraître (*to appear*): je parais, tu parais, il/elle/on paraît, nous paraissons, vous paraissez, ils/elles paraissent

plaire (*to please*): je plais, tu plais, il/elle/on plaît, nous plaisons, vous plaisez, ils/elles plaisent

pouvoir (*to be able to*): je peux, tu peux, il/elle/on peut, nous pouvons, vous pouvez, ils/elles peuvent

prendre (*to take*): je prends, tu prends, il/elle/on prend, nous prenons, vous prenez, ils/elles prennent

recevoir (*to receive*): je reçois, tu reçois, il/elle/on reçoit, nous recevons, vous recevez, ils/elles reçoivent

savoir (*to know*): je sais, tu sais, il/elle/on sait, nous savons, vous savez, ils/elles savent

suivre (*to follow; to attend [a class]*): je suis, tu suis, il/elle/on suit, nous suivons, vous suivez, ils/elles suivent

tenir (*to hold*): je tiens, tu tiens, il/elle/on tient, nous tenons, vous tenez, ils/elles tiennent

venir (*to come*): je viens, tu viens, il/elle/on vient, nous venons, vous venez, ils/elles viennent

voir (*to see*): je vois, tu vois, il/elle/on voit, nous voyons, vous voyez, ils/elles voient

vouloir (*to want*): je veux, tu veux, il/elle/on veut, nous voulons, vous voulez, ils/elles veulent

Application immédiate 1

Conjuguez les verbes suivants au présent de l'indicatif.

1. aller: *to go*
2. avoir: *to have*
3. choisir: *to choose* (*like* **finir**)
4. être: *to be*
5. faire: *to do*
6. louer: *to rent*
7. partager: *to share*
8. perdre: *to lose*
9. réfléchir: *to think* (*like* **finir**)
10. remplacer: *to replace*

Les verbes pronominaux

Pronominal verbs, also known as reflexive verbs, have the pronoun **se (s')** in front of the infinitive. They follow the same conjugation patterns as non-pronominal verbs. When the subject pronoun changes, the pronoun changes as well.

se disputer (to fight, to argue)	
je **me** dispute	nous **nous** disputons
tu **te** disputes	vous **vous** disputez
il/elle/on **se** dispute	ils/elles **se** disputent

Application immédiate 2

Mettez les verbes au présent de l'indicatif.

1. Comment _____ (s'appeler) le réalisateur de ce film?

2. Tu _____ (connaître) cet acteur?

3. Qui _____ (interpréter) le rôle principal?

4. On _____ (s'habituer) aux sous-titres.

5. Ce film me _____ (plaire).

6. Nous _____ (appartenir) à un ciné-club.

7. Vous _____ (s'identifier) souvent aux personnages?

8. Tu _____ (se souvenir) du film?

9. Mes amies _____ (se divertir) en voyant des comédies.

10. Nous ne _____ (s'ennuyer) jamais en regardant des dessins animés.

L'emploi du présent de l'indicatif

1. The present tense describes actions that take place on a regular basis.

Je vais à l'université trois fois par semaine.

I go to the university three times a week.

2. The present tense also describes actions that are taking place right now.

Que fais-tu?

What are you doing?

Je lis.

I am reading.

3. As in English, the present tense may be used to describe future events.

Je pars samedi prochain.

I'm leaving next Saturday.

Note that, unlike English, French uses the future tense after **quand** (*when*) in cases where the main verb is in the future.

Je **mangerai** quand le cours **sera** terminé.

*I **will eat** when the class **is** over.* (literally, *"when the class **will be** over,"* since it isn't yet over)

GRAMMAIRE P

Translating the Present Tense

There are three translations in English for most French verbs in the present: *je parle* = *I speak, I do speak, I am speaking. I have been speaking (I have spoken)* is also a possible translation of the present tense when *since* or *for* is used.

4. **Aller** in the present tense followed by an infinitive expresses the future (le **futur proche**).

Nous allons voir un film.

We are going to see a film.

5. The present is also used to talk about an action that began in the past and is still going on. This is expressed by **depuis, il y a… que,** or **cela fait… que** (**ça fait… que**). Note that French uses the present tense in these cases, but English does not.

Depuis can be followed by:
- an expression indicating a duration/span of time. In this case, the translation for **depuis** is *for*.

Je **fais** mes devoirs depuis 20 minutes.

*I **have been doing** my homework **for 20 minutes**.*

or

- an expression indicating a specific date or time. In this case, the translation for **depuis** is *since*.

J'**étudie** le français depuis 1990 / depuis le mois d'août / depuis 2 heures de l'après-midi.

*I **have been studying** French **since 1990** / **since August** / **since 2:00 P.M.***

Another way to say that an action has been going on for a period of time is to use **Il y a… que** or **Cela fait… que** (**Ça fait… que**) and a verb in the present.

Je **fais** mes devoirs depuis 20 minutes.

Il y a 20 minutes que je **fais** mes devoirs.

Cela fait (Ça fait) 20 minutes que je **fais** mes devoirs.

*I **have been doing** my homework **for 20 minutes**.*

Application immédiate 3

Traduisez.

1. I have been taking film courses for two years.
2. What film is showing at the art-house theater today?
3. They are going to buy the tickets.
4. We have been shooting (the film) since January 1.
5. She makes a film every year.

Chapitre 1

GRAMMAIRE

Pays, langues, nationalité

Sommaire

La forme interrogative

Sommaire

This is a self-study module that appears in each chapter. Each grammar section includes formal explanations and self-corrected **Application immédiate** exercises. Homework directions in the main part of the textbook tell you when to study the different sections. Your instructor may also go over the explanations in class.

This chapter presupposes familiarity with the conjugation and uses of the present tense. Refer to *Le présent de l'indicatif* (pages 227–231) if you need a review.

GRAMMAIRE 1

For more grammar practice, visit the website www.cengagebrain.com.

GRAMMAIRE 1

Compare with **le Japon** and **l'Australie** (larger islands); and **la Guadeloupe, la Martinique, la Réunion** (small islands that are not independent).

PAYS, LANGUES, NATIONALITÉ

Here are some guidelines to know the gender of countries and the prepositions used with them.

Les articles avec les pays

1. Like other nouns, countries are either masculine (**le Luxembourg**) or feminine (**la France, l'Inde**). Some are plural (**les États-Unis, les Pays-Bas**). The names of countries are capitalized.

   J'ai envie de visiter l'Irlande, la Roumanie et le Ghana.

2. Countries that end in **-e** are usually feminine; countries that end with a different vowel or a consonant are masculine (**le Pérou, le Canada, le Danemark**).

   Exceptions: le Mexique, le Cambodge, le Mozambique, le Belize, le Suriname, le Zimbabwe

3. An article precedes the name of most countries in French.

   Le Sénégal est en Afrique de l'Ouest.

4. Some independent countries that are islands do not take an article. Usually this is the case with small islands: **Malte, Chypre, Madagascar, Cuba, Haïti.**

Les prépositions avec les villes et les pays

1. To express the idea of going to/being in a city or country

   - **Cities:** Use **à.**
     Ils vont **à** Paris, **à** Tokyo, **à** Londres. (Exception: en Avignon)

   - **Countries:** Use **en** for feminine countries.
     J'habite **en** Italie.

     Use **en** for masculine countries that start with a vowel.
     Ils habitent **en** Irak.

     Use **au** for other masculine countries.
     Nous allons **au** Nicaragua, **au** Chili et **au** Mexique.

     Use **aux** for countries with plural names.
     Nous habitons **aux** États-Unis.

     Use **à** for island countries that do not take an article.
     Nous allons à Malte, à Chypre, à Madagascar, à Cuba. (Exception: **en** Haïti)

2. To express the idea of coming/arriving from a city or country

   - **Cities:** Use **de** (**d'**).
     Elles arrivent **de** New York. Ils viennent **d'**Annecy.

   - **Countries:** Use **de** (**d'**) for feminine countries and small islands.
     Je viens **d'**Algérie. Il est **de** Cuba.

     Use **du** for masculine countries.
     Elle vient **du** Congo. Il est **du** Vietnam. Ils sont originaires **du** Bénin.

     Use **des** for countries with plural names.
     Ils viennent **des** États-Unis/**des** Pays-Bas.

Les langues

Languages are masculine and are not capitalized. An article precedes the name of a language.

> Comprends-tu **le** russe?

With **parler**, it is possible to omit the article. One can say: **Je parle le japonais** or **Je parle japonais.**

Les noms et adjectifs de nationalité

The nouns and adjectives that describe nationality usually have the same form. Only nouns are capitalized.

> Daniela est *i*talienne *(adjective)*. C'est **une *I*talienne** *(noun)* de Milan.
>
> Wilhem est *a*llemand. C'est **un *A*llemand.**

To create the feminine and plural forms of adjectives of nationality, follow the rules of regular adjectives (pages 268–270).

Application immédiate 1

Voici une liste d'étudiants qui sont partis de chez eux pour faire des études. Dites d'où ils viennent et où ils sont.

	étudiant(e)	pays/état d'origine	ville universitaire	pays/état où il/elle étudie
E.	Farah	Iran	Londres	Royaume-Uni
1	Rose	Congo	Berlin	Allemagne
2	Marco	Colombie	Lisbonne	Portugal
3	Shoji (homme)	Japon	Bruxelles	Belgique
4	Pierre	Haïti	Montréal	Canada
5	Andrea	Grèce	Rotterdam	Pays-Bas
6	Simida (femme)	Roumanie	Miami	États-Unis

> *Exemple:* Farah vient/est originaire **d**'Iran. Elle fait des études **à** Londres, **au** Royaume-Uni.

1. Rose vient _____ Congo. Elle fait des études _____ Berlin, _____ Allemagne.

2. Marco

3. Shoji

4. Pierre

5. Andrea

6. Simida

LA FORME INTERROGATIVE

Les questions auxquelles on peut répondre par *oui* ou *non*

There are three ways of asking yes/no questions in French: intonation, **est-ce que**, and inversion.

Intonation

1. Simply raise your voice at the end of a sentence. This is the most frequent way of asking questions in oral speech.

> Tu restes chez toi ce soir?
>
> *Are you staying home tonight?*

GRAMMAIRE 1

The translation of **n'est-ce pas?** varies. It is helpful to translate it as *right?* even though this word is less formal than **n'est-ce pas?**

2. You may end a sentence with **n'est-ce pas?** (mostly in writing) or **non?** (in conversation). You can use this type of question when you want to confirm the accuracy of what you are saying.

Elle est allemande, n'est-ce pas? / Elle est allemande, non?

She is German, isn't she?

Nous partons demain, n'est-ce pas? / On part demain, non?

We are leaving tomorrow, aren't we?

Est-ce que

Add **est-ce que** at the beginning of a sentence. This is a neutral way of asking questions. It can be used in writing or in conversation.

Est-ce que tu vas à la plage ce week-end?

Are you going to the beach this weekend?

Do not try to translate **est-ce que** (or, if you must, translate it as *Is it that. . . ?*) Think of it simply as a question marker.

Est-ce que becomes **est-ce qu'** in front of a vowel sound.

Est-ce qu'elle aime danser?

Does she like to dance?

Inversion

Inversion is a more formal way of asking questions. It is found primarily in the written language. The subject and the verb unit are inverted. The verb unit consists of the *conjugated* verb, the object pronouns in front of it, and the **ne** part of the negation (see verb units in bold below).

1. When the subject is a *pronoun* (such as **je, tu, il/elle**) the verb unit and the subject pronoun are inverted.

In b and d, the conjugated verb is the auxiliary (**être/avoir**). In b and c, the verb unit includes the conjugated verb (**est, recommandez**) and the pronouns in front of it. In d, the verb unit includes **avez** and the negation in front of it.

intonation question	inversion question
a. Tu **vas** à la plage ce week-end?	**Vas**-tu à la plage ce week-end?
b. Elle **s'est** inscrite à l'université?	**S'est**-elle inscrite à l'université?
c. Vous **me le recommandez**?	**Me le recommandez**-vous?
d. Vous **n'avez** pas vu ce film?	**N'avez**-vous pas vu ce film?

2. When the subject is a *noun*, yes/no questions are structured as follows:

subject noun + verb unit + corresponding subject pronoun + rest of the question

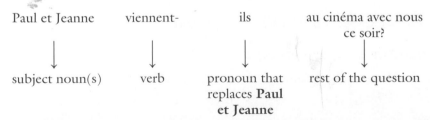

Paul et Jeanne   viennent-   ils   au cinéma avec nous
                                                        ce soir?

↓   ↓   ↓   ↓

subject noun(s)   verb   pronoun that   rest of the question
                                   replaces **Paul
                                   et Jeanne**

Are Paul and Jane coming to the movies with us tonight?

When the verb ends with a vowel and the pronoun begins with a vowel, a **t** is placed between them for pronunciation purposes: Va-*t*-il à la plage?

intonation question	inversion question
Marc va à la plage ce week-end?	**Marc** va-t-il à la plage ce week-end?
Marie s'est inscrite à l'université?	**Marie** s'est-**elle** inscrite à l'université?
Tes amis te le recommandent?	**Tes amis** te le recommandent-**ils**?

Les adverbes interrogatifs

Pourquoi?	*Why?*
Ouand?	*When?*
Où?	*Where?*
Comment?	*How?*
Combien + *verb*	*How much?*
Combien est-ce aue cette voiture coûte?	*How much does this car cost?*
Combien coûte cette voiture?	
Combien de + *noun*	*How much?, How many?*
Combien de coca est-ce aue tu bois?	*How much coke do vou drink?*
Combien de cours suivez-vous ce semestre?	*How many classes are you taking this semester?*

1. The interrogative adverb comes at the beginning of questions with **est-ce que** and inversion.

   Quand est-ce que le semestre finit?

   Pourquoi étudiez-vous le français?

2. The interrogative adverb may be preceded by a preposition in order to specify the type of information you are asking for.

   D'où est-ce que tu téléphones?

   Where are you calling from? (From where are you calling?)

   Depuis quand est-ce que tu habites ici?

   How long have you lived here? (Since when have you lived here?)

3. The interrogative adverb cannot be separated from a preposition that precedes it.

   D'où est-ce que tu viens?

   *Where are you coming **from**?*

   Pour combien de personnes est-ce que tu cuisines?

   *How many people are you cooking **for**?*

4. In intonation questions, the adverbs **combien**, **comment**, and **où** appear at the beginning or at the end of the question. **Pourquoi** is usually used only at the beginning, and **quand** at the end.

   Comment est-ce que tu voyages? → **Comment** tu voyages? / Tu voyages **comment**?

   Quand est-ce que le semestre finit? → Le semestre finit **quand**?

   When a preposition precedes the adverb, both stay together.

   D'où viens-tu? → **D'où** tu viens? / Tu viens **d'où**?

Questions with **depuis** and **pendant** are presented in more detail on pages 238–239.

GRAMMAIRE 1

Application immédiate 2

Complétez les questions suivantes avec l'adverbe interrogatif qui convient: **pourquoi, comment, où, quand, combien (de)**.

1. _____ est-ce que M. Perrin travaille?

   Au ministère de l'Économie et des Finances.

2. _____ sont les couloirs (*hallways*) du ministère?

   Ils sont longs et froids.

3. _____ réceptionnistes est-ce que Xavier voit avant de parler à M. Perrin?

   Il voit deux ou trois personnes.

4. _____ Xavier est-il allé voir M. Perrin?

   Son père le lui a recommandé.

5. _____ est-ce que Xavier a pris la décision d'aller en Espagne?

   Il a pris cette décision après sa conversation avec M. Perrin.

Depuis quand?/Depuis combien de temps?/Pendant combien de temps?

1. To find out how long something has been going on, ask a question with **depuis quand** or **depuis combien de temps** + present tense.

   Depuis quand / Depuis combien de temps est-ce que tu fais tes devoirs?

   Je fais mes devoirs depuis 7 heures du soir/depuis deux heures.

   Since when/How long have you been doing your homework?

   I've been doing my homework since 7:00 P.M. / for two hours.

2. To ask how long an action takes place (on a regular basis) or took place in the past, use a question with **pendant combien de temps**.

   Pendant combien de temps est-ce que tu fais tes devoirs le soir?

   Je fais mes devoirs pendant deux heures.

   How long do you do your homework at night?

   I do my homework for two hours.

   Pendant combien de temps est-ce que tu as fait tes devoirs ce soir?

   J'ai fait mes devoirs pendant deux heures.

   How long did you do your homework tonight?

   I did my homework for two hours.

A timeline can help understand the difference between *depuis* and *pendant*. Compare:

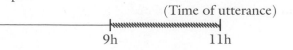

(Time of utterance)

9h   11h

Je **fais** mes devoirs **depuis** deux heures.

*I **have been doing** my homework **for** two hours.*

> Note the difference in tense between French and English when speaking about an action that started in the past and is still going on. French uses the present tense (**Je fais**); English uses a form of *have + been + verb + ing* (*I have been doing*).

(Time of utterance)

|—————————————|————————————————————|
← deux heures →   11h

J'**ai fait** mes devoirs **pendant** deux heures.

*I **did** my homework **for** two hours.*

Application immédiate 3

Encerclez l'expression interrogative correcte, puis traduisez la question en anglais.

Faites attention au temps du verbe.

1. (Pendant combien de temps / Depuis combien de temps) est-ce que Martine est restée à Barcelone avec Xavier?

   Réponse: (Pendant / Depuis) deux jours.

   Traduction:

2. (Pendant combien de temps / Depuis combien de temps) est-ce que M. Perrin connaît le père de Xavier?

   Réponse: (Pendant / Depuis) vingt ans.

   Traduction:

3. Xavier a habité en Espagne (pendant combien de temps / depuis combien de temps)?

   Réponse: (Pendant / Depuis) un an.

   Traduction:

4. (Pendant combien de temps / Depuis quand) est-ce que les étudiants européens peuvent participer au programme Erasmus?

   Réponse: (Pendant / Depuis) 1987.

   Traduction:

L'adjectif interrogatif *quel* (*what* + noun, *which* + noun)

Look at the structure of common questions that use **quel**:

   Quel temps fait-il?

   Quelle heure est-il?

1. **Quel** is an adjective, which means that:
   - it is followed directly by a noun, except in some structures with **être**.

     Quel sport est-ce que tu préfères? (**quel** + noun + rest of the question)

     Quel est ton sport favori? (**quel est** + noun phrase)

   - it agrees with the noun that it modifies.

masculin singulier	quel	Quel âge as-tu?
féminin singulier	quelle	Quelle heure est-il?
masculin pluriel	quels	Quels sont tes auteurs préférés?
féminin pluriel	quelles	Quelles chansons aimes-tu?

GRAMMAIRE 1

2. When **quel** modifies a subject noun, **quel** + noun is followed directly by the verb.

Quelles chaussures vont bien avec ce pantalon? *What shoes go well with these pants?*

Quel film passe à la télé ce soir? *What film is playing on TV tonight?*

3. When **quel** modifies a noun that is the direct object of the sentence, intonation, **est-ce que**, and inversion can be used to formulate the question.

Quel exercice on doit préparer?/Quel exercice est-ce qu'on doit préparer?/Quel exercice doit-on préparer? *What exercise do we have to prepare?*

4. A preposition can precede **quel** + noun.

À quelle heure est ton cours? *At what time is your class?*

De quel film est-ce que vous parlez? *What film are you talking about?*

Pour quelle compagnie travaillez-vous? *What company do you work for?*

Application immédiate 4

Complétez les questions par la forme appropriée de **quel**.

1. _____ langues est-ce qu'on parle à Barcelone?

On parle l'espagnol et le catalan.

2. _____ architecte a construit l'église de la Sagrada Familia?

C'est Gaudi.

3. Dans _____ parc est-ce que Xavier et Anne-Sophie se sont promenés?

Ils sont allés au parc Güell.

4. _____ sont les documents nécessaires pour faire un échange universitaire?

Il faut un CV et une lettre de motivation, et il faut remplir beaucoup de formulaires!

Application immédiate 5

Traduisez les questions suivantes en français.

1. What university do you go to?
2. What classes are you taking?
3. What class is easy for you?
4. What language(s) do you speak?
5. What is your favorite film?
6. What city would you like to live in?

Le pronom interrogatif *lequel* (*Which one?*)

1. **Lequel** is a pronoun that replaces **quel** + noun to avoid repetition of the noun.

J'aime bien ce **pull**. Et toi, **lequel** est-ce que tu préfères?

I like this sweater. Which one do you prefer?

In this example, **lequel** stands for **quel pull**.

2. Lequel takes the gender and number of the noun it replaces.

masculin singulier	féminin singulier	masculin pluriel	féminin pluriel
lequel	laquelle	lesquels	lesquelles

Quelles langues est-ce que tu étudies? *What languages are you studying?*

Le français et le japonais. *French and Japanese.*

Laquelle est la plus facile? *Which one is the easiest?*

Quels pays ton fils a-t-il visités? **Lesquels** a-t-il préférés?

What countries did your son visit? Which ones did he prefer?

Application immédiate 6

Complétez les questions suivantes avec le pronom interrogatif correct: **lequel, laquelle, lesquels, lesquelles**.

1. Je ne peux pas décider entre la robe rouge et la robe blanche.
_____ est-ce que tu me conseilles?

2. Je sais qu'on doit préparer ces exercices pour demain. _____ est-ce qu'on doit faire pour lundi?

3. Des deux pays que tu as visités, _____ est-ce que tu as préféré?

4. Il y a plusieurs étudiantes qui parlent espagnol dans la classe.
_____ sont mexicaines?

3. Lequel is often preceded by a preposition.

Pour quelle entreprise est-ce que tu travailles? **Pour laquelle** est-ce que tu travailles?

*What company do you work **for**? Which one do you work **for**?*

À quelle université est-ce que tu vas t'inscrire? Et toi, **à laquelle** est-ce que tu veux aller?

*What university are you going to enroll **at**? Which one do you want to go **to**?*

4. When preceded by the preposition **à** or **de, lequel** forms the following contractions:

préposition	masculin singulier	féminin singulier	masculin pluriel	féminin pluriel
	lequel	laquelle	lesquels	lesquelles
à	auquel	à laquelle	auxquels	auxquelles
de	duquel	de laquelle	desquels	desquelles

On doit lire deux articles cette semaine. **Duquel** est-ce qu'on va parler en premier?

*We have to read two articles this week. **Which one** are we going to talk **about** first?*

Je me suis inscrit au cours de 9h. Et toi, **auquel** est-ce que tu t'es inscrit?

*I registered for the 9 o'clock class. **Which one** did you register **for**?*

GRAMMAIRE 1

GRAMMAIRE 1

These rules apply when the subject of the sentence is a subject pronoun (je, tu, il, elle, etc.). The situation is more complicated—and much less common—when the subject is a noun (Marc, le professeur, etc.)

Le français parlé I

Les adverbes interrogatifs, quel et lequel dans les questions à intonation

Intonation is the most frequent way of asking questions in conversation. In intonation questions, the interrogative adverbs **combien, comment, où**; the interrogative adjective **quel** + noun; and the pronoun **lequel** can be placed at the beginning *or* at the end of the question. **Pourquoi** usually appears at the beginning of the question, and **quand** at the end (but **depuis quand** can be at the beginning).

Remember that the preposition and the interrogative word cannot be separated, as in D'où tu viens? / Tu viens d'où? in the examples.

intonation question 1	intonation question 2
Combien tu as payé?	Tu as payé combien?
Combien de cours tu suis ce semestre?	Tu suis combien de cours ce semestre?
Comment ils vont voyager?	Ils vont voyager comment?
D'où tu viens?	Tu viens d'où?
Quels films vous avez vus récemment?	Vous avez vu quels films récemment?
Lequel vous avez préféré?	Vous avez préféré lequel?
Pourquoi tu ne viens pas avec nous?	————
————	Tu pars quand?
Depuis quand tu habites à New York?	Tu habites à New York depuis quand?

Application immédiate 7

Un de vos amis va faire un échange universitaire au Québec. Posez-lui des questions avec intonation en utilisant les éléments donnés. Faites les accords (*agreements*) nécessaires.

> *Exemple:* dans / quel / ville / aller
>
> *Dans quelle ville tu vas? Tu vas dans quelle ville?*
>
> dans / quel / ville / aller vivre
>
> *Dans quelle ville tu vas vivre? Tu vas vivre dans quelle ville?*

Aller + verb in the infinitive expresses the future.

1. quand / partir
2. combien de temps / aller rester / au Québec
3. comment / aller voyager
4. où / aller habiter
5. pourquoi / vouloir faire un échange
6. quel /vêtements / prendre

Les pronoms interrogatifs qui et que/quoi

1. To ask questions about people, use **qui**.

Unlike que, qui never becomes qu'.

   a. Qui aime le chocolat? *Who likes chocolate?*
      Qui (*who*) is a subject. It is followed directly by the verb in the third person. Another option is to use **Qui est-ce qui**: **Qui est-ce qui** aime le chocolat?

   b. Qui aimes-tu? / Qui est-ce que tu aimes? *Whom do you like?*
      Qui (*whom*) is a direct object. The subject is **tu** (*you*), and the verb agrees with the subject. **Qui** (*object*) is followed by the verb only when inversion is used. Otherwise, it is followed by **est-ce que** + subject + verb.

c. De qui parles-tu? / De qui est-ce que tu parles? *Whom are you talking about?*

Qui (*whom*) is preceded by the preposition **de** (*about*) because the verb **parler** (*to talk*) takes that preposition. Except for the preposition, the structure of the question is the same as in b.

Application immédiate 8

Complétez les questions avec **qui**, **qui est-ce que** ou préposition **+ qui**.

1. _____ est-ce que Xavier s'entend bien dans l'appartement?

Il s'entend bien avec Wendy.

2. _____ rend visite à Wendy à la fin du film?

Son copain Alistair.

3. _____ Wendy peut-elle compter quand elle a des problèmes?

Sur ses colocataires.

4. _____ Xavier a présenté à ses camarades?

Il leur a présenté Isabelle.

2. To ask questions about things, situations, or ideas, use **que** or a preposition + **quoi**.

a. Qu'est-ce qui se passe? *What is happening?*
When the interrogative pronoun (*what*) is the subject, use **Que (Qu')** followed by **est-ce qui** + the verb in the third person.

b. Qu'aimes-tu ? / Qu'est-ce que tu aimes? *What do you like?*
Que (qu') (*what*) is a direct object. The subject is **tu** (*you*), and the verb agrees with the subject. **Qu(e)** is followed by the verb only when inversion is used. Otherwise, it is followed by **est-ce que** + subject + verb.

c. De quoi parles-tu? / De quoi est-ce que tu parles? *What are you talking about?*
After a preposition, use **quoi** instead of **que** to mean *what*.

Application immédiate 9

Complétez les questions avec **qu'est-ce qui**, **que** ou préposition **+ quoi**.

1. _____ irrite le prof quand Isabelle pose une question en classe?

Elle lui demande de faire cours en castillan, pas en catalan.

2. _____ dit le prof pour répondre à Isabelle?

Il lui dit d'aller faire ses études à Madrid.

3. _____ parlent les étudiants après le cours?

Ils parlent de langue et d'identité.

4. _____ est-ce qu'Isabelle pense de l'attitude du prof?

Elle ne la comprend pas.

> You have certainly encountered prepositions (**à, avec, de, pour, sur,** etc.) followed by the pronouns **qui** and **quoi** in French. Note that **pour** and **quoi** are never separated; they combine as **pourquoi** (*why*, literally *for what*).

The following chart offers a synthesis with additional examples.

	question about a *person*	question about a *thing/situation*
When the *person* or *thing/situation* is the . . .		
subject	**Qui** + verb or **Qui est-ce qui** + verb	**Qu'est-ce qui** + verb
	Qui (est-ce qui) est important pour toi? *Who is important to you?*	Qu'est-ce qui est important pour toi? *What is important to you?*
object of the verb	**Qui est-ce que** + subject + verb Or **Qui** + verb + subject	**Qu'est-ce que** + subject + verb Or **Que** + verb + subject
	Qui est-ce que tu admires?	Qu'est-ce que tu admires?
	Qui admires-tu? *Whom do you admire?*	Qu'admires-tu? *What do you admire?*
object of a preposition	Preposition + **qui** + rest of the question	Preposition + **quoi** + rest of the question
	À qui est-ce que tu penses?	À quoi est-ce que tu penses?
	À qui penses-tu? *Whom are you thinking about?*	À quoi penses-tu? *What are you thinking about?*

Application immédiate 10

Voici des questions que Tobias pourrait poser à Xavier pendant l'entretien dans le film. Encerclez l'expression correcte.

1. (Qu'est-ce qui / Qu'est-ce que) est important pour toi?

2. (Qui est-ce que / À qui est-ce que) tu téléphones souvent?

3. (Qu'est-ce que / Qui est-ce que) tu vas inviter le week-end?

4. (De quoi est-ce que / Qu'est-ce que) tu aimes parler?

5. (Avec qui est-ce que / Avec quoi est-ce que) tu habitais à Paris?

6. Si on t'accepte, (qui / qu'est-ce qui) va t'aider à emménager?

Application immédiate 11

Complétez la question avec le pronom interrogatif ou la préposition + pronom interrogatif qui convient. Utilisez **est-ce que** quand c'est nécessaire.

1. _____ est-ce que tu t'es inscrit ce semestre?

   À un cours de littérature française.

2. _____ est le prof?

   M. Marin.

3. _____ te plaît dans ce cours?

   J'aime bien la poésie du dix-neuvième siècle.

4. _____ vous devez faire comme projet final?

   On doit présenter un poème avec une autre personne de la classe.

5. _____ est-ce que tu vas travailler?

Avec Suzanne.

6. _____ vous allez parler?

D'un poème en prose de Baudelaire.

Le français parlé II

Les pronoms interrogatifs **qui** et **que/quoi** dans les questions à intonation

Interrogative pronouns (and preceding prepositions) can be placed at the beginning or at the end of intonation questions, except for **que**. In intonation questions, **que** is replaced by **quoi** and placed after the verb.

questions with *est-ce que*	intonation question 1	intonation question 2
Qui est-ce que tu as invité?	Qui tu as invité?	Tu as invité qui?
Avec qui est-ce que tu sors?	Avec qui tu sors?	Tu sors avec qui?
À quoi est-ce que tu penses?	À quoi tu penses?	Tu penses à quoi?
De quoi est-ce que tu as besoin?	De quoi tu as besoin?	Tu as besoin de quoi?
Qu'est-ce que tu lis?	_____	Tu lis quoi?
Qu'est-ce que tu vas faire ce soir?	_____	Tu vas faire quoi ce soir?

Application immédiate 12

Transformez les questions suivantes en questions avec intonation. Utilisez les deux formes d'intonation quand c'est possible.

Exemple: Avec qui est-ce que tu pars en vacances?

Avec qui tu pars en vacances? Tu pars en vacances avec qui?

1. Qui est-ce que tu connais dans la classe?

2. Avec qui est-ce que tu fais tes devoirs?

3. Chez qui est-ce que tu vas le week-end?

4. Qu'est-ce que vous étudiez dans le cours d'histoire?

5. De quoi est-ce qu'on va parler aujourd'hui?

6. Qu'est-ce que vous faites ce soir?

Chapitre 2

GRAMMAIRE

Les temps du passé: l'imparfait, le passé composé, le plus-que-parfait

This is a self-study module that appears in each chapter. Each grammar section includes formal explanations and self-corrected **Application immédiate** exercises. Homework directions in the main part of the textbook tell you when to study the different sections. Your instructor may also go over the explanations in class.

GRAMMAIRE 2

For more grammar practice visit the website www.cengagebrain.com

LES TEMPS DU PASSÉ: L'IMPARFAIT, LE PASSÉ COMPOSÉ, LE PLUS-QUE-PARFAIT

L'imparfait

The **imparfait** is used to describe people, things, and states in the past, as well as ongoing and habitual past actions.

Quand j'étais jeune (description), j'allais en vacances à la mer tous les étés (habitual action). C'était toujours très agréable (description). Je me souviens qu'un jour, j'ai vu un dauphin pendant que je nageais (ongoing action).

When I was young, I used to vacation at the beach every summer. It was always very pleasant. I remember that one day, I saw a dolphin while I was swimming.

Formation

1. To form the **imparfait,** find the stem by deleting -**ons** from the **nous** form of the present indicative, then add the following endings to the stem:

-ais	-ions
-ais	-iez
-ait	-aient

chanter [nous chantons]	finir [nous finissons]	dormir [nous dormons]	prendre [nous prenons]
je chantais	je finissais	je dormais	je prenais
tu chantais	tu finissais	tu dormais	tu prenais
il/elle/on chantait	il/elle/on finissait	il/elle/on dormait	il/elle/on prenait
nous chantions	nous finissions	nous dormions	nous prenions
vous chantiez	vous finissiez	vous dormiez	vous preniez
ils/elles chantaient	ils/elles finissaient	ils/elles dormaient	ils/elles prenaient

2. Verbs that end in -**ger** drop the **e** in the **nous** and **vous** forms. Verbs that end in -**cer** do not require a cedilla in the **nous** and **vous** forms.

Verbes en -*ger*	Verbes en -*cer*
je voyageais	je commençais
tu voyageais	tu commençais
il/elle/on voyageait	il/elle/on commençait
nous voyagions (~~voyageions~~)	nous commencions (~~commençions~~)
vous voyagiez (~~voyageiez~~)	vous commenciez (~~commençiez~~)
ils/elles voyageaient	ils/elles commençaient

These spelling changes are dictated by pronunciation. In the present tense, **nous voyageons** takes an e because g + o is pronounced as a hard g, as in **golf**. Since g + i is pronounced as a soft g, the e is no longer needed with **nous voyagions** in the **imparfait**. In the present, **nous commençons** takes a cedilla to turn the /k/ sound of c + o (think of **collège**) into a soft c. Since c + i is pronounced with a soft c, the cedilla is no longer needed with **nous commencions** in the **imparfait**. The letters g and c are soft when followed by e, i, and y.

3. **Être** is irregular in the **imparfait.** Here are its forms:

j'étais	nous étions
tu étais	vous étiez
il/elle/on était	ils étaient

Application immédiate 1

Entraînez-vous à conjuguer quelques verbes à l'imparfait.

1. apprendre   5. raconter

2. connaître   6. réussir

3. faire   7. s'amuser

4. obtenir   8. savoir

Emploi

1. The **imparfait** is used to describe people, places, or things in the past. It also describes someone's state (how someone was, how old someone was, what someone knew) or emotions (how someone felt).

Mon grand-père **était** (1) petit et amusant. Il **habitait** (2) dans une ferme qui **se trouvait** (3) près d'un grand lac. Il **était** (4) heureux.

1. describes people

2. describes someone's circumstances

3. describes a place

4. describes someone's emotions

2. The **imparfait** describes habitual past actions **(actions habituelles).** In this case, it can be translated by *used to . . .* or *would . . .*

Quand j'avais dix ans, j'**allais** en classe jusqu'à 3 heures. Puis je **faisais** du sport. Après, je **jouais** avec mes amis.

*When I was ten, I **went / used to go** to school until 3:00 P.M. Then I **played / would play** sports. After that, I **played / would play** with my friends.*

> This translation of *would* is not to be confused with the conditional (I *would* buy a car if I were rich), presented in Chapter 6.

Habitual past actions are sometimes introduced by the following expressions:

autrefois: *in the past*

d'habitude: *usually*

en général: *generally*

le lundi, le mardi, etc.: *on Mondays, Tuesdays,* etc.

tous les jours: *every day*

Application immédiate 2

Le paragraphe suivant décrit la vie de José et ses actions habituelles dans le passé. Mettez les verbes à l'imparfait.

José _____ (1) (habiter) dans la Rue Cases-Nègres avec sa grand-mère. L'été, quand l'année scolaire _____ (2) (être) finie, ses amis et lui _____ (3) (s'amuser) pendant que les adultes _____ (4) (travailler) dans les champs de canne. Ils _____ (5) (aimer) organiser des combats d'animaux. Mais José ne _____ (6) (pouvoir) pas jouer tout l'après-midi: il _____ (7) (devoir) rentrer pour préparer le repas du soir en attendant sa grand-mère. Tous les soirs, M'man Tine lui _____ (8) (rapporter) un morceau de canne qu'il _____ (9) (manger) pendant qu'elle _____ (10) (fumer) sa pipe. Certains soirs, il _____ (11) (aller) rendre visite à son vieil ami Médouze, qui _____ (12) (vivre) seul près de la case de M'man Tine. Médouze lui _____ (13) (raconter) des histoires de ses ancêtres et il l'_____ (14) (initier) aux mystères de la nature. José _____ (15) (passer) aussi du temps avec son ami Carmen. Carmen _____ (16) (vouloir) devenir acteur à Hollywood, mais il ne _____ (17) (savoir) pas lire. Alors José lui _____ (18) (donner) des leçons de lecture et d'écriture.

3. The **imparfait** expresses ongoing actions, i.e., *what was going on* at a particular time in the past (at a specific time of the day, when something took place, etc.). Ongoing actions (**action en cours**) are translated by *was/were* + the *-ing* form of a verb.

Hier, à 8 heures du soir, je **regardais** la télé. Ma camarade de chambre **mangeait.**

*Last night at eight o'clock, I **was** watching TV. My roommate **was** eating.*

The verbs could also be linked by a conjunction:

Je **regardais** la télé *pendant que* ma camarade de chambre **mangeait.**

I was watching TV while my roommate was eating.

Application immédiate 3

Où étiez-vous et que faisiez-vous… ?

1. hier à 6 heures du matin

   Exemple: J'étais chez moi. Je dormais.

2. hier à 10 heures du matin

3. hier à midi

4. hier à 5 heures du soir

5. le 11 septembre 2001, quand vous avez appris l'attentat sur le World Trade Center

Le passé composé

Formation

The **passé composé** is used to talk about completed actions in the past. It describes what happened. The **passé composé** is a compound tense formed on the following model:

Auxiliary/helping verb (**avoir** or **être**) in the present tense + past participle of the verb

Hier, **j'ai travaillé** toute la journée et je **suis rentré(e)** chez moi très tard.

Yesterday I worked all day, and I went home very late.

Elle **a obtenu** son diplôme universitaire en 2005 et elle **s'est mariée** deux ans plus tard.

She received her college degree in 2005, and she got married two years later.

> avoir (**ai, as, a, avons, avez, ont**), être (**suis, es, est, sommes, êtes, sont**) = auxiliaire
>
> **travaillé, rentré, obtenu, mariée** = participe passé (*past participle*)

Le choix de l'auxiliaire

1. **Avoir** is used with most verbs.

   Pierre **a acheté** un vélo et il **a voyagé** dans toute l'Europe.

   Pierre bought a bike and traveled through Europe.

Sample conjugation with *avoir: acheter*	
j'ai acheté	nous avons acheté
tu as acheté	vous avez acheté
il/elle/on a acheté	ils/elles ont acheté

2. Être is used with a limited number of verbs. Most of them can be memorized as pairs.

Il **est arrivé** à 8 heures du soir et il **est monté** directement dans sa chambre.

He arrived at 8 P.M., and he went up to his room right away.

Infinitive	Past participle
aller/venir (*to go/to come*)	allé/venu
revenir (*to come back*)	revenu
devenir (*to become*)	devenu
naître/mourir (*to be born/to die*)	né/mort
arriver/partir (*to arrive/to leave*)	arrivé/parti
*entrer/*sortir (*to enter/to go out*)	entré/sorti
*rentrer (*to go/to come back*)	rentré
*monter/*descendre (*to go up/to go down*)	monté/descendu
rester (*to stay*)	resté
*tomber (*to fall*)	tombé
*retourner (*to go back, to return*)	retourné
*passer (*to come by, to drop in*)	passé
(passer par [*to go through*])	

Many of the verbs that take **être** in the **passé composé** describe some type of movement (but be careful: this does not mean that all verbs describing movement take **être**!). The best thing to do is to memorize the verbs that take **être**. Two common mnemonic devices are **La maison d'être** and DR and MRS P VANDERTRAMP. Ask your teacher, or look them up online.

Sample conjugation with *être: arriver*	
je suis arriv(e)	nous sommes arrivé(e)s
tu es arriv(e)	vous êtes arrivé(e)(s)
il/on est arrivé / elle est arrivée	ils sont arrivés / elles sont arrivées

Note that **passer** is used with **avoir** when it has different meanings, such as **passer du temps** (*to spend time*) and **passer un examen** (*to take an exam*).

Note that **avoir** is used with the verbs marked with an asterisk when these verbs have a direct object. Compare:

The verb has no direct object.	The verb has a direct object.
Je **suis** entré(e) dans la classe.	J'**ai** entré ces données dans l'ordinateur.
I entered the classroom.	*I entered these data in the computer.*
Nous **sommes** descendus.	Nous **avons** descendu le lit.
We came down.	*We took the bed downstairs.*
Elle **est** montée dans sa chambre.	Elle **a** monté ses livres dans sa chambre.
She went up to her room.	*She took her books up to her bedroom.*

3. Être is also used with pronominal verbs.

Hier je **me suis levé** tôt et je **me suis couché** tard.

Yesterday I got up early, and I went to bed late.

Pronominal verbs are verbs preceded by the pronoun **se** (**s'**) in the infinitive, like **se lever**. They are also called reflexive verbs or reciprocal verbs.

GRAMMAIRE 2

Sample conjugation for pronominal verbs *(être): se coucher*	
je me suis couché(e)	nous nous sommes couché(e)s
tu t'es couché(e)	vous vous êtes couché(e)(s)
il/on s'est couché / elle s'est couchée	ils se sont couchés / elles se sont couchées

Note the difference between pronominal and non-pronominal verbs:

Pronominal verbs use *être*	Non-pronominal verbs use *avoir*
se laver	**laver**
Il s'**est** lavé.	Il **a** lavé la table.
He washed himself.	*He washed the table.*
Elle s'**est** réveillée tôt.	Elle **a** réveillé les enfants.
She woke up early.	*She woke up the children.*

Application immédiate 4

Entraînez-vous à conjuguer quelques verbes au passé composé.

1. aller (participe passé: allé)

2. réussir (participe passé: réussi)

3. apprendre (participe passé: appris)

4. s'excuser (participe passé: excusé)

5. descendre (participe passé: descendu)

Application immédiate 5

Utilisez la forme correcte de l'auxiliaire **être** ou **avoir.**

1. Nous _____ allés au restaurant et nous _____ bien mangé. Et vous, est-ce que vous _____ fait quelque chose d'intéressant?

2. Mes parents _____ déménagé. Ils se(s')_____ installés à Chicago.

3. Le jour où je(j') _____ obtenu mon diplôme, je me(m') _____ amusé toute la nuit.

4. Elle _____ cassé un vase chez moi, mais elle se(s') _____ excusée.

5. Qu'est-ce que tu _____ appris dans ce cours?

6. On _____ étudié la Première Guerre mondiale.

Le participe passé

1. To form the past participle of regular verbs, take the infinitive, delete the ending (-**er,** -**ir,** or -**re**), and add the following endings:

-**er** verbs → **é**   jou~~er~~ → joué → J'ai joué aux cartes.

-**ir** verbs → **i**   fin~~ir~~ → fini → Nous avons fini nos devoirs.

-**re** verbs → **u**   répond~~re~~ → répondu → Elle n'a pas répondu à ma lettre.

2. You need to memorize the past participles of irregular verbs. Some of these verbs are included below:

Infinitive	Past participle	Infinitive	Past participle
avoir	eu	prendre	pris
boire	bu	(apprendre, compren-	
connaître	connu	dre, surprendre)	
courir	couru	recevoir	reçu
devoir	dû	savoir	su
dire	dit	souffrir	souffert
être	été	suivre	suivi
faire	fait	(poursuivre)	
falloir	fallu	tenir	tenu
mettre	mis	(obtenir)	
(commettre, permettre,		venir	venu
promettre, soumettre, etc.)		(devenir, revenir)	
ouvrir	ouvert	voir	vu
(découvrir)		vouloir	voulu
plaire	plu		
pleuvoir	plu		
pouvoir	pu		

Application immédiate 6

Mettez les phrases suivantes au passé composé en utilisant l'auxiliaire et le participe passé corrects.

1. Médouze _____ (sortir) de sa case et il _____ (sortir) sa pipe de sa poche.

2. José _____ (monter) sur une chaise et il _____ (descendre) le pot qui se trouvait sur la cheminée.

3. Après la mort de M'man Tine, José lui _____ (laver) les pieds, puis il _____ (se laver) les mains.

4. Les enfants _____ (boire) trop de rhum et ils _____ (mettre) le feu aux cases.

5. José _____ (passer) le concours et il _____ (réussir).

6. Léopold _____ (se révolter) quand il _____ (compren- dre) qu'il n'appartiendrait jamais (*that he would never belong to*) au monde des Blancs.

Le passé composé à la forme interrogative

1. Use intonation, *est-ce que,* or inversion to ask questions in the **passé composé.** In questions with inversion, the subject pronoun (**S**) and the auxiliary (**A**) are inverted.

Intonation question: **Tu as** compris cette explication? (**SA**)

Est-ce que question: Est-ce que **tu as** compris cette explication? (**SA**)

Inversion question: **As-tu** compris cette explication? (**AS**)

Did you understand this explanation?

None of these sentences require agreement of the past participle. For agreement of the past participle, see pages 258–260.

Refer to **Les questions aux- quelles on peut répondre** par *oui* ou *non*: intonation, *est-ce que*, inversion (pages 235–236) to review question formation.

GRAMMAIRE 2

2. In inversion questions when the subject is a noun, you must invert the auxiliary and the pronoun that corresponds to that noun.

En quel semestre **vos étudiants ont-ils** appris l'accord du participe passé?

In what semester did your students learn the agreement of the past participle?

Application immédiate 7

Utilisez les éléments donnés pour poser des questions au passé composé.

> *Exemple:* Où / les enfants / acheter des allumettes / (est-ce que)?
>
> *Où est-ce que les enfants ont acheté des allumettes?*

1. Quel examen / José et Tortilla / passer / (est-ce que)?

2. Où /ils /aller pour le passer / (intonation)?

3. Comment / la grand-mère de José / mourir /(est-ce que)?

4. Pourquoi / le maître / accuser José de tricher /(inversion)?

5. Quand / José / arriver en retard à l'école / (est-ce que)?

Le passé composé à la forme négative

> **Négations**
>
> **ne... pas** *not*
> **ne... pas encore** *not yet*
> **ne... jamais** *never*
> **ne... personne** *no one, nobody*
> **ne... plus** *no longer*
> **ne... rien** *nothing*

1. In most cases, the two parts of the negation surround the auxiliary **avoir** or **être.**

Je **n'ai pas** vu ce film.	*I did not see this film.*
Ils **ne** sont **pas encore** arrivés.	*They have not arrived yet.*
Elle **n'est jamais** allée à Québec.	*She never went to Quebec City.*
Il **n'a plus** fait de ski après son accident.	*He no longer went skiing after his accident.*
Je **n'ai rien** acheté.	*I did not buy anything.*

2. **Ne... personne** is an exception. The second half of the negation comes after the past participle.

Nous **n'avons** vu **personne.**   *We did not see anyone.*

3. When **personne** and **rien** are subjects, **personne ne** and **rien ne** precede the auxiliary.

Personne n'est venu me rendre visite.	*No one came to visit me.*
Rien n'a pu me convaincre.	*Nothing was able to convince me.*

Application immédiate 8

Mettez les phrases au passé composé.

> *Exemple:* Carmen _____ (ne... jamais, aller) à l'école.
>
> Carmen *n'est jamais allé* à l'école.

1. José _____ (ne... plus, travailler) chez Mme Léonce.

2. M. de Thorail _____ (ne... pas, vouloir) reconnaître Léopold.

3. José _____ (ne... rien, plagier).

4. Un soir, José _____ (ne... personne, voir) dans la case de Médouze.

5. _____ (Personne ne, pouvoir) sauver M'man Tine.

6. _____ (Rien ne, convaincre) le père de Tortilla. Il a refusé qu'elle continue ses études.

7. José _____ (ne... pas encore, devenir) écrivain à la fin du film.

Le passé composé et l'imparfait

Deciding when to use the **imparfait** and when to use the **passé composé** can be tricky for English speakers. It takes a lot of practice in a French-speaking country and a lot of reading to master this point. The following suggestions can help you for now.

1. First, you should resist the temptation to automatically associate the **imparfait** with description and the **passé composé** with action. Both the **passé composé** and the **imparfait** are used to talk about actions, but the actions are presented from a different angle.

The *imparfait* is used to discuss actions that took place on a regular basis in the past. It can be translated by *I used to . . .* or *I would . . .*	**The *passé composé* is used to discuss specific, completed actions in the past.**
Quand j'avais dix ans, **j'allais** en classe jusqu'à 3 heures. Puis je **faisais** du sport. Après, je **jouais** avec mes amis.	Hier, je **suis allé** en classe, puis j'**ai fait** du sport. Le soir, je **suis sorti** avec mes amis.
*When I was ten, **I went / used to go** to school until 3:00 P.M. Then I **played / would play** sports. After that, I **played / would play** with my friends.*	*Yesterday, I **went** to class. Then I **worked out**. In the evening, I **went out** with my friends.*
In a narrative, the *imparfait* is used to talk about an ongoing action (*action en cours*). It is translated by *was/were* + the *-ing* form of the verb.	The *passé composé* is used to talk about something that happened.
Marie **lisait** un bon livre.	Le téléphone **a sonné**.
*Marie **was reading** a good book.*	*The phone **rang**.*

Application immédiate 9

A. Read the stories and decide if the underlined words refer to (a) the setting / description; (b) a habitual action in the past; (c) an ongoing action / something that was going on; or (d) something that happened.

1. When *I was young* _____, my brother and I *went* _____ to the beach every summer. We *played* _____ volleyball and *had fun* _____. It *was* _____ great. The year when my brother *got* _____ his degree, he *stayed* _____ home, and I *went* _____ to the beach alone. I *did not have fun* _____.

2. We *used to go* _____ to the restaurant next door often. One day, we *were eating* _____ peacefully there. It *was* _____ about 10 P.M. A man *entered* _____ the restaurant. He *had* _____ a gun and *wore* _____ a mask. He *took* _____ the purses of a few women who *were eating* _____ next to us. We *decided* _____ not to go back to that restaurant.

B. Now complete the paragraphs in French. Put the verbs in the **passé composé** or the **imparfait.**

1. Quand je(j') _____ (être) jeune, mon frère et moi _____ (aller) à la plage tous les étés. Nous _____ (jouer) au volleyball et nous _____ (s'amuser) bien. Ce(C') _____ (être) super! L'année où mon frère _____ (obtenir) son diplôme, il _____ (rester) à la maison, et je(j') _____ (aller) à la plage tout seul. Je _____ (ne… pas s'amuser).

2. Nous _____ (aller) souvent au restaurant du coin. Un jour, nous _____ (manger) tranquillement. Il _____ (être) environ 10 heures du soir. Un homme _____ (entrer). Il _____ (avoir) un revolver et il _____ (porter) un masque. Il _____ (prendre) les sacs à main de quelques femmes qui _____ (manger) à côté de nous. Nous _____ (décider) de ne pas retourner à ce restaurant.

2. You have learned that the **imparfait** describes someone's state or emotions. As a result, verbs such as **avoir, être,** and **savoir** are often in the **imparfait.** However, these verbs can also be found in the **passé composé** when they describe a *change* of state.

The *imparfait* describes someone's state (how someone was, how old someone was, what someone knew) or emotions (how someone was feeling).	The *passé composé* describes a change in state or emotions. It can be translated by "I became" or "I got" instead of "I was," or "I learned" instead of "I knew."
Avoir	
Hier, je regardais la télévision seul(e) chez moi. Je n'**avais** pas peur. (how I felt) *Yesterday, I was watching TV alone at home. I **was** not scared.*	Tout à coup, j'ai entendu un bruit suspect. J'**ai eu** très peur. (how my feelings changed as a result of the noise) *All of a sudden I heard a strange noise. I **was** scared (= I **became/got** scared).*
J'**avais** vingt ans quand ma mère est morte. *I **was** twenty when my mother died.*	J'**ai eu** vingt ans la semaine dernière. *I **turned** twenty last week.*
Être	
J'**étais** très heureux avec ma femme. (state) *I **was** very happy with my wife.*	Quand elle a demandé le divorce, j'**ai été** très triste. (change of state) *When she asked for a divorce, I **was** very sad (= I **became** sad).*
Savoir	
À cinq ans, mon fils ne **savait** pas nager. (state of knowledge) *When my son was five, he **did** not **know how to** swim.*	Il **a su** nager à six ans. (change of state) *He **learned** how to swim at age six.*

Application immédiate 10

Dans les paires de phrases suivantes, décidez quel verbe doit être à l'imparfait et lequel doit être au passé composé, puis donnez la forme appropriée de chaque verbe.

1. D'habitude les enfants _____ (ne pas avoir) d'allumettes quand ils restaient seuls au village. La première fois qu'ils _____ (avoir) des allumettes, ils ont mis le feu aux cases!

2. José _____ (être) fier quand le maître lisait sa composition. Il _____ (être) surpris et peiné quand le maître l'a accusé d'avoir triché.

3. M'man Tine _____ (ne pas savoir) que Mme Léonce exploitait José. Quand elle le(l') _____ (savoir), elle a décidé de quitter sa case pour s'installer à Petit-Bourg.

3. The differences between the **imparfait** and the **passé composé** are more subtle with verbs such as **devoir, pouvoir,** and **vouloir.** Study the examples carefully to understand the differences in meaning.

Devoir	
to have to, must (obligation)	
Quand j'étais jeune, je **devais** faire mon lit avant de partir à l'école. (habitual action in the past) *When I was young, I **had to** make my bed before leaving for school.*	Un jour, j'ai été puni et j'**ai dû** aussi faire la vaisselle. (completed action in the past) *One day, I was punished and I **had to** wash the dishes as well.*
Devoir in the **imparfait** refers to an action that *was supposed to happen.*	**Devoir** in the **passé composé** refers to an action that *actually happened.*
Hier, je **devais** aller au travail en bus ... *Yesterday, I **was supposed** to ride the bus to work . . . (but something happened)*	Mais le bus n'est pas passé. J'**ai dû** prendre un taxi. *But the bus did not come. I **had to** take a taxi (and I did).* (completed action in the past)

Pouvoir	
to be able to (to have the mental or physical ability to do something)	*to be able to (to use one's mental or physical ability)*
Il y a dix ans, je **pouvais** finir un marathon. *Ten years ago, I **could** finish a marathon.* (description of one's ability)	Il y a dix ans, j'**ai pu** finir un marathon. *Ten years ago, I **could** finish a marathon (and I did).* (action)
	Cette année, je **n'ai pas pu** terminer. *This year, I **could not** finish (i.e., I tried and failed).* (action)
to be allowed to	
Mes enfants **ne pouvaient pas** sortir le soir quand ils avaient 15 ans. *My children **could not** go out (= were not allowed to go out) at night when they were 15.*	Ils **ont pu** sortir à 17 ans. *They **could** go out (= received permission to go out) at 17. (change of state)*

GRAMMAIRE 2

Vouloir	
Vouloir in the **imparfait** describes the *subject's desire.* (state)	**Vouloir** in the **passé composé** indicates whether a desire was fulfilled or not, or whether action was taken to make it happen (even if it failed).
Paul **ne voulait pas** rester à la maison. Il **voulait** assister à un match de foot. *Paul **did not want** to stay home. He **wanted** to attend a soccer game.* (description of Paul's wishes)	Paul **n'a pas voulu** rester à la maison. Il **a voulu** assister à un match de foot. *Paul **did not want** to stay home (and he did not).* (action) *He **wanted** to go to a soccer game, and he did.)* (action) Paul **a voulu** m'embrasser, mais je ne l'ai pas laissé. *Paul **wanted** to kiss me, but I did not let him. (He tried, but failed.)* (action)

Application immédiate 11

Dans les phrases suivantes, décidez quel verbe doit être à l'imparfait et lequel doit être au passé composé, puis donnez la forme appropriée de chaque verbe.

1. Le maître _____ (vouloir) que Tortilla continue ses études, mais le père de Tortilla _____ (ne pas vouloir), alors elle a cherché du travail.

2. M'man Tine _____ (devoir) revenir à Fort-de-France après avoir passé une journée à la rue Cases-Nègres. Mais elle est tombée malade et elle _____ (devoir) rester au lit.

3. Tortilla _____ (ne pas pouvoir) continuer ses études parce que son père _____ (ne pas pouvoir) s'occuper (*take care*) de sa famille sans elle.

L'accord du participe passé

1. With **être,** the past participle agrees in gender and number with the subject of the verb. The agreement of the past participle follows the rules for adjectives.

	singulier	pluriel
masculin	Marc est parti.	Marc et Marie sont partis.
féminin	Marie est partie.	Marie et ses amies sont parties.

2. With **avoir,** the past participle agrees with the direct object only when the direct object comes before the verb.

J'ai **vu mes cousins** hier. Je ne **les** avais pas vus depuis cinq ans.

I saw my cousins yesterday. I had not seen them for five years.

In the first sentence, the direct object **mes cousins** is after the verb. → no agreement

In the second sentence, the direct object **les** (= **mes cousins**) is before the verb. → agreement

Here are other examples in which the direct object comes before the verb:

La pièce que j'ai vue hier soir était excellente.

The play that I saw last night was excellent.

Combien de pièces est-ce que tu as vu**es** cette année?

How many plays did you see this year?

Quelles pièces est-ce que tu as aim**ées**?

What plays did you like?

Laquelle est-ce que tu as préfér**ée**?

Which one did you prefer?

3. With pronominal verbs, the rules concerning the agreement of the past participle are more complex.

   a. There is always agreement

- when the verb exists only as a pronominal verb, for example **se souvenir** (the verb **souvenir** does not exist).

  Elle s'est souven**ue** de cet incident.

  She remembered that incident.

- when the pronominal verb has a different meaning from the corresponding non-pronominal verb, for example **s'entendre** (*to get along*). (**Entendre** means "to hear.")

  Ils se sont entend**us** tout de suite.

  They got along right away.

   b. In other cases, the agreement with pronominal verbs follows the rule for **avoir.**

- If the pronoun (**me, te, se, nous, vous**) is a direct object, the past participle agrees with it.

  Elle s'est lav**ée**.

  Ask yourself: Elle a lavé qui?

  Answer: Elle-même (*herself*).

  Therefore, **se** is a direct object, and the past participle agrees.

- If the pronoun is not a direct object, there is no agreement. This happens in the following cases:

     ■ when the pronoun is an indirect object, i.e., when the verb takes the preposition **à**

     Les deux présidents se sont parl**é.**

     Ask yourself: Ils ont parlé à qui?

     Answer: l'un à l'autre (*to each other*)

     The verb **parler** takes **à,** so **se** is an indirect object → The past participle does not agree.

     ■ when the verb already has a direct object

     Elle s'est lav**é** les mains.

     Ask yourself: Elle a lavé les mains à qui? (Here, **les mains** is the direct object; **se** is an indirect object.)

     Answer: À elle-même.

     Therefore, the past participle does not agree.

> Compare:
> Elle s'est lavée.
> Elle s'est lavé les mains.

GRAMMAIRE 2

Tips for past participle agreement with pronominal verbs

1. Before deciding if the past participle of a pronominal verb agrees, make a simple sentence with the non-pronominal form of the verb, using **avoir** as the auxiliary.

   Ils se sont souvenu_____. (*They remembered.*) → A sentence with avoir is not possible (souvenir does not exist as a verb) → The past participle agrees: Ils se sont souvenu**s**.

   Ils se sont entendu_____. (*They got along.*) → Ils ont entendu le train. The meanings of **s'entendre** and **entendre** differ. → The past participle agrees: Ils se sont entendu**s**.

   Ils se sont vu_____. (*They saw each other.*) → Ils ont vu leurs amis. **Voir** takes a direct object. **Se** is a direct object. → The past participle agrees: Ils se sont vu**s**.

   Ils se sont écrit_____. (*They wrote to each other.*) → Ils ont écrit à leurs amis. **Écrire** takes an indirect object. **Se** is an indirect object. → The past participle does not agree: Ils se sont écrit.

   Elle s'est brossé_____ les cheveux (*She brushed her hair*) → Elle a brossé les cheveux à elle-même. **les cheveux** is the direct object of **brosser. Se** is an indirect object. → The past participle does not agree: Elle s'est brossé les cheveux.

2. You need to pay attention to the structure of the French verb, not its English equivalent. For example, *to call* takes a direct object in English (*I called my friend*), but **téléphoner** has an indirect object (Ils ont téléphoné à leurs amis).

Les deux présidents se **sont téléphoné.**	*The two presidents called each other.*

Application immédiate 12

Faites l'accord du participe passé dans les phrases suivantes. Mettez un Ø s'il n'y a pas d'accord.

1. Quelques ouvriers agricoles se sont révolté_____ quand ils ont reçu_____ leur salaire.

2. Après que les enfants ont trop bu_____ et ont mis_____ le feu aux cases, on les a puni_____. Après cet incident, ils ne se sont plus amusé_____.

3. Aurélie n'est pas là? Non, je l'ai envoyé_____ au magasin pour acheter du rhum.

4. M'man Tine est très fière des brillantes études que José a fait_____ à l'école de Petit-Bourg.

5. M'man Tine est reparti_____ à Petit-Bourg quand José a obtenu_____ une bourse complète. Elle est tombé_____ malade peu après. José et Tortilla se sont revu_____ quand on l'a enterré_____.

6. Pouvez-vous imaginer quelles aventures José a eu_____ après ses années de lycée? Et est-ce que Tortilla s'est souvenu_____ de José?

Le plus-que-parfait

Formation

1. The **plus-que-parfait** is a compound tense formed on the following model: auxiliaire (**avoir** or **être**) à l'imparfait + participe passé du verbe.

   Hier soir, mes amis voulaient sortir. J'**avais travaillé** toute la journée et j'**étais allée** au gymnase après le travail, alors j'ai préféré rester chez moi.

   Last night, my friends wanted to go out. I had worked all day and I had gone to the gym after work, so I preferred to stay home.

2. The choice of auxiliary (**avoir** or **être**) and the agreement of the past participle with the **plus-que-parfait** are the same as with the **passé composé.**

Sample conjugation with *avoir:* travailler	Sample conjugation with *être:* aller
j'avais travaillé	j'étais allé(e)
tu avais travaillé	tu étais allé(e)
il/elle/on avait travaillé	il/on était allé, elle était allée
nous avions travaillé	nous étions allé(e)s
vous aviez travaillé	vous étiez allé(e)(s)
ils/elles avaient travaillé	ils étaient allés, elles étaient allées

Emploi

1. The **plus-que-parfait** is used to speak about an action that took place prior to a past action. There is no need for the **plus-que-parfait** if the past events are told in chronological order. Compare:

   Hier, **j'ai travaillé** toute la journée et je **suis allée** au gymnase après le travail. Je **suis rentrée** chez moi à 8 heures du soir. J'**étais** très fatiguée. J'**ai mangé** rapidement et je **me suis couchée.**

   (The events are told in chronological order. The **passé composé** and the **imparfait** are used.)

   Hier, je suis rentrée chez moi à 8 heures du soir. J'étais très fatiguée. J'**avais travaillé** toute la journée et j'**étais allée** au gymnase après le travail. J'ai mangé rapidement et je me suis couchée.

   Last night, I came home at 8 o'clock. I was very tired. I had worked all day and I had gone to the gym after work. I ate quickly and went to bed.

   (**Travailler** and **aller au gymnase** are mentioned after **rentrer** and **être fatigué**, but they took place before, so the **plus-que-parfait** is used.)

2. Note that the sequence of tenses is less rigid in English than in French. For example, an English speaker might say, "He wanted to know who called" or "He wanted to know who had called." In French, the verb **téléphoner** can only be in the **plus-que-parfait: Il voulait savoir qui avait téléphoné.**

Application immédiate 13

Entraînez-vous à conjuguer quelques verbes au plus-que-parfait.

1. demander

2. comprendre

3. venir

4. faire

5. s'amuser

Application immédiate 14

Dans les phrases suivantes, un des verbes doit être au passé composé, et l'autre au plus-que-parfait. Donnez la forme correcte.

Exemple: Les enfants _____ (dire) à M'man Tine qu'une poule _____ (casser) son bol.

Les enfants ont dit à M'man Tine qu'une poule avait cassé son bol.

1. José _____ (trouver) les commentaires du maître injustes parce qu'il _____ (ne pas plagier) sa composition.

2. On _____ (arrêter) Léopold parce qu'il _____ (prendre) les registres de la plantation.

3. Médouze _____ (naître) à la Martinique. Son père _____ (venir) d'Afrique quelques années plus tôt.

4. Un jour, Médouze _____ (parler) à José des Martiniquais qui _____ (se rebeller) contre les békés.

5. Médouze _____ (passer) plusieurs heures dans un champ de canne quand on _____ (découvrir) son corps.

6. D'après vous, est-ce que José _____ (se souvenir) des histoires que Médouze lui _____ (raconter)?

Chapitre 3

GRAMMAIRE

Les noms, les articles, les expressions de quantité et les adjectifs

LES NOMS, LES ARTICLES, LES EXPRESSIONS DE QUANTITÉ, ET LES ADJECTIFS

Les noms

Le genre et le nombre

For more grammar practice, visit the website **www.cengagebrain.com**.

1. French nouns are masculine or feminine. Even though some patterns can help determine their gender, you should always memorize nouns with their articles.

   le/un film   *the/a film*

   la/une pièce   *the/a play*

2. To form the plural of nouns, the general rule is to add an **s** to the singular noun.

   le film → les films

   la pièce → les pièces

3. Some nouns have irregular plurals.

Singular ending	Plural ending	Examples	
-eau	-x	eau (*water*)	eaux
most words in -eu	-x	jeu (*game*)	jeux
7 words in **-ou**	-x	bijou (*jewelry*)	bijoux
-al	-aux	animal (*animal*)	animaux
-s	no change	fils (*son*)	fils
-x	no change	choix (*choice*)	choix
-z	no change	nez (*nose*)	nez
Irregular plural		œil	yeux

La comparaison avec le nom

To make comparisons between two nouns, use **plus de** (*more*), **moins de** (*fewer*), and **autant de** (*as much/as many*)… **que** (*as*).

> Je mange **plus de** fruits, **autant de** légumes et **moins de** pâtisseries que ma camarade de chambre.
>
> *I eat more fruit, as many vegetables, and fewer pastries than my roommate.*

Application immédiate 1

Faites des phrases selon le modèle.

> *Exemple:* Marjane a vécu (+ expériences traumatisantes) qu'une adolescente typique.
>
> *Marjane a vécu plus d'expériences traumatisantes qu'une adolescente typique.*

1. Il y a (+ libertés) pour les femmes en Europe qu'en Iran.
2. Marjane avait (= courage) que son oncle Anouche.
3. Les parents de Marjane se faisaient (– illusions) que son oncle.
4. Marjane a eu (= difficultés) à vivre en Autriche qu'en Iran.

Les articles

L'article indéfini

1. Indefinite articles (**un**, **une**, **des**) are used to discuss people and things that have not been specified. The singular indefinite article translates as *a* or *an* in English. The plural article **des** does not translate or is sometimes expressed by *some* or *any*.

   J'ai **un** vélo, **une** voiture et **des** rollers.

   I have a bike, a car, and [some] rollerblades.

2. The indefinite article becomes **de** or **d'** after a negative verb.

Je n'ai pas **de** moto.	*I don't have a motorcycle.*
Je n'ai pas **d'**argent.	*I don't have any money.*

3. The indefinite plural article **des** often becomes **de** when an adjective precedes the noun.

Vous avez **de** beaux enfants.	*You have beautiful children.*

GRAMMAIRE 3

Use the symbol Ø when there is no article in English. This will remind you to use an article in French: *I have a bike, a car, and Ø rollerblades.* When Ø can be replaced by *some* (in the sense of *several*), the French article is **des**.

L'article défini

1. Definite articles (**le/l', la/l', les**) are used with definite nouns, i.e., when the addressee recognizes the person or thing that is being talked about. The definite article often translates as *the* in English.

Regarde **les** enfants et **le** chien!   *Look at the children and the dog!*

As-tu lu **le** livre que tu as acheté hier?   *Did you read the book you bought yesterday?*

2. Definite articles are used to express likes/dislikes/preferences.

J'aime **la** salade. Je n'aime pas **le** brocoli. Je préfère **les** haricots verts.

I like salad. I don't like broccoli. I prefer green beans.

3. Definite articles are used to talk about things and people in general.

L'essence est de plus en plus chère.   *Gas is more and more expensive.*

Les enfants doivent aller à l'école.   *Children must go to school.*

4. Unlike the indefinite article, the definite article does not change in the negative.

Je n'aime pas **les** chats.

I don't like cats.

5. The definite articles **le** and **les** contract with the prepositions **à** and **de**; **l'** and **la** do not contract.

à + le = au	à + les = aux
de + le = du	de + les = des

Nous allons souvent **au** stade pour assister **aux** matchs de foot de notre université.

We often go to the stadium to attend the soccer games of our university.

Nous avons longtemps parlé **du** match et **des** joueurs.

We spoke about the game and the players for a long time.

L'article partitif

1. The partitive article (**du/de l', de la/de l'**) is used to talk about things that are not countable. It does not translate in English, but it is sometimes expressed by *some* or *any.*

Elle a **de la** patience et **du** courage.

She has patience and courage. (She is patient and courageous.)

Il faut **du** sel, **de l'**huile et **de la** farine pour cette recette.

This recipe calls for [some] salt, oil, and flour.

2. The partitive article is used to talk about a part of something countable.

J'ai mangé **du** poulet et **de la** tarte.   *I ate [some] chicken and [some] pie.*

3. The partitive article becomes **de/d'** in a negative sentence.

Il n'a pas **d'**ambition.   *He does not have [any] ambition.*

There is no article in English when you express likes/dislikes/preferences, or when you talk about people and things in general. Use the symbol Ø to remember to use an article in French: *I like Ø salad. I don't like Ø broccoli. I prefer Ø green beans.* When you can replace Ø with *in general* or *all*, you need a definite article.

There is no article in English when you talk about things that are not countable (such as patience, salt, oil) or parts of things. Use the symbol Ø to remember to use an article in French: *She has Ø patience and Ø courage.* When you can replace Ø with *some* (in the sense of *a certain amount*), you need a partitive article in French.

One could also say: J'ai mangé **un** poulet et **une** tarte (*I ate a chicken and a pie*), but that would mean a whole chicken and a whole pie.

GRAMMAIRE 3

English speakers have difficulty choosing the right article when there is no article (Ø) in English. The following tips will help.

1. If you can replace Ø with *some* (in the sense of *several*), you need an indefinite plural (**des**).

   I have animals. → *I have some animals.* → J'ai **des** animaux.

   (In this example, you could also put the sentence in the singular to determine that you need an indefinite article and not a definite one: J'ai **un** animal. → J'ai **des** animaux.)

2. If you can replace Ø with *some* (in the sense of *a certain amount*), you need a partitive article (**du, de la, de l'**).

   I would like coffee, please. → *I would like some coffee.* → Je voudrais **du** café.

3. If you can replace Ø with *in general* or *all*, you need a definite article (**le, la, les**).

   I like coffee. → *I like coffee in general/all coffee.* → J'aime **le** café.

   Old people don't sleep much. → *Old people in general don't sleep much.* → **Les** personnes âgées ne dorment pas beaucoup.

Les expressions de quantité

Some common expressions of quantity
assez (de) *enough*
beaucoup (de) *a lot, many*
de nombreux *many*
plusieurs *several*
quelques *some, a few*
trop (de) *too much, too many*
un grand nombre (de) *a great number of*
un kilo (de) *a kilogram of*
un litre (de) *a liter of*
un peu (de) *a little*
une dizaine (de), une vingtaine (de), une centaine (de), un millier (de) *about ten, twenty, one hundred, one thousand*

When an expression of quantity precedes the noun, there is no article.

Il y a **beaucoup de** bruit.

There is a lot of noise.

Il faut boire **deux litres d'**eau par jour.

One must drink two liters of water a day.

J'ai **quelques** amis francophones.

I have a few French-speaking friends.

Nous avons **une centaine d'**étudiants.

We have about a hundred students.

Application immédiate 2

Complétez les phrases avec l'article qui convient. S'il ne faut pas d'article, utilisez Ø.

Marjane a eu beaucoup de/d' _de_ (1) difficultés à s'habituer à _la_ (2) vie en Europe. Elle avait une quinzaine de/d' _____ (3) années quand elle est arrivée à Vienne. Elle a d'abord habité dans _un_ (4) internat, puis elle a déménagé plusieurs _____ (5) fois, car elle ne s'entendait pas bien avec _les_ (6) personnes qui la logeaient. Elle était souvent seule car elle n'avait pas _de_ (7) famille à Vienne. Elle avait quelques _Ø_ (8) amis au lycée. Elle passait _du_ (9) temps avec eux, mais _la_ (10) musique alternative ne lui plaisait pas trop et elle n'aimait pas _les_ (11) sujets de conversation de Momo. Ses amis avaient eu _une_ (12) vie tranquille et heureuse alors qu'elle avait vécu _des_ (13) événements tragiques: son oncle était mort pour _la_ (14) liberté et _la_ (15) guerre entre l'Iran et l'Irak avait fait des milliers de _____ (16) morts. Marjane avait _du_ (17) courage, mais elle se sentait triste. Elle pensait que _les_ (18) Autrichiens ne pouvaient pas la comprendre.

Les adjectifs démonstratifs

1. Demonstrative adjectives (*this, that*) agree in gender and number with the nouns they modify. Notice that there are two forms before singular masculine nouns: **ce** when the noun starts with a consonant and **cet** when it starts with a vowel or a mute **h.**

	Singulier	**Pluriel**
Masculin	**ce** film	**ces** films
	cet acteur	**ces** acteurs
	cet homme	**ces** hommes
Féminin	**cette** actrice	**ces** actrices

2. Use **ce... -ci** and **ce... -là** to distinguish between two nouns.

   Tu préfères **cette** robe-**ci** ou **cette** robe-**là?**

   Do you prefer this dress (here) or that dress (there)?

Les adjectifs possessifs

1. Possessive adjectives (*my, your,* etc.) agree in gender and number with the noun they modify.

   Je te présente **mon** père (masculin), **ma** mère (féminin) et **mes** enfants (pluriel).

   I'd like you to meet my father, my mother, and my children.

The change of **ma/ta/sa** to **mon/ton/son** before a vowel avoids the problem of having two vowels together (**ma + amie**), which is difficult to pronounce.

2. The masculine form of the possessive adjective is used with feminine nouns that start with a vowel or a mute **h.**

J'apprécie **mon** amie Catherine pour **son** honnêteté.

I appreciate my friend Catherine for her honesty.

Subject pronoun	Corresponding possessive adjective
je	mon, ma, mes
tu	ton, ta, tes
il/elle/on	son, sa, ses
nous	notre, nos
vous	votre, vos
ils/elles	leur, leurs

3. To determine which possessive adjective to use, look at the noun that follows (the thing "possessed"). This is different from English, where the gender of the "possessor" determines the choice of the possessive adjective.

his/her book	**son livre**
his/her car	**sa voiture**
his/her friends	**ses ami(e)s**

Application immédiate 3

Transformez les phrases en utilisant un adjectif possessif.

> *Exemple:* Cette voiture est à Marie. → *C'est sa voiture.*
>
> Ces livres sont à nous. → *Ce sont nos livres.*

1. Cette pipe est à mon père.
2. Ce passeport est à la jeune fille.
3. Ces bouteilles de vin sont à mes parents.
4. Ces médicaments sont à moi.
5. Ce foulard est à vous?
6. Cette bande dessinée est à nous.

Les adjectifs qualificatifs

Qualifying/descriptive adjectives are words that describe nouns. They agree in number and gender with the noun they modify.

Le genre et le nombre

1. Les adjectifs au masculin
   Adjectives are usually listed in the masculine form. Three adjectives—**vieux, beau,** and **nouveau**—have two forms in the masculine singular; they change their form before a vowel or a mute **h.** The feminine form of these adjectives is based on this alternate masculine form.

GRAMMAIRE 3

Adjective	Masculine forms	Feminine form
vieux (*old*)	un vieux livre un **vieil** animal un **vieil** homme	une vieille maison
beau (*beautiful, good-looking*)	un beau garçon un **bel** enfant un **bel** habit	une belle histoire
nouveau (*new*)	un nouveau journal le **nouvel** an un **nouvel** hôpital	une nouvelle robe

2. Les adjectifs au féminin

a. The feminine of adjectives is usually formed by adding a mute **e** to the masculine form (there is no change when the masculine adjective already ends in an **e**). The presence of the mute **e** causes the preceding consonant to be pronounced. This makes it possible to distinguish a feminine adjective from a masculine one in speaking.

grand (masculine, the **d** is not pronounced)
grande (feminine, the **d** is pronounced)

b. In many cases, other changes occur when a masculine adjective is put in the feminine. The rules below will help you form the feminine of many adjectives. There are exceptions, so it is always a good idea to check in a dictionary.

Masculine ending	Feminine ending	Example Masculine adjective	Feminine adjective
-e	no change	mince	mince
-é	-ée	déprimé	déprimée
-*consonant*	-*consonant* + e	tolérant	tolérante
-s	-se -sse	soumis gros	soumise grosse
-g	-gue	long	longue
-x	-sse -ce	faux roux doux	fausse rousse douce
-ien	-ienne	canadien	canadienne
-on	-onne	bon	bonne
-il -el -eil -et	-ille -elle -eille -ète -ette	gentil naturel pareil inquiet net	gentille naturelle pareille inquiète nette
-if	-ive	sportif	sportive
-c	-che -que	blanc public	blanche publique
-er	-ère	étranger	étrangère

GRAMMAIRE 3

Most adjectives ending in –s, like **soumis**, follow the general rule and simply take an –**e** in the feminine. A few double the final –**s**, like **gros/grosse**, as well as **gras/grasse**, **bas/basse**, **épais/épaisse**, **métis/metisse**.

Chic is an exception. It is invariable.

(*continued*)

The feminine of adjectives in –eur ends in –euse when the adjective is derived from a verb and has the same stem as that verb. For example, the stems of **travailleur** and **menteur** (travaill- and ment-) are the same as the stems of **travailler** and **mentir**. The examples **inférieur** and **créateur** do not follow this rule: **inférieur** is not derived from a verb; the stem of **créateur** is **créat-**, which is different from the stem of **créer**, (cré-).

un **citron** is *a lemon*, un **marron** and une **châtaigne** (from which **châtain** is derived) are varieties of chestnuts.

Masculine ending	Feminine ending	Example	
		Masculine adjective	**Feminine adjective**
-eux	-euse	heureux	heureuse
-eur	-eure	inférieur	inférieure
	-euse	travailleur	travailleuse
-teur	-teuse	menteur	menteuse
	-trice	créateur	créatrice

c. Some adjectives of color do not change in the feminine. This is true of adjectives that are related to fruit (**orange, citron, marron, châtain**) and adjectives that are modified by another adjective of color (**clair, foncé,** etc.)

un pantalon **marron,** une robe **marron**

brown pants, a brown dress

La chaise est **bleu clair.**   **BUT**   La lampe est bleu**e.**

The chair is light blue. The lamp is blue.

Application immédiate 4

Complétez les phrases en mettant les adjectifs au féminin.

1. Le père de Marjane est cultivé et tolérant. Sa mère est _____ et _____.

2. L'oncle Anouche est franc et courageux. Marjane est _____ et _____.

3. Le gouvernement est conservateur et répressif. La politique du gouvernement est _____ et _____.

4. Le vocabulaire de la grand-mère est parfois moqueur et grossier. La grand-mère est parfois _____ et _____.

3. Les adjectifs au pluriel

a. The plural of adjectives is usually formed by adding an **-s.** There is no change for adjectives that end in **-s** and **-x** in the masculine singular.

un homme âgé → des hommes âgé**s**

an old man, old men

une employée travailleuse → des employées travailleuse**s**

a hard-working employee, hard-working employees

un enfant heureux → des enfants heureux

a happy child, happy children

b. Some adjectives of color do not change in the plural. This is true of adjectives that are related to fruit (**orange, citron, marron, châtain**) and adjectives that are modified by another adjective of color.

Les fleurs sont **orange.**

The flowers are orange.

Il a les yeux **bleu vert.**   **BUT**   Il a les yeux vert**s.**

His eyes are blue green. His eyes are green.

GRAMMAIRE 3

c. Some adjectives have an irregular plural.

- **Beau** and **nouveau** form their masculine plural in **-x.**

  beau → beau**x**

  Il y a de(s) beaux monuments à Paris.

  There are beautiful monuments in Paris.

- Most adjectives in **-al** form their plural in **-aux.**

  loyal → loy**aux**

  J'ai des amis loyaux.

  I have loyal friends.

Application immédiate 5

Mettez l'adjectif entre parenthèses au masculin pluriel ou au féminin pluriel et insérez-le à l'endroit indiqué.

1. Marjane s'est fait de _____ amis à Vienne. (nouveau)

2. Les amis de Marjane sont des jeunes gens _____. (marginal)

3. Les étudiantes en art n'aimaient pas porter de _____ cagoules noires. (long)

4. Marjane et sa grand-mère ne sont pas _____. (conventionnel)

5. Les familles _____ ont beaucoup souffert pendant la guerre contre l'Irak. (iranien)

6. Les opposants étaient _____ par le gouvernement. (censuré)

La position des adjectifs

1. Most adjectives come after the noun.

un ami dévoué   *a devoted friend*

2. A few adjectives come before the noun.

un bon ami   *a good friend*

The adjectives that precede the noun they modify can be remembered by grouping them in categories.

Adjectives that precede the noun (think of the acronym BAGS)				
Beauty	**Age**	**Goodness**	**Size**	**Other**
beau, belle	jeune	bon(ne)	grand(e)	autre *(other)*
joli(e)	nouveau (nouvelle)	gentil(le)	gros(se)	même *(same)*
	vieux (vieille)	mauvais(e)	long(ue)	premier (première),
			petit(e)	deuxième, etc.

Exceptions

Petit and **grand** change their meaning in front of certain nouns. In order to avoid confusion with their main meaning (*small/tall*), the sentences in which they appear may need to be rephrased.

- **Petit** expresses affection in **un petit ami, une petite amie** (*a boyfriend, a girlfriend*). A short friend can be expressed by **un(e) ami(e) (qui est) petit(e).**

- **Grand** means *great/important*, especially when describing people and events: **un grand homme** (*a great man*), **une grande dame** (*a great woman*), **un grand médecin** (*a well-known doctor*), **un grand événement** (*a great event*). A tall man can be expressed by **un homme (qui est) grand.**

3. Some adjectives have different meanings depending on whether they are placed before or after the noun.

Ancien can be used before a noun to mean *former* when referring to either a person or a thing. It can be used after a noun when referring to a thing to mean *old* or *ancient*. To refer to an old person, use **vieux** or **âgé** instead.

	Before the noun	After the noun
ancien	*former* **mon ancienne maison** (*my former house*)	*old* **une maison ancienne** (*an old house*)
cher	*dear (in greetings)* **mon cher ami** (*my dear friend*)	*expensive* **une voiture chère** (*an expensive car*)
dernier	*the last (in a series)* **la dernière semaine de mai** (*the last week in May*)	*last (preceding)* **la semaine dernière** (*last week*)
même	*same* **le même jour** (*the same day*)	*very* **le jour même** (*the very day*)
pauvre	*unfortunate* **un pauvre homme** (*a poor/ unfortunate man*)	*poor (without money)* **un homme pauvre** (*a poor man*)
propre	*own* **mon propre bureau** (*my own office*)	*clean* **un bureau propre** (*a clean office*)
seul	*only* **un seul homme** (*only one man*)	*alone, lonely* **un homme seul** (*a solitary/ lonely man*)

Application immédiate 6

Insérez la forme correcte de l'adjectif avant ou après le nom souligné.

> *Exemple:* Marjane ne voulait pas que les _____ femmes _____ souffrent. (vieux)
>
> *Marjane ne veut pas que les vieilles femmes souffrent.*

1. Marjane avait ses _____ opinions _____ sur tout. (propre)

2. La grand-mère aimait les _____ gens _____. (intègre)

3. Marjane a eu du mal à s'habituer à sa _____ vie _____ à Vienne. (nouveau)

4. Le livre *Persépolis* est une _____ bande dessinée _____. (original)

5. Mohammad Reza Pahlavi était le _____ Shah _____ d'Iran. (dernier)

6. Il y a eu de(s) _____ manifestations _____ contre son régime. (grand)

Le comparatif des adjectifs

1. To compare people or things using adjectives, use the comparative form of the adjectives.

plus... que	*more . . . than* (*adjective*) + *-er than*	Mon frère est plus grand que moi. *My brother is taller than I am.*
moins... que	*less . . . than*	Je suis moins riche que mes amis. *I am less rich than my friends.*
aussi... que	*as . . . as*	Elle est aussi sportive que lui. *She is as athletic as he is.*

2. Bon has an irregular comparative, **meilleur.** The comparative of **mauvais** has two forms.

Adjective	Comparative form		Example
bon(ne)	meilleur(e)	*better*	Ses films sont **meilleurs** que ses documentaires. *His films are better than his documentaries.*
mauvais(e)	plus mauvais(e)/pire	*worse*	Ma deuxième composition est **plus mauvaise/ pire** que la première. *My second composition is worse than the first.*

Application immédiate 7

Faites des phrases selon le modèle suivant en mettant l'adjectif à la forme correcte.

Exemple: La grand-mère de Marjane est _____ (+ direct) que sa mère.

La grand-mère de Marjane est plus directe que sa mère.

1. Marjane se sent _____ (– seul) en Iran qu'en Autriche.

2. Le nouveau régime est _____ (= répressif) que l'ancien.

3. La condition des femmes est _____ (– bon) qu'avant la Révolution islamique.

4. Marjane est _____ (+ amoureux) que Markus.

5. Marjane pense que sa vie professionnelle sera _____ (+ bon) en France qu'en Iran.

6. Les oncles de Marjane sont _____ (= tolérant) que ses parents.

GRAMMAIRE 3

Le superlatif des adjectifs

1. To say that something or someone is *the most* or *the least* (amusing/intelligent/etc.), use the superlative form of the adjective.

le/la/les plus + adj.	the most + adj.	C'est le plus amusant. *He is the most amusing.*
	the (adj.) + -est	C'est la plus intelligente. *She is the brightest.*
		Ce sont mes amis les plus proches. *They are my closest friends.*
le/la/les moins + adj.	the least + adj.	J'ai fait les problèmes de maths les moins difficiles. *I did the least difficult math problems.*

2. The superlative of **bon** is **le/la meilleur(e)** and **le/la moins bon(ne)**. The superlatives of **mauvais** are **le/la plus mauvais(e)** and **le/la pire**.

3. If an adjective normally precedes the noun it modifies, then its superlative form will precede the noun as well.

C'est la plus jeune étudiante de la classe. (*before the noun*)
She's the youngest student in the class.

C'est le meilleur film de l'année. (*before the noun*)
It's the best film of the year.

C'est la personne la moins efficace de l'entreprise. (*after the noun*)
He/She is the least efficient person in the firm.

Application immédiate 8

Faites des phrases au superlatif selon le modèle.

Exemple: Marjane est / élève / + insolent / classe
Marjane est l'élève la plus insolente de la classe.

1. l'oncle Anouche est / personne / + idéaliste / famille

2. Momo est / garçon / − sympathique / Lycée français de Vienne

3. l'adolescence est souvent / moment / + difficile / vie

4. la mort de son oncle et le départ en Europe sont / événements / − heureux / adolescence de Marjane

5. les exécutions sont / + mauvais / exemples de répression / film

6. *Persépolis* était / + bon / adaptation / festival de Cannes en 2008

Notice that **de** is the preposition used after the superlative.

C'est le meilleur athlète du lycée.
He's the best athlete in the high school.

C'est le plus mauvais/le pire jour de ma vie.
It's the worst day in my life.

If you need to review the position of adjectives, return to page 271.

GRAMMAIRE 3

Chapitre 4

GRAMMAIRE

Les pronoms relatifs et les pronoms démonstratifs

This is a self-study module that you will encounter in each chapter. Each grammar section includes formal explanations and self-corrected **Application immédiate** exercises. Homework directions in the main part of the textbook tell you when to study the different sections.

GRAMMAIRE 4

LES PRONOMS RELATIFS ET LES PRONOMS DÉMONSTRATIFS

Les pronoms relatifs

In Chapter 3 you reviewed some of the components of a noun phrase (nouns, articles, and adjectives). Another component of a noun phrase is the relative clause. As the word *relative* suggests, the relative clause is related, or linked, to a noun. Like an adjective, a relative clause provides additional information about that noun.

> Regarde l'homme **qui traverse la rue**!
>
> *Look at the man who is crossing the street!*
>
> (The relative clause **qui traverse la rue** adds information about **l'homme**.)

The noun that is defined or described by the relative clause (here, **l'homme**) is called the *antecedent* because it comes before the relative clause (*ante* means *before* in Latin).

The pronoun that introduces the relative clause (here, **qui**) is called a *relative pronoun*.

For more practice with relative clauses, visit the website **www.cengagebrain.com**.

GRAMMAIRE 4

Le choix du pronom relatif

How would you explain to a French speaker how to choose a relative pronoun in English? Look at the following examples to infer a rule.

*Do you know the woman **who** is crossing the street?*

*Do you know the dog **that** is crossing the street?*

You can infer this rule: that the pronoun will be different depending on whether the antecedent is human (*the woman*) or nonhuman (*the dog*). Now compare with the equivalent French sentences.

Connais-tu la femme **qui** traverse la rue?

Connais-tu le chien **qui** traverse la rue?

Here the pronoun is the same. Unlike English, French makes no distinction between human and nonhuman antecedents. What matters in French is whether the antecedent is the subject or the object of the verb that follows. The examples above could be broken into two sentences:

Connais-tu la femme? La femme traverse la rue.

Connais-tu le chien? Le chien traverse la rue.

In the second sentence, **la femme/le chien** is the *subject* of the verb **traverse.** To avoid the repetition of **la femme/le chien,** one can link the two sentences with the subject relative pronoun **qui.**

    In the following sections you will learn how to choose the pronoun based on the grammatical function (subject, direct object, prepositional object) of the noun it replaces.

Les pronoms relatifs sujets: *qui, ce qui*

Qui and **ce qui** are used when the antecedent is the *subject* of the verb that follows (the verb of the relative clause).

1. **Qui** is used when the antecedent is a specified person, thing, or place.

    L'accident **qui** est arrivé ce matin était horrible.

    *The accident **that** happened this morning was horrible.*

    Here the antecedent is a specified thing, **l'accident.**

2. **Ce** appears in front of **qui** when the antecedent is indeterminate or general enough to be omitted.

    Ce qui est arrivé ce matin était horrible.

    What (= *That which*) *happened this morning was horrible.*

    If the antecedent appeared, it would be a general one, such as **les choses** (*the things*).

3. Verb agreement

   • With **qui,** the verb of the relative clause agrees with the antecedent, since the antecedent is its subject.

      Je ne connais pas **les étudiants** qui **vont** aller en France.

      I don't know the students who are going to France.

   • The verb that follows **ce qui** is always in the third person singular.

      Les notes, c'est **ce qui compte** le plus pour lui.

      *Grades are **what counts** the most for him.*

Les pronoms relatifs objets directs: *que, ce que*

Que and **ce que** are used when the antecedent is the direct object of the verb of the relative clause.

1. **Que** is used when the antecedent is a specified person, thing, or place.

   Voici une amie **que** j'aime beaucoup.

   *Here is a friend (**that/whom**) I like a lot.*

   Merci pour les fleurs **que** tu m'as offertes.

   Thanks for the flowers (that) you gave me.

2. **Ce** appears in front of **que** when the antecedent is indeterminate or general enough to be omitted.

   Je ne comprends pas **ce que** tu dis.

   *I do not understand **what** you are saying.*

> Note that **que** is never omitted in French, whereas *that* and *whom* can be dropped in English.

> Notice that **offertes** is feminine plural, agreeing with the preceding direct object, **fleurs**. Refer to pages 258–260 to review the rules about past participle agreement.

Application immédiate 1

Formulez une phrase avec **qui** et une autre avec **que,** d'après le modèle. Référez-vous aux explications ci-dessus pour savoir quel pronom utiliser.

Exemple: Mlle Bertrand: Elle travaille avec François. François aime Mlle Bertrand.

   qui: Mlle Bertrand, c'est la personne qui *travaille avec François.*

   que: Mlle Bertrand, c'est la personne que *François aime.*

1. M. Belone: Il habite à côté de François. François rencontre M. Belone sur son balcon.

   qui: M. Belone, c'est la personne qui…

   que: M. Belone, c'est la personne que…

2. Santini: Il entraîne l'équipe de rugby. Ses collègues veulent changer Santini.

   qui:

   que:

3. M. Kopel: Il dirige l'entreprise. François va voir M. Kopel pour se plaindre de Mlle Bertrand.

   qui:

   que:

Application immédiate 2

Formulez une phrase avec **ce qui** et une autre avec **ce que,** d'après le modèle.

Exemple: Le pull rose: Cela donne des soupçons (*suspicions*) à Mme Santini. Santini offre cela à François.

   ce qui: Le pull rose, c'est ce qui donne des soupçons à Mme Santini.

   ce que: Le pull rose, c'est ce que Santini offre à François.

> Ask yourself if **cela** is the subject or the object of the verb.

1. Les plaisanteries vulgaires: Cela amuse Santini. Le patron n'apprécie pas cela.

   ce qui: Les plaisanteries vulgaires, c'est ce qui…

   ce que: Les plaisanteries vulgaires, c'est ce que…

2. Le tatouage: Cela intrigue Mlle Bertrand. Mlle Bertrand veut voir cela.

   ce qui:

   ce que:

GRAMMAIRE 4

3. Les préjugés: Cela influence l'attitude de Santini. Le film critique cela.

ce qui:

ce que:

Application immédiate 3

Complétez les phrases suivantes avec **qui, que/qu', ce qui** ou **ce que/ce qu'.**

Ask yourself: (1) Is there a noun / an antecedent before the blank? and (2) Is the pronoun in the blank the subject or the object of the verb that follows?

1. François Pignon est l'employé _____ le photographe n'a pas inclus sur la photo.

2. Mlle Bertrand ne croit pas les rumeurs _____ circulent sur François Pignon.

3. Frank n'aime pas _____ son père prépare quand il mange chez lui.

4. À la cafétéria, Félix parle des betteraves (*beets*) _____ François est en train de manger.

5. L'ex-femme de François a été très surprise par _____ elle a vu à la télévision.

6. François ne comprend pas _____ arrive (*happens*) quand Mlle Bertrand tente de lui enlever la chemise.

7. C'est le chef du personnel _____ a eu l'idée de faire participer François à la Gay Pride.

8. _____ explique l'attitude de Jean-Pierre Belone, c'est qu'il a été victime de discrimination.

Le pronom relatif *où*

1. **Où** is used when the antecedent is an expression of space (*the place where*) or time (*the time when*).

L'endroit **où** nous habitons est très agréable.

*The place **where** we live is very nice.*

Le 11 novembre 1918 est le jour **où** la France et l'Allemagne ont signé l'Armistice.

*November 11, 1918, was the day **when** France and Germany signed the armistice.*

Notice the different use of verb tense in French (present: **est**) and English (past: *was*).

Te souviens-tu du soir **où** nous nous sommes rencontrés?

*Do you remember the evening **when** we met?*

> Be careful! Do not automatically use **où** after an expression of time and space. In the following example, **jour** is a direct object, so the pronoun **que** is used.
>
>   Le dimanche est le jour **que** je préfère.
>   *Sunday is the day (**that**) I prefer.*

2. **Là** appears in front of **où** when the antecedent is indeterminate or general enough to be omitted.

Tu es de Lyon? C'est **là où** je vais faire mes études.

*You're from Lyon? That's **where** I'm going to study.*

3. Où can often be replaced with a preposition + a form of **lequel.**

C'est une boîte **où/dans laquelle** je garde des souvenirs.

*It's a box **where/in which** I keep some memorabilia.*

The pronoun **lequel** is presented on page 279.

Application immédiate 4

Complétez les phrases avec le pronom **où** ou **là où.**

1. François arrive au bureau au moment _____ ses collègues sont en train de regarder les photos.

2. L'hôpital _____ on soigne Félix ressemble à celui du film *Le Colonel Chabert.*

3. Les toilettes, c'est _____ François a appris qu'il était licencié.

4. Au restaurant, Félix parle des vestiaires _____ les joueurs se douchent après l'entraînement.

Application immédiate 5

Complétez les phrases avec le pronom **qui, que, où** ou **là où.**

1. J'ai bien aimé le moment _____ Santini et François se sont retrouvés au restaurant.

2. —La scène à la cantine est une scène _____ m'a fait rire.

—C'est un moment _____ j'ai aimé aussi.

3. —Frank se souviendra du jour _____ il a vu son père à la télé.

—Oui, c'est un jour _____ il n'oubliera pas!

4. —Aimerais-tu vivre _____ François habite?

—Pas vraiment; c'est un endroit _____ je n'aime pas trop
(un endroit _____ ne me plaît pas trop).

Les pronoms relatifs objets d'une préposition (à l'exception de *de*)

You have learned that French makes no distinction between human and nonhuman antecedents with the relative pronouns **qui** and **que.** The situation is different when the antecedent is the object of a preposition.

1. If the antecedent is a person, use a preposition (except **de**) + **qui.**

J'aime beaucoup l'étudiant(e) **avec qui** j'ai fait cette présentation.

*I really like the student **with whom** I did this presentation.*

In this example, the antecedent is a person, **l'étudiant(e)**, the preposition is **avec**, and the pronoun is **qui.**

2. If the antecedent is a thing or a place, use a preposition (except **de**) + a form of **lequel.**

J'aime beaucoup le livre **sur lequel** j'ai fait une présentation.

*I really like the book **on which** I did a presentation.*

In this example, the antecedent is a thing, **le livre**, the preposition is **sur**, and the pronoun is **lequel.**

Forms of *lequel*		
Masculin singulier	**lequel**	Le subjonctif est un point **sur lequel** le prof insiste. *The subjunctive is a point on which the prof insists.*
Féminin singulier	**laquelle**	C'est la raison **pour laquelle** je vous téléphone. *That's the reason why I am calling you.*
Masculin pluriel	**lesquels**	J'ai gardé les livres **avec lesquels** j'ai appris le français. *I've kept the books with which I learned French.*
Féminin pluriel	**lesquelles**	Ils aiment les villes **dans lesquelles** ils ont habité. *They like the cities in which they have lived.*

The reason why is translated **la raison pour laquelle**, literally, *the reason for which.*

Pourquoi is not a relative pronoun, so **la raison pourquoi** is not correct.

Also appropriate here: **les villes où.**

GRAMMAIRE 4

When the preposition is **à**, there is a contraction with **lequel, lesquels,** and **lesquelles.**

Forms of *à + lequel*		
Masculin singulier	**auquel** (à + **lequel**)	L'environnement est un sujet **auquel** je m'intéresse. *The environment is a topic I am interested in / in which I am interested.*
Féminin singulier	**à laquelle**	C'est une solution **à laquelle** je pense. *It's a solution I am thinking about.*
Masculin pluriel	**auxquels** (à + **lesquels**)	Il faut défendre les principes **auxquels** on croit. *We must fight for the principles in which we believe.*
Féminin pluriel	**auxquelles** (à + **lesquelles**)	Ce sont des rumeurs **auxquelles** je ne fais pas attention. *These are rumors I don't pay attention to.*

Application immédiate 6

Complétez les phrases avec **qui** ou une forme de **lequel**.

> Ask yourself: Is this about a person (**qui**) or a thing (a form of **lequel**)?

1. L'homme chez _____ François va se consoler s'appelle Jean-Pierre Belone.

2. Jean-Pierre Belone dit que la voiture sur _____ François va se jeter est à lui.

3. Qu'est-ce que François a en commun avec le chat (à) _____ il se compare?

4. François est un homme discret (à) _____ on ne fait pas attention.

Les pronoms relatifs objets de la préposition *de: dont, ce dont*

The use of **dont** and **ce dont** will be easier for you if you think of them as exceptions to the previous category. Think of **dont** as a contraction for **de qui** and **de +** a form of **lequel**. The preposition **de** is "built into" the pronoun **dont**.

1. **Dont** and **ce dont** are used when the verb of the relative clause is followed by **de**.

   Le chien est un animal **dont** j'ai peur.

   *The dog is an animal (**that**) I am afraid of (of which I am afraid).*

   > The sentence above is a combination of the following two sentences:
   >
   > Le chien est un animal. J'ai peur **de** cet animal.
   >
   > **Dont** replaces **de cet animal.**

   J'ai trouvé **ce dont** j'avais besoin.

   *I found **what** I needed (= that which I needed)*

   > The sentence above is a combination of the following two sentences:
   >
   > J'ai trouvé quelque chose. J'avais besoin **de** cette chose.
   >
   > **Dont** replaces **de cette chose.**
   >
   > Since **quelque chose** is indeterminate, it is replaced by **ce.**

Common verbs followed by *de*

avoir besoin de: *to need* (ce dont j'ai besoin)

avoir envie de: *to want* (le cadeau dont j'ai envie)

avoir peur de: *to be afraid of* (ce dont j'ai peur)

être + *adjective* **+ de:** *to be* + adjective + *about/with/of* (une composition dont je suis content/fier)

faire la connaissance de: *to meet* (l'homme dont j'ai fait la connaissance)

parler de: *to speak about* (le sujet dont je parle souvent)

rêver de: *to dream about* (la vie dont je rêve)

se souvenir de: *to remember* (le match dont je me souviens)

> The preposition **de** in the verbs included here is translated in many ways—to speak *about*, to be afraid *of*, to need + noun. To find the right pronoun in French, you must memorize the structure of the French verb instead of translating from English.

2. Dont is also used to translate *whose*.

Marie est la fille **dont les parents** sont musiciens.

*Marie is the girl **whose parents** are musicians.*

Marie est la fille **dont** tu as rencontré **les parents** hier soir.

*Marie is the girl **whose parents** you met last night.*

> Note that *whose parents* has two equivalent structures in French: **dont les parents** (when *parents* is the subject of the relative clause) and **dont... les parents** (when *parents* is the direct object).

Application immédiate 7

Complétez les phrases avec **dont** ou **ce dont**.

1. Félix et le photographe ne savent pas que l'homme _____ ils parlent est dans les toilettes.

2. M. Kopel a décidé de ne pas licencier François, car l'entreprise _____ il est le patron a des clients homosexuels.

3. _____ François a besoin, c'est de passer plus de temps avec son fils.

4. François est un homme _____ on se moque souvent.

> Ask yourself: Is there a noun/an antecedent in front of the blank? If not, supply the antecedent by adding **ce**.

Les pronoms relatifs qui remplacent une proposition *(a clause): ce qui, ce que, ce dont,* ce + préposition + quoi

If the antecedent is an idea or a sentence, use **ce qui, ce que, ce dont,** or **ce +** préposition + **quoi**, and set off the pronoun from its antecedent with a comma. The English translation is *which*.

Ils ont gagné le match, **ce qui** a surpris tout le monde.

*They won the game, **which surprised everyone.***

(The antecedent is **Ils ont gagné le match.**)

Ils ont gagné le match, **ce que** nous espérions.

*They won the game, **which** we were hoping for.*

Ils ont gagné le match, **ce dont** ils avaient bien besoin.

*They won the game, **which they really needed.***

Ils ont gagné le match, **ce à quoi** personne ne s'attendait.

*They won the game, **which nobody expected.***

> These pronouns are presented for recognition only. They are used in writing. Many speakers would use two sentences here rather than a relative clause: **Ils ont gagné le match. Cela a surpris tout le monde.**

GRAMMAIRE 4

Les pronoms relatifs: récapitulation

If the antecedent is → ↓	a specified person, thing, or place	indeterminate or general	a clause
the subject of the verb of the relative clause	**qui**	**ce qui**	**, ce qui**
the direct object	**que**	**ce que**	**, ce que**
an expression of space and time (*the place where; the time when*)	**où**	**là où**	×
the object of a preposition other than **de**	preposition + **qui** [person] preposition + a form of **lequel** [thing, place]	**ce** + preposition + **quoi**	**, ce** + preposition + **quoi**
the object of the preposition **de**	**dont**	**ce dont**	**, ce dont**

Les pronoms démonstratifs

The demonstrative pronoun is used to avoid the repetition of a definite noun. It is translated by *this one/that one, the one/the ones, these, those*. Its form depends on the gender and number of the noun it replaces.

	Singulier	**Pluriel**
Masculin	celui	ceux
Féminin	celle	celles

Demonstrative pronouns are never used alone. They are followed by -**ci** or -**là,** by a relative clause, or by **de** + noun to indicate possession.

Les pronoms démonstratifs + -*ci* ou -*là*

The suffixes -**ci** and -**là** are used to choose between two options: -**ci** refers to the closest object or person (in a real-life situation) or noun (in a narrative) (*this one* or *the latter*) and -**là** to the other (*that one, the former*).

> Quel livre préfères-tu? **Celui-ci** ou **celui-là?**
>
> *Which book do you prefer? **This one** or **that one**?*

> Elle devait choisir entre le collier et les boucles d'oreille. **Celles-ci** étaient plus originales, mais **celui-là** était moins cher.
>
> *She had to choose between the necklace and the earrings. **The latter** were more original, but **the former** was cheaper.*

Les pronoms démonstratifs + proposition relative

Demonstrative pronouns are often followed by a relative clause introduced by **qui, que, où, dont** (and, less frequently, other relative pronouns).

> Marc, c'est l'homme qui porte un polo; Pierre, c'est **celui qui** porte une chemise.
>
> *Marc is the man who is wearing a polo shirt; Pierre is **the one who** is wearing a shirt.*
>
> Cette robe? C'est **celle que** j'ai achetée à Paris.
>
> *This/that dress? It's **the one (that)** I bought in Paris.*
>
> Je préfère ce restaurant à **celui où** nous avons mangé la semaine dernière.
>
> *I prefer this restaurant to **the one where** we ate last week.*
>
> —Quels articles devez-vous photocopier?
>
> —**Ceux dont** nous avons parlé lundi.
>
> —*Which articles are you supposed to photocopy?*
>
> —***The ones (that)** we talked about on Monday (the ones about which we talked).*

Les pronoms démonstratifs + *de* + nom

Demonstrative pronouns are used to avoid the repetition of nouns in possessive structures.

> La voiture est à qui? C'est la voiture de Marie. → C'est **celle de** Marie.
>
> *Whose car is it? It's Marie's car. → It's Marie's (literally: It is the one of Marie).*
>
> Ces clés sont à qui? Ce sont les clés de Paul. → Ce sont **celles de** Paul.
>
> *Whose keys are these? They are Paul's keys. → They are Paul's.*

Application immédiate 8

Remplacez les mots en italique par une forme de **celui**.

1. Le bras de François n'est pas *le bras* qu'on voit sur la photo.

2. L'ex-femme de François aime vivre seule. *La femme* de Santini préfère vivre en couple.

3. Les hommes qui ont agressé François sont *les hommes* qui jouent dans l'équipe de rugby.

4. Le patron aime les bonnes plaisanteries, mais il trouve *les plaisanteries* de Santini de mauvais goût.

GRAMMAIRE

Les pronoms personnels; *y* et *en*

This is a self-study module that appears in each chapter. Each grammar section includes formal explanations and self-corrected **Application immédiate** exercises. Homework directions in the main part of the textbook tell you when to study the different sections.

For more practice, visit the website **www.cengagebrain.com.**

GRAMMAIRE 5

LES PRONOMS PERSONNELS; Y ET *EN*

Introduction

Relative and demonstrative pronouns are presented on pages 275–283.

You may have already studied demonstrative pronouns (**celui**) and relative pronouns (**qui, que, dont,** etc.). Like these, personal pronouns are used to avoid repetition and replace a noun phrase. They are called *personal* pronouns because they are associated with a grammatical person (first, second, and third person singular; first, second, and third person plural). Personal pronouns include subject pronouns (**pronoms sujets**), direct object pronouns (**pronoms compléments d'objet direct** or **COD**), indirect object pronouns (**pronoms compléments d'objet indirect** or **COI**), and disjunctive pronouns (**pronoms disjoints**).

Note that the -e elides before a vowel or a mute *h* for all pronouns ending in an unstable -e (*je, me, se*, etc.)

J'habite à Arles.

Il s'en va.

Vous m'avez vu.

Subject pronouns	Direct object pronouns definite	indefinite	Indirect object pronouns	Disjunctive pronouns
je	me		me	moi
tu	te		te	toi
il	le, se		lui, se	lui
elle	la, se		lui, se	elle
on	se	en	se	soi
nous	nous		nous	nous
vous	vous		vous	vous
ils	les, se		leur, se	eux
elles	les, se	en	leur, se	elles

The chapter also includes two pronouns that are not personal pronouns, but adverbial pronouns (because they work like adverbs): **y** and **en**.

Les pronoms compléments d'objet direct

Emploi

The rules about placement also apply to the indirect object pronouns and **y** and **en**. The only exception is in the affirmative imperative. See *La position des pronoms* on pages 295–298 for an in-depth explanation of pronoun placement.

1. Direct object pronouns stand for places, people, and things that are direct objects of the verb. A direct object answers the question **quoi?** (*what?*) or **qui?** (*whom?*).

   a. Tu aimes **ce film**?   *Do you like this film?*

   b. Oui, je **l'**aime beaucoup.   *Yes, I like it a lot.*

   c. Je **l'**ai vu trois fois.   *I've seen it three times.*

   d. Tu veux **le** revoir avec moi?   *Do you want to see it again with me?*

   e. D'accord, je **t'**appelle ce week-end si je ne **te** vois pas avant.   *OK, I'll call you this weekend if I don't see you before that.*

2. Direct object pronouns go directly in front of the verb of which they are the object.

   • In examples b and e above, the pronoun goes in front of the verb in the present tense.

   • In the **passé composé** (and other compound tenses), the pronoun precedes the auxiliary (**avoir** or **être**), as in example c.

- When the pronoun is the object of an infinitive, it precedes that infinitive, as in example d.
- When the verb is negative, the pronoun goes between **ne** and the verb, as in example e.

3. Here are the direct object pronouns that correspond to the subject pronouns you already know:

Subject pronouns	Direct object pronouns (definite)	Direct object pronouns (indefinite or partitive)
je	me	
tu	te	
il	le, se	en
elle	la, se	en
on	se	
nous	nous	
vous	vous	
ils	les, se	en
elles	les, se	en

Les pronoms compléments d'objet direct de la troisième personne

1. Le, la, les replace definite nouns.

Je vois souvent **Paul.** → Je **le** vois souvent.

*I see **him** often.*

Je vois souvent **ma meilleure amie.** → Je **la** vois souvent.

*I see **her** often.*

J'invite **mes amis** pour mon anniversaire. →
Je **les** invite pour mon anniversaire.

*I invite **them** for my birthday.*

A noun is definite if it is a proper noun or if it is introduced by:
- a definite article: **les amis**
- a possessive adjective: **mes amis**
- a demonstrative adjective: **ces amis**

2. The neuter pronoun **le** can also replace a clause or an adjective.
- a clause

Je crois **qu'il va réussir ses examens.** → Je **le** crois vraiment.

I really believe it.

(**Le** replaces **qu'il va réussir ses examens,** which is the direct object of **Je crois.**)

- an adjective

Notre voisin est sympathique, mais sa femme n'est pas **sympathique.** →
Notre voisin est sympathique, mais sa femme ne **l'**est pas.

Our neighbor is nice, but his wife is not.

Note that English does not use a pronoun to avoid the repetition of an adjective: the translation for "sa femme ne l'est pas" is "His wife is not."

GRAMMAIRE 5

GRAMMAIRE 5

3. En replaces nouns that are indefinite, partitive, or modified by a numeral or an expression of quantity.

- **En** replaces an indefinite or partitive clause.

—Tu as **des chats?**	—*Do you have cats?* (indefinite plural)
—Oui, j'**en** ai.	—*Yes, I have (some).*
—Non, je n'**en** ai pas.	—*No, I don't have any.*
—Tu prends **du café?**	—*Are you having coffee?* (partitive)
—Oui, j'**en** prends.	—*Yes, I'm having some.*
—Non, je n'**en** prends pas.	—*No, I'm not having any.*

- The numeral or expression of quantity is repeated when appropriate.

—Tu as un chat?	—*Do you have a cat?*
—Oui, j'**en** ai **un.**	—*Yes, I have one.*
—Non, je n'**en** ai pas.	—*No, I don't have any.*
—Je n'**en** ai pas **un,** j'**en** ai **deux.**	—*I don't have one, I have two.*
—Tu as beaucoup de devoirs?	—*Do you have a lot of homework?*
—Oui, j'**en** ai **beaucoup.**	—*Yes, I have a lot (of it).*
—Non, je n'**en** ai **pas beaucoup.**	—*No, I don't have a lot.*
—Non, je n'**en** ai pas.	—*I don't have any.*

- When the indefinite or partitive noun is modified by an adjective, the adjective is repeated when appropriate.

—Tu cherches une robe de quelle couleur?	—*What color dress are you looking for?*
—J'**en** cherche **une rouge.**	—*I am looking for a red one.*
—Et tu cherches aussi des chaussures?	—*Are you looking for shoes, too?*
—Oui, j'**en** cherche **des noires.**	—*Yes, I am looking for black ones.*

L'accord du participe passé

Refer to pages 258–260 if you need to review past participle agreement.

1. In compound verb forms (**passé composé, plus-que-parfait, conditionnel passé, infinitif passé, subjonctif passé,** etc.), the past participle agrees with the definite direct object pronoun, since it precedes the verb.

—Vous avez vu **votre cousine?**	—*Did you* (two men) *see your* (female) *cousin?*
—Oui, nous l'avons vu**e.** Elle **nous** a invité**s** chez elle.	—*Yes, we saw her* (feminine singular). *She invited us* (masculine plural) *to her house.*

2. There is no agreement with **en** since **en** replaces an indefinite or partitive noun.

—Tu as mangé **de la tarte?**	—*Did you eat any pie?*
—Oui, j'**en** ai mangé.	—*Yes, I ate some.*

Application immédiate 1

Remplacez les expressions en italique par un pronom complément d'objet direct. Faites l'accord si nécessaire.

1. Éliane aimait diriger *sa plantation*.

2. Éliane n'avait pas *d'enfants*. Alors elle a adopté *Camille*.

3. Guy a promis à Éliane *qu'il allait retrouver Camille*.

4. Camille a rencontré *des paysans* pendant son voyage.

5. Tanh a aidé *Camille et Jean-Baptiste* à échapper à la police.

6. Guy a retrouvé *Camille* dans une troupe d'acteurs itinérants.

Application immédiate 2

Répondez aux questions suivantes en utilisant un pronom d'objet direct et en suivant les directives.

1. Est-ce qu'Éliane avait une grande plantation? Oui,

2. Éliane employait-elle beaucoup de travailleurs? Oui,

3. Est-ce qu'Éliane était stricte? Oui,

4. Combien d'enfants est-ce que Camille a eu? (1)

5. Est-ce qu'Étienne a connu sa mère? Non,

6. Est-ce que Camille a voulu revoir sa mère et son fils? Non,

Les pronoms compléments d'objet indirect

1. Indirect object pronouns replace nouns that are indirect objects of the verb (i.e., that answer the question **à qui?** [*to whom?*]). Indirect object pronouns differ from direct object pronouns in the third person only.

Direct object pronouns	Indirect object pronouns
me	me
te	te
le	lui
la	lui
se	se
nous	nous
vous	vous
les	leur
se	se

—Vous écrivez souvent **à votre fille**?
—*Do you write to your daughter often?*

—Oui, j'aime **lui** écrire.
—*Yes, I like writing to her.*

—Qu'est-ce que vous recommandez **à vos étudiants**?
—*What do you recommend to your students?*

—Je **leur** recommande de parler français tous les jours.
—*I recommend that they speak French every day.* (literally, *I recommend to them to speak*)

This example demonstrates how important it is to memorize verbs like **recommander** as recommander à quelqu'un de faire quelque chose.

GRAMMAIRE 5

2. Indirect object pronouns go in front of the verb of which they are the object.

—Tu parles souvent à Marie?

—*Do you talk to Marie often?*

—Oui, je **lui** parle régulièrement. (in front of the conjugated verb)

—*Yes, I talk to her regularly.*

—Je **lui** ai téléphoné hier. (in front of the auxiliary verb in the **passé composé**)

—*I called her yesterday.*

—Je vais **lui** parler ce soir. (in front of the infinitive)

—*I will call her tonight.*

—Mais je ne **lui** téléphone jamais après 10 heures du soir! (in front of the conjugated verb; the **ne** part of the negation goes before the pronoun)

—*But I never call her after 10:00 PM!*

3. In compound tenses, there is *no* agreement of the past participle with indirect object pronouns.

Mes amies sont fâchées parce que je ne **leur** ai pas écrit. (no agreement)

My friends are unhappy because I did not write to them.

Compare with:

Mes amies sont fâchées parce que je ne **les** ai pas aidé**es**. (agreement with the direct object pronoun).

My friends are unhappy because I did not help them.

Application immédiate 3

Remplacez les expressions en italique par un pronom complément d'objet indirect.

1. Tanh écrivait *à Camille* quand il était étudiant à Paris.

2. Tanh a conseillé *à Camille et Jean-Baptiste* de quitter l'Indochine.

3. Étienne n'a pas voulu parler *à sa mère* à Genève.

4. Camille a beaucoup manqué *à Éliane*.

> Be careful when using **manquer** à (*to be missed*), which takes an indirect object. See the fuller explanation of this verb on page 22.

Pronoms compléments d'objet direct ou indirect?

1. To choose between a direct and an indirect object pronoun, you need to pay attention to the structure of the French verb. Remember that some verbs take a direct object in English and an indirect object in French, and vice versa. For example, **téléphoner** is followed by an indirect object, whereas its English equivalent, *to call*, takes a direct object. Conversely, **écouter** takes a direct object, but *to listen to* has an indirect object. Writing a simple sentence without pronouns can help you determine if the verb takes a direct or an indirect object.

Je téléphone **à mes amis.** (**téléphoner** is followed by an indirect object)

J'écoute **mes amis.** (**écouter** is followed by a direct object)

2. Some verbs, like **demander, dire, donner, écrire, offrir, prêter,** and **répondre,** have two structures in English, for example *to tell someone something* and *to tell*

something to someone. Thinking of the second structure will help you remember the French one: **dire quelque chose à quelqu'un.** Each of these verbs takes both a direct and an indirect object.

J'ai donné **de l'argent** à mon ami. (direct object) →	
J'**en** ai donné à mon ami.	*I gave my friend some.*
J'ai donné de l'argent **à mon ami.** (indirect object) →	
Je **lui** ai donné de l'argent.	*I gave him some money.*

The direct object and the indirect object can both be replaced.

J'ai donné **de l'argent à mon ami.** →	
Je **lui en** ai donné.	*I gave him some.*

> The position of multiple pronouns is explained in *La position des pronoms* (pages 295–298).

3. **Me, te, se, nous, vous** are both direct and indirect objects. In order to decide if the past participle agrees, you need to determine whether **me, te, se, nous, vous** are direct or indirect object pronouns.

Merci de **nous** avoir téléphoné.	*Thanks for calling us.*

(**téléphoner** takes **à** → **nous** is an indirect object → no agreement)

Merci de **nous** avoir écoutés.	*Thanks for listening to us.*

(**écouter** takes a direct object → agreement)

Application immédiate 4

Décidez si le participe passé s'accorde dans les phrases suivantes.

1. (Camille parle) Quand mes parents sont morts, Éliane m'a adopté____. Elle leur avait promis____ de s'occuper de moi. Elle m'a beaucoup parlé____ d'eux.

2. Ma mère ne voulait pas que je tombe amoureuse de Jean-Baptiste, alors elle nous a séparé____ et elle m'a demandé____ de ne plus le revoir.

3. Où est-ce que Camille et Tanh se sont rencontré____? Est-ce qu'ils se sont vu____ souvent avant leur mariage? Est-ce qu'ils se sont écrit____?

4. Quand Éliane et Camille se sont revu____, elles se sont un peu parlé____, puis elles se sont quitté____ définitivement.

Les pronoms remplaçant un complément prépositionnel: les pronoms disjoints, *y, en*

Disjunctive pronouns, **y,** and **en** replace nouns that are prepositional objects (i.e., nouns that follow a preposition). A prepositional object answers a question that starts with a preposition, for example, **Avec qui?** *(With whom?),* **Pour qui?** *(For whom?),* **Sur quoi?** *(On what?),* **De quoi?** *(About what?),* etc.

Les pronoms disjoints

Disjunctive pronouns replace nouns that refer to people and that follow a preposition. The word *disjunctive* means *not joined.* The pronouns are called *disjunctive* because they are not joined to the verb; they are separated from the verb by the intervening preposition.

—Tu voyages **avec Marie?**	—*Do you travel with Marie?*
—Oui, je voyage **avec elle.**	—*Yes, I travel with her.*

GRAMMAIRE 5

GRAMMAIRE 5

Soi is used when the subject is on, tout le monde, celui, or after an impersonal expression such as il faut, il est important, etc.

Disjunctive pronouns are also used in the following situations.

• when there is no verb or after c'est/ce sont

—Qui aime le chocolat?
—*Who likes chocolate?*

— Moi! / Pas moi! / Elle!
—*Me! / Not me! / She does!*

—Marc, c'est qui?
—*Who is Marc?*

— C'est lui.
—*That's him.*

• to emphasize a subject noun or pronoun

Moi, j'aime le foot. Mon frère, lui, préfère le basket. Et toi, tu aimes quel sport?

I like football. My brother prefers basketball. And how about you? What sport do you like?

Je suis amoureux **de toi**.   *I am in love with you.*

On doit/Il faut compter **sur soi**.   *One must rely on oneself.*

—Vous habitez **chez vos parents**?   —*Do you live at your parents'?*

—Oui, j'habite **chez eux**.   —*Yes, I live at their house.*

Here are the disjunctive pronouns that correspond to the subject pronouns.

Subject pronouns	Disjunctive pronouns
je	moi
tu	toi
il	lui
elle	elle
on	soi
nous	nous
vous	vous
ils	eux
elles	elles

Application immédiate 5

Terminez les phrases avec le pronom disjoint approprié.

1. Camille aimait sa mère adoptive, mais elle s'est éloignée de(d') _____ pour rejoindre Jean-Baptiste.

2. Camille aimait bien son cousin Tanh, mais elle ne voulait pas vivre avec _____.

3. Éliane avait de bonnes employées de maison. Elle pouvait compter sur _____ quand elle organisait des fêtes.

4. Les Indochinois ne voulaient plus être dominés par les Français, alors ils se sont battus contre _____.

Pronom disjoint ou pronom complément d'objet indirect?

With the preposition **à** + person, you need to decide whether to use a disjunctive pronoun or an indirect object pronoun. There are no clear rules, so you should keep lists of verbs that take a disjunctive pronoun vs. verbs that take an indirect object pronoun.

• Verbs such as **penser à** (*to think about*), **faire attention à** (*to pay attention to*), **se fier à** (*to trust*), **s'habituer à** (*to get used to*), and **s'intéresser à** (*to be interested in*), take a disjunctive pronoun.

Je pense **à mes amis**. → Je pense **à eux**.

I think about my friends. → *I think about them.*

• Verbs such as **donner, écrire, parler,** and **téléphoner** take an indirect object pronoun. In this chapter, **échapper à, faire confiance à, faire face à, manquer à, plaire à, résister à** also have indirect objects.

Je parle **à mes amis**. → Je **leur** parle. (indirect object)

I speak to my friends. → *I speak to them.*

Application immédiate 6

Remplacez les mots en italique par un pronom disjoint ou par un pronom complément d'objet indirect.

1. Tanh a vécu avec des nationalistes et il a été influencé par *les nationalistes*.

2. Éliane était un peu jalouse de *Camille*. C'est pour cela que Camille a voulu échapper *à Éliane*.

3. Camille s'intéressait *aux paysans indochinois*.

4. Éliane et Guy étaient amis. Éliane aimait parler *à Guy*. Elle faisait confiance *à Guy*, mais elle ne voulait pas se marier avec *Guy*.

5. Éliane et Camille étaient amoureuses de *Jean-Baptiste*.

6. Camille a beaucoup pensé *à son fils* quand elle était en prison.

When the preposition **à** is present, ask yourself: Does this verb take a disjunctive pronoun or an indirect object pronoun?

Le pronom *y*

Y replaces a preposition (except **de**) + a noun when the noun refers to a place, a thing, or an idea. The rules about placement are the same as for direct and indirect object pronouns (see also *La position des pronoms*, below).

—Est-ce que les clés sont **sur la table**?   —*Are the keys on the table?*

—Oui, elles **y** sont.   —*Yes, they are there.*

Je pense **à mes examens**. → J'**y** pense.

I think about my exams. → *I think about them.*

Je m'intéresse **à la politique**. → Je m'**y** intéresse.

I am interested in politics. → *I am interested in it.*

Remember that a disjunctive pronoun is used when the noun that follows the preposition refers to a person. Compare the above examples with:

Je pense **à mes amis**. → Je pense **à eux**.

I think about my friends. → *I think about them.*

Je m'intéresse **à mes amies**. → Je m'intéresse **à elles**.

I am interested in my (female) friends. → *I am interested in them.*

Y is not expressed in front of **aller** in the future or conditional.
—Tu vas souvent **à Paris**?
—Oui, j'**y** vais tous les ans. **J'irai** en mai cette année.
—*Do you go to Paris often?*
—*Yes, I go there every year. I'll go (there) in May this year.*

The position of double pronouns, as in *Je **m'y** intéresse*, is explained in the section *La position des pronoms multiples* (page 297).

Application immédiate 7

Répondez aux questions en utilisant les éléments donnés et le pronom **y**.

1. Pourquoi est-ce que Tanh est allé à Paris? (pour ses études)

2. Combien de temps est-ce que Camille a passé en prison? (plusieurs années)

3. Quand est-ce que Camille s'est intéressée à la politique? (pendant son emprisonnement)

4. Comment est-ce qu'Éliane faisait face aux difficultés? (courageusement)

Le pronom *en*

As you learned in the section *Les pronoms compléments d'objet direct* (pages 286–288), **en** replaces an indefinite direct object. In addition, **en** replaces **de** + a noun when the noun refers to a place, a thing, or an idea.

Tu viens **de l'université?** → Oui, j'**en** viens.

Are you coming from the university? → *Yes, I am coming from there.*

Ils sont fiers **de leur travail.** → Ils **en** sont fiers.

They are proud of their work. → *They are proud of it.*

Il parle toujours **de foot.** → Il **en** parle toujours.

He always talks about soccer. → *He always talks about it.*

Remember that a disjunctive pronoun is used when the noun that follows **de** refers to a person. Compare the above examples with:

Il est fier **de sa petite amie.** → Il est fier d'**elle.**

He is proud of his girlfriend. → *He is proud of her.*

Il parle toujours **de son grand-père.** → Il parle toujours de **lui.**

He always talks about his grandfather. → *He always talks about him.*

Application immédiate 8

Remplacez les expressions en italique par le pronom **en**.

1. Guy n'a pas *de compassion* pour les nationalistes.

2. —Vous arrivez de Paris?

—Oui, je viens *de Paris.*

3. Éliane a hérité *des terres de ses amis.*

4. Avant son voyage, Camille n'était pas consciente *de la misère de son peuple.*

Les pronoms disjoints, *y, en*: récapitulation

Asking yourself a few questions will help you determine whether to use a disjunctive pronoun, **y**, or **en**.

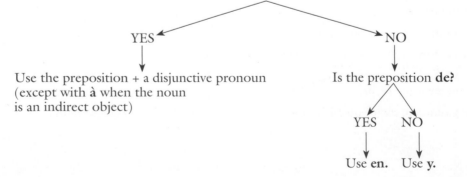

Application immédiate 9

Remplacez les mots en italique par le pronom approprié.

1. **être fier (fière) de:** *to be proud of*
   a. Je suis fier (fière) *de mon travail.*
   b. Je suis fier (fière) *de mes enfants.*

2. **faire attention à:** *to pay attention to*
   a. Faites attention *aux enfants.*
   b. Tu devrais faire attention *à ta santé.*

3. **parler de:** *to speak about*
   a. Nous aimons parler *de nos cours.*
   b. Nous avons parlé *de nos parents.*

4. **penser à:** *to think about*
   a. Je pense *à mes amis.*
   b. As-tu pensé *à ta composition?*

5. **s'intéresser à:** *to be interested in*
   a. Il s'intéresse *aux gens.*
   b. Il s'intéresse *à la politique.*

6. **s'habituer à:** *to get used to*
   a. Je m'habitue *à mes camarades de chambre.*
   b. Je m'habitue *à ma nouvelle vie.*

Application immédiate 10

Remplacez les expressions en italique par des pronoms.

1. Éliane voulait que Camille sorte *du bagne de Poulo Condor.*

2. Camille et Jean-Baptiste espéraient trouver refuge *en Chine.*

3. Les nationalistes ne voulaient pas que les Français tirent profit *de leurs terres.*

4. Jean-Baptiste avait horreur *de Saïgon.* Il ne voulait plus vivre *dans cette ville.*

5. Éliane ne veut pas que Camille pense *à Jean-Baptiste.*

6. Elle préfère qu'elle pense *à son avenir professionnel.*

7. La police doit faire attention *aux troupes de théâtre qui circulent dans le Tonkin.*

8. Éliane était amoureuse *de Jean-Baptiste.* Elle était amoureuse *de l'Indochine* aussi.

La position des pronoms

Règle générale

The pronoun goes directly in front of the verb of which it is the object. This rule applies to affirmative, negative, and interrogative sentences.

1. Sometimes the pronoun is the object of a conjugated verb.

   Je vais à Venise chaque année. → J'**y** vais chaque année.

   Je ne vais pas à Venise cette année. → Je n'**y** vais pas cette année.

   Vas-tu à Venise cette année? → **Y** vas-tu?

2. In compound tenses, the conjugated verb is the auxiliary (**avoir** or **être**).

J'ai mangé des pâtes. → J'**en** ai mangé.

Je n'ai pas mangé de pâtes. → Je n'**en** ai pas mangé.

As-tu mangé des pâtes? → **En** as-tu mangé?

3. Sometimes the pronoun is the object of an infinitive.

J'ai envie de regarder ce film. → J'ai envie de **le** regarder.

Je n'ai pas envie de regarder ce film. → Je n'ai pas envie de **le** regarder.

As-tu envie de regarder ce film? → As-tu envie de **le** regarder?

> Note that there is no contraction with **de + le** and **de + les** when **le/les** is a pronoun. The contraction occurs when **le/les** is an article (followed by a noun), as in Nous parlons **du** film et **des** devoirs.

La position des pronoms à l'impératif

1. In a negative imperative sentence, the general rule applies: The pronoun precedes the verb.

Ne réveille pas les enfants! → Ne **les** réveille pas!

Don't wake up the children! → *Don't wake them up!*

2. In an affirmative imperative sentence, the pronoun follows the verb and is linked to it by a hyphen.

Réveille les enfants! → Réveille-**les**!

Wake up the children! → *Wake them up!*

Exceptions

- The pronouns **me** and **te** change to **moi** and **toi** after the verb.

  Ne **me** réveille pas à 6 heures! Réveille-**moi** à 8 heures!
  Don't wake me up at 6 AM! Wake me up at 8 AM!

- An **-s** is added to the **tu** form of the imperative of **-er** verbs when the pronoun that follows starts with a vowel.

  Va au gymnase! → Vas-y!   *Go there!*
  Mange des fruits! → Manges-en!   *Eat some!*

> An **-er** verb in the **tu** form of the imperative ends without an **-s**. If the pronoun starts with a consonant, the verb respects its no **-s** rule:
>
> **Mange tes haricots!** *Eat your beans!*
> **Mange-les!** *Eat them!*

Application immédiate 11

Remplacez les expressions en italique par des pronoms.

1. Trouve *Camille*, mais ne punis pas *Camille*.

2. Va *en Chine*, mais ne va pas *en Chine* seule.

3. Parle *à Étienne* de son enfance, mais ne parle pas de moi *à Étienne*.

4. Mangez *des fruits*, mais ne mangez pas trop *de fruits*.

Transformez la phrase négative en phrase affirmative et vice versa.

5. Ne me parle pas d'argent! _____ d'amour!

6. Lève-toi à 7 heures! _____ à 10 heures!

La position des pronoms multiples

Here is the order to follow when using more than one pronoun with the same verb:

1. All sentences, except affirmative imperatives

me	le	lui	y	en	verb
te	la	leur			
se	les				
nous					
vous					

A mnemonic device to remember the order of **y** and **en** is to think of a French donkey, which says: « **y en**, **y en** ».

Nous emmenons <u>nos enfants</u> <u>à la plage.</u> → Nous **les y** emmenons.

We are taking our children to the beach. → We are taking them there.

Tu vas offrir <u>ce sac</u> <u>à ta mère</u>? → Tu vas **le lui** offrir?

Are you going to give this bag to your mother? → Are you going to give it to her?

Ils ont parlé <u>de leurs problèmes</u> <u>à leurs amis</u>. → Ils **leur en** ont parlé.

They talked to their friends about their problems. → They spoke to them about them.

Ne <u>me</u> parlez pas <u>de ce livre</u>! → Ne **m'en** parlez pas!

Don't talk to me about this book! → Don't talk to me about it!

2. Affirmative imperatives

verb	le	moi (m')*	y	en
	la	toi (t')*		
	les	lui		
		nous		
		vous		
		leur		

* **Moi** and **toi** become **m'** and **t'** in front of a vowel.

Donne <u>ce stylo</u> <u>à Marc</u>! → Donne-**le-lui**!

Give Mark this pen! → Give it to him!

Achète-<u>moi</u> <u>une voiture</u>! → Achète-**m'en** une!

Buy me a car! → Buy me one!

Envoyez <u>des fleurs</u> <u>à vos amis</u>! → Envoyez-**leur-en**!

Send your friends flowers! → Send them some!

Conduis-<u>nous</u> <u>à la gare</u>! → Conduis-**nous-y**!

Drive us to the train station! → Drive us there!

GRAMMAIRE 5

Application immédiate 12

Remplacez les expressions soulignées par des pronoms.

1. Guy veut qu'Éliane parle <u>à Camille</u> <u>de la situation politique</u>.

2. Guy à ses policiers: « Apportez-moi <u>des informations</u> le plus vite possible. »

3. Guy à Éliane: « Écris <u>à Camille</u> <u>que Jean-Baptiste est mort</u>. »

4. On a envoyé <u>Camille</u> <u>au bagne</u>.

5. Camille a confié <u>Étienne</u> <u>à sa mère</u>.

6. Les nationalistes voulaient expulser <u>les Français</u> <u>de leur pays</u>.

Chapitre 6

GRAMMAIRE

Le futur, le conditionnel et les phrases hypothétiques

This is a self-study module that appears in each chapter. Each grammar section includes formal explanations and self-corrected **Application immédiate** exercises. Homework directions in the main part of the textbook tell you when to study the different sections.

LE FUTUR, LE CONDITIONNEL ET LES PHRASES HYPOTHÉTIQUES

Le futur

La formation du futur

The future is formed by adding the following endings to the future stem:

-ai	-ons
-as	-ez
-a	-ont

For more practice, visit the website www.cengagebrain.com.

The future stem is as follows:

1. For **-er** and **-ir** verbs, the stem is the whole infinitive. For **-re** verbs, the stem is the infinitive minus the final **-e.**

   Ce soir, **je mangerai** chez moi; **je finirai** mes devoirs, puis **je prendrai** un bain.

   *Tonight, **I will eat** at home; **I will finish** my homework, and then **I'll take** a bath.*

-er verbs	*-ir* verbs	*-re* verbs
je manger**ai**	je finir**ai**	je prendr**ai**
tu manger**as**	tu finir**as**	tu prendr**as**
Il/elle/on manger**a**	il/elle/on finir**a**	il/elle/on prendr**a**
nous manger**ons**	nous finir**ons**	nous prendr**ons**
vous manger**ez**	vous finir**ez**	vous prendr**ez**
ils/elles manger**ont**	ils/elles finir**ont**	ils/elles prendr**ont**

2. Pay attention to stem-changing **-er** verbs. Those are verbs with **e** or **é** in their penultimate syllable in the infinitive, such as acheter, amener, espérer, préférer, répéter, etc. The letters **e** and **é** change to **è** in the future stem of those verbs.

acheter → ach**è**ter-	préférer → préf**è**rer-
j'ach**è**terai	je préf**è**rerai
tu ach**è**teras	tu préf**è**reras
il/elle/on ach**è**tera	il/elle/on préf**è**rer a
nous ach**è**terons	nous préf**è**rerons
vous ach**è**terez	vous préf**è**rerez
ils/elles ach**è**teront	ils/elles préf**è**reront

3. Exceptions:

a. Verbs that end in **-yer**, such as **nettoyer** and **ennuyer,** have an irregular stem in the future: **nettoier- and ennuier-.** Verbs that end in **-ayer,** such as **payer,** have two stems: a regular one, **payer-,** and an irregular one, **paier-.**

nettoyer → nett**oi**er-	payer → payer-or **paier-**
je nett**oi**eraiai	je payerai/paierai
tu nett**oi**erasas	tu payeras/paieras
il/elle/on nett**oi**eraa	il/elle/on payera/paiera
nous nett**oi**eronsons	nous payerons/paierons
vous nett**oi**erezez	vous payerez/paierez
ils/e lles nett**oi**erontont	ils/elles payeront/paieront

b. the conjugation of **appeler** and **jeter** does not follow the pattern in 2.

appeler →· appe**ll**er-	jeter → je**tt**er-
j'appe**ll**erai	je je**tt**erai
tu appe**ll**eras	tu je**tt**eras
il/elle/on appe**ll**era	il/elle/on je**tt**era
nous appe**ll**erons	nous je**tt**erons
vous appe**ll**erez	vous je**tt**erez
ils/elles appe**ll**er ont	ils/elles je**tt**eront

Pay attention to stem-changing -er verbs: Note that verbs with **é** in their penultimate syllable used to keep the **é** in the future stem before a reform of French spelling in 1990. You are encouraged to follow the new rule, but you may come across alternate spellings, such as "Je répéterai."

4. The future stem of some verbs is irregular and has to be learned.

Infinitive	Stem	Example
aller	ir-	je → j'irai
avoir	aur-	ils → ils auront
courir	courr-	nous → nous courrons
devoir	devr-	on → on devra
envoyer	enverr-	vous → vous enverrez
être	ser-	tu → tu seras
faire	fer-	je → je ferai
falloir	faudr-[1]	il → il faudra
mourir	mourr-	elles → elles mourront
pouvoir	pourr-	tu → tu pourras
recevoir	recevr-	nous → nous recevrons
savoir	saur-	vous → vous saurez
venir	viendr-	je → je viendrai
voir	verr-	on → on verra
vouloir	voudr-	vous → vous voudrez

Application immédiate 1

Entraînez-vous à conjuguer quelques verbes de la **Liste de Vocabulaire** (page 152) au futur.

1. annuler

2. avertir

3. battre

4. préférer

5. se méfier

6. venir

L'emploi du futur

1. The future tense is used to refer to actions expected to take place in the future.

Je **ferai** du sport ce soir.   *I will exercise tonight.*

2. A difference with English is the use of the future tense after the conjunctions **quand** and **lorsque** (*when*), and **dès que** and **aussitôt que** (*as soon as*). English uses the present tense after the equivalent conjunctions.

Je **ferai** du sport quand j'**aurai** le temps.   *I will exercise when I **have** time.*

J'**irai** au gymnase dès que tu **téléphoneras**.   *I will go to the gym as soon as you **call**.*

3. Another way to express the future is to use **aller + infinitif.**

Nous **allons sortir** ce soir.   *We are going to go out tonight.*

[1]The verb **falloir** is always conjugated with **il**.

Application immédiate 2

Remplacez les verbes en italique par le futur.

1. Malika, tu *vas payer* les études de Zora?

2. Nous *n'allons pas aller* en Algérie.

3. Les policiers *vont recevoir* une promotion.

4. Il *va falloir* démanteler d'autres réseaux de prostitution.

5. Paul dit à Hélène: « Je *vais faire* la cuisine de temps en temps. »

6. Mamie dit à Paul et Hélène: « J'espère que vous *allez venir* me voir plus souvent. »

Application immédiate 3

Mettez les verbes au futur.

1. Paul à Hélène: « Est-ce que tu _____ (pouvoir) repasser mon costume quand tu _____ (rentrer) à la maison? »

2. Hélène _____ (ne plus faire) la cuisine quand elle _____ (revenir) chez elle.

3. Malika et Hélène _____ (se venger) des proxénètes quand elles les _____ (trouver).

4. Paul et Fabrice _____ (se sentir) probablement mal à l'aise quand ils _____ (revoir) Malika.

5. Mamie à Malika et Zora: « J'espère que vous me(m') _____ (appeler) quand vous _____ (avoir) besoin de moi. »

6. Paul à Hélène: « Nous _____ (être) plus gentils quand ma mère nous _____ (rendre) visite. »

Le conditionnel

La formation du conditionnel présent

The present conditional is formed by taking the conditional stem of the verb—which is the same as the future stem—and adding the endings of the **imparfait**.

-ais	-ions
-ais	-iez
-ait	-aient

1. For -**er** and -**ir** verbs, the future/conditional stem is the whole infinitive. For -**re** verbs, the future/conditional stem is the infinitive minus the final -**e.**

   À ta place, **je mangerais** chez moi, **je finirais** mes devoirs, puis **je prendrais** un bain.

   *If I were you, **I would eat** at home, **I would finish** my homework, then **I would take** a bath.*

-er verbs	*-ir* verbs	*-re* verbs
je manger**ais**	je finir**ais**	je comprendr**ais**
tu manger**ais**	tu finir**ais**	tu comprendr**ais**
il/elle/on manger**ait**	il/elle/on finir**ait**	il/elle/on comprendr**ait**
nous manger**ions**	nous finir**ions**	nous comprendr**ions**
vous manger**iez**	vous finir**iez**	vous comprendr**iez**
ils/elles manger**aient**	ils/elles finir**aient**	ils/elles comprendr**aient**

2. Pay attention to stem-changing verbs (see **La formation du futur,** Sections 2 and 3).

3. The conditional stem of irregular verbs is the same as the future stem (see **La formation du futur,** Section 4).

Application immédiate 4

Entraînez-vous à conjuguer quelques verbes de la **Liste de Vocabulaire** (page 152) au conditionnel présent.

1. agresser

2. appeler

3. faire (confiance)

4. rompre

5. séduire

6. s'en sortir

Application immédiate 5

Conjuguez les verbes irréguliers suivants au conditionnel présent en utilisant le pronom indiqué.

1. aller: ils

2. devoir: vous

3. être: tu

4. pouvoir: nous

5. voir: je

6. vouloir: elle

L'emploi du conditionnel présent

1. The conditional is used to soften requests, questions, and statements, and to make verbs such as **vouloir**, **pouvoir**, and **devoir** more polite. Compare:

Je veux une baguette, s'il vous plaît.	*I want a baguette, please.*
Je **voudrais** une baguette, s'il vous plaît.	*I would like a baguette, please.*

Fermez la fenêtre!	*Close the window!*
Est-ce que vous **pourriez** fermer la fenêtre?	*Could you / Would you close the window?*

Tu ne dois pas fumer. / Ne fume pas!	*You must not smoke. / Don't smoke!*
Tu ne **devrais** pas fumer.	*You should not smoke.*

GRAMMAIRE 6

2. The conditional is used in sentences that express something hypothetical, imaginary, or potential.

Ma vie idéale? J'**habiterais** à la campagne. J'**aurais** beaucoup d'animaux et je **m'occuperais** de mon jardin.

*My ideal life? I **would live** in the country. I **would have** a lot of animals and I **would tend** my garden.*

Even though there is no subordinate clause in the example above, a subordinate clause introduced by **si** (*if*) is implied: *If I could lead my ideal life, I would . . .*

Application immédiate 6

Mettez les phrases suivantes au conditionnel présent pour les rendre plus polies.

> *Exemple:* Il faut voir ce film.
>
> *Il faudrait voir ce film.*

1. Je veux partir maintenant.

2. Tu as besoin de faire de l'exercice.

3. Vous devez venir avec nous.

4. Peuvent-ils me contacter?

5. Accepte-t-elle de me voir?

6. Tu ne dois pas manger trop de sucre.

Application immédiate 7

Mettez les verbes au conditionnel présent pour compléter les phrases. Imaginez que chaque phrase commence par « Dans un monde plus humain, … » (*In a more humane world, . . .*).

> *Exemple:* Les personnes âgées _____ (être) moins seules →
>
> *Les personnes âgées seraient moins seules.*

1. Les femmes _____ (ne pas se prostituer) pour survivre.

2. Nous _____ (ne pas se dépêcher) tout le temps.

3. On _____ (venir) en aide aux personnes en danger.

4. Il y _____ (avoir) moins de violence.

5. Je _____ (s'entendre) mieux avec mes collègues de travail.

6. Tu _____ (faire) plus souvent la cuisine et le ménage.

Le conditionnel passé

1. The past conditional is formed with the auxiliary verb **avoir** or **être** in the present conditional, followed by the past participle of the verb. To choose between **avoir** and **être**, use the rules you learned for the **passé composé**, Chapter 2.

À ta place, **j'aurais voyagé**. **Je serais allé(e)** au Maroc. **Je me serais amusé(e).**

*If I had been you, I **would have traveled**. I **would have gone** to Morocco. I **would have had** a good time.*

Verbs with *avoir*	Verbs with *être*	Pronominal verbs: *être*
j'**aurais** voyagé	je **serais** allé(e)	je me **serais** amusé(e)
tu **aurais** voyagé	tu **serais** allé(e)	tu te **serais** amusé(e)
il/elle/on **aurait** voyagé	il/elle/on **serait** allé(e)	il/elle/on se **serait** amusé(e)
nous **aurions** voyagé	nous **serions** allé(e)s	nous nous **serions** amusé(e)s
vous **auriez** voyagé	vous **seriez** allé(e)(s)	vous vous **seriez** amusé(e)(s)
ils/elles **auraient** voyagé	ils/elles **seraient** allé(e)s	ils/elles se **seraient** amusé(e)s

avoir	être
j'aurais eu	j'aurais été
tu aurais eu	tu aurais été
il/elle/on aurait eu	il/elle/on aurait été
nous aurions eu	nous aurions été
vous auriez eu	vous auriez été
ils/elles auraient eu	ils/elles auraient été

2. In negative sentences, the two parts of the negation go around the auxiliary (**avoir** or **être**).

Je **ne** serais **pas** sortie seule si tard.
I would not have gone out alone so late.

Sans toi, je **n'**aurais **jamais** trouvé ce magasin.
Without you, I would never have found this store.

Application immédiate 8

Entraînez-vous à conjuguer quelques verbes de la **Liste de Vocabulaire** (page 152) au conditionnel passé.

> There is no agreement of the past participle with **se rendre compte**, since **se** is an indirect object (**compte** is the direct object).

1. assister

2. être

3. investir

4. se méfier

5. venir

6. se rendre compte

Application immédiate 9

Mettez les phrases suivantes au conditionnel passé. Imaginez que chaque phrase commence par « Dans d'autres circonstances… ».

> *Exemple:* je / continuer mes études
>
> *Dans d'autres circonstances, j'aurais continué mes études.*

1. je / avoir un meilleur travail

2. je / devenir ingénieur

3. mes parents / être très fiers de moi

4. ma femme et moi / se marier plus tôt

5. nous / ne pas avoir de difficultés financières

6. je / se sentir plus respecté(e)

GRAMMAIRE 6

Application immédiate 10

Mettez les verbes au conditionnel passé pour compléter les phrases sur le film. Imaginez que chaque phrase commence par « Si les proxénètes n'avaient pas agressé Malika, … » (*If the pimps had not attacked* Malika, . . .).

   1. Paul et Hélène _____ (aller) chez leurs amis.

   2. Hélène _____ (ne pas se sentir) coupable.

   3. Rien ne(n') _____ (changer) dans la vie d'Hélène et de Paul.

   4. Paul et Fabrice _____ (continuer) de se faire servir par Hélène.

   5. Paul _____ (ne pas reconnaître) ses erreurs.

   6. Mamie et Paul _____ (ne pas passer) beaucoup de temps ensemble.

Les phrases hypothétiques avec le futur et le conditionnel

Hypothetical sentences are made up of two clauses: a subordinate clause introduced by **si** (*if*) and a main clause that expresses the result. When the **si** clause refers to a situation that can still happen, the main clause is in the future. When the **si** clause refers to a situation that is contrary to fact, the main clause is in the conditional. Hypothetical sentences have the following patterns:

Si clause (subordinate clause)	Main clause
présent (*not contrary to fact*)	futur
imparfait (*contrary to fact*)	conditionnel présent
plus-que-parfait (*contrary to fact*)	conditionnel présent
plus-que-parfait (*contrary to fact*)	conditionnel passé

   1. **Si + présent + futur** expresses what will happen if a certain condition is met:

   Si tu vas au ciné, j'irai avec toi.

   If you go to the movies (today, tonight, tomorrow, etc.), I will go with you.

   2. **Si + imparfait + conditionnel présent** expresses what would happen if a certain condition were met:

   Si j'avais le temps, j'irais au cinéma.

   If I had time, I would go to the movies.

   (Fact: I don't have time.)

   3. **Si + plus-que-parfait + conditionnel présent** expresses what would happen or what a situation would be like now if a condition had been met.

   Si j'avais fait des études supérieures, j'aurais un travail plus intéressant.

   If I had gone to college, I would have a more interesting job (now).

   (Fact: I did not go to college.)

4. Si + plus-que-parfait + conditionnel passé expresses what would have happened in the past if a certain condition had been met.

Si j'avais eu le temps, je serais allée au cinéma.

If I had had time, I would have gone to the movies.

(Fact: I did not have time.)

Notes

1. The main clause and the subordinate clause can appear in any order.

Si j'avais le temps, j'irais au cinéma.

OU   J'irais au cinéma si j'avais le temps.

2. When **si** is followed by **il(s)**, it is elided (the letter **i** is replaced by an apostrophe). There is no elision with **elle(s)**.

Nous sortirions **s'il** faisait beau.

We would go out if the weather were nice.

Nous serions sortis **s'il** avait fait beau.

We would have gone out if the weather had been nice.

3. Attention!

- Keep in mind that, in addition to its conditional meaning, the English sentence "I would go to the movies" can also mean "I used to go to the movies." French uses the **imparfait** in this case: **J'allais au cinéma.**

Application immédiate 11

Les phrases suivantes décrivent ce qui pourra se passer après le film. Mettez les verbes au mode et au temps qui conviennent en utilisant la structure **si + présent… futur**.

1. Si Fabrice et ses amies continuent à manquer leurs cours, ils

_____ (rater) leurs examens.

2. Zora réussira son bac (*high school exit exam*) si elle _____

(suivre) les recommandations de Malika.

3. Hélène à Paul: « Je reviendrai à la maison si tu _____ (faire)

des efforts. »

4. Un(e) psychologue à Malika: « Vous _____ (pouvoir) mener

une vie normale si vous arrivez à oublier votre passé. »

Application immédiate 12

Complétez les phrases suivantes en utilisant la structure **si + imparfait... conditionnel présent**.

1. Si Hélène n'allait pas à l'hôpital, les proxénètes _____
(se venger) de Malika.

2. Hélène à Paul et Fabrice: « Je serais plus heureuse si vous _____
(être) plus gentils avec moi. »

3. Malika _____ (ne pas pouvoir) voir sa sœur si elle n'offrait pas
de cadeaux à ses frères.

4. Si Hélène ne les aidait pas, les policers _____ (ne pas réussir) à
démanteler les réseaux de prostitution.

Application immédiate 13

Les phrases suivantes décrivent ce qui aurait pu se passer différemment dans *Chaos*.
Mettez les verbes au mode et au temps qui conviennent en utilisant la structure
si + plus-que-parfait... conditionnel passé.

1. Malika à Hélène: « Je ne m'en serais pas sortie si je(j') _____
(continuer) à me droguer. »

2. Si la mère de Malika n'était pas tombée amoureuse d'un voisin, elle
_____ (ne pas mourir) et les enfants _____ (vivre)
en Algérie.

3. Malika à Zora: « Tu _____ (se marier) avec un vieil homme si
tu n'avais pas suivi mes conseils. »

4. Malika écrit dans son journal: « Si Hélène et moi _____ (ne pas
aller) à Marseille, Zora serait partie en Algérie. »

Application immédiate 14

Reconstituez les phrases en reliant les éléments des deux colonnes. Faites attention
aux structures qui sont utilisées, mais choisissez aussi des réponses logiques.

1. _____ S'il avait une voiture   **a.** si l'occasion se présentait.

2. _____ Il faudra économiser   **b.** s'il avait fait des efforts.

3. _____ S'il m'avait écouté   **c.** nous serions sortis.

4. _____ Il s'en serait sorti   **d.** il n'aurait pas averti la police.

5. _____ Nous serions plus riches   **e.** si nous voulons aller en Suisse.

6. _____ S'il n'avait pas été là   **f.** si tu avais fait des études

7. _____ Si elle investit bien   **g.** nous ferons de beaux voyages.

8. _____ Il voyagerait   **h.** nous partirions plus souvent.

GRAMMAIRE

Le subjonctif

> This is a self-study module that appears in each chapter. Each grammar section includes formal explanations and self-corrected **Application immédiate** exercises. Homework directions in the main part of the textbook tell you when to study the different sections.

GRAMMAIRE 7

LE SUBJONCTIF

Introduction

The subjunctive mood is used in subordinate clauses when the verb of the main clause indicates that what is to follow is not a fact, but rather the opinions, desires, feelings, doubts, or hypotheses of the subject of the sentence. (By contrast, the indicative mood is used when the verb of the principal clause indicates that what is to follow is a fact or is considered a fact by the subject.)

> For extra grammar practice, visit the website **www.cengagebrain.com**.

	Main clause	Subordinate clause
Subjonctif	Ses amis sont tristes (*feeling*) *His friends are sad*	qu'il **soit** malade. *that he is sick.*
Indicatif	Ses amis savent (*fact*) *His friends know*	qu'il **est** malade. *that he is sick.*

The subjunctive has four tenses: **présent, passé, imparfait,** and **plus-que-parfait.** However, the **imparfait** and **plus-que-parfait** subjunctive are literary tenses and are seldom used in conversation. By comparison, the indicative mood has eight tenses, many of which you have already learned, and most of them are widely used (**présent, imparfait, passé simple, passé composé, plus-que-parfait, passé antérieur, futur, futur antérieur**).

In the film *Entre les murs,* there is a scene in which the students complain about having to learn the **imparfait du subjonctif.**

Le subjonctif présent

The present subjunctive expresses the subject's attitude (opinion/desire/emotion/doubt/hypothesis) regarding a present or future situation.

Je regrette que tu **sois** malade.	*I am sorry that you are sick.*
Je suis triste que tu **partes** demain.	*I am sad that you are leaving/will leave tomorrow.*

Formation

1. The present subjunctive is formed by adding the following endings to the subjunctive stem.

> -e
> -es
> -e
> -ions
> -iez
> -ent

2. To find the stem for most verbs, take the **ils/elles** form of the present indicative and delete the -**ent.**

étudier → ils étudi**ent** → stem: étudi-

finir → ils finiss**ent** → stem: finiss-

Il faut que j'étudie et que je finisse ce projet.

I have to study and finish this project.

Memorize the conjugation of verbs in the subjunctive by using **que** in front of the subject and verb.

Il faut…	
que j'étudi**e**	et que je finiss**e** ce projet.
que tu étudi**es**	et que tu finiss**es**…
qu'il/elle étudi**e**	et qu'il/elle finiss**e**…
que nous étudi**ions**	et que nous finiss**ions**…
que vous étudi**iez**	et que vous finiss**iez**…
qu' ils/elles étudi**ent**	et qu'ils/elles finiss**ent**…

GRAMMAIRE 7

3. Some verbs have an irregular conjugation.

- Some verbs have a regular stem in their **je**, **tu**, **il/elle/on**, **ils/elles** forms, and an irregular stem in their **nous** and **vous** forms.

boire:	que je boive	que nous buvions	qu'ils/elles boivent
croire:	que je croie	que nous croyions	qu'ils/elles croient
devoir:	que je doive	que nous devions	qu'ils/elles doivent
envoyer:	que j'envoie	que nous envoyions	qu'ils/elles envoient
mourir:	que je meure	que nous mourions	qu'ils/elles meurent
prendre:	que je prenne	que nous prenions	qu'ils/elles prennent
tenir:	que je tienne	que nous tenions	qu'ils/elles tiennent
venir:	que je vienne	que nous venions	qu'ils/elles viennent
voir:	que je voie	que nous voyions	qu'ils/elles voient

- Learn the forms of these irregular verbs.

faire → fass-	savoir → sach-	pouvoir → puiss-
que je fasse	que je sache	que je puisse
que tu fasses	que tu saches	que tu puisses
qu'il/elle/on fasse	qu'il/elle/on sache	qu'il/elle/on puisse
que nous fassions	que nous sachions	que nous puissions
que vous fassiez	que vous sachiez	que vous puissiez
qu'ils/elles fassent	qu'ils/elles sachent	qu'ils/elles puissent

aller	avoir	être	vouloir
que j'aille	que j'aie	que je sois	que je veuille
que tu ailles	que tu aies	que tu sois	que tu veuilles
qu'il/elle/on aille	qu'il/elle/on ait	qu'il/elle/on soit	qu'il/elle/on veuille
que nous allions	que nous ayons	que nous soyons	que nous voulions
que vous alliez	que vous ayez	que vous soyez	que vous vouliez
qu'ils/elles aillent	qu'ils/elles aient	qu'ils/elles soient	qu'ils/elles veuillent

- The present subjunctive of impersonal expressions is as follows:

  il faut → qu'il faille

  Je suis surpris(e) qu'il faille donner son numéro de sécurité sociale.

  I am surprised that one has to give one's social security number.

  il pleut → qu'il pleuve

  C'est dommage qu'il pleuve.

  It's too bad it's raining.

Application immédiate 1

Conjuguez les verbes suivants au présent du subjonctif.

1. conjuguer

2. se fâcher

3. renvoyer

4. réussir

5. interrompre

6. interdire

GRAMMAIRE 7

Application immédiate 2

Mettez les verbes entre parenthèses au présent du subjonctif.

1. Le principal dit qu'il n'est pas normal qu'un élève _____ (interrompre) le travail de la classe.

2. Les professeurs ne sont pas surpris que Souleymane _____ (avoir) de mauvaises notes.

3. M. Marin aimerait que ses élèves _____ (être) plus attentifs.

4. M. Marin est choqué que Khoumba _____ (ne pas vouloir) lire un texte en classe.

5. Les parents veulent que leurs enfants _____ (réussir) leurs études au collège et _____ (aller) dans un bon lycée.

6. Les élèves souhaitent que le conseil de classe _____ (ne pas renvoyer) Souleymane.

Le subjonctif passé

The past subjunctive expresses the subject's attitude (opinion/desire/emotion/doubt, or a hypothesis) regarding an event that took place before the time indicated by the verb of the main clause.

> Je regrette que tu **sois parti(e)** si tôt.
>
> *I am sorry that you left so early.*

Formation

To form the past subjunctive, use the present subjunctive of the auxiliary (**avoir** or **être**) + the past participle of the verb. The choice of **avoir** or **être** is the same as for the **passé composé**.

> C'est dommage **que j'aie manqué** l'avion et **que je sois arrivé(e)** en retard.
>
> *It is too bad that I missed the plane and arrived late.*

C'est dommage …

que j'aie manqué l'avion et	**que je sois arrivé(e)** en retard.
que tu aies manqué l'avion et	**que tu sois arrivé(e)** en retard.
qu'il/elle/on ait manqué l'avion et	**qu'il/elle/on soit arrivé(e)** en retard.
que nous ayons manqué l'avion et	**que nous soyons arrivé(e)s** en retard.
que vous ayez manqué l'avion et	**que vous soyez arrivé(e)(s)** en retard.
qu'ils/elles aient manqué l'avion et	**qu'ils/elles soient arrivé(e)s** en retard.

Application immédiate 3

Conjuguez les verbes suivants au subjonctif passé.

1. tutoyer

2. partir

3. se disputer

4. faire exprès

Application immédiate 4

Mettez les verbes entre parenthèses au subjonctif passé.

1. Les profs ne sont pas contents qu'on _____ (augmenter) le prix du café.

2. M. Marin est furieux que les déléguées _____ (aller) se plaindre de lui à la CPE (*guidance counselor*).

3. C'est triste que Souleymane _____ (s'énerver) et qu'il _____ (blesser) Khoumba.

4. M. Marin est surpris qu'Esmeralda _____ (lire) *La République* de Platon.

Emploi du subjonctif

The rules and examples in this section will help you learn when to use the subjunctive.

Emploi du subjonctif après certains verbes

1. The subjunctive is used after impersonal expressions that express the speaker's emotions (desire, will, opinion, etc.).

Il faut **que je fasse** mes devoirs.

I have to do my homework.

Expressions impersonnelles
Il faut/Il faudrait que
Il est bon/essentiel/important/juste/nécessaire que
C'est dommage que (*too bad*)
Il est inadmissible que (*unacceptable*)
Il est incroyable que (*unbelievable*)
Il est possible que/Il se peut que
Il est préférable que
Il est regrettable que
Il est surprenant/incroyable que (*surprising/incredible*)
Il est temps que (*It's time that*)
Il vaut/Il vaudrait mieux que (*It's better/It would be better*)

Exception

Il est probable (which expresses a higher degree of certainty than **Il est possible**) is followed by the indicative.

Il est probable qu'il **pleuvra** ce soir. (future indicative)
It is probable that it will rain tonight. / It will probably rain tonight.

Compare with:

Il est possible qu'il **pleuve** ce soir. (present subjunctive)
It is possible that it will rain tonight. / It may rain tonight.

Remember that the present subjunctive is used to speak about a present or future situation.

GRAMMAIRE 7

2. The subjunctive is used after verbal clauses that express the subject's emotions (happiness, sadness, regret, fear, surprise, anger, etc.).

Je suis heureux **que tu aies obtenu** ce poste.

I am happy that you got this position.

Note that the subjunctive verb that follows **craindre** (*to fear*) and **avoir peur** (*to be afraid*) is sometimes preceded by **ne** for stylistic reasons. The **ne** is not translated by a negative.

J'ai peur qu'il **ne** pleuve.

*I'm afraid it **will** rain.*

If **pas** is present, then **ne... pas** expresses a negation.

J'ai peur qu'il **ne** pleuve **pas** et que mes fleurs **ne** meurent.

*I am afraid that it **won't** rain and that my flowers **will** die.*

Quelques verbes qui expriment les émotions

en avoir assez/en avoir marre que: *to have had enough, to be fed up*
avoir peur que: *to be afraid that*
craindre que: *to be afraid that*
être content/heureux que: *to be happy that*
être désolé/fâché/triste que: *to be sorry/angry/sad that*
être étonné/surpris que: *to be surprised that*
regretter que: *to be sorry that/to regret*
s'étonner que: *to be surprised that*

---

3. The subjunctive is used after verbs that express the subject's desire, preference, will, or doubt.

Je voudrais **que vous réussissiez.**

I would like you to succeed.

Quelques verbes qui expriment la préférence, le désir, le doute, la volonté

aimer mieux/préférer que: *to prefer that*
demander que: *to ask that*
désirer/vouloir/souhaiter que: *to desire/want/wish that*
douter que: *to doubt that*
exiger que: *to demand that*
ordonner que: *to order that*
s'attendre à ce que: *to expect that*
suggérer que: *to suggest that*
tenir à ce que: *to insist that*

Exception

Espérer is followed by the indicative.

J'espère **qu'il réussira** à son examen. (future indicative)
I hope he will pass his exam.

Compare with:

Je souhaite **qu'il réussisse** à son examen. (present subjunctive)
I hope that he will pass his exam.

Application immédiate 5

Transformez la deuxième phrase en proposition subordonnée et mettez le verbe au présent ou au passé du subjonctif.

> *Exemple:* **Les élèves voudraient... M. Marin choisit des exemples plus variés.**
>
> *Les élèves voudraient **que** M. Marin **choisisse** des exemples plus variés.*

1. C'est dommage… Le comportement de Souleymane ne s'est pas amélioré.

2. Il vaudrait mieux… Il obéit au règlement.

3. Il est temps… Le conseil de classe prend une décision dans le cas de Souleymane.

4. Les parents de Wei regrettent… Leur fils perd du temps à jouer sur son ordinateur.

5. M. Marin est fâché… Les déléguées ont répété ses commentaires à Souleymane.

6. Le principal souhaite… Les élèves font un bon accueil à Carl, le nouvel élève.

> If the verb in the second sentence is in the present, as in the model, choose the present subjunctive when combining the two sentences; if it is in the past, choose the past subjunctive.

4. Verbs expressing the subject's opinion, such as **trouver, penser, croire, être sûr,** and **il me semble,** are followed by the subjunctive only in negative sentences or in questions.

Je pense qu'il réussira.

I think he will succeed. (future indicative)

Je ne pense pas qu'il réussisse.

I don't think he will succeed. (present subjunctive)

Pensez-vous qu'il réussisse?

Do you think he will succeed? (present subjunctive)

Je trouve qu'elles ont bien parlé.

I think they spoke well. (indicative: passé composé)

Je ne trouve pas qu'elles aient bien parlé.

I don't think they spoke well. (past subjunctive)

Ils sont sûrs qu'elle est malade.

They are sure that she is sick. (present indicative)

Sont-ils sûrs qu'elle soit malade?

Are they sure that she is sick? (present subjunctive)

> Remember that the present subjunctive is used to speak about the present and the future.

Application immédiate 6

Réécrivez les phrases et mettez les verbes entre parenthèses au subjonctif ou à l'indicatif. Lisez bien toute la phrase pour choisir le temps (présent, passé composé ou futur de l'indicatif; présent ou passé du subjonctif).

1. Esmeralda (devenir) rapeuse (*rapper*) plus tard.

   a. Je pense qu'Esmeralda…

   b. Pensez-vous qu'Esmeralda…

> Before doing **Application immédiate 6,** reread Section 4, as well as the *Exceptions* in Sections 1 and 3.

2. L'équipe de foot du Maroc (être) meilleure que celle du Mali.

a. Nassim trouve que l'équipe de foot du Maroc…

b. Souleymane ne trouve pas que l'équipe de foot du Maroc…

3. Carl (faire) des bêtises dans son ancien collège.

a. Il est possible que Carl…

b. Il est probable que Carl…

4. Leurs enfants (aller) dans un bon lycée après le collège.

a. Les parents espèrent que leurs enfants…

b. Les parents souhaitent que leurs enfants…

Emploi du subjonctif après certaines conjonctions

1. The subjunctive is used after the conjunctions **à condition que / pourvu que, à moins que, avant que, bien que / quoique, de peur que / de crainte que, jusqu'à ce que, pour que / afin que, sans que.**

- **à condition que / pourvu que:** *provided that, on the condition that*

  J'accepte ce contrat à condition que vous changiez la dernière clause.
  I accept this contract provided that you change the last clause.

- **à moins que:** *unless*

  Ils arriveront tôt à moins qu'ils (n')aillent chez Paul d'abord.
  They will arrive early, unless they go to Paul's house first.

- **avant que:** *before*

  Les enfants, vous devez ranger vos chambres avant qu'on parte.
  Kids, you have to clean your bedrooms before we leave.

- **bien que / quoique:** *although, even though*

  La course a eu lieu bien qu'il ait fait mauvais.
  The race took place although the weather was bad.

- **de peur que / de crainte que:** *for fear that*

  Ils ont fermé les pistes de ski de peur qu'il (n')y ait une avalanche.
  They closed the ski slopes for fear that there might be an avalanche.

- **jusqu'à ce que:** *until*

  Mémorisez ces conjonctions jusqu'à ce que vous les connaissiez.
  Memorize these conjunctions until you know them.

- **pour que / afin que:** *so that, in order that*

  Ils ont manifesté pour que le prisonnier soit libéré.
  They protested so that the prisoner would be released.

- **sans que:** *without*

  Il est sorti sans que ses parents le sachent.
  He went out without his parents knowing.

As always, **que** becomes **qu'** when preceding a vowel or a mute **h.**

When two conjunctions with the same meaning are listed, the most common one appears first.

With **à moins que, avant que, de peur que/de crainte que,** and **sans que, ne** is sometimes added for stylistic reasons. It is not translated by a negative. Refer to Section 2 on page 314 for another example of this point.

GRAMMAIRE 7

Exception

Après que (*after*) is followed by the indicative.

> Nous sommes partis après que les enfants **ont rangé** leurs chambres. (indicative: **passé composé**)
>
> *We left after the children cleaned their bedrooms.*

2. Some subjunctive clauses introduced by a conjunction can be replaced by a preposition and noun to avoid wordiness.

> Je dois faire le ménage **avant que** les invités **arrivent**. → **avant l'arrivée** des invités.
>
> *I have to clean the house before the guests arrive. → before the arrival of the guests.*

> Nous avons pleuré **jusqu'à ce que** le train **parte**. → **jusqu'au départ** du train.
>
> *We cried until the train left. → until the departure of the train.*

> Il a lu **en attendant que** le cours **commence**. → **en attendant le début** du cours.
>
> *He read before the class started. → before the beginning of the class.*

Application immédiate 7

Reliez les deux phrases avec la conjonction appropriée et mettez le verbe de la deuxième phrase au subjonctif, sauf s'il s'agit d'une exception.

> *Exemple:* François reste dans la salle de classe. Khoumba lui fait des excuses. (*until*)
>
> *François reste dans la salle de classe jusqu'à ce que Khoumba lui fasse des excuses.*

1. Carl a essayé de calmer Souleymane. Il (Souleymane) sort de la salle de classe. (*before*)

2. François a choisi de discuter le journal d'Anne Frank. La classe apprend à exprimer des sentiments. (*so that*)

3. M. Marin est patient. Les élèves font leurs devoirs. (*on the condition that*)

4. Esmeralda mange pendant la réunion. C'est interdit. (*although*)

5. La conduite de Carl s'est améliorée. Il a changé de collège. (*after*)

6. D'habitude, les élèves qui passent devant le conseil de discipline sont exclus. Ils peuvent trouver de bonnes raisons pour expliquer leur comportement. (*unless*)

Emploi du subjonctif dans certaines propositions relatives

1. The subjunctive is used in relative clauses when the antecedent is hypothetical.

> Je cherche **une** maison qui **ait** un grand jardin.
>
> *I am looking for a house that has a big garden.*
>
> (The house is still a dream, so the subjunctive is used.)

In the first example, the relative clause is **qui ait un grand jardin** and the noun that precedes it, **une maison**, is the antecedent. Refer to Chapter 4 for a review of relative pronouns.

GRAMMAIRE 7

Compare with:

J'ai **une** maison qui **a** un grand jardin.

I have a house that has a big garden.

(The house is a reality, so the indicative is used.)

J'aimerais trouver **une** baby-sitter qui **puisse** conduire. (subjunctive)

I'd like to find a babysitter who can drive.

Compare with:

J'ai trouvé une baby-sitter qui **peut** conduire. (indicative)

I found a babysitter who can drive.

Je rêve de rencontrer **quelqu'un** qui **ait** les mêmes valeurs que moi. (subjunctive)

I dream of meeting someone who shares my values.

Compare with:

J'ai rencontré quelqu'un qui **a** les mêmes valeurs que moi. (indicative)

I met someone who shares my values.

2. The subjunctive is used in relative clauses after superlatives and after clauses containing **seul**, **unique**, **premier**, and **dernier**.

L'Étranger est le **meilleur** livre français que j'**aie lu.**

The Stranger *is the best French book I have read.*

L'Étranger est le **seul** livre que je **veuille** lire cet été.

The Stranger *is the only book I want to read this summer.*

Application immédiate 8

Mettez le verbe à la forme correcte de l'indicatif ou du subjonctif.

1. Souleymane est un élève qui _____ (venir) du Mali.

2. Souleymane est le seul élève de la classe qui _____ (venir) du Mali.

3. M. Marin a un collègue d'histoire-géo qui ne le _____ (soutenir) jamais au conseil de classe.

4. Il préférerait avoir un collègue qui le _____ (soutenir) de temps en temps.

Subjonctif ou infinitif?

Emploi du subjonctif ou de l'infinitif

The subjunctive is used in the situations described in the section *Emploi du subjonctif* (page 313) when the subject of the main clause is different from the subject of the subordinate clause.

Je désire que **tu** apprennes l'italien.

I want you to learn Italian.

Je suis heureux que **tu** aies appris l'italien.

I am happy that you learned Italian.

Adjectives are divided into three degrees: positive, comparative, and superlative (as in *good, better, best*). *The best, the biggest, the least interesting, the most intelligent* are exemples of superlatives. To review comparative and superlative adjectives, refer to pages 273–274.

GRAMMAIRE 7

In the preceding examples, the subjects of the main clauses (**je**) and of the subordinate clauses (**tu**) are different, so the subjunctive is used (**Je désire** and **Je suis heureux** are the main clauses; **que tu apprennes l'italien** and **que tu aies appris l'italien** are the subordinate clauses).

When the subjects of the main clause and the subordinate clause are the same, an infinitive clause is used instead, with some exceptions.

> **Je** désire **apprendre** l'italien.
>
> *I want to learn Italian.*
>
> **Je** suis heureux **d'avoir appris** l'italien.
>
> *I am happy to have learned Italian. / I am happy I learned Italian.*

In these examples, the subject of the main clauses, **Je désire / Je suis heureux,** is the person who wants to study/has studied Italian, so an infinitive is used in place of the subordinate clause. You have used this type of sentence since the beginning of your French studies, but you may not be familiar with the past infinitive in the second example, which is explained below.

L'infinitif passé

In the sentence **Je suis heureux d'avoir appris l'italien**, learning Italian took place before **Je** made the statement *I am happy to have learned Italian.* That is why a past infinitive is used in the subordinate clause.

To form the past infinitive, use the infinitive form of the auxiliary (**être** or **avoir**) + the past participle of the verb.

> sortir → être sorti
> prendre → avoir pris

Application immédiate 9

Donnez l'infinitif passé de chaque verbe.

1. aller
2. avoir
3. être
4. faire
5. réussir
6. s'énerver

Structure de la proposition infinitive

1. Verbs that do not take a preposition are followed directly by the infinitive.

Je veux **aller** à Paris.	*I want to go to Paris.*
Il faut **faire** de l'exercice.	*You need to exercise.*

2. When the verb of the main clause takes a preposition, that preposition introduces the infinitive clause.

regretter (de):	*to be sorry*
Je regrette **d'être arrivé** en retard.	*I am sorry I was late.*
tenir (à):	*to insist*
Je tiens **à visiter** ce musée.	*I insist on visiting this museum.*

3. After an adjective (**je suis content[e]**) or a verbal clause that includes a noun (**j'ai peur, j'ai envie, j'ai l'intention**), the infinitive is introduced by **de**.

Il est content **de partir** en vacances avec des amis.	*He is happy to be taking a vacation with friends.*
Nous avons peur **d'avoir** un accident de voiture.	*We are afraid of having a car accident.*

Application immédiate 10

Traduisez les phrases suivantes en vous servant de la traduction de la première phrase.

1. I want to go to Paris. → *Je veux aller à Paris.*

I want you (**tu**) to go to Paris. _____

2. We are sorry that you are late. → *Nous regrettons que vous soyez en retard.*

We are sorry to be late. _____

3. We are happy to be meeting today. → *Nous sommes contents de nous réunir aujourd'hui.*

We are happy that you (**vous**) are meeting today. _____

4. They doubt that they passed their exams. → *Ils doutent d'avoir réussi leurs examens.*

They doubt that I passed my exams. _____

Application immédiate 11

Combinez les deux phrases en une seule phrase contenant une proposition principale et une proposition subordonnée. Utilisez le présent ou le passé du subjonctif ou de l'infinitif dans la subordonnée. Faites les autres changements nécessaires.

Exemples: M. Marin n'est pas content... La classe perd beaucoup de temps.

*M. Marin n'est pas content **que** la classe **perde** beaucoup de temps.*

Les profs n'aiment pas... Les profs se réunissent pour un conseil de discipline.

*Les profs n'aiment pas **se réunir** pour un conseil de discipline.*

1. Le prof de maths est impatient… Le prof de maths prend sa retraite.

2. M. Marin regrette… Souleymane a été insolent avec lui.

3. M. Marin est étonné… Khoumba et Esmeralda connaissent les Galeries Lafayette.

4. Henriette est triste… Henriette n'a rien appris.

5. Khoumba a peur… Souleymane doit aller au Mali.

6. Les élèves sont heureux… Les élèves partent en vacances.

GRAMMAIRE 7

Ask yourself: Is there a subject change? What is the tense of the verb in the second sentence?

4. An infinitive clause is introduced by a preposition instead of a conjunction.

Elle fait des heures supplémentaires **afin de** pouvoir voyager.

She works overtime so that she can travel.

Compare with:

Elle fait des heures supplémentaires **afin que** sa famille puisse voyager.

She works overtime so that her family can travel.

- Learn the prepositions that correspond to the conjunctions listed below.

Conjunction + subjunctive clause	Preposition + infinitive clause
à condition que	à condition de
afin que	afin de
avant que	avant de
de crainte que	de crainte de
de peur que	de peur de
pour que	pour
sans que	sans

- With **bien que**, **jusqu'à ce que**, **pourvu que**, and **quoique**, there is no corresponding infinitive clause. You need to use a conjunction + subjunctive clause whether the subjects of the main clause and the subordinate clause are different or the same.

  Je vais aller en France bien que <u>le billet d'avion</u> **soit** cher. (different subjects)

  I am going to go to France although <u>the plane ticket</u> is expensive.

  Je vais aller en France bien que <u>je</u> ne **sache** pas parler français. (same subject)

  I am going to go to France although <u>I</u> do not know how to speak French.

- With **après,** a past infinitive is used when the subjects of the main clause and of the subordinate clause are the same.

  Nous sommes partis après **avoir vu** le match.

  We left after watching the game.

  Note: **Après que** + indicative is used when the subjects are different.

  Nous sommes partis après que le match **a fini.**

  We left after the game ended.

Application immédiate 12

Complétez les phrases suivantes avec la préposition ou la conjonction selon le cas.

1. Les élèves travaillent leurs autoportraits (jusqu'à/jusqu'à ce qu') _____ ils soient capables de les présenter à la classe.

2. Souleymane a préféré utiliser des photos (pour/pour que) _____ parler de lui.

3. Carl ne devrait pas parler de foot avec Souleymane (de peur d'/de peur que) _____ Souleymane devienne violent.

4. Les élèves doivent enlever leurs casquettes (avant de/avant que) _____ entrer dans la salle de classe.

Tread carefully here. Ask yourself: Preposition or conjunction? Infinitive or subjunctive? Indicative or subjunctive? Present or past? If you are in doubt, return to the grammar explanations.

Application immédiate 13

Traduisez les sections de phrase qui sont en anglais.

1. Les déléguées de classe sont allés voir la CPE (*without M. Marin knowing about it*). [to know: **savoir**]

   _____

   Les déléguées de classe sont allés voir la CPE (*without knowing*) comment M. Marin réagirait.

   _____

2. M. Marin a distribué les autoportraits aux élèves (*before going on vacation*). [to go on vacation: **partir en vacances**]

   _____

   M. Marin a distribué les autoportraits aux élèves (*before they went on vacation*).

   _____

3. Souleymane n'a rien dit (*after he learned his punishment*).

   _____

   Souleymane n'a rien dit (*after the principal informed him of his punishment*). [to inform someone of something: **apprendre quelque chose à quelqu'un**]

   _____

4. La CPE (conseillère principale d'éducation) a fait circuler une pétition au collège (*to support Wei's family*). [to support: **soutenir**]

   _____

   La CPE (conseillère principale d'éducation) a fait circuler une pétition au collège (*so that the teachers can support Wei's family*).

   _____

ANSWER KEY

Chapitre préliminaire

Application Immédiate Answer Key

Application immédiate 1

1. je vais, tu vas, il/elle/on va, nous allons, vous allez, ils/elles vont
2. j'ai, tu as, il/elle/on a, nous avons, vous avez, ils/elles ont
3. je choisis, tu choisis, il/elle/on choisit, nous choisissons, vous choisissez, ils/elles choisissent
4. je suis, tu es, il/elle/on est, nous sommes, vous êtes, ils/elles sont
5. je fais, tu fais, il/elle/on fait, nous faisons, vous faites, ils/elles font
6. je loue, tu loues, il/elle/on loue, nous louons, vous louez, ils/elles louent
7. je partage, tu partages, il/elle/on partage, nous partageons, vous partagez, ils/elles partagent
8. je perds, tu perds, il/elle/on perd, nous perdons, vous perdez, ils/elles perdent
9. je réfléchis, tu réfléchis, il/elle/on réfléchit, nous réfléchissons, vous réfléchissez, ils/elles réfléchissent
10. je remplace, tu remplaces, il/elle/on remplace, nous remplaçons, vous remplacez, ils/elles remplacent

Application immédiate 2

1. s'appelle
2. reconnais
3. interprète
4. s'habitue
5. plaît
6. appartenons
7. vous identifiez
8. te souviens
9. se divertissent
10. nous ennuyons

Application immédiate 3

1. Je suis des cours de cinéma depuis deux ans.
2. Quel film est à l'affiche à la salle d'art et d'essai aujourd'hui?
3. Ils/Elles vont acheter les billets.
4. Nous tournons (le film) depuis le premier janvier.
5. Elle réalise un film chaque année/tous les ans.

Chapitre 1: *L'Auberge espagnole*

Application Immédiate Answer Key

Application immédiate 1

1. du, à, en
2. de, à, au
3. du, à, en
4. d', à, au
5. de, à, aux
6. de, à, aux

Application immédiate 2

1. Où
2. Comment
3. Combien de
4. Pourquoi
5. Quand

Application immédiate 3

1. Pendant combien de temps est-ce que Martine est restée à Barcelone avec Xavier? Pendant deux jours. How long did Martine stay in Barcelona with Xavier? For two days.
2. Depuis combien de temps est-ce que Monsieur Perrin connaît le père de Xavier? Depuis vingt ans. How long has M. Perrin known Xavier's father? For twenty years.

3. Xavier a habité en Espagne pendant combien de temps? Pendant un an.
   How long did Xavier live in Barcelona? For one year.
4. Depuis quand est-ce que les étudiants européens peuvent participer au programme Erasmus? Depuis 1987.
   Since when have European students been able to participate in the ERASMUS program? Since 1987.

Application immédiate 4

1. Quelles
2. Quel
3. quel
4. Quels

Application immédiate 5

(*Answers may vary.*)

1. À quelle université est-ce que tu vas? Tu vas à quelle université?
2. Quels cours est-ce que tu suis? Tu suis quels cours?
3. Quel cours est facile pour toi?
4. Quelles langues est-ce que tu parles? Tu parles quelles langues?
5. Quel est ton film préféré?
6. Dans quelle ville est-ce que tu aimerais vivre? Tu aimerais habiter dans quelle ville?

Application immédiate 6

1. Laquelle
2. Lesquels / Lequel
3. lequel
4. Lesquelles

Application immédiate 7

1. Tu pars quand? Quand est-ce que tu pars?
2. Combien de temps tu vas rester au Québec? Tu vas rester combien de temps au Québec?
3. Comment tu vas voyager? Tu vas voyager comment?
4. Où tu vas habiter? Tu vas habiter où?
5. Pourquoi tu veux faire un échange?
6. Quels vêtements tu prends? Tu prends quels vêtements?

Application immédiate 8

1. Avec qui
2. Qui
3. Sur qui
4. Qui est-ce que

Application immédiate 9

1. Qu'est-ce qui
2. Que
3. De quoi
4. Qu'

Application immédiate 10

1. Qu'est-ce qui est important pour toi?
2. À qui est-ce que tu téléphones souvent?
3. Qui est-ce que tu vas inviter le week-end?
4. De quoi est-ce que tu aimes parler?
5. Avec qui est-ce que tu habitais à Paris?
6. Si on t'accepte, qui va t'aider à emménager?

Application immédiate 11

1. À quoi est-ce que tu t'es inscrit ce semestre?
2. Qui est le prof?
3. Qu'est-ce qui te plaît dans ce cours?
4. Qu'est-ce que vous devez faire comme projet final?
5. Avec qui est-ce que tu vas travailler?
6. De quoi vous allez parler?

Application immédiate 12

1. Qui tu connais dans la classe? Tu connais qui dans la classe?
2. Avec qui tu fais tes devoirs? Tu fais tes devoirs avec qui?
3. Chez qui tu vas le week-end? Tu vas chez qui le week-end?
4. Vous étudiez quoi dans le cours d'histoire?
5. De quoi on va parler aujourd'hui? On va parler de quoi aujourd'hui?
6. Vous faites quoi ce soir?

Chapitre 2: *La Rue Cases-Nègres*

Application Immédiate Answer Key

Application immédiate 1

1. j'apprenais, tu apprenais, il/elle/on apprenait, nous apprenions, vous appreniez, ils/elles apprenaient
2. je connaissais, tu connaissais, il/elle/on connaissait, nous connaissions, vous connaissiez, ils/elles connaissaient
3. je faisais, tu faisais, il/elle/on faisait, nous faisions, vous faisiez, ils/elles faisaient
4. j'obtenais, tu obtenais, il/elle/on obtenait, nous obtenions, vous obteniez, ils/elles obtenaient
5. je racontais, tu racontais, il/elle/on racontait, nous racontions, vous racontiez, ils/elles racontaient
6. je réussissais, tu réussissais, il/elle/on réussissait, nous réussissions, vous réussissiez, ils/elles réussissaient
7. je m'amusais, tu t'amusais, il/elle/on s'amusait, nous nous amusions, vous vous amusiez, ils/elles s'amusaient
8. je savais, tu savais, il/elle/on savait, nous savions, vous saviez, ils/elles savaient

Application immédiate 2

1. habitait
2. était
3. s'amusaient
4. travaillaient
5. aimaient
6. pouvait
7. devait
8. rapportait
9. mangeait
10. fumait
11. allait
12. vivait
13. racontait
14. initiait
15. passait
16. voulait
17. savait
18. donnait

Application immédiate 3

Answers will vary.

Application immédiate 4

1. je suis allé(e)… (see sample conjugation p. 251)
2. j'ai réussi, etc.
3. j'ai appris, etc.
4. je me suis excusé(e), etc.
5. je suis descendu(e), etc.

Application immédiate 5

1. sommes, avons, avez
2. ont, sont
3. ai, suis
4. a, est
5. as
6. a

Application immédiate 6

1. est sorti, a sorti
2. est monté, a descendu
3. a lavé, s'est lavé
4. ont bu, ont mis
5. a passé, a réussi
6. s'est révolté, a compris

Application immédiate 7

1. Quel examen est-ce que José et Tortilla ont passé?
2. Où ils sont allés pour le passer?
3. Comment est-ce que la grand-mère de José est morte?
4. Pourquoi le maître a-t-il accusé José de tricher?
5. Quand est-ce que José est arrivé en retard à l'école?

Application immédiate 8

1. n'a plus travaillé
2. n'a pas voulu
3. n'a rien plagié
4. n'a vu personne
5. Personne n'a pu
6. Rien n'a convaincu
7. n'est pas encore devenu

Application immédiate 9

1. Normal: … je m'amusais avec mes amis.
2. Normal: … je l'ai embrassée.
3. Normal: Le cheval est tombé.
4. Normal: Je préparais le dîner, …

Application immédiate 10

A.

1. When *I was young* (a), my brother and I *went* (b) to the beach every summer. We *played* (b) volleyball and *had fun* (b). It *was* (2) great. The year when my brother *got* (d) his degree, he *stayed* (d) home, and I *went* (d) to the beach alone. I *did not have fun* (d).
2. We *used to go* (b) to the restaurant next door often. One day, we *were eating* (c) at the restaurant. It *was* (a) about 10 P.M. A man *entered* (d) the restaurant. He *had* (a) a gun and (a) *wore* a mask. He *took* (d) the purses of a few women who (c) *were eating* next to us. We *decided* (d) not to go back to that restaurant.

B.

1. étais, allions, jouions, nous amusions, était, a obtenu, est resté, suis allé, ne me suis pas amusé
2. allions , mangions, était, est entré, avait, portait, a pris, mangeaient, , avons décidé

Application immédiate 11

1. n'avaient pas; ont eu
2. était; a été
3. ne savait pas; a su

Application immédiate 12

1. voulait; n'a pas voulu
2. devait; a dû
3. n'a pas pu; ne pouvait pas

Application immédiate 13

1. révoltés; reçu
2. bu; mis; punis; amusés
3. envoyée
4. faites
5. repartie; obtenu; tombée; revus; enterrée
6. eues; souvenue

ANSWER KEY

Application immédiate 14

1. **j'avais demandé, etc. (see sample conjugation p. 261)**
2. j'avais compris, etc.
3. j'étais venu(e), etc.
4. j'avais fait, etc.
5. je m'étais amusé(e), etc.

Application immédiate 15

1. a trouvé; n'avait pas plagié
2. a arrêté; avait pris
3. est né; était venu
4. a parlé; s'étaient rebellés
5. avait passé; a découvert
6. s'est souvenu; avait racontées

Chapitre 3: *Persépolis*

Application Immédiate Answer Key

Application immédiate 1

1. Il y a plus de libertés pour les femmes en Europe qu'en Iran.
2. Marjane avait autant de courage que son oncle Anouche.
3. Les parents de Marjane se faisaient moins d'illusions que son oncle.
4. Marjane a eu autant de difficultés à vivre en Autriche qu'en Iran.

Application immédiate 2

1. ø
2. la
3. ø
4. un
5. ø
6. les
7. de
8. ø
9. du
10. la
11. les
12. une
13. des
14. la
15. la
16. ø
17. du
18. les

Application immédiate 3

1. C'est sa pipe.
2. C'est son passeport.

3. Ce sont leurs bouteilles de vin.
4. Ce sont mes médicaments.
5. C'est votre foulard?
6. C'est notre bande dessinée.

Application immédiate 4

1. cultivée et tolérante
2. franche et courageuse
3. conservatrice et répressive
4. moqueuse et grossière

Application immédiate 5

1. nouveaux
2. marginaux
3. longues
4. conventionnelles
5. iraniennes
6. censurés

Application immédiate 6

1. ses propres opinions
2. les gens intègres
3. sa nouvelle vie
4. une bande dessinée originale
5. le dernier Shah
6. de(s) grandes manifestations

Application immédiate 7

1. moins seule
2. aussi répressif
3. moins bonne
4. plus amoureuse
5. meilleure
6. aussi tolérants

Application immédiate 8

1. L'oncle Anouche est la personne la plus idéaliste de la famille.
2. Momo est le garçon le moins sympathique du Lycée français de Vienne.
3. L'adolescence est souvent le moment le plus difficile de la vie.
4. La mort de son oncle et le départ en Europe sont les événements les moins heureux de l'adolescence de Marjane.
5. Les exécutions sont les pires exemples de répression du film.
6. *Persépolis* était la meilleure adaptation du festival de Cannes en 2008.

Chapitre 4: *Le Placard*

Application Immédiate Answer Key

Application immédiate 1

1. C'est la personne qui habite à côté de François. C'est la personne que François rencontre sur son balcon.
2. C'est la personne qui entraîne l'équipe de rugby. C'est la personne que ses collègues veulent changer.
3. C'est la personne qui dirige l'entreprise. C'est la personne que les employés respectent.

Application immédiate 2

1. C'est ce qui amuse Santini. C'est ce que le patron n'apprécie pas.
2. C'est ce qui intrigue Mlle Bertrand. C'est ce que Mlle Bertrand veut voir.
3. C'est ce qui influence l'attitude de Santini. C'est ce que le film critique.

Application immédiate 3

1. que
2. qui
3. ce que
4. que
5. ce qu'
6. ce qui
7. qui
8. Ce qui

Application immédiate 4

1. où
2. où
3. là où / où
4. où

Application immédiate 5

1. où
2. qui, que
3. où, qu'
4. là où, que, qui

Application immédiate 6

1. qui
2. laquelle
3. auquel
4. qui

Application immédiate 7

1. dont
2. dont
3. Ce dont
4. dont

Application immédiate 8

1. celui
2. Celle
3. ceux
4. celles

Chapitre 5 : *Indochine*

Application Immédiate Answer Key

Application immédiate 1

1. Éliane aimait la diriger.
2. Éliane n'en avait pas. Alors elle l'a adoptée.
3. Guy l'a promis à Éliane.
4. Camille en a rencontré pendant son voyage.
5. Tanh les a aidés à échapper à la police.
6. Guy l'a retrouvée dans une troupe d'acteurs itinérants.

Application immédiate 2

1. … elle en avait une (grande).
2. … elle en employait beaucoup.
3. … elle l'était.
4. Elle en a eu un.
5. … il ne l'a pas connue.
6. … elle n'a pas voulu les revoir.

Application immédiate 3

1. Tanh lui écrivait quand il était étudiant à Paris.
2. Tanh leur a conseillé de quitter l'Indochine.
3. Étienne n'a pas voulu lui parler à Genève.
4. Camille lui a beaucoup manqué.

Application immédiate 4

1. adoptée; promis; parlé
2. séparés; demandé
3. rencontrés; vus; écrit
4. revues; parlé; quittées

Application immédiate 5

1. elle
2. lui
3. elles
4. eux

Application immédiate 6

1. … et il a été influencé par eux.
2. Éliane était un peu jalouse d'elle. C'est pour cela que Camille a voulu lui échapper.
3. Camille s'intéressait à eux.
4. Éliane aimait lui parler. Elle lui faisait confiance, mais elle ne voulait pas se marier avec lui.
5. Éliane et Camille étaient amoureuses de lui.
6. Camille a beaucoup pensé à lui quand elle était en prison.

Application immédiate 7

1. Il y est allé pour ses études.
2. Elle y a passé plusieurs années.
3. Elle s'y est intéressée pendant son emprisonnement.
4. Elle y faisait face courageusement.

Application immédiate 8

1. Guy n'en a pas pour les nationalistes.
2. Oui, j'en viens.
3. Éliane en a hérité.
4. … Camille n'en était pas consciente.

Application immédiate 9

1. a. J'en suis fier.
   b. Je suis fier d'eux.
2. a. Faites attention à eux.
   b. Tu devrais y faire attention.
3. a. Nous aimons en parler.
   b. Nous avons parlé d'eux.
4. a. Je pense à eux.
   b. Y as-tu pensé?
5. a. Il s'intéresse à eux.
   b. Il s'y intéresse.
6. a. Je m'habitue à eux.
   b. Je m'y habitue.

Application immédiate 10

1. Éliane voulait que Camille en sorte.
2. Camille et Jean-Baptiste espéraient y trouver refuge.
3. Les nationalistes ne voulaient pas que les Français en tirent profit.
4. Jean-Baptiste en avait horreur. Il ne voulait plus y vivre.
5. Éliane ne veut pas que Camille pense à lui.
6. Elle préfère qu'elle y pense.
7. La police doit y faire attention.
8. Éliane était amoureuse de lui.

Application immédiate 11

1. Trouve-la, mais ne la punis pas.
2. Vas-y, mais n'y va pas seule.
3. Parle-lui de son enfance, mais ne lui parle pas de moi.
4. Mangez-en, mais n'en mangez pas trop.

Application immédiate 12

1. Guy veut qu'Éliane lui en parle.
2. « Apportez-m'en le plus vite possible. »
3. « Écris-le-lui. »
4. On l'y a envoyée.
5. Camille le lui a confié.
6. Les nationalistes voulaient les en expulser.

Chapitre 6: *Chaos*

Application Immédiate Answer Key

Application immédiate 1

1. j'annulerai, tu annuleras, il/elle/on annulera, nous annulerons, vous annulerez, ils/elles annuleront
2. j'avertirai, tu avertiras, il/elle/on avertira, nous avertirons, vous avertirez, ils/elles avertiront
3. je battrai, tu battras, il/elle/on battra, nous battrons, vous battrez, ils/elles battront
4. je préférerai, tu préféreras, il/elle/on préférera, nous préférerons, vous préférerez, ils/elles préféreront
5. je me méfierai, tu te méfieras, il/elle/on se méfiera, nous nous méfierons, vous vous méfierez, ils/elles se méfieront
6. je viendrai, tu viendras, il/elle/on viendra, nous viendrons, vous viendrez, ils/elles viendront

Application immédiate 2

1. payeras/paieras
2. n'irons pas
3. recevront
4. faudra
5. ferai
6. viendrez

Application immédiate 3

1. pourras, rentreras
2. ne fera plus, reviendra
3. se vengeront, trouveront
4. se sentiront, reverront
5. appellerez, aurez
6. serons, rendra

Application immédiate 4

1. j'agresserais, tu agresserais, il/elle/on agresserait, nous agresserions, vous agresseriez, ils/elles agresseraient
2. j'appellerais, tu appellerais, il/elle/on appellerait, nous appellerions, vous appelleriez, ils/elles appelleraient
3. je ferais (confiance), tu ferais, il/elle/on ferait, nous ferions, vous feriez, ils/elles feraient
4. je romprais, tu romprais, il/elle/on romprait, nous romprions, vous rompriez, ils/elles rompraient
5. je séduirais, tu séduirais, il/elle/on séduirait, nous séduirions, vous séduiriez, ils/elles séduiraient
6. je m'en sortirais, tu t'en sortirais, il/elle/on s'en sortirait, nous nous en sortirions, vous vous en sortiriez, ils/elles s'en sortiraient

Application immédiate 5

1. ils iraient
2. vous devriez
3. tu serais
4. nous pourrions
5. je verrais
6. elle voudrait

Application immédiate 6

1. Je voudrais…
2. Tu aurais…
3. Vous devriez…
4. Pourraient-ils… ?
5. Accepterait-elle… ?
6. Tu ne devrais pas…

Application immédiate 7

1. ne se prostitueraient pas
2. ne nous dépêcherions pas
3. viendrait
4. aurait
5. m'entendrais
6. ferais

Application immédiate 8

1. j'aurais assisté, tu aurais assisté, il/elle/on aurait assisté, nous aurions assisté, vous auriez assisté, ils/elles auraient assisté
2. j'aurais été, tu aurais été, il/elle/on aurait été, nous aurions été, vous auriez été, ils/elles auraient été
3. j'aurais investi, tu aurais investi, il/elle/on aurait investi, nous aurions investi, vous auriez investi, ils/elles auraient investi
4. je me serais méfié(e), tu te serais méfié(e), il/elle/on se serait méfié(e), nous nous serions méfié(e)s, vous vous seriez méfié(e)(s), ils/elles se seraient méfié(e)s
5. je serais venu(e), tu serais venu(e), il/elle/on serait venu(e), nous serions venu(e)s, vous seriez venu(e)(s), ils/elles seraient venu(e)s
6. je me serais rendu compte, tu te serais rendu compte, il/elle/on se serait rendu compte, nous nous serions rendu compte, vous vous seriez rendu compte, ils/elles se seraient rendu compte

Application immédiate 9

1. aurais eu
2. serais devenu(e)
3. auraient été
4. nous serions mariés
5. n'aurions pas eu
6. me serais senti(e)

Application immédiate 10

1. seraient allés
2. ne se serait pas sentie
3. n'aurait changé
4. auraient continué
5. n'aurait pas reconnu
6. auraient pas passé

Application immédiate 11

1. rateront
2. suit
3. fais
4. pourrez

Application immédiate 12

1. se vengeraient
2. étiez
3. ne pourrait pas
4. ne réussiraient pas

Application immédiate 13

1. avais continué
2. ne serait pas morte, auraient vécu
3. te serais mariée
4. n'étions pas allées

Application immédiate 14

1. h
2. e
3. d, c
4. b
5. a
6. c, d
7. g
8. a

Chapitre 7: *Entre les murs*

Application Immédiate Answer Key

Application immédiate 1

1. que je conjugue, que tu conjugues, qu'il/elle/on conjugue, que nous conjuguions, que vous conjuguiez, qu'ils/elles conjuguent
2. que je me fâche, que tu te fâches, qu'il/elle/on se fâche, que nous nous fâchions, que vous vous fâchiez, qu'ils/elles se fâchent
3. que je renvoie, que tu renvoies, qu'il/elle/on renvoie, que nous renvoyions, que vous renvoyiez, qu'ils/elles renvoient
4. que je réussisse, que tu réussisses, qu'il/elle/on réussisse, que nous réussissions, que vous réussissiez, qu'ils/elles réussissent

5. que j'interrompe, que tu interrompes, qu'il/elle/on interrompe, que nous interrompions, que vous interrompiez, qu'ils/elles interrompent

6. que j'interdise, que tu interdises, qu'il/elle/on interdise, que nous interdisions, que vous interdisiez, qu'ils/elles interdisent

Application immédiate 2

1. interrompe
2. ait
3. soient
4. ne veuille pas
5. réussissent; aillent
6. ne renvoie pas

Application immédiate 3

1. que j'aie tutoyé, que tu aies tutoyé, qu'il/elle/on ait tutoyé, que nous ayons tutoyé, que vous ayez tutoyé, qu'ils/elles aient tutoyé

2. que je sois parti(e), que tu sois partie(e), qu'il/elle/on soit parti(e), que nous soyons parti(e)s, que vous soyez parti(e)(s), qu'ils/elles soient parti(e)s

3. que je me sois disputé(e), que tu te sois, qu'il/elle/on se soit disputé(e), que nous nous soyons disputé(e)s, que vous vous soyez disputé(e)(s), qu'ils/elles se soient disputé(e)s

4. que j'aie fait exprès, que tu aies fait exprès, qu'il/elle/on ait fait exprès, que nous ayons fait exprès, que vous ayez fait exprès, qu'ils/elles aient fait exprès

Application immédiate 4

1. ait augmenté
2. soit allées
3. se soit énervé, ait blessé
4. ait lu

Application immédiate 5

1. C'est dommage que le comportement de Souleymane ne se soit pas amélioré.
2. Il vaudrait mieux qu'il obéisse au règlement.
3. Il est temps que le conseil de classe prenne une décision dans le cas de Souleymane.
4. Les parents de Wei regrettent que leur fils perde du temps à jouer sur son ordinateur.
5. M. Marin est fâché que les déléguées aient répété ses commentaires à Souleymane.
6. Le principal souhaite que les élèves fassent un bon accueil à Carl, le nouvel élève.

Application immédiate 6

1. a. deviendra; b. devienne
2. a. est; b. soit
3. a. ait été; b. a été
4. a. iront; b. aillent

Application immédiate 7

1. avant qu'il (ne) sorte de la salle de classe.
2. pour que (afin que) la classe apprenne
3. à condition que (pourvu que) les élèves fassent
4. bien que ce soit interdit
5. après qu'il a changé de collège
6. à moins qu'ils (ne) puissent

Application immédiate 8

1. vient
2. vienne
3. soutient
4. soutienne

Application immédiate 9

1. être allé
2. avoir eu
3. avoir été
4. avoir fait
5. avoir réussi
6. s'être énervé

Application immédiate 10

1. Je veux que tu ailles à Paris.
2. Nous regrettons d'être en retard.
3. Nous sommes contents que vous vous réunissiez aujourd'hui.
4. Ils doutent que j'aie réussi mes examens.

Application immédiate 11

1. de prendre sa retraite
2. que Souleymane ait été insolent avec lui
3. que Khoumba et Esmeralda connaissent les Galeries Lafayette
4. de ne rien avoir appris (de n'avoir rien appris)
5. que Souleymane doive aller au Mali
6. de partir en vacances

Application immédiate 12

1. jusqu'à ce qu'
2. pour
3. de peur que
4. avant d'

Application immédiate 13

1. sans que M. Marin le sache
    sans savoir comment M. Marin réagirait
2. avant de partir en vacances
    avant qu'ils (ne) partent en vacances
3. après avoir appris sa sanction
    après que le principal lui a appris sa sanction
4. pour soutenir la famille de Wei.
    pour que les professeurs soutiennent la famille de Wei.

APPENDIX A

ADDITIONAL GRAMMAR AND VOCABULARY TOPICS

C'est vs. Il/Elle est; Ce sont vs. Ils/Elles sont

1. Use **c'est** or **ce sont** with a noun alone or with a noun modified by an adjective.

   C'est ma voisine. **C'est** une femme sympathique.

   *She **is** my neighbor. She **is** a nice woman.*

2. Use **il/elle est** or **ils/elles sont** with an adjective.

   Elle est amusante.

   She is funny.

3. An exception to this rule is with professions. Either **c'est (ce sont)** or **il/elle est (ils/elles sont)** can be used; notice the difference in how these two structures are used:

   - With **c'est,** the noun is followed by an article. The noun can be modified by an adjective:

     C'est un peintre (connu).

     He is a (well-known) painter.

   - With **il/elle est,** the noun has no article and cannot be modified by an adjective.

     Il est peintre.

     He is a painter.

4. **C'est** can also be used with an adjective when it refers to an indefinite antecent, which describes a general situation.

   C'est calme.

   It is quiet.

L'expression du souvenir

Nouns

1. **Un souvenir** is *a memory* or *a souvenir.*

   J'ai peu de souvenirs de mon enfance.

   I have few childhood memories.

   J'ai acheté des souvenirs à Athènes.

   I bought souvenirs in Athens.

2. **La mémoire** is *memory* (the ability to remember).

   J'ai une bonne/mauvaise mémoire.

   I have a good/bad memory.

3. **Les mémoires** (f. pl.) refers to written *memoirs.*

   Il écrit ses mémoires.

   He is writing his memoirs.

Verbs

1. **Se rappeler** and **se souvenir** both mean *to remember*, but they are used differently.

   - **se rappeler** + nom/**se souvenir de** + nom: *to remember something*

     Je me rappelle le discours de ce candidat./Je me souviens du discours de ce candidat.

     I remember this candidate's talk.

   - **se rappeler de** + infinitif/**se souvenir de** + infinitif: *to remember to do something*

     Rappelle-toi d'acheter le journal./Souviens-toi d'acheter le journal.

     Remember to buy the newspaper.

   - **se rappeler** + infinitif passé/**se souvenir de** + infinitif passé: *to remember having done something*

     Tu te rappelles avoir visité ce monument?/Tu te souviens d'avoir visité ce monument?

     Do you remember having visited/visiting this monument?

   - **se rappeler que/se souvenir que** + proposition: *to remember that + clause*

     Vous vous rappelez/Vous vous souvenez que nous sortons ce soir?

     Do you remember that we are going out tonight?

2. **Rappeler** means *to remind.*

   - **rappeler quelque chose à quelqu'un:** *to remind someone of something*

     Cette chanson leur rappelle leurs vacances d'été.

     This song reminds them of their summer vacation.

   - **rappeler quelqu'un à quelqu'un:** *to remind someone of someone*

     Cette femme lui rappelle sa mère.

     This woman reminds him/her of his/her mother.

Note that the usage of direct and indirect objects is reversed with **rappeler** from what is done in English. The person who is being reminded is an indirect object in French (**leur, lui** in the above examples) and a direct object in English (**them, him/her**). The thing or person they are reminded about is a direct object in French (**leurs vacances d'été, sa mère**); in English it is preceded by *of.*

- **rappeler à quelqu'un de faire quelque chose:** *to remind someone to do something*

  Rappelle-moi de passer à la banque.

  Remind me to go to the bank.

Faire de, jouer à, jouer de: les sports et les activités

1. **Faire de** is used with sports and activities.

   Je fais de la marche, de l'aérobic, du basket et du bateau.

   I walk for exercise, I do aerobics, I play basketball, and I go boating.

   Je fais de la peinture et du dessin.

   I paint and I draw.

2. **Jouer à** is used with sports that are "played" and with games.

   Nous jouons au basket et au foot.

   We play basketball and soccer.

   Nous jouons au Monopoly, à la bataille navale, aux cartes.

   We play Monopoly, Battleship, cards.

3. **Jouer de** is used for musical instruments.

   Je joue de la guitare, du piano, des cymbales.

   I play the guitar, the piano, the cymbals.

   A good way to remember that **jouer de** is for music: If you fill in the **d** of **de**, it looks like a musical note.

Faire causatif

1. **Faire + infinitif** means *to have/make someone do something.*

   J'essaie de faire parler tous mes étudiants.

   I try to make all my students talk.

2. **Faire + infinitif** also means *to have something done (by someone).*

   Je fais peindre ma maison.

   I'm having my house painted.

   You can specify who performs the task by adding **par** + a noun.

   Je fais peindre ma maison par un voisin.

   I'm having my house painted by a neighbor.

3. With **faire causatif**, direct and indirect object pronouns go before **faire**.

Je fais peindre ma maison. Je **la** fais peindre en bleu.

I'm having my house painted. I'm having it painted blue.

Je fais peindre ma maison par un voisin. Je **lui** fais peindre ma maison ce week-end. [**par** + a noun is an indirect object]

I'm having my house painted by a neighbor. I'm having him paint my house this weekend.

Manquer et plaire

These two verbs have a similar structure with an indirect object.

1. **Manquer à quelqu'un** means *to be missed by someone.*

Son pays lui manque.

His/Her country is missed by him/her. → *He/She misses his/her country.*

Tu me manques.

You are missed by me. → *I miss you.*

2. **Plaire à quelqu'un** means *to please someone* (in the sense of *to be pleasing to someone*).

Ce livre plaît aux enfants.

This book pleases children/is pleasing to children. → *Children like this book.*

Ce livre me plaît.

This book pleases me/is pleasing to me. → *I like this book.*

Tu lui plais.

You please him/her./You are pleasing to him/her. → *He/She likes you.*

The past participle of **plaire** is **plu**.

Est-ce que le film t'a plu?

Did the film please you?/Was the film pleasing to you? → *Did you like the film?*

Le participe présent

1. The present participle of a verb (the *–ing* form) is formed by dropping the **–ons** ending from the **nous** form of the present tense and adding **–ant**.

parler → nous parl~~ons~~ → parl**ant** (*speaking*)

2. **Avoir, être,** and **savoir** have irregular present participles: **ayant, étant,** and **sachant**.

3. The present participle is used after the preposition **en** to speak about simultaneous actions and to describe how an action takes/took/will take place. The English translation is *while + …ing* and *by + …ing*.

Beaucoup de gens mangent en regardant la télé.

Many people eat while watching TV.

J'améliore mon français en écoutant des émissions françaises à la radio.

I improve my French by listening to French radio programs.

Le passé simple

1. The **passé simple** is used in place of the **passé composé** in literary and historical texts. It marks a strong disconnection with the present. With a few exceptions, verbs in the **passé simple** do not look significantly different from the forms of the verbs you already know. The English translations are the same as for the **passé composé**.

Passé composé	Passé simple
il a mangé	il mangea
elle s'est levée	elle se leva
elles sont allées	elles allèrent

2. Regular verbs in the **passé simple**

The **passé simple** of regular verbs is formed from the stem of the infinitive plus the endings shown below.

-er verbs: parler	
je parl**ai**	nous parl**âmes**
tu parl**as**	vous parl**âtes**
il/elle/on parl**a**	ils/elles parl**èrent**

-ir verbs: finir	
je fin**is**	nous fin**îmes**
tu fin**is**	vous fin**îtes**
il/elle/on fin**it**	ils/elles fin**irent**

-re verbs: répondre	
je répond**is**	nous répond**îmes**
tu répond**is**	vous répond**îtes**
il/elle/on répond**it**	ils/elles répond**irent**

3. Irregular verbs in the **passé simple**

- Most irregular verbs use the past participle as their root in the **passé simple**.

Verbe	Participe passé			Passé simple		
boire	bu	je/tu bus	il/elle/on but	nous bûmes	vous bûtes	ils/elles burent
avoir	eu	j'/tu eus	il/elle/on eut	nous eûmes	vous eûtes	ils/elles eurent
devoir	dû	je/tu dus	il/elle/on dut	nous dûmes	vous dûtes	ils/elles durent

- The following common verbs are completely irregular in the **passé simple**.

Verbe	Passé simple				
être	je/tu fus	il/elle/on fut	nous fûmes	vous fûtes	ils/elles furent
faire	je/tu fis	il/elle/on fit	nous fîmes	vous fîtes	ils/elles firent
mourir	je/tu mourus	il/elle/on mourut	nous mourûmes	vous mourûtes	ils/elles moururent
naître	je/tu naquis	il/elle/on naquit	nous naquîmes	vous naquîtes	ils/elles naquirent
venir	je/tu vins	il/elle/on vint	nous vînmes	vous vîntes	ils/elles vinrent
voir	je/tu vis	il/elle/on vit	nous vîmes	vous vîtes	ils/elles virent

> Remember that the prepositions **à** and **de** have contracted forms with the articles **le** and **les**: **au, aux,** and **du, des**. Refer to **Les prépositions avec les villes et les pays** on page 234 for an explanation of which preposition to use with cities and countries.

Les prépositions

Prepositions are words that are placed in front of nouns or pronouns in order to indicate a relationship between that noun and another element of the sentence.

Je travaille **pour** une compagnie américaine.

I work for an American company.

L'étudiant **devant** moi est originaire **du** Sénégal.

The student in front of me is from Senegal.

Here is a list of commonly used prepositions in French.

à *at, in, to*	**d'après** *according to*	**pendant** *for, during*
à cause de *because of*	**de** *of, from, about*	**pour** *for*
à côté de *next to*	**depuis** *from, since*	**près de** *near*
après *after*	**derrière** *behind*	**selon** *according to*
avant *before*	**devant** *in front of*	**sans** *without*
avec *with*	**en** *in*	**sauf** *except for*
chez *at*	**entre** *between*	**sous** *under, beneath*
contre *against, in exchange for*	**grâce à** *thanks to*	**sur** *over, above, about*
	loin de *far from*	**vers** *to, toward*
dans *in(to), inside, within*	**par** *per, through, by*	
	parmi *among, between*	

Partir et quitter

Partir and **quitter** both translate as *to leave*, but they are used differently.

1. **Partir** can be used by itself.

    Je pars. Au revoir!

    I'm leaving. Goodbye!

2. **Partir** is also used with a preposition.

    - **partir à/au/en/pour**: *to leave for (a place)*

        Ils vont partir en Italie demain.

        They are leaving for Italy tomorrow.

    - **partir de**: *to leave from (a place)*

        Notre croisière est partie de Marseille.

        Our cruise left from Marseille.

3. **Quitter** is always used with a direct object.

- **quitter + nom**: *to leave a place*

    Il veut quitter son pays pour vivre au Canada.

    He wants to leave his country to live in Canada.

- **quitter + nom**: *to leave a person/people* (temporarily or permanently)

    J'ai eu du mal à quitter ma famille quand je suis allé à l'université.

    It was hard to leave my family when I went to college.

    Elle a quitté son mari.

    She left her husband.

- **se quitter**: *to leave each other, to separate*

    Ils se sont quittés l'année dernière.

    They left each other/they separated last year.

Savoir and connaître

Savoir and **connaître** both translate as *to know*, but they are used differently.

1. **Savoir** is used before an infinitive.

    Elle sait parler espagnol.

    She knows how to speak Spanish/She can speak Spanish.

2. **Savoir** is used before a clause introduced by **que**, **si**, or an adverb such as **combien**, **comment**, **où**, **pourquoi**, or **quand**.

    Est-ce que vous saviez qu'elle était partie?

    Did you know she had left?

    Savez-vous si elle va revenir bientôt?

    Do you know if she will come back soon?

    Je ne sais pas où elle est allée.

    I don't know where she went.

3. **Savoir** can be used by itself.

    Je sais.

    I know.

4. **Savoir** is rarely followed by a direct object. When it is, it is used for factual knowledge—answers that can be either right or wrong.

    Tu sais son adresse?

    Do you know his/her address?

5. **Connaître** always has a direct object. It is used with nouns and pronouns that refer to people, places, and subject matters.

    Connaissez-vous ma mère?

    Do you know my mother?

    Oui, je la connais bien.

    Yes, I know her well.

    Ils connaissent très bien Paris et son histoire.

    They know Paris and its history very well.

Sentir, ressentir, se sentir

Sentir, ressentir, se sentir all translate as *to feel*, but they are used differently. **Sentir** also translates as *to smell*.

1. **Sentir** means *to feel* and *to smell*
   - **sentir + nom**: *to feel + noun (something concrete)*

     Je sens quelque chose dans ma chaussure.

     I feel something in my shoe.
   - **sentir que + proposition**: *to feel that + clause*

     Je sens que je vais être malade.

     I feel that I am getting sick.
   - **sentir + adjectif**: *to smell + adjective*

     Ces fleurs sentent bon.

     These flowers smell good.
   - **sentir + nom**: *to smell something, to smell like something*

     J'aime sentir le chèvrefeuille.

     I like to smell honeysuckle.

     Ça sent le poisson.

     It smells like fish.

2. **se sentir + adjectif** ou **adverbe**: *to feel + adjective or adverb*

   Elle se sent fatiguée.

   She feels tired.

   Je me sens bien.

   I feel good.

3. **ressentir + nom**: *to feel (an emotion, pain, etc.)*

   Nous ressentons une grande tristesse.

   We feel great sadness.

   Il ressent de la jalousie/du dégoût.

   He feels jealousy/disgust.

La voix passive

1. Active vs. passive voice
   - A sentence is in the active voice when the grammatical subject performs the action described by the verb.

Le chat	mange	la souris.
The cat	*is eating*	*the mouse.*

     In this sentence, the grammatical subject (**le chat**) performs the action of eating.

- A sentence is in the passive voice when the grammatical subject does not perform the action described by the verb, but is the recipient of the action. The action is performed by the agent.

La souris	est mangée	par le chat.
The mouse	*is eaten*	*by the cat*
(subject)		(agent)

In this sentence the subject of the passive verb (**la souris**) is the recipient of the action of eating. The agent (**le chat**) performs the action.

2. Formation of the passive voice

- As in English, a verb in the passive voice is formed with **être** + the past participle of the verb. **Être** can be conjugated in any tense.

Tense or mode	Sample sentence	English translation
Présent	L'armée **est** vaincue.	*The army is defeated.*
Imparfait	L'armée **était** vaincue.	*The army was (being) defeated.*
Passé composé	L'armée **a été** vaincue.	*The army was defeated.*
Plus-que-parfait	L'armée **avait été** vaincue.	*The army had been defeated.*
Futur	L'armée **sera** vaincue.	*The army will be defeated.*
Conditionnel présent	L'armée **serait** vaincue.	*The army would be defeated.*
Subjonctif présent	L'officier regrette que l'armée **soit** vaincue.	*The officer is sorry that the army is defeated.*
Infinitif	L'armée ne veut pas **être** vaincue.	*The army does not want to be defeated.*
Impératif	Le général à ses soldats:	*The general to his soldiers:*
	Ne **soyez** pas vaincus!	*Do not be defeated!*

- The past participle of the verb agrees with the subject in number and gender. The past participle of **être** (**été**) does not agree.

L'armée **a été** vaincu**e**. (feminine singular)

Les soldats **ont été** vaincu**s**. (masculine plural)

- The agent (**le complément d'agent**) is introduced by **par**. It does not appear when it is obvious, unknown, or unimportant.

Les rebelles ont été exécutés par l'armée.

The rebels were executed by the army.

Ils ont été agressés sur le parking.

They were attacked in the parking lot.

3. Differences between French and English use of the passive voice

The passive voice is much less common in French than in English. In French, the passive voice can only be used when the verb takes a direct object. In English, the passive voice can also be used when the verb has an indirect object or is followed by a preposition. For example, the sentences below have no equivalent in the passive voice in French and must be rephrased in the active voice. **On** is used when there is no agent.

Suzanne was asked to leave by the shopkeeper.

Le commerçant a demandé à Suzanne de partir.

Paul was laughed at.

On s'est moqué de Paul.

APPENDIX B

VERB CONJUGATIONS

This section includes conjugations for irregular verbs and for verbs that are listed as models in the **Liste de vocabulaire** for each chapter.

Refer to the following pages to review the formation of the tenses and modes studied in *Séquences:*

Présent de l'indicatif: pages 227–232   Passé composé: pages 250–252

Imparfait: pages 247–250   Plus-que-parfait: pages 261–262

Futur: pages 299–302   Conditionnel passé: pages 304–306

Conditionnel présent: pages 302–304   Subjonctif passé: pages 312–313

Subjonctif présent: pages 310–312   Infinitif passé: pages 252–253

accueillir: *to welcome*

Présent de l'indicatif	*Subjonctif présent*	*Subjonctif passé*
j' accueille	que je accueille	que j'aie accueilli
tu accueilles	que tu accueilles	que tu aies accueilli
il/elle/on accueille	qu'il/elle/on accueille	qu'il/elle/on ait accueilli
nous accueillons	que nous accueillions	que nous ayons accueilli
vous accueillez	que vous accueilliez	que vous ayez accueilli
ils/elles accueillent	qu'ils/elles accueillent	qu'ils/elles aient accueilli

Imparfait	*Passé composé*	*Plus-que-parfait*
j' accueillais	j'ai accueilli	j'avais accueilli
tu accueillais	tu as accueilli	tu avais accueilli
il/elle/on accueillait	il/elle/on a accueilli	il/elle/on avait accueilli
nous accueillions	nous avons accueilli	nous avions accueilli
vous accueilliez	vous avez accueilli	vous aviez accueilli
ils/elles accueillaient	ils/elles ont accueilli	ils/elles avaient accueilli

Futur	*Conditionnel présent*	*Conditionnel passé*
j' accueillerai	j' accueillerais	j'aurais accueilli
tu accueilleras	tu accueillerais	tu aurais accueilli
il/elle/on accueillera	il/elle/on accueillerait	il/elle/on aurait accueilli
nous accueillerons	nous accueillerions	nous aurions accueilli
vous accueillerez	vous accueilleriez	vous auriez accueilli
ils/elles accueilleront	ils/elles accueilleraient	ils/elles auraient accueilli

Participe passé
accueilli

Participe présent
accueillant

Impératif
accueille
accueillons
accueillez

Infinitif passé
avoir accueilli

acheter: *to buy*

Présent de l'indicatif
j'achète
tu achètes
il/elle/on achète
nous achetons
vous achetez
ils/elles achètent

Subjonctif présent
que j'achète
que tu achètes
qu'il/elle/on achète
que nous achetions
que vous achetiez
qu'ils/elles achètent

Subjonctif passé
que j'aie acheté
que tu aies acheté
qu'il/elle/on ait acheté
que nous ayons acheté
que vous ayez acheté
qu'ils/elles aient acheté

Imparfait
j'achetais
tu achetais
il/elle/on achetait
nous achetions
vous achetiez
ils/elles achetaient

Passé composé
j'ai acheté
tu as acheté
il/elle/on a acheté
nous avons acheté
vous avez acheté
ils/elles ont acheté

Plus-que-parfait
j'avais acheté
tu avais acheté
il/elle/on avait acheté
nous avions acheté
vous aviez acheté
ils/elles avaient acheté

Futur
j'achèterai
tu achèteras
il/elle/on achètera
nous achèterons
vous achèterez
ils/elles achèteront

Conditionnel présent
j'achèterais
tu achèterais
il/elle/on achèterait
nous achèterions
vous achèteriez
ils/elles achèteraient

Conditionnel passé
j'aurais acheté
tu aurais acheté
il/elle/on aurait acheté
nous aurions acheté
vous auriez acheté
ils/elles auraient acheté

Participe passé
acheté

Participe présent
achetant

Impératif
achète
achetons
achetez

Infinitif passé
avoir acheté

aller: *to go*

Présent de l'indicatif
je vais
tu vas
il/elle/on va
nous allons
vous allez
ils/elles vont

Subjonctif présent
que j'aille
que tu ailles
qu'il/elle/on aille
que nous allions
que vous alliez
qu'ils/elles aillent

Subjonctif passé
que je sois allé(e)
que tu sois allé(e)
qu'il/elle/on soit allé(e)
que nous soyons allé(e)s
que vous soyez allé(e)(s)
qu'ils/elles soient allé(e)s

Imparfait
j'allais
tu allais
il/elle/on allait
nous allions
vous alliez
ils/elles allaient

Passé composé
je suis allé(e)
tu es allé(e)
il/elle/on est allé(e)
nous sommes allé(e)s
vous êtes allé(e)(s)
ils/elles sont allé(e)s

Plus-que-parfait
j'étais allé(e)
tu étais allé(e)
il/elle/on était allé(e)
nous étions allé(e)s
vous étiez allé(e)(s)
ils/elles étaient allé(e)s

Futur	*Conditionnel présent*	*Conditionnel passé*
j'irai	j'irais	je serais allé(e)
tu iras	tu irais	tu serais allé(e)
il/elle/on ira	il/elle/on irait	il/elle/on serait allé(e)
nous irons	nous irions	nous serions allé(e)s
vous irez	vous iriez	vous seriez allé(e)(s)
ils/elles iront	ils/elles iraient	ils/elles seraient allé(e)s

Participe passé	*Participe présent*	*Impératif*
allé(e)(s)	allant	va
		allons
		allez

Infinitif passé
être allé(e)(s)

appeler: *to call*

Présent de l'indicatif	*Subjonctif présent*	*Subjonctif passé*
j'appelle	que j'appelle	que j'aie appelé
tu appelles	que tu appelles	que tu aies appelé
il/elle/on appelle	qu'il/elle/on appelle	qu'il/elle/on ait appelé
nous appelons	que nous appelions	que nous ayons appelé
vous appelez	que vous appeliez	que vous ayez appelé
ils/elles appellent	qu'ils/elles appellent	qu'ils/elles aient appelé

Imparfait	*Passé composé*	*Plus-que-parfait*
j'appelais	j'ai appelé	j'avais appelé
tu appelais	tu as appelé	tu avais appelé
il/elle/on appelait	il/elle/on a appelé	il/elle/on avait appelé
nous appelions	nous avons appelé	nous avions appelé
vous appeliez	vous avez appelé	vous aviez appelé
ils/elles appelaient	ils/elles ont appelé	ils/elles avaient appelé

Futur	*Conditionnel présent*	*Conditionnel passé*
j'appellerai	j'appellerais	j'aurais appelé
tu appelleras	tu appellerais	tu aurais appelé
il/elle/on appellera	il/elle/on appellerait	il/elle/on aurait appelé
nous appellerons	nous appellerions	nous aurions appelé
vous appellerez	vous appelleriez	vous auriez appelé
ils/elles appelleront	ils/elles appelleraient	ils/elles auraient appelé

Participe passé	*Participe présent*	*Impératif*
appelé	appelant	appelle
		appelons
		appelez

Infinitif passé
avoir appelé

avoir: *to have*

Présent de l'indicatif	*Subjonctif présent*	*Subjonctif passé*
j'ai	que j'aie	que j'aie eu
tu as	que tu aies	que tu aies eu
il/elle/on a	qu'il/elle/on ait	qu'il/elle/on ait eu
nous avons	que nous ayons	que nous ayons eu
vous avez	que vous ayez	que vous ayez eu
ils/elles ont	qu'ils/elles aient	qu'ils/elles aient eu

Imparfait
j'avais
tu avais
il/elle/on avait
nous avions
vous aviez
ils/elles avaient

Passé composé
j'ai eu
tu as eu
il/elle/on a eu
nous avons eu
vous avez eu
ils/elles ont eu

Plus-que-parfait
j'avais eu
tu avais eu
il/elle/on avait eu
nous avions eu
vous aviez eu
ils/elles avaient eu

Futur
j'aurai
tu auras
il/elle/on aura
nous aurons
vous aurez
ils/elles auront

Conditionnel présent
j'aurais
tu aurais
il/elle/on aurait
nous aurions
vous auriez
ils/elles auraient

Conditionnel passé
j'aurais eu
tu aurais eu
il/elle/on aurait eu
nous aurions eu
vous auriez eu
ils/elles auraient eu

Participe passé
eu

Participe présent
ayant

Impératif
aie
ayons
ayez

Infinitif passé
avoir eu

battre: *to beat*

Présent de l'indicatif
je bats
tu bats
il/elle/on bat
nous battons
vous battez
ils/elles battent

Subjonctif présent
que je batte
que tu battes
qu'il/elle/on batte
que nous battions
que vous battiez
qu'ils/elles battent

Subjonctif passé
que j'aie battu
que tu aies battu
qu'il/elle/on ait battu
que nous ayons battu
que vous ayez battu
qu'ils/elles aient battu

Imparfait
je battais
tu battais
il/elle/on battait
nous battions
vous battiez
ils/elles battaient

Passé composé
j'ai battu
tu as battu
il/elle/on a battu
nous avons battu
vous avez battu
ils/elles ont battu

Plus-que-parfait
j'avais battu
tu avais battu
il/elle/on avait battu
nous avions battu
vous aviez battu
ils/elles avaient battu

Futur
je battrai
tu battras
il/elle/on battra
nous battrons
vous battrez
ils/elles battront

Conditionnel présent
je battrais
tu battrais
il/elle/on battrait
nous battrions
vous battriez
ils/elles battraient

Conditionnel passé
j'aurais battu
tu aurais battu
il/elle/on aurait battu
nous aurions battu
vous auriez battu
ils/elles auraient battu

Participe passé
battu

Participe présent
battant

Impératif
bats
battons
battez

Infinitif passé
avoir battu

boire: *to drink*

Présent de l'indicatif
je bois
tu bois
il/elle/on boit
nous buvons
vous buvez
ils/elles boivent

Subjonctif présent
que je boive
que tu boives
qu'il/elle/on boive
que nous buvions
que vous buviez
qu'ils/elles boivent

Subjonctif passé
que j'aie bu
que tu aies bu
qu'il/elle/on ait bu
que nous ayons bu
que vous ayez bu
qu'ils/elles aient bu

Imparfait
je buvais
tu buvais
il/elle/on buvait
nous buvions
vous buviez
ils/elles buvaient

Passé composé
j'ai bu
tu as bu
il/elle/on a bu
nous avons bu
vous avez bu
ils/elles ont bu

Plus-que-parfait
j'avais bu
tu avais bu
il/elle/on avait bu
nous avions bu
vous aviez bu
ils/elles avaient bu

Futur
je boirai
tu boiras
il/elle/on boira
nous boirons
vous boirez
ils/elles boiront

Conditionnel présent
je boirais
tu boirais
il/elle/on boirait
nous boirions
vous boiriez
ils/elles boiraient

Conditionnel passé
j'aurais bu
tu aurais bu
il/elle/on aurait bu
nous aurions bu
vous auriez bu
ils/elles auraient bu

Participe passé
bu

Participe présent
buvant

Impératif
bois
buvons
buvez

Infinitif passé
avoir bu

commencer: *to begin*

Présent de l'indicatif
je commence
tu commences
il/elle/on commence
nous commençons
vous commencez
ils/elles commencent

Subjonctif présent
que je commence
que tu commences
qu'il/elle/on commence
que nous commencions
que vous commenciez
qu'ils/elles commencent

Subjonctif passé
que j'aie commencé
que tu aies commencé
qu'il/elle/on ait commencé
que nous ayons commencé
que vous ayez commencé
qu'ils/elles aient commencé

Imparfait
je commençais
tu commençais
il/elle/on commençait
nous commencions
vous commenciez
ils/elles commençaient

Passé composé
j'ai commencé
tu as commencé
il/elle/on a commencé
nous avons commencé
vous avez commencé
ils/elles ont commencé

Plus-que-parfait
j'avais bu
tu avais bu
il/elle/on avait bu
nous avions bu
vous aviez bu
ils/elles avaient bu

Futur
je commencerai
tu commenceras
il/elle/on commencera
nous commencerons
vous commencerez
ils/elles commenceront

Conditionnel présent
je commencerais
tu commencerais
il/elle/on commencerait
nous commencerions
vous commenceriez
ils/elles commenceraient

Conditionnel passé
j'aurais commencé
tu aurais commencé
il/elle/on aurait commencé
nous aurions commencé
vous auriez commencé
ils/elles auraient commencé

Participe passé
commencé

Participe présent
commençant

Impératif
commence
commençons
commencez

Infinitif passé
avoir commencé

conduire: *to drive*

Présent de l'indicatif
je conduis
tu conduis
il/elle/on conduit
nous conduisons
vous conduisez
ils/elles conduisent

Subjonctif présent
que je conduise
que tu conduises
qu'il/elle/on conduise
que nous conduisions
que vous conduisiez
qu'ils/elles conduisent

Subjonctif passé
que j'aie conduit
que tu aies conduit
qu'il/elle/on ait conduit
que nous ayons conduit
que vous ayez conduit
qu'ils/elles aient conduit

Imparfait
je conduisais
tu conduisais
il/elle/on conduisait
nous conduisions
vous conduisiez
ils/elles conduisaient

Passé composé
j'ai conduit
tu as conduit
il/elle/on a conduit
nous avons conduit
vous avez conduit
ils/elles ont conduit

Plus-que-parfait
j'avais conduit
tu avais conduit
il/elle/on avait conduit
nous avions conduit
vous aviez conduit
ils/elles avaient conduit

Futur
je conduirai
tu conduiras
il/elle/on conduira
nous conduirons
vous conduirez
ils/elles conduiront

Conditionnel présent
je conduirais
tu conduirais
il/elle/on conduirait
nous conduirions
vous conduiriez
ils/elles conduiraient

Conditionnel passé
j'aurais conduit
tu aurais conduit
il/elle/on aurait conduit
nous aurions conduit
vous auriez conduit
ils/elles auraient conduit

Participe passé
conduit

Participe présent
conduisant

Impératif
conduis
conduisons
conduisez

Infinitif passé
avoir conduit

connaître: *to know*

Présent de l'indicatif
je connais
tu connais
il/elle/on connaît
nous connaissons
vous connaissez
ils/elles connaissent

Subjonctif présent
que je connaisse
que tu connaisses
qu'il/elle/on connaisse
que nous connaissions
que vous connaissiez
qu'ils/elles connaissent

Subjonctif passé
que j'aie connu
que tu aies connu
qu'il/elle/on ait connu
que nous ayons connu
que vous ayez connu
qu'ils/elles aient connu

Imparfait
je connaissais
tu connaissais
il/elle/on connaissait
nous connaissions
vous connaissiez
ils/elles connaissaient

Passé composé
j'ai connu
tu as connu
il/elle/on a connu
nous avons connu
vous avez connu
ils/elles ont connu

Plus-que-parfait
j'avais connu
tu avais connu
il/elle/on avait connu
nous avions connu
vous aviez connu
ils/elles avaient connu

Futur
je connaîtrai
tu connaîtras
il/elle/on connaîtra
nous connaîtrons
vous connaîtrez
ils/elles connaîtront

Conditionnel présent
je connaîtrais
tu connaîtrais
il/elle/on connaîtrait
nous connaîtrions
vous connaîtriez
ils/elles connaîtraient

Conditionnel passé
j'aurais connu
tu aurais connu
il/elle/on aurait connu
nous aurions connu
vous auriez connu
ils/elles auraient connu

Participe passé
connu

Participe présent
connaissant

Impératif
connais
connaissons
connaissez

Infinitif passé
avoir connu

courir: *to run*

Présent de l'indicatif
je cours
tu cours
il/elle/on court
nous courons
vous courez
ils/elles courent

Subjonctif présent
que je coure
que tu coures
qu'il/elle/on coure
que nous courions
que vous couriez
qu'ils/elles courent

Subjonctif passé
que j'aie couru
que tu aies couru
qu'il/elle/on ait couru
que nous ayons couru
que vous ayez couru
qu'ils/elles aient couru

Imparfait
je courais
tu courais
il/elle/on courait
nous courions
vous couriez
ils/elles couraient

Passé composé
j'ai couru
tu as couru
il/elle/on a couru
nous avons couru
vous avez couru
ils/elles ont couru

Plus-que-parfait
j'avais couru
tu avais couru
il/elle/on avait couru
nous avions couru
vous aviez couru
ils/elles avaient couru

Futur
je courrai
tu courras
il/elle/on courra
nous courrons
vous courrez
ils/elles courront

Conditionnel présent
je courrais
tu courrais
il/elle/on courrait
nous courrions
vous courriez
ils/elles courraient

Conditionnel passé
j'aurais couru
tu aurais couru
il/elle/on aurait couru
nous aurions couru
vous auriez couru
ils/elles auraient couru

Participe passé
couru

Participe présent
courant

Impératif
cours
courons
courez

Infinitif passé
avoir couru

croire : *to believe*

Présent de l'indicatif
je crois
tu crois
il/elle/on croit
nous croyons
vous croyez
ils/elles croient

Subjonctif présent
que je croie
que tu croies
qu'il/elle/on croie
que nous croyions
que vous croyiez
qu'ils/elles croient

Subjonctif passé
que j'aie cru
que tu aies cru
qu'il/elle/on ait cru
que nous ayons cru
que vous ayez cru
qu'ils/elles aient cru

Imparfait
je croyais
tu croyais
il/elle/on croyait
nous croyions
vous croyiez
ils/elles croyaient

Passé composé
j'ai cru
tu as cru
il/elle/on a cru
nous avons cru
vous avez cru
ils/elles ont cru

Plus-que-parfait
j'avais cru
tu avais cru
il/elle/on avait cru
nous avions cru
vous aviez cru
ils/elles avaient cru

Futur
je croirai
tu croiras
il/elle/on croira
nous croirons
vous croirez
ils/elles croiront

Conditionnel présent
je courrais
tu courrais
il/elle/on courrait
nous courrions
vous courriez
ils/elles courraient

Conditionnel passé
j'aurais couru
tu aurais couru
il/elle/on aurait couru
nous aurions couru
vous auriez couru
ils/elles auraient couru

Participe passé
cru

Participe présent
croyant

Impératif
crois
croyons
croyez

Infinitif passé
avoir cru

devoir: *to have to*

Présent de l'indicatif
je dois
tu dois
il/elle/on doit
nous devons
vous devez
ils/elles doivent

Subjonctif présent
que je doive
que tu doives
qu'il/elle/on doive
que nous devions
que vous deviez
qu'ils/elles doivent

Subjonctif passé
que j'aie dû
que tu aies dû
qu'il/elle/on ait dû
que nous ayons dû
que vous ayez dû
qu'ils/elles aient dû

Imparfait
je devais
tu devais
il/elle/on devait
nous devions
vous deviez
ils/elles devaient

Passé composé
j'ai dû
tu as dû
il/elle/on a dû
nous avons dû
vous avez dû
ils/elles ont dû

Plus-que-parfait
j'avais dû
tu avais dû
il/elle/on avait dû
nous avions dû
vous aviez dû
ils/elles avaient dû

Futur
je devrai
tu devras
il/elle/on devra
nous devrons
vous devrez
ils/elles devront

Conditionnel présent
je devrais
tu devrais
il/elle/on devrait
nous devrions
vous devriez
ils/elles devraient

Conditionnel passé
j'aurais dû
tu aurais dû
il/elle/on aurait dû
nous aurions dû
vous auriez dû
ils/elles auraient dû

Participe passé
dû, due, du(e)s

Participe présent
devant

Impératif
(pas utilisé)

Infinitif passé
avoir dû

dire: *to say*

Présent de l'indicatif
je dis
tu dis
il/elle/on dit
nous disons
vous dites
ils/elles disent

Subjonctif présent
que je dise
que tu dises
qu'il/elle/on dise
que nous disions
que vous disiez
qu'ils/elles disent

Subjonctif passé
que j'aie dit
que tu aies dit
qu'il/elle/on ait dit
que nous ayons dit
que vous ayez dit
qu'ils/elles aient dit

Imparfait
je disais
tu disais
il/elle/on disait
nous disions
vous disiez
ils/elles disaient

Passé composé
j'ai dit
tu as dit
il/elle/on a dit
nous avons dit
vous avez dit
ils/elles ont dit

Plus-que-parfait
j'avais dit
tu avais dit
il/elle/on avait dit
nous avions dit
vous aviez dit
ils/elles avaient dit

Futur	*Conditionnel présent*	*Conditionnel passé*
je dirai	je dirais	j'aurais dit
tu diras	tu dirais	tu aurais dit
il/elle/on dira	il/elle/on dirait	il/elle/on aurait dit
nous dirons	nous dirions	nous aurions dit
vous direz	vous diriez	vous auriez dit
ils/elles diront	ils/elles diraient	ils/elles auraient dit

Participe passé	*Participe présent*	*Impératif*
dit	disant	dis
		disons
		dites

Infinitif passé
avoir dit

écrire: *to write*

Présent de l'indicatif	*Subjonctif présent*	*Subjonctif passé*
j'écris	que j'écrive	que j'aie écrit
tu écris	que tu écrives	que tu aies écrit
il/elle/on écrit	qu'il/elle/on écrive	qu'il/elle/on ait écrit
nous écrivons	que nous écrivions	que nous ayons écrit
vous écrivez	que vous écriviez	que vous ayez écrit
ils/elles écrivent	qu'ils/elles écrivent	qu'ils/elles aient écrit

Imparfait	*Passé composé*	*Plus-que-parfait*
j'écrivais	j'ai écrit	j'avais écrit
tu écrivais	tu as écrit	tu avais écrit
il/elle/on écrivait	il/elle/on a écrit	il/elle/on avait écrit
nous écrivions	nous avons écrit	nous avions écrit
vous écriviez	vous avez écrit	vous aviez écrit
ils/elles écrivaient	ils/elles ont écrit	ils/elles avaient écrit

Futur	*Conditionnel présent*	*Conditionnel passé*
j'écrirai	j'écrirais	j'aurais écrit
tu écriras	tu écrirais	tu aurais écrit
il/elle/on écrira	il/elle/on écrirait	il/elle/on aurait écrit
nous écrirons	nous écririons	nous aurions écrit
vous écrirez	vous écririez	vous auriez écrit
ils/elles écriront	ils/elles écriraient	ils/elles auraient écrit

Participe passé	*Participe présent*	*Impératif*
écrit	écrivant	écris
		écrivons
		écrivez

Infinitif passé
avoir écrit

ennuyer: *to annoy, to bore* [s'ennuyer: *to be bored; the auxiliary is* être]

Présent de l'indicatif	*Subjonctif présent*	*Subjonctif passé*
j'ennuie	que j'ennuie	que j'aie ennuyé
tu ennuies	que tu ennuies	que tu aies ennuyé
il/elle/on ennuie	qu'il/elle/on ennuie	qu'il/elle/on ait ennuyé
nous ennuyons	que nous ennuyions	que nous ayons ennuyé
vous ennuyez	que vous ennuyiez	que vous ayez ennuyé
ils/elles ennuient	qu'ils/elles ennuient	qu'ils/elles aient ennuyé

Imparfait	*Passé composé*	*Plus-que-parfait*
j'ennuyais	j'ai ennuyé	j'avais ennuyé
tu ennuyais	tu as ennuyé	tu avais ennuyé
il/elle/on ennuyait	il/elle/on a ennuyé	il/elle/on avait ennuyé
nous ennuyions	nous avons ennuyé	nous avions ennuyé
vous ennuyiez	vous avez ennuyé	vous aviez ennuyé
ils/elles ennuyaient	ils/elles ont ennuyé	ils/elles avaient ennuyé

Futur	*Conditionnel présent*	*Conditionnel passé*
j'ennuierai	j'ennuierais	j'aurais ennuyé
tu ennuieras	tu ennuierais	tu aurais ennuyé
il/elle/on ennuiera	il/elle/on ennuierait	il/elle/on aurait ennuyé
nous ennuierons	nous ennuierions	nous aurions ennuyé
vous ennuierez	vous ennuieriez	vous auriez ennuyé
ils/elles ennuieront	ils/elles ennuieraient	ils/elles auraient ennuyé

Participe passé	*Participe présent*	*Impératif*
ennuyé	ennuyant	ennuie
		ennuyons
		ennuyez

Infinitif passé
avoir ennuyé

envoyer: *to send*

Présent de l'indicatif	*Subjonctif présent*	*Subjonctif passé*
j'envoie	que j'envoie	que j'aie envoyé
tu envoies	que tu envoies	que tu aies envoyé
il/elle/on envoie	qu'il/elle/on envoie	qu'il/elle/on ait envoyé
nous envoyons	que nous envoyions	que nous ayons envoyé
vous envoyez	que vous envoyiez	que vous ayez envoyé
ils/elles envoient	qu'ils/elles envoient	qu'ils/elles aient envoyé

Imparfait	*Passé composé*	*Plus-que-parfait*
j'envoyais	j'ai envoyé	j'avais envoyé
tu envoyais	tu as envoyé	tu avais envoyé
il/elle/on envoyait	il/elle/on a envoyé	il/elle/on avait envoyé
nous envoyions	nous avons envoyé	nous avions envoyé
vous envoyiez	vous avez envoyé	vous aviez envoyé
ils/elles envoyaient	ils/elles ont envoyé	ils/elles avaient envoyé

Futur
j'enverrai
tu enverras
il/elle/on enverra
nous enverrons
vous enverrez
ils/elles enverront

Conditionnel présent
j'enverrais
tu enverrais
il/elle/on enverrait
nous enverrions
vous enverriez
ils/elles enverraient

Conditionnel passé
j'aurais envoyé
tu aurais envoyé
il/elle/on aurait envoyé
nous aurions envoyé
vous auriez envoyé
ils/elles auraient envoyé

Participe passé
envoyé

Participe présent
envoyant

Impératif
envoie
envoyons
envoyez

Infinitif passé
avoir envoyé

essayer: *to try*

Présent de l'indicatif
j'essaie, essaye
tu essaies, essayes
il/elle/on essaie, essaye
nous essayons
vous essayez
ils/elles essaient, essayent

Subjonctif présent
que j'essaie, essaye
que tu essaies, essayes
qu'il/elle/on essaie, essaye
que nous essayions
que vous essayiez
qu'ils/elles essaient, essayent

Subjonctif passé
que j'aie essayé
que tu aies essayé
qu'il/elle/on ait essayé
que nous ayons essayé
que vous ayez essayé
qu'ils/elles aient essayé

Imparfait
j'essayais
tu essayais
il/elle/on essayait
nous essayions
vous essayiez
ils/elles essayaient

Passé composé
j'ai essayé
tu as essayé
il/elle/on a essayé
nous avons essayé
vous avez essayé
ils/elles ont essayé

Plus-que-parfait
j'avais essayé
tu avais essayé
il/elle/on avait essayé
nous avions essayé
vous aviez essayé
ils/elles avaient essayé

Futur
j'essaierai, essayerai
tu essaieras, essayeras
il/elle/on essaiera,
    essayera
nous essaierons, essayerons
vous essaierez, essayerez
ils/elles essaieront,
    essayeront

Conditionnel présent
j'essaierais, essayerais
tu essaierais, essayerais
il/elle/on essaierait,
    essayerait
nous essaierions, essayerions
vous essaieriez, essayeriez
ils/elles essaieraient,
    essayeraient

Conditionnel passé
j'aurais essayé
tu aurais essayé
il/elle/on aurait essayé

nous aurions essayé
vous auriez essayé
ils/elles auraient essayé

Participe passé
essayé

Participe présent
essayant

Impératif
essaie, essaye
essayons
essayez

Infinitif passé
avoir essayé

être: *to be*

Présent de l'indicatif
je suis
tu es
il/elle/on est
nous sommes
vous êtes
ils/elles sont

Subjonctif présent
que je sois
que tu sois
qu'il/elle/on soit
que nous soyons
que vous soyez
qu'ils/elles soient

Subjonctif passé
que j'aie été
que tu aies été
qu'il/elle/on ait été
que nous ayons été
que vous ayez été
qu'ils/elles aient été

Imparfait
j'étais
tu étais
il/elle/on était
nous étions
vous étiez
ils/elles étaient

Passé composé
j'ai été
tu as été
il/elle/on a été
nous avons été
vous avez été
ils/elles ont été

Plus-que-parfait
j'avais été
tu avais été
il/elle/on avait été
nous avions été
vous aviez été
ils/elles avaient été

Futur
je serai
tu seras
il/elle/on sera
nous serons
vous serez
ils/elles seront

Conditionnel présent
je serais
tu serais
il/elle/on serait
nous serions
vous seriez
ils/elles seraient

Conditionnel passé
j'aurais été
tu aurais été
il/elle/on aurait été
nous aurions été
vous auriez été
ils/elles auraient été

Participe passé
été

Participe présent
essayant

Impératif
sois
soyons
soyez

Infinitif passé
avoir été

exclure: *to exclude, to expel*

Présent de l'indicatif
j'exclus
tu exclus
il/elle/on exclut
nous excluons
vous excluez
ils/elles excluent

Subjonctif présent
que j'exclue
que tu exclues
qu'il/elle/on exclue
que nous excluions
que vous excluiez
qu'ils/elles excluent

Subjonctif passé
que j'aie exclu
que tu aies exclu
qu'il/elle/on ait exclu
que nous ayons exclu
que vous ayez exclu
qu'ils/elles aient exclu

Imparfait
j'excluais
tu excluais
il/elle/on excluait
nous excluions
vous excluiez
ils/elles excluaient

Passé composé
j'ai exclu
tu as exclu
il/elle/on a exclu
nous avons exclu
vous avez exclu
ils/elles ont exclu

Plus-que-parfait
j'avais exclu
tu avais exclu
il/elle/on avait exclu
nous avions exclu
vous aviez exclu
ils/elles avaient exclu

Futur
j' exclurai
tu excluras
il/elle/on exclura
nous exclurons
vous exclurez
ils/elles excluront

Conditionnel présent
j'exclurais
tu exclurais
il/elle/on exclurait
nous exclurions
vous excluriez
ils/elles excluraient

Conditionnel passé
j'aurais exclu
tu aurais exclu
il/elle/on aurait exclu
nous aurions exclu
vous auriez exclu
ils/elles auraient exclu

Participe passé
exclu

Participe présent
excluant

Impératif
exclus
excluons
excluez

Infinitif passé
avoir exclu

faire: *to do; to make*

Présent de l'indicatif
je fais
tu fais
il/elle/on fait
nous faisons
vous faites
ils/elles font

Subjonctif présent
que je fasse
que tu fasses
qu'il/elle/on fasse
que nous fassions
que vous fassiez
qu'ils/elles fassent

Subjonctif passé
que j'aie fait
que tu aies fait
qu'il/elle/on ait fait
que nous ayons fait
que vous ayez fait
qu'ils/elles aient fait

Imparfait
je faisais
tu faisais
il/elle/on faisait
nous faisions
vous faisiez
ils/elles faisaient

Passé composé
j'ai fait
tu as fait
il/elle/on a fait
nous avons fait
vous avez fait
ils/elles ont fait

Plus-que-parfait
j'avais fait
tu avais fait
il/elle/on avait fait
nous avions fait
vous aviez fait
ils/elles avaient fait

Futur
je ferai
tu feras
il/elle/on fera
nous ferons
vous ferez
ils/elles feront

Conditionnel présent
je ferais
tu ferais
il/elle/on ferait
nous ferions
vous feriez
ils/elles feraient

Conditionnel passé
j'aurais fait
tu aurais fait
il/elle/on aurait fait
nous aurions fait
vous auriez fait
ils/elles auraient fait

Participe passé
fait

Participe présent
faisant

Impératif
fais
faisons
faites

Infinitif passé
avoir fait

finir: *to finish*

Présent de l'indicatif
je finis
tu finis
il/elle/on finit
nous finissons
vous finissez
ils/elles finissent

Imparfait
je finissais
tu finissais
il/elle/on finissait
nous finissions
vous finissiez
ils/elles finissaient

Futur
je finirai
tu finiras
il/elle/on finira
nous finirons
vous finirez
ils/elles finiront

Participe passé
fini

Infinitif passé
avoir fini

Subjonctif présent
que je finisse
que tu finisses
qu'il/elle/on finisse
que nous finissions
que vous finissiez
qu'ils/elles finissent

Passé composé
j'ai fini
tu as fini
il/elle/on a fini
nous avons fini
vous avez fini
ils/elles ont fini

Conditionnel présent
je finirais
tu finirais
il/elle/on finirait
nous finirions
vous finiriez
ils/elles finiraient

Participe présent
finissant

Subjonctif passé
que j'aie fini
que tu aies fini
qu'il/elle/on ait fini
que nous ayons fini
que vous ayez fini
qu'ils/elles aient fini

Plus-que-parfait
j'avais fini
tu avais fini
il/elle/on avait fini
nous avions fini
vous aviez fini
ils/elles avaient fini

Conditionnel passé
j'aurais fini
tu aurais fini
il/elle/on aurait fini
nous aurions fini
vous auriez fini
ils/elles auraient fini

Impératif
finis
finissons
finissez

fuir: *to flee*

Présent de l'indicatif
je fuis
tu fuis
il/elle/on fuit
nous fuyons
vous fuyez
ils/elles fuient

Imparfait
je fuyais
tu fuyais
il/elle/on fuyait
nous fuyions
vous fuyiez
ils/elles fuyaient

Subjonctif présent
que je fuie
que tu fuies
qu'il/elle/on fuie
que nous fuyions
que vous fuyiez
qu'ils/elles fuient

Passé composé
j'ai fui
tu as fui
il/elle/on a fui
nous avons fui
vous avez fui
ils/elles ont fui

Subjonctif passé
que j'aie fui
que tu aies fui
qu'il/elle/on ait fui
que nous ayons fui
que vous ayez fui
qu'ils/elles aient fui

Plus-que-parfait
j'avais fui
tu avais fui
il/elle/on avait fui
nous avions fui
vous aviez fui
ils/elles avaient fui

Futur	*Conditionnel présent*	*Conditionnel passé*
je fuirai	je fuirais	j'aurais fui
tu fuirai	tu fuirais	tu aurais fui
il/elle/on fuira	il/elle/on fuirait	il/elle/on aurait fui
nous fuirons	nous fuirions	nous aurions fui
vous fuirez	vous fuiriez	vous auriez fui
ils/elles fuiront	ils/elles fuiraient	ils/elles auraient fui

Participe passé	*Participe présent*	*Impératif*
fui	fuyant	fuis
		fuyons
		fuyez

Infinitif passé
avoir fui

jeter: *to throw (out)*

Présent de l'indicatif	*Subjonctif présent*	*Subjonctif passé*
je jette	que je jette	que j'aie jeté
tu jettes	que tu jettes	que tu aies jeté
il/elle/on jette	qu'il/elle/on jette	qu'il/elle/on ait jeté
nous jetons	que nous jetions	que nous ayons jeté
vous jetez	que vous jetiez	que vous ayez jeté
ils/elles jettent	qu'ils/elles jettent	qu'ils/elles aient jeté

Imparfait	*Passé composé*	*Plus-que-parfait*
je jetais	j'ai jeté	j'avais jeté
tu jetais	tu as jeté	tu avais jeté
il/elle/on jetait	il/elle/on a jeté	il/elle/on avait jeté
nous jetions	nous avons jeté	nous avions jeté
vous jetiez	vous avez jeté	vous aviez jeté
ils/elles jetaient	ils/elles ont jeté	ils/elles avaient jeté

Futur	*Conditionnel présent*	*Conditionnel passé*
je jetterai	je jetterais	j'aurais jeté
tu jetteras	tu jetterais	tu aurais jeté
il/elle/on jettera	il/elle/on jetterait	il/elle/on aurait jeté
nous jetterons	nous jetterions	nous aurions jeté
vous jetterez	vous jetteriez	vous auriez jeté
ils/elles jetteront	ils/elles jetteraient	ils/elles auraient jeté

Participe passé	*Participe présent*	*Impératif*
jeté	jetant	jette
		jetons
		jetez

Infinitif passé
avoir jeté

joindre: *to join*

Présent de l'indicatif
je joins
tu joins
il/elle/on joint
nous joignons
vous joignez
ils/elles joignent

Subjonctif présent
que je joigne
que tu joignes
qu'il/elle/on joigne
que nous joignions
que vous joigniez
qu'ils/elles joignent

Subjonctif passé
que j'aie joint
que tu aies joint
qu'il/elle/on ait joint
que nous ayons joint
que vous ayez joint
qu'ils/elles aient joint

Imparfait
je joignais
tu joignais
il/elle/on joignait
nous joignions
vous joigniez
ils/elles joignaient

Passé composé
j'ai joint
tu as joint
il/elle/on a joint
nous avons joint
vous avez joint
ils/elles ont joint

Plus-que-parfait
j'avais joint
tu avais joint
il/elle/on avait joint
nous avions joint
vous aviez joint
ils/elles avaient joint

Futur
je joindrai
tu joindras
il/elle/on joindra
nous joindrons
vous joindrez
ils/elles joindront

Conditionnel présent
je joindrais
tu joindrais
il/elle/on joindrait
nous joindrions
vous joindriez
ils/elles joindraient

Conditionnel passé
j'aurais joint
tu aurais joint
il/elle/on aurait joint
nous aurions joint
vous auriez joint
ils/elles auraient joint

Participe passé
joint

Participe présent
joignant

Impératif
joins
joignons
joignez

Infinitif passé
avoir joint

lire: *to read*

Présent de l'indicatif
je lis
tu lis
il/elle/on lit
nous lisons
vous lisez
ils/elles lisent

Subjonctif présent
que je lise
que tu lises
qu'il/elle/on lise
que nous lisions
que vous lisiez
qu'ils/elles lisent

Subjonctif passé
que j'aie lu
que tu aies lu
qu'il/elle/on ait lu
que nous ayons lu
que vous ayez lu
qu'ils/elles aient lu

Imparfait
je lisais
tu lisais
il/elle/on lisait
nous lisions
vous lisiez
ils/elles lisaient

Passé composé
j'ai lu
tu as lu
il/elle/on a lu
nous avons lu
vous avez lu
ils/elles ont lu

Plus-que-parfait
j'avais lu
tu avais lu
il/elle/on avait lu
nous avions lu
vous aviez lu
ils/elles avaient lu

Futur
je lirai
tu liras
il/elle/on lira
nous lirons
vous lirez
ils/elles liront

Conditionnel présent
je lirais
tu lirais
il/elle/on lirait
nous lirions
vous liriez
ils/elles liraient

Conditionnel passé
j'aurais lu
tu aurais lu
il/elle/on aurait lu
nous aurions lu
vous auriez lu
ils/elles auraient lu

Participe passé
lu

Participe présent
lisant

Impératif
lis
lisons
lisez

Infinitif passé
avoir lu

mettre: *to put, to put on*

Présent de l'indicatif
je mets
tu mets
il/elle/on met
nous mettons
vous mettez
ils/elles mettent

Subjonctif présent
que je mette
que tu mettes
qu'il/elle/on mette
que nous mettions
que vous mettiez
qu'ils/elles mettent

Subjonctif passé
que j'aie mis
que tu aies mis
qu'il/elle/on ait mis
que nous ayons mis
que vous ayez mis
qu'ils/elles aient mis

Imparfait
je mettais
tu mettais
il/elle/on mettait
nous mettions
vous mettiez
ils/elles mettaient

Passé composé
j'ai mis
tu as mis
il/elle/on a mis
nous avons mis
vous avez mis
ils/elles ont mis

Plus-que-parfait
j'avais mis
tu avais mis
il/elle/on avait mis
nous avions mis
vous aviez mis
ils/elles avaient mis

Futur
je mettrai
tu mettras
il/elle/on mettra
nous mettrons
vous mettrez
ils/elles mettront

Conditionnel présent
je mettrais
tu mettrais
il/elle/on mettrait
nous mettrions
vous mettriez
ils/elles mettraient

Conditionnel passé
j'aurais mis
tu aurais mis
il/elle/on aurait mis
nous aurions mis
vous auriez mis
ils/elles auraient mis

Participe passé
mis

Participe présent
mettant

Impératif
mets
mettons
mettez

Infinitif passé
avoir mis

mourir: *to die*

Présent de l'indicatif	*Subjonctif présent*	*Subjonctif passé*
je meurs	que je meure	que je sois mort(e)
tu meurs	que tu meures	que tu sois mort(e)
il/elle/on meurt	qu'il/elle/on meure	qu'il/elle/on soit mort(e)
nous mourons	que nous mourions	que nous soyons mort(e)s
vous mourez	que vous mouriez	que vous soyez mort(e)(s)
ils/elles meurent	qu'ils/elles meurent	qu'ils/elles soient mort(e)s

Imparfait	*Passé composé*	*Plus-que-parfait*
je mourais	je suis mort(e)	j'étais mort(e)
tu mourais	tu es mort(e)	tu étais mort(e)
il/elle/on mourait	il/elle/on est mort(e)	il/elle/on était mort(e)
nous mourions	nous sommes mort(e)s	nous étions mort(e)s
vous mouriez	vous êtes mort(e)(s)	vous étiez mort(e)(s)
ils/elles mouraient	ils/elles sont mort(e)s	ils/elles étaient mort(e)s

Futur	*Conditionnel présent*	*Conditionnel passé*
je mourrai	je mourrais	je serais mort(e)
tu mourras	tu mourrais	tu serais mort(e)
il/elle/on mourra	il/elle/on mourrait	il/elle/on serait mort(e)
nous mourrons	nous mourrions	nous serions mort(e)s
vous mourrez	vous mourriez	vous seriez mort(e)(s)
ils/elles mourront	ils/elles mourraient	ils/elles seraient mort(e)s

Participe passé	*Participe présent*	*Impératif*
mort	mourant	meurs
		mourons
		mourez

Infinitif passé
être mort(e)(s)

nettoyer: *to clean*

Présent de l'indicatif	*Subjonctif présent*	*Subjonctif passé*
je nettoie	que je nettoie	que j'aie nettoyé
tu nettoies	que tu nettoies	que tu aies nettoyé
il/elle/on nettoie	qu'il/elle/on nettoie	qu'il/elle/on ait nettoyé
nous nettoyons	que nous nettoyions	que nous ayons nettoyé
vous nettoyez	que vous nettoyiez	que vous ayez nettoyé
ils/elles nettoient	qu'ils/elles nettoient	qu'ils/elles aient nettoyé

Imparfait	*Passé composé*	*Plus-que-parfait*
je nettoyais	j'ai nettoyé	j'avais nettoyé
tu nettoyais	tu as nettoyé	tu avais nettoyé
il/elle/on nettoyait	il/elle/on a nettoyé	il/elle/on avait nettoyé
nous nettoyions	nous avons nettoyé	nous avions nettoyé
vous nettoyiez	vous avez nettoyé	vous aviez nettoyé
ils/elles nettoyaient	ils/elles ont nettoyé	ils/elles avaient nettoyé

Futur
je nettoierai
tu nettoieras
il/elle/on nettoiera
nous nettoierons
vous nettoierez
ils/elles nettoieront

Conditionnel présent
je nettoierais
tu nettoierais
il/elle/on nettoierait
nous nettoierions
vous nettoieriez
ils/elles nettoieraient

Conditionnel passé
j'aurais nettoyé
tu aurais nettoyé
il/elle/on aurait nettoyé
nous aurions nettoyé
vous auriez nettoyé
ils/elles auraient nettoyé

Participe passé
nettoyé

Participe présent
nettoyant

Impératif
nettoie
nettoyons
nettoyez

Infinitif passé
avoir nettoyé

ouvrir: *to open*

Présent de l'indicatif
j'ouvre
tu ouvres
il/elle/on ouvre
nous ouvrons
vous ouvrez
ils/elles ouvrent

Subjonctif présent
que j'ouvre
que tu ouvres
qu'il/elle/on ouvre
que nous ouvrions
que vous ouvriez
qu'ils/elles ouvrent

Subjonctif passé
que j'aie ouvert
que tu aies ouvert
qu'il/elle/on ait ouvert
que nous ayons ouvert
que vous ayez ouvert
qu'ils/elles aient ouvert

Imparfait
j'ouvrais
tu ouvrais
il/elle/on ouvrait
nous ouvrions
vous ouvriez
ils/elles ouvraient

Passé composé
j'ai ouvert
tu as ouvert
il/elle/on a ouvert
nous avons ouvert
vous avez ouvert
ils/elles ont ouvert

Plus-que-parfait
j'avais ouvert
tu avais ouvert
il/elle/on avait ouvert
nous avions ouvert
vous aviez ouvert
ils/elles avaient ouvert

Futur
j'ouvrirai
tu ouvriras
il/elle/on ouvrira
nous ouvrirons
vous ouvrirez
ils/elles ouvriront

Conditionnel présent
j'ouvrirais
tu ouvrirais
il/elle/on ouvrirait
nous ouvririons
vous ouvririez
ils/elles ouvriraient

Conditionnel passé
j'aurais ouvert
tu aurais ouvert
il/elle/on aurait ouvert
nous aurions ouvert
vous auriez ouvert
ils/elles auraient ouvert

Participe passé
ouvert

Participe présent
ouvrant

Impératif
ouvre
ouvrons
ouvrez

Infinitif passé
avoir ouvert

paraître: *to appear*

Présent de l'indicatif	*Subjonctif présent*	*Subjonctif passé*
je parais	que je paraisse	que j'aie paru
tu parais	que tu paraisses	que tu aies paru
il/elle/on paraît	qu'il/elle/on paraisse	qu'il/elle/on ait paru
nous paraissons	que nous paraissions	que nous ayons paru
vous paraissez	que vous paraissiez	que vous ayez paru
ils/elles paraissent	qu'ils/elles paraissent	qu'ils/elles aient paru

Imparfait	*Passé composé*	*Plus-que-parfait*
je paraissais	j'ai paru	j'avais paru
tu paraissais	tu as paru	tu avais paru
il/elle/on paraissait	il/elle/on a paru	il/elle/on avait paru
nous paraissions	nous avons paru	nous avions paru
vous paraissiez	vous avez paru	vous aviez paru
ils/elles paraissaient	ils/elles ont paru	ils/elles avaient paru

Futur	*Conditionnel présent*	*Conditionnel passé*
je paraîtrai	je paraîtrais	j'aurais paru
tu paraîtras	tu paraîtrais	tu aurais paru
il/elle/on paraîtra	il/elle/on paraîtrait	il/elle/on aurait paru
nous paraîtrons	nous paraîtrions	nous aurions paru
vous paraîtrez	vous paraîtriez	vous auriez paru
ils/elles paraîtront	ils/elles paraîtraient	ils/elles auraient paru

Participe passé	*Participe présent*	*Impératif*
paru	paraissant	parais
		paraissons
		paraissez

Infinitif passé
avoir paru

partir: *to leave*

Présent de l'indicatif	*Subjonctif présent*	*Subjonctif passé*
je pars	que je parte	que je sois parti(e)
tu pars	que tu partes	que tu sois parti(e)
il/elle/on part	qu'il/elle/on parte	qu'il/elle/on soit parti(e)
nous partons	que nous partions	que nous soyons parti(e)s
vous partez	que vous partiez	que vous soyez parti(e)(s)
ils/elles partent	qu'ils/elles partent	qu'ils/elles soient parti(e)s

Imparfait	*Passé composé*	*Plus-que-parfait*
je partais	je suis parti(e)	j'étais parti(e)
tu partais	tu es parti(e)	tu étais parti(e)
il/elle/on partait	il/elle/on est parti(e)	il/elle/on était parti(e)
nous partions	nous sommes parti(e)s	nous étions parti(e)s
vous partiez	vous êtes parti(e)(s)	vous étiez parti(e)(s)
ils/elles partaient	ils/elles sont parti(e)s	ils/elles étaient parti(e)s

Futur	*Conditionnel présent*	*Conditionnel passé*
je partirai	je partirais	je serais parti(e)
tu partiras	tu partirais	tu serais parti(e)
il/elle/on partira	il/elle/on partirait	il/elle/on serait parti(e)
nous partirons	nous partirions	nous serions parti(e)s
vous partirez	vous partiriez	vous seriez parti(e)(s)
ils/elles partiront	ils/elles partiraient	ils/elles seraient parti(e)s

Participe passé	*Participe présent*	*Impératif*
parti	partant	pars
		partons
		partez

Infinitif passé
être parti(e)(s)

payer: *to pay*

Présent de l'indicatif	*Subjonctif présent*	*Subjonctif passé*
je paie, paye	que je paie, paye	que j'aie payé
tu paies, payes	que tu paies, payes	que tu aies payé
il/elle/on paie, paye	qu'il/elle/on paie, paye	qu'il/elle/on ait payé
nous payons	que nous payions	que nous ayons payé
vous payez	que vous payiez	que vous ayez payé
ils/elles paient, payent	qu'ils/elles paient, payent	qu'ils/elles aient payé

Imparfait	*Passé composé*	*Plus-que-parfait*
je payais	j'ai payé	j'avais payé
tu payais	tu as payé	tu avais payé
il/elle/on payait	il/elle/on a payé	il/elle/on avait payé
nous payions	nous avons payé	nous avions payé
vous payiez	vous avez payé	vous aviez payé
ils/elles payaient	ils/elles ont payé	ils/elles avaient payé

Futur	*Conditionnel présent*	*Conditionnel passé*
je paierai, payerai	je paierais, payerais	j'aurais payé
tu paieras, payeras	tu paierais, payerais	tu aurais payé
il/elle/on paiera, payera	il/elle/on paierait, payerait	il/elle/on aurait payé
nous paierons, payerons	nous paierions, payerions	nous aurions payé
vous paierez, payerez	vous paieriez, payeriez	vous auriez payé
ils/elles paieront, payeront	ils/elles paieraient, payeraient	ils/elles auraient payé

Participe passé	*Participe présent*	*Impératif*
payé	payant	paie, paye
		payons
		payez

Infinitif passé
avoir payé

peindre: *to paint*

Présent de l'indicatif
je peins
tu peins
il/elle/on peint
nous peignons
vous peignez
ils/elles peignent

Subjonctif présent
que je peigne
que tu peignes
qu'il/elle/on peigne
que nous peignions
que vous peigniez
qu'ils/elles peignent

Subjonctif passé
que j'aie peint
que tu aies peint
qu'il/elle/on ait peint
que nous ayons peint
que vous ayez peint
qu'ils/elles aient peint

Imparfait
je peignais
tu peignais
il/elle/on peignait
nous peignions
vous peigniez
ils/elles peignaient

Passé composé
j'ai peint
tu as peint
il/elle/on a peint
nous avons peint
vous avez peint
ils/elles ont peint

Plus-que-parfait
j'avais peint
tu avais peint
il/elle/on avait peint
nous avions peint
vous aviez peint
ils/elles avaient peint

Futur
je peindrai
tu peindras
il/elle/on peindra
nous peindrons
vous peindrez
ils/elles peindront

Conditionnel présent
je peindrais
tu peindrais
il/elle/on peindrait
nous peindrions
vous peindriez
ils/elles peindraient

Conditionnel passé
j'aurais peint
tu aurais peint
il/elle/on aurait peint
nous aurions peint
vous auriez peint
ils/elles auraient peint

Participe passé
peint

Participe présent
peignant

Impératif
peins
peignons
peignez

Infinitif passé
avoir peint

plaindre: *to feel sorry for* [se plaindre: *to complain; the auxiliary is* être]

Présent de l'indicatif
je plains
tu plains
il/elle/on plaint
nous plaignons
vous plaignez
ils/elles plaignent

Subjonctif présent
que je plaigne
que tu plaignes
qu'il/elle/on plaigne
que nous plaignions
que vous plaigniez
qu'ils/elles plaignent

Subjonctif passé
que j'aie plaint
que tu aies plaint
qu'il/elle/on ait plaint
que nous ayons plaint
que vous ayez plaint
qu'ils/elles aient plaint

Imparfait
je plaignais
tu plaignais
il/elle/on plaignait
nous plaignions
vous plaigniez
ils/elles plaignaient

Passé composé
j'ai plaint
tu as plaint
il/elle/on a plaint
nous avons plaint
vous avez plaint
ils/elles ont plaint

Plus-que-parfait
j'avais plaint
tu avais plaint
il/elle/on avait plaint
nous avions plaint
vous aviez plaint
ils/elles avaient plaint

Futur
je plaindrai
tu plaindras
il/elle/on plaindra
nous plaindrons
vous plaindrez
ils/elles plaindront

Conditionnel présent
je plaindrais
tu plaindrais
il/elle/on plaindrait
nous plaindrions
vous plaindriez
ils/elles plaindraient

Conditionnel passé
j'aurais plaint
tu aurais plaint
il/elle/on aurait plaint
nous aurions plaint
vous auriez plaint
ils/elles auraient plaint

Participe passé
plaint

Participe présent
plaignant

Impératif
plains
plaignons
plaignez

Infinitif passé
avoir plaint

plaire: *to please, to be pleasing to*

Présent de l'indicatif
je plais
tu plais
il/elle/on plaît
nous plaisons
vous plaisez
ils/elles plaisent

Subjonctif présent
que je plaise
que tu plaises
qu'il/elle/on plaise
que nous plaisions
que vous plaisiez
qu'ils/elles plaisent

Subjonctif passé
que j'aie plu
que tu aies plu
qu'il/elle/on ait plu
que nous ayons plu
que vous ayez plu
qu'ils/elles aient plu

Imparfait
je plaisais
tu plaisais
il/elle/on plaisait
nous plaisions
vous plaisiez
ils/elles plaisaient

Passé composé
j'ai plu
tu as plu
il/elle/on a plu
nous avons plu
vous avez plu
ils/elles ont plu

Plus-que-parfait
j'avais plu
tu avais plu
il/elle/on avait plu
nous avions plu
vous aviez plu
ils/elles avaient plu

Futur
je plairai
tu plairas
il/elle/on plaira
nous plairons
vous plairez
ils/elles plairont

Conditionnel présent
je plairais
tu plairais
il/elle/on plairait
nous plairions
vous plairiez
ils/elles plairaient

Conditionnel passé
j'aurais plu
tu aurais plu
il/elle/on aurait plu
nous aurions plu
vous auriez plu
ils/elles auraient plu

Participe passé
plu

Participe présent
plaisant

Impératif
plais
plaisons
plaisez

Infinitif passé
avoir plu

pouvoir: *to be able to*

Présent de l'indicatif	*Subjonctif présent*	*Subjonctif passé*
je peux	que je puisse	que j'aie pu
tu peux	que tu puisses	que tu aies pu
il/elle/on peut	qu'il/elle/on puisse	qu'il/elle/on ait pu
nous pouvons	que nous puissions	que nous ayons pu
vous pouvez	que vous puissiez	que vous ayez pu
ils/elles peuvent	qu'ils/elles puissent	qu'ils/elles aient pu

Imparfait	*Passé composé*	*Plus-que-parfait*
je pouvais	j'ai pu	j'avais pu
tu pouvais	tu as pu	tu avais pu
il/elle/on pouvait	il/elle/on a pu	il/elle/on avait pu
nous pouvions	nous avons pu	nous avions pu
vous pouviez	vous avez pu	vous aviez pu
ils/elles pouvaient	ils/elles ont pu	ils/elles avaient pu

Futur	*Conditionnel présent*	*Conditionnel passé*
je pourrai	je pourrais	j'aurais pu
tu pourras	tu pourrais	tu aurais pu
il/elle/on pourra	il/elle/on pourrait	il/elle/on aurait pu
nous pourrons	nous pourrions	nous aurions pu
vous pourrez	vous pourriez	vous auriez pu
ils/elles pourront	ils/elles pourraient	ils/elles auraient pu

Participe passé	*Participe présent*	*Impératif*
pu	pouvant	(pas utilisé)

Infinitif passé
avoir pu

préférer: *to prefer*

Présent de l'indicatif	*Subjonctif présent*	*Subjonctif passé*
je préfère	que je préfère	que j'aie préféré
tu préfères	que tu préfères	que tu aies préféré
il/elle/on préfère	qu'il/elle/on préfère	qu'il/elle/on ait préféré
nous préférons	que nous préférions	que nous ayons préféré
vous préférez	que vous préfériez	que vous ayez préféré
ils/elles préfèrent	qu'ils/elles préfèrent	qu'ils/elles aient préféré

Imparfait	*Passé composé*	*Plus-que-parfait*
je préférais	j'ai préféré	j'avais préféré
tu préférais	tu as préféré	tu avais préféré
il/elle/on préférait	il/elle/on a préféré	il/elle/on avait préféré
nous préférions	nous avons préféré	nous avions préféré
vous préfériez	vous avez préféré	vous aviez préféré
ils/elles préféraient	ils/elles ont préféré	ils/elles avaient préféré

Futur
je préférerai, préférerai
tu préféreras, préféreras
il/elle/on préférera,
    préférera
nous préférerons,
    préférerons
vous préférerez, préférerez
ils/elles préféreront,
    préféreront

Conditionnel présent
je préférerais, préférerais
tu préférerais, préférerais
il/elle/on préférerait,
    préférerait
nous préférerions,
    préférerions
vous préféreriez, préféreriez
ils/elles préféreraient,
    préféreraient

Conditionnel passé
j'aurais préféré
tu aurais préféré
il/elle/on aurait préféré

nous aurions préféré

vous auriez préféré
ils/elles auraient préféré

Participe passé
préféré

Participe présent
préférant

Impératif
préfère
préférons
préférez

Infinitif passé
avoir préféré

prendre: *to take*

Présent de l'indicatif
je prends
tu prends
il/elle/on prend
nous prenons
vous prenez
ils/elles prennent

Subjonctif présent
que je prenne
que tu prennes
qu'il/elle/on prenne
que nous prenions
que vous preniez
qu'ils/elles prennent

Subjonctif passé
que j'aie pris
que tu aies pris
qu'il/elle/on ait pris
que nous ayons pris
que vous ayez pris
qu'ils/elles aient pris

Imparfait
je prenais
tu prenais
il/elle/on prenait
nous prenions
vous preniez
ils/elles prenaient

Passé composé
j'ai pris
tu as pris
il/elle/on a pris
nous avons pris
vous avez pris
ils/elles ont pris

Plus-que-parfait
j'avais pris
tu avais pris
il/elle/on avait pris
nous avions pris
vous aviez pris
ils/elles avaient pris

Futur
je prendrai
tu prendras
il/elle/on prendra
nous prendrons
vous prendrez
ils/elles prendront

Conditionnel présent
je prendrais
tu prendrais
il/elle/on prendrait
nous prendrions
vous prendriez
ils/elles prendraient

Conditionnel passé
j'aurais pris
tu aurais pris
il/elle/on aurait pris
nous aurions pris
vous auriez pris
ils/elles auraient pris

Participe passé
pris

Participe présent
prenant

Impératif
prends
prenons
prenez

Infinitif passé
avoir pris

recevoir: *to receive*

Présent de l'indicatif
je reçois
tu reçois
il/elle/on reçoit
nous recevons
vous recevez
ils/elles reçoivent

Subjonctif présent
que je reçoive
que tu reçoives
qu'il/elle/on reçoive
que nous recevions
que vous receviez
qu'ils/elles reçoivent

Subjonctif passé
que j'aie reçu
que tu aies reçu
qu'il/elle/on ait reçu
que nous ayons reçu
que vous ayez reçu
qu'ils/elles aient reçu

Imparfait
je recevais
tu recevais
il/elle/on recevait
nous recevions
vous receviez
ils/elles recevaient

Passé composé
j'ai reçu
tu as reçu
il/elle/on a reçu
nous avons reçu
vous avez reçu
ils/elles ont reçu

Plus-que-parfait
j'avais reçu
tu avais reçu
il/elle/on avait reçu
nous avions reçu
vous aviez reçu
ils/elles avaient reçu

Futur
je recevrai
tu recevras
il/elle/on recevra
nous recevrons
vous recevrez
ils/elles recevront

Conditionnel présent
je recevrais
tu recevrais
il/elle/on recevrait
nous recevrions
vous recevriez
ils/elles recevraient

Conditionnel passé
j'aurais reçu
tu aurais reçu
il/elle/on aurait reçu
nous aurions reçu
vous auriez reçu
ils/elles auraient reçu

Participe passé
reçu

Participe présent
recevant

Impératif
reçois
recevons
recevez

Infinitif passé
avoir reçu

rire: *to laugh*

Présent de l'indicatif
je ris
tu ris
il/elle/on rit
nous rions
vous riez
ils/elles rient

Subjonctif présent
que je rie
que tu ries
qu'il/elle/on rie
que nous riions
que vous riiez
qu'ils/elles rient

Subjonctif passé
que j'aie ri
que tu aies ri
qu'il/elle/on ait ri
que nous ayons ri
que vous ayez ri
qu'ils/elles aient ri

Imparfait
je riais
tu riais
il/elle/on riait
nous riions
vous riiez
ils/elles riaient

Passé composé
j'ai ri
tu as ri
il/elle/on a ri
nous avons ri
vous avez ri
ils/elles ont ri

Plus-que-parfait
j'avais ri
tu avais ri
il/elle/on avait ri
nous avions ri
vous aviez ri
ils/elles avaient ri

Futur	*Conditionnel présent*	*Conditionnel passé*
je rirai	je rirais	j'aurais ri
tu riras	tu rirais	tu aurais ri
il/elle/on rira	il/elle/on rirait	il/elle/on aurait ri
nous rirons	nous ririons	nous aurions ri
vous rirez	vous ririez	vous auriez ri
ils/elles riront	ils/elles riraient	ils/elles auraient ri

Participe passé	*Participe présent*	*Impératif*
ri	riant	ris
		rions
		riez

Infinitif passé
avoir ri

savoir: *to know*

Présent de l'indicatif	*Subjonctif présent*	*Subjonctif passé*
je sais	que je sache	que j'aie su
tu sais	que tu saches	que tu aies su
il/elle/on sait	qu'il/elle/on sache	qu'il/elle/on ait su
nous savons	que nous sachions	que nous ayons su
vous savez	que vous sachiez	que vous ayez su
ils/elles savent	qu'ils/elles sachent	qu'ils/elles aient su

Imparfait	*Passé composé*	*Plus-que-parfait*
je savais	j'ai su	j'avais su
tu savais	tu as su	tu avais su
il/elle/on savait	il/elle/on a su	il/elle/on avait su
nous savions	nous avons su	nous avions su
vous saviez	vous avez su	vous aviez su
ils/elles savaient	ils/elles ont su	ils/elles avaient su

Futur	*Conditionnel présent*	*Conditionnel passé*
je saurai	je saurais	j'aurais su
tu sauras	tu saurais	tu aurais su
il/elle/on saura	il/elle/on saurait	il/elle/on aurait su
nous saurons	nous saurions	nous aurions su
vous saurez	vous sauriez	vous auriez su
ils/elles sauront	ils/elles sauraient	ils/elles auraient su

Participe passé	*Participe présent*	*Impératif*
su	sachant	sache
		sachons
		sachez

Infinitif passé
avoir su

se recueillir: *to meditate, to collect one's thoughts*

Présent de l'indicatif
je me recueille
tu te recueilles
il/elle/on se recueille

nous nous recueillons

vous vous recueillez

ils/elles se recueillent

Subjonctif présent
que je me recueille
que tu te recueilles
qu'il/elle/on se recueille

que nous nous recueillions

que vous vous recueilliez

qu'ils/elles se recueillent

Subjonctif passé
que je me sois recueilli(e)
que tu te sois recueilli(e)
qu'il/elle/on se soit
  recueilli(e)
que nous nous soyons
  recueilli(e)s
que vous vous soyez
  recueilli(e)(s)
qu'ils/elles se soient
  recueilli(e)s

Imparfait
je me recueillais
tu te recueillais
il/elle/on se recueillait
nous nous recueillions

vous vous recueilliez
ils/elles se recueillaient

Passé composé
je me suis recueilli(e)
tu t'es recueilli(e)
il/elle/on s'est recueilli(e)
nous nous sommes
  recueilli(e)s
vous vous êtes recueilli(e)(s)
ils/elles se sont recueilli(e)s

Plus-que-parfait
je m'étais recueilli(e)
tu t'étais recueilli(e)
il/elle/on s'était recueilli(e)
nous nous étions recueilli(e)s

vous vous étiez recueilli(e)s
ils/elles s'étaient recueilli(e)s

Futur
je me recueillerai
tu te recueilleras
il/elle/on se recueillera
nous nous recueillerons
vous vous recueillerez
ils/elles se recueilleront

Conditionnel présent
je me recueillerais
tu te recueillerais
il/elle/on se recueillerait
nous nous recueillerions
vous vous recueilleriez
ils/elles se recueilleraient

Conditionnel passé
je me serais recueilli(e)
tu te serais recueilli(e)
il/elle/on se serait recueilli(e)
nous nous serions recueilli(e)s
vous vous seriez recueilli(e)(s)
ils/elles se seraient recueilli(e)s

Participe passé
recueilli

Participe présent
recueillant

Impératif
recueille-toi
recueillons-nous
recueillez-vous

Infinitif passé
s'être recueilli(e)(s)

rompre: *to break (up)*

Présent de l'indicatif
jc romps
tu romps
il/elle/on rompt
nous rompons
vous rompez
ils/elles rompent

Subjonctif présent
que je rompe
que tu rompes
qu'il/elle/on rompe
que nous rompions
que vous rompiez
qu'ils/elles rompent

Subjonctif passé
que j'aie rompu
que tu aies rompu
qu'il/elle/on ait rompu
que nous ayons rompu
que vous ayez rompu
qu'ils/elles aient rompu

Imparfait
je rompais
tu rompais
il/elle/on rompait
nous rompions
vous rompiez
ils/elles rompaient

Passé composé
j'ai rompu
tu as rompu
il/elle/on a rompu
nous avons rompu
vous avez rompu
ils/elles ont rompu

Plus-que-parfait
j'avais rompu
tu avais rompu
il/elle/on avait rompu
nous avions rompu
vous aviez rompu
ils/elles avaient rompu

Futur	*Conditionnel présent*	*Conditionnel passé*
je romprai	je romprais	j'aurais rompu
tu rompras	tu romprais	tu aurais rompu
il/elle/on rompra	il/elle/on romprait	il/elle/on aurait rompu
nous romprons	nous romprions	nous aurions rompu
vous romprez	vous rompriez	vous auriez rompu
ils/elles rompront	ils/elles rompraient	ils/elles auraient rompu

Participe passé	*Participe présent*	*Impératif*
rompu	rompant	romps
		rompons
		rompez

Infinitif passé
avoir rompu

se taire: *to be quiet, to be silent, not to speak*

Présent de l'indicatif	*Subjonctif présent*	*Subjonctif passé*
je me tais	que je me taise	que je me sois tu(e)
tu te tais	que tu te taises	que tu te sois tu(e)
il/elle/on se tait	qu'il/elle/on se taise	qu'il/elle/on se soit tu(e)
nous nous taisons	que nous nous taisions	que nous nous soyons tu(e)s
vous vous taisez	que vous vous taisiez	que vous vous soyez tu(e)(s)
ils/elles se taisent	qu'ils/elles se taisent	qu'ils/elles se soient tu(e)s

Imparfait	*Passé composé*	*Plus-que-parfait*
je me taisais	je me suis tu(e)	je m'étais tu(e)
tu te taisais	tu t'es tu(e)	tu t'étais tu(e)
il/elle/on se taisait	il/elle/on s'est tu(e)	il/elle/on s'était tu(e)
nous nous taisions	nous nous sommes tu(e)s	nous nous étions tu(e)s
vous vous taisiez	vous vous êtes tu(e)(s)	vous vous étiez tu(e)(s)
ils/elles se taisaient	ils/elles se sont tu(e)s	ils/elles s'étaient tu(e)s

Futur	*Conditionnel présent*	*Conditionnel passé*
je me tairai	je me tairais	je me serais tu(e)
tu te tairas	tu te tairais	tu te serais tu(e)
il/elle/on se taira	il/elle/on se tairait	il/elle/on se serait tu(e)
nous nous tairons	nous nous tairions	nous nous serions tu(e)s
vous vous tairez	vous vous tairiez	vous vous seriez tu(e)(s)
ils/elles se tairont	ils/elles se tairaient	ils/elles se seraient tu(e)s

Participe passé	*Participe présent*	*Impératif*
tu	taisant	tais-toi
		taisons-nous
		taisez-vous

Infinitif passé
s'être tu(e)(s)

suivre: *to follow; to take (a class)*

Présent de l'indicatif	*Subjonctif présent*	*Subjonctif passé*
je suis	que je suive	que j'aie suivi
tu suis	que tu suives	que tu aies suivi
il/elle/on suit	qu'il/elle/on suive	qu'il/elle/on ait suivi
nous suivons	que nous suivions	que nous ayons suivi
vous suivez	que vous suiviez	que vous ayez suivi
ils/elles suivent	qu'ils/elles suivent	qu'ils/elles aient suivi

Imparfait	*Passé composé*	*Plus-que-parfait*
je suivais	j'ai suivi	j'avais suivi
tu suivais	tu as suivi	tu avais suivi
il/elle/on suivait	il/elle/on a suivi	il/elle/on avait suivi
nous suivions	nous avons suivi	nous avions suivi
vous suiviez	vous avez suivi	vous aviez suivi
ils/elles suivaient	ils/elles ont suivi	ils/elles avaient suivi

Futur	*Conditionnel présent*	*Conditionnel passé*
je suivrai	je suivrais	j'aurais suivi
tu suivras	tu suivrais	tu aurais suivi
il/elle/on suivra	il/elle/on suivrait	il/elle/on aurait suivi
nous suivrons	nous suivrions	nous aurions suivi
vous suivrez	vous suivriez	vous auriez suivi
ils/elles suivront	ils/elles suivraient	ils/elles auraient suivi

Participe passé	*Participe présent*	*Impératif*
suivi	suivant	suis
		suivons
		suivez

Infinitif passé
avoir suivi

tenir: *to hold*

Présent de l'indicatif	*Subjonctif présent*	*Subjonctif passé*
je tiens	que je tienne	que j'aie tenu
tu tiens	que tu tiennes	que tu aies tenu
il/elle/on tient	qu'il/elle/on tienne	qu'il/elle/on ait tenu
nous tenons	que nous tenions	que nous ayons tenu
vous tenez	que vous teniez	que vous ayez tenu
ils/elles tiennent	qu'ils/elles tiennent	qu'ils/elles aient tenu

Imparfait	*Passé composé*	*Plus-que-parfait*
je tenais	j'ai tenu	j'avais tenu
tu tenais	tu as tenu	tu avais tenu
il/elle/on tenait	il/elle/on a tenu	il/elle/on avait tenu
nous tenions	nous avons tenu	nous avions tenu
vous teniez	vous avez tenu	vous aviez tenu
ils/elles tenaient	ils/elles ont tenu	ils/elles avaient tenu

Futur	*Conditionnel présent*	*Conditionnel passé*
je tiendrai	je tiendrais	j'aurais tenu
tu tiendras	tu tiendrais	tu aurais tenu
il/elle/on tiendra	il/elle/on tiendrait	il/elle/on aurait tenu
nous tiendrons	nous tiendrions	nous aurions tenu
vous tiendrez	vous tiendriez	vous auriez tenu
ils/elles tiendront	ils/elles tiendraient	ils/elles auraient tenu

Participe passé	*Participe présent*	*Impératif*
tenu	tenant	tiens
		tenons
		tenez

Infinitif passé
avoir tenu

vaincre: to win, to defeat, to vanquish, to overcome

Présent de l'indicatif	*Subjonctif présent*	*Subjonctif passé*
je vainc	que je vainque	que j'aie vaincu
tu vaincs	que tu vainques	que tu aies vaincu
il/elle/on vainc	qu'il/elle/on vainque	qu'il/elle/on ait vaincu
nous vainquons	que nous vainquions	que nous ayons vaincu
vous vainquez	que vous vainquiez	que vous ayez vaincu
ils/elles vainquent	qu'ils/elles vainquent	qu'ils/elles aient vaincu

Imparfait	*Passé composé*	*Plus-que-parfait*
je vainquais	j'ai vaincu	j'avais vaincu
tu vainquais	tu as vaincu	tu avais vaincu
il/elle/on vainquait	il/elle/on a vaincu	il/elle/on avait vaincu
nous vainquions	nous avons vaincu	nous avions vaincu
vous vainquiez	vous avez vaincu	vous aviez vaincu
ils/elles vainquaient	ils/elles ont vaincu	ils/elles avaient vaincu

Futur	*Conditionnel présent*	*Conditionnel passé*
je vaincrai	je vaincrais	j'aurais vaincu
tu vaincras	tu vaincrais	tu aurais vaincu
il/elle/on vaincra	il/elle/on vaincrait	il/elle/on aurait vaincu
nous vaincrons	nous vaincrions	nous aurions vaincu
vous vaincrez	vous vaincriez	vous auriez vaincu
ils/elles vaincront	ils/elles vaincraient	ils/elles auraient vaincu

Participe passé	*Participe présent*	*Impératif*
vaincu	vainquant	vaincs
		vainquons
		vainquez

Infinitif passé
avoir vaincu

venir: *to come*

Présent de l'indicatif
je viens
tu viens
il/elle/on vient
nous venons
vous venez
ils/elles viennent

Subjonctif présent
que je vienne
que tu viennes
qu'il/elle/on vienne
que nous venions
que vous veniez
qu'ils/elles viennent

Subjonctif passé
que je sois venu(e)
que tu sois venu(e)
qu'il/elle/on soit venu(e)
que nous soyons venu(e)s
que vous soyez venu(e)(s)
qu'ils/elles soient venu(e)s

Imparfait
je venais
tu venais
il/elle/on venait
nous venions
vous veniez
ils/elles venaient

Passé composé
je suis venu(e)
tu es venu(e)
il/elle/on est venu(e)
nous sommes venu(e)s
vous êtes venu(e)(s)
ils/elles sont venu(e)s

Plus-que-parfait
j'étais venu(e)
tu étais venu(e)
il/elle/on était venu(e)
nous étions venu(e)s
vous étiez venu(e)(s)
ils/elles étaient venu(e)s

Futur
je viendrai
tu viendras
il/elle/on viendra
nous viendrons
vous viendrez
ils/elles viendront

Conditionnel présent
je viendrais
tu viendrais
il/elle/on viendrait
nous viendrions
vous viendriez
ils/elles viendraient

Conditionnel passé
je serais venu(e)
tu serais venu(e)
il/elle/on serait venu(e)
nous serions venu(e)s
vous seriez venu(e)(s)
ils/elles seraient venu(e)s

Participe passé
venu

Participe présent
venant

Impératif
viens
venons
venez

Infinitif passé
être venu(e)(s)

vivre: *to live*

Présent de l'indicatif
je vis
tu vis
il/elle/on vit
nous vivons
vous vivez
ils/elles vivent

Subjonctif présent
que je vive
que tu vives
qu'il/elle/on vive
que nous vivions
que vous viviez
qu'ils/elles vivent

Subjonctif passé
que j'aie vécu
que tu aies vécu
qu'il/elle/on ait vécu
que nous ayons vécu
que vous ayez vécu
qu'ils/elles aient vécu

Imparfait
je vivais
tu vivais
il/elle/on vivait
nous vivions
vous viviez
ils/elles vivaient

Passé composé
j'ai vécu
tu as vécu
il/elle/on a vécu
nous avons vécu
vous avez vécu
ils/elles ont vécu

Plus-que-parfait
j'avais vécu
tu avais vécu
il/elle/on avait vécu
nous avions vécu
vous aviez vécu
ils/elles avaient vécu

Futur
je vivrai
tu vivras
il/elle/on vivra
nous vivrons
vous vivrez
ils/elles vivront

Conditionnel présent
je vivrais
tu vivrais
il/elle/on vivrait
nous vivrions
vous vivriez
ils/elles vivraient

Conditionnel passé
j'aurais vécu
tu aurais vécu
il/elle/on aurait vécu
nous aurions vécu
vous auriez vécu
ils/elles auraient vécu

Participe passé
vécu

Participe présent
vivant

Impératif
vis
vivons
vivez

Infinitif passé
avoir vécu

voir: *to see*

Présent de l'indicatif
je vois
tu vois
il/elle/on voit
nous voyons
vous voyez
ils/elles voient

Subjonctif présent
que je voie
que tu voies
qu'il/elle/on voie
que nous voyions
que vous voyiez
qu'ils/elles voient

Subjonctif passé
que j'aie vu
que tu aies vu
qu'il/elle/on ait vu
que nous ayons vu
que vous ayez vu
qu'ils/elles aient vu

Imparfait
je voyais
tu voyais
il/elle/on voyait
nous voyions
vous voyiez
ils/elles voyaient

Passé composé
j'ai vu
tu as vu
il/elle/on a vu
nous avons vu
vous avez vu
ils/elles ont vu

Plus-que-parfait
j'avais vu
tu avais vu
il/elle/on avait vu
nous avions vu
vous aviez vu
ils/elles avaient vu

Futur
je verrai
tu verras
il/elle/on verra
nous verrons
vous verrez
ils/elles verront

Conditionnel présent
je verrais
tu verrais
il/elle/on verrait
nous verrions
vous verriez
ils/elles verraient

Conditionnel passé
j'aurais vu
tu aurais vu
il/elle/on aurait vu
nous aurions vu
vous auriez vu
ils/elles auraient vu

Participe passé
vu

Participe présent
voyant

Impératif
vois
voyons
voyez

Infinitif passé
avoir vu

vouloir: *to want*

Présent de l'indicatif	*Subjonctif présent*	*Subjonctif passé*
je veux	que je veuille	que j'aie voulu
tu veux	que tu veuilles	que tu aies voulu
il/elle/on veut	qu'il/elle/on veuille	qu'il/elle/on ait voulu
nous voulons	que nous voulions	que nous ayons voulu
vous voulez	que vous vouliez	que vous ayez voulu
ils/elles veulent	qu'ils/elles veuillent	qu'ils/elles aient voulu

Imparfait	*Passé composé*	*Plus-que-parfait*
je voulais	j'ai voulu	j'avais voulu
tu voulais	tu as voulu	tu avais voulu
il/elle/on voulait	il/elle/on a voulu	il/elle/on avait voulu
nous voulions	nous avons voulu	nous avions voulu
vous vouliez	vous avez voulu	vous aviez voulu
ils/elles voulaient	ils/elles ont voulu	ils/elles avaient voulu

Futur	*Conditionnel présent*	*Conditionnel passé*
je voudrai	je voudrais	j'aurais voulu
tu voudras	tu voudrais	tu aurais voulu
il/elle/on voudra	il/elle/on voudrait	il/elle/on aurait voulu
nous voudrons	nous voudrions	nous aurions voulu
vous voudrez	vous voudriez	vous auriez voulu
ils/elles voudront	ils/elles voudraient	ils/elles auraient voulu

Participe passé	*Participe présent*	*Impératif*
voulu	voulant	veux
		veuillons
		veuillez

Infinitif passé
avoir voulu

voyager: *to travel*

Présent de l'indicatif	*Subjonctif présent*	*Subjonctif passé*
je voyage	que je voyage	que j'aie voyagé
tu voyages	que tu voyages	que tu aies voyagé
il/elle/on voyage	qu'il/elle/on voyage	qu'il/elle/on ait voyagé
nous voyageons	que nous voyagions	que nous ayons voyagé
vous voyagez	que vous voyagiez	que vous ayez voyagé
ils/elles voyagent	qu'ils/elles voyagent	qu'ils/elles aient voyagé

Imparfait	*Passé composé*	*Plus-que-parfait*
je voyageais	j'ai voyagé	j'avais voyagé
tu voyageais	tu as voyagé	tu avais voyagé
il/elle/on voyageait	il/elle/on a voyagé	il/elle/on avait voyagé
nous voyagions	nous avons voyagé	nous avions voyagé
vous voyagiez	vous avez voyagé	vous aviez voyagé
ils/elles voyageaient	ils/elles ont voyagé	ils/elles avaient voyagé

Futur
je voyagerai
tu voyageras
il/elle/on voyagera
nous voyagerons
vous voyagerez
ils/elles voyageront

Conditionnel présent
je voyagerais
tu voyagerais
il/elle/on voyagerait
nous voyagerions
vous voyageriez
ils/elles voyageraient

Conditionnel passé
j'aurais voyagé
tu aurais voyagé
il/elle/on aurait voyagé
nous aurions voyagé
vous auriez voyagé
ils/elles auraient voyagé

Participe passé
voyagé

Participe présent
voyageant

Impératif
voyage
voyageons
voyagez

Infinitif passé
avoir voyagé

GLOSSARY

This glossary contains French words and expressions, defined as they are used in the context of this book. The number in parentheses indicates the chapter in which the word appears.

The masculine form is given for all adjectives. When a masculine adjective ends in -**e,** the feminine form is the same. To form the feminine of regular adjectives, add an **e** to the masculine. Irregular feminine endings or forms are given in parentheses.

The gender (*m.* or *f.*) is indicated for most nouns. Nouns that can be either masculine or feminine are indicated with *n.* If the masculine form ends in -**e,** the feminine form is the same. To form the feminine for those ending in a consonant, add an **e** to the masculine. Other feminine forms are given in parentheses.

Verbs that are irregular are marked as *(irr.).* Verbs classed in verb families are indicatedwith the verb they resemble in parentheses after the French form of the verb. Both types ofverbs can be found in **Appendix B** (pages 341–376).

Abbreviations

adj.	adjective	*fam.*	familiar	*pl.*	plural
adv.	adverb	*inv.*	invariable	*n.*	noun
f.	feminine	*m.*	masculine		

A

abolition *f.* abolition (2)

accéléré *m.* fast action (1)

accord *m.* agreement (5)

accoucher (de) to deliver (a baby) (5)

accro *adj. inv. and n., fam.* **dépendant (d'une drogue)** (6)

s'accrocher to hang on (8)

accuser to accuse (2), (4), (9)

acteur (actrice) *n.* actor/actress (CP)

s'adapter (à) to adapt (to) (1)

adoptif (adoptive) *adj.* adoptive (5)

adversaire *n. and adj.* opponent (9)

affiche *f.* poster; **être à l'affiche** to play (CP)

agaçant *adj.* irritating, annoying (1)

agréable *adj.* pleasant (4)

agresser to assault, to attack (4), (6)

aider to help (5), (7); **aider quelqu'un (à faire quelque chose)** to help someone (do something) (8)

ailleurs *adv.* elsewhere (1)

aîné *n. and adj.* oldest child (6)

aisé *adj.* well-off (5)

aise *f.* ease; **à l'aise** *adj.* at ease (1), (4)

aller to go; **aller à** to attend (an institution) (1)

allumer *fam.* to seduce (6)

allumette *f.* match (2)

améliorer to improve (9); **s'améliorer** to improve (7), (8)

amical *adj.* friendly (5)

amnistie *f.* amnesty (5)

amnistier to pardon (5)

amocher quelqu'un *fam.* to mess someone up (6)

amoureux (amoureuse) (de) *adj.* in love (with) (1)

amulette *f.* amulet, charm (2)

amusant *adj.* amusing (1); **s'amuser** to play, to have fun (2)

analphabète *adj.* illiterate (2)

analyse *f.* medical test; **faire des analyses** to undergo medical tests (1)

ancêtre *n.* ancestor (2)

angoissé *adj.* anxious (1)

annuler to cancel (6)

anonyme *adj.* anonymous; nondescript (4)

Antilles *f. pl.* West Indies (2)

appartenir à to belong to (CP)

appeler to call; **appeler au secours** to call for help (6)

apprendre (comme **prendre**) to learn; to teach (2)

apprenti *m.* trainee (7)

arrêter to arrest; to stop (2)

arrogant *adj.* arrogant (2)

asocial *adj.* antisocial (1)

assister à to attend (CP), (1), (6)

assommer quelqu'un to knock someone out (6)

attacher to tie (7)

auberge *f.* inn (1)

autoritaire *adj.* authoritarian (5)

aventure *f.* fling; **aventure de passage** *f.* fling (5)

avertir (comme **finir**) to warn (6), (7)

aveu *m.* confession (7)

avoir to have; **avoir de l'aisance** to be at ease (1); **avoir le coup de foudre** to fall in love at first sight (1), (6), (9); **avoir son franc-parler** to speak one's mind (8); **avoir le droit** (de faire quelque chose) to have the right/to be allowed (to do something) (8); **avoir la haine** *fam.* to hate (6); **avoir honte (de)** to be ashamed (of) (8); **avoir du mal à** to have difficulties (1); **avoir le mal du pays** to be homesick (1), (8); **avoir la moyenne** to have a passing grade (8); **avoir peur** (de, que) to be afraid (of, that) (8); **avoir une sous-spécialisation en** to minor in (1)

avouer to admit, to confess; **avouer la vérité** to confess the truth (7)

B

bagne *m.* penal colony (5)

bague *f.* ring (7)

baignoire *f.* bathtub (1)

balcon *m.* balcony (4)

bande-annonce *f.* movie trailer (CP)

bande-son *f.* soundtrack (CP)

baragouiner *fam.* to speak a language badly (1)

bas *m.* bottom; **en bas** at the bottom (4)

baskets *f. pl.* tennis shoes (4)

bateau *m.* boat (5)

battre *irr.* to beat (up) (5), (6), (7); **se battre** *irr.* to fight (2)

bécane *f., fam.* bike, motorcycle (6)

béké *m.* white person born in the West Indies (2)

bénéficier de to benefit from (1)

bénéfique *adj.* beneficial (1)

bêtise *f.* something stupid, stupidity (2); **faire une bêtise** to do something stupid, to get into trouble (2)

béton *m.* concrete (7)

betterave *f.* beet (4)

bien *adv.* well; **bien au-delà** way beyond (3); **bien payé** *adj.* well paid (7)

bien *m.* good (7)

billet *m.* ticket (CP)

blanchir (de l'argent) (comme **finir**) to launder (money) (6)

blessé *adj.* injured; **grièvement blessé** seriously injured (7)

blesser to hurt; to hurt someone's feelings (1)

blouson (en cuir) *m.* (leather) jacket (4)

boîte *f., fam.* office (4)

bol *m.* bowl (2)

bonbonne de gaz *f.* gas cylinder (7)

boomerang *m.* boomerang; **faire boomerang** to have a boomerang effect, to backfire (8)

bord *m.* edge; **à bord (de)** on board, aboard (5)

bordel *m., fam.* chaos, mess (1)

bouffe *f., fam.* food; **bouffer** *fam.* to eat (1); **faire la bouffe** *fam.* to cook (6)

boulot *m., fam.* job (6)

bourgeois *adj.* bourgeois (1)

bourré *adj., fam.* drunk (6)

bourse *f.* scholarship (1), (2)

Bourse *f.* Stock Exchange (1), (6)

brutal *adj.* brutal (4)

brute *f., fam.* bully (4)

bureaucratie *f.* bureaucracy (1)

C

(se) cacher to hide (3), (5), (6), (7)

cadre *m.* frame; executive (4); **entrer dans le cadre** to fit in the frame (4)

calme *adj.* calm (1)

came *f., fam.* drug (dealer, revendeur) (6)

camionnette *f.* van (7)

campagne *f.* campaign; **faire campagne** to campaign (9)

candidat *n.* candidate (9); **être candidat (à)** to be a candidate (for) (9)

canne à sucre *f.* sugar cane (2)

cantine *f.* cafeteria (2), (4)

caoutchouc *m.* rubber (5)

capitalisme (sauvage) *m.* (unrestrained) capitalism (9)

caricature *f.* caricature (1)

carié *adj.* unhealthy (teeth), with cavities (7)

carriole *f.* cart (9)

carte de séjour *f.* resident alien card (7)

case *f.* hut (2)

casser to break (2); **casser le bras de quelqu'un** to break someone's arm; **se casser le bras** to break one's arm (4)

cercueil *m.* casket (5)

certificat *m.* certificate; **certificat de logement** *m.* proof of residency (7); **certificat d'études** *m.* name of a French diploma (2)

cerveau *m.* brain (1)

chacun pour soi *m.* everyone for himself (7)

chaîne *f.* chain (7)

champ *m.* field (2)

chantage *m.* blackmail; **chantage affectif** *m.* emotional blackmail (7); **faire du chantage (à quelqu'un)** to blackmail (someone) (7)

chantier *m.* building yard (7)

char *m.* float (in a parade) (4)

charrette *f.* cart (9)

chat de gouttière *m.* stray cat (4)

chatouille *f.* tickle; **chatouiller** to tickle (7); **faire des chatouilles** to tickle (7)

chauffage *m.* heat (7)

chef *m.* boss; **chef d'entreprise** *m.* business owner, CEO (4), (9); **chef de la sûreté** *m.* security chief (5)

chemise *f.* man's shirt (4)

chemisier *m.* woman's blouse (4)

chiant *adj., fam.* boring (4)

choeur *m.* chorus (9)

chômage *m.* unemployment (7)

cimetière *m.* cemetery (9)

cirer to polish (2)

cité *f.* housing project (6)

citoyen (citoyenne) *n.* citizen (9)

clandestin *n. and adj.* illegal (7)

cliché *m.* cliché (1)

client *n.* customer (4)

cohabitation *f.* living together; **cohabiter** to live together (1)

coincé *adj. fam.* inhibited (1)

coléreux (coléreuse) *adj.* prone to anger (1)

collection *f.* collection; **collecter** to collect (7)

colocataire *n.* house/roommate (1)

colocation *f.* sharing the rent; shared rental (1)

colon *m.* colonizer (5)

colonie *f.* colony (2)

coma *m.* coma; **être dans le coma** to be in a coma (6)

combat (de coqs) *m.* (cock) fight; **combatif (combative)** *adj.* combative, with a fighting spirit (2)

comédie *f.* comedy; **comédien (comédienne)** *n.* actor, actress (CP)

commander to rule; to order (5)

compassion *f.* compassion (5)

compatissant *adj.* compassionate (5)

complice *adj. and n.* accomplice (6)

comportement *m.* behavior (4)

se comporter + adverbe (bien, mal) to behave + adverb (well, badly) (8)

(se) compromettre (comme **mettre**) to compromise (oneself) (9)

comptable *n.* accountant; **chef comptable** *n.* chief accountant (4)

compte en banque *m.* bank account (6)

concours *m.* competitive exam (2)

se conduire + adverbe (bien, mal) (comme conduire) to behave + adverb (well, badly) (8)

confiance *f.* confidence; **faire confiance (à quelqu'un)** to trust (someone) (5), (9)

confier to entrust (7)

conflictuel (conflictuelle) *adj.* conflictual (5)

se conformer to conform (3)

confus *adj.* confused (1)

connaissance *f.* acquaintance; **faire la connais-sance de quelqu'un** to meet someone (1)

connaître *irr.* to know (2)

se consacrer (à) to dedicate oneself (to) (6)

conseil *m.* piece of advice; **conseiller (à)** to advise (2), (4); **conseiller à quelqu'un de faire quelque chose** to advise someone to do something (8)

conservateur (conservatrice) (de musée) *n.* curator (9)

conserverie *f.* cannery (9)

continuer ses études to continue one's studies (2)

contrat *m.* contract (9)

contre-attaquer to counterattack (4)

contremaître *m.* overseer (5)

convaincre quelqu'un de faire quelque chose (comme **vaincre**) to convince someone to do something (8)

convoitise *f.* greed; **convoiter** to covet (9)

cool *adj, fam.* cool (1)

costaud *adj.* big and strong (4)

coup de foudre *m.* love at first sight (5)

couple mixte *m.* mixed couple (5)

cours *m.* class; **cours en amphi(théâtre)** *m.* lecture class (1); **cours magistral** *m.* lecture class (1)

course *f.* race (5)

court métrage *m.* short film (CP)

cravate *f.* tie (4)

créole *m.* Creole (language) (2)

cuillère *f.* spoon (2)

CV (curriculum vitae) *m.* résumé (1)

cynique *adj.* cynical (9)

D

débarquer *fam.* to arrive (1)

débrouillard *adj.* resourceful (7); **se débrouiller** to be resourceful (7), (8)

déchets industriels *m. pl.* industrial waste (9)

déchiqueter (comme **jeter**) to tear to shreds (6)

déchu *adj.* fallen (9)

décor *m.* set (CP)

défavorisé *adj.* underprivileged (7)

défier to defy, to challenge (5)

défilé *m.* parade; **défiler** to (be in a) parade (4)

dégueulasse *adj. fam.* very dirty, disgusting (1)

déjanter *fam.* to go a little crazy, to behave abnormally (6)

demande *f.* request; **demander** to ask (2); **faire une demande de** to apply for (a scholarship, a loan, a passport) (1)

démanteler (comme **acheter**) to dismantle (6)

démarrer to start (a car) (6)

déménager (comme **voyager**) to move (to change residence) (2)

démissionner to resign (9)

démodé *adj.* out of fashion (4)

dénouement *m.* denouement, ending (CP)

se dépêcher to hurry up (7)

déporter to deport (7)

déprimé *adj.* depressed (4)

député *m.* deputy, representative (9)

dérive *f.* drift; **à la dérive** adrift (5)

des carottes râpées *f. pl.* shredded carrots (4)

désaccord *m.* disagreement (5)

déserter to desert (5)

désobéissant *adj.* disobedient (7)

désordonné *adj.* messy (for a person or a place) (1); **désordre** *m.* mess (1); **en désordre** messy (for a place) (1)

destructeur (destructrice) *adj.* destructive (5)

détacher to untie (7); **se détacher (de)** to grow apart (from) (5), (7)

(se) détendre to relax (4); **détendre l'atmosphère** to lighten up the atmosphere; to defuse a situation (4)

se détériorer to get worse (for a thing or situation) (3), (7), (8)

dette (de jeu) *f.* (gambling) debt (7)

deuil *m.* mourning; **être en deuil** to be in mourning (5), (9)

devin *m.* seer (7)

devinette *f.* riddle (2)

devoir *m.* duty; **faire son devoir** to do one's duty (5), (9)

dialogue *m.* dialogue (CP)

digne *adj.* full of dignity; **dignité** *f.* dignity (9)

dilemme moral *m.* moral dilemma (7)

dingue *adj., fam.* crazy (6)

diplôme *m.* diploma (2)

dire la vérité *irr.* to tell the truth (7)

diriger (comme **voyager**) to run, to manage (5)

discipliné *adj.* disciplined (1)

discrédité *adj.* discredited (9)

discret (discrète) *adj.* reserved (4)

disparition *f.* disappearance; **disparaître** *irr.* to disappear (5), (7)

se disputer (avec) to quarrel (with) (1), (5), (9)

dissuader to dissuade (4)

distribution *f.* cast (CP)

divertir (comme **finir**) to entertain (CP); **se divertir** to have fun (CP)

docile *adj.* docile (5)

doctorat *m.* PhD (1)

dominateur (dominatrice) *adj.* dominating (5)

donner rendez-vous to set up a date (6)

dossier *m.* file, dossier (1), (9)

doublé *adj.* dubbed (CP)

doué *adj.* gifted (2)

doux (douce) *adj.* kind; mild-mannered (4)

drap *m.* sheet (9)

droite *f.* right; **à droite (de)** on the right (of) (4); **sur la droite (de)** on the right (of) (4)

dynamique *adj.* energetic (4)

E

échafaudage *m.* scaffolding (7)

échapper à to escape (5); **s'échapper** to escape (5), (6), (7)

s'éclater *fam.* to have fun (1)

école primaire *f.* primary school (2)

économies *f. pl.* savings; **faire des économies** to save money (6)

économiser to save money (6)

écran *m.* screen; **grand écran** big screen (cinema); **petit écran** small screen (television) (CP)

écrivain *m.* writer (1)

éducation *f.* education (2)

effacé *adj.* self-effacing (4)

effet boomerang *m.* boomerang effect; **avoir un effet boomerang** to backlash (8)

effets spéciaux *m. pl.* special effects (1)

élève *n.* primary- or secondary-school student (2)

élever (un enfant) (comme **acheter**) to raise (a child) (2), (5)

élire (comme **lire**) to elect (9)

éloigner to send away; **s'éloigner (de)** to go away (from) (5)

embêtant *adj., fam.* boring (4); **embêtement** *m.* complication (6); **embêter** *fam.* to bother, to annoy (1); **s'embêter** to complicate one's life; to be bored (6)

émeute *f.* rebellion (5)

emménager (comme **voyager**) to move in (1)

émotif (émotive) *adj.* emotional (for a person) (1)

émouvant *adj.* moving (5)

empêcher to prevent (7)

employer (comme **envoyer**) to employ (7)

enceinte *adj.* pregnant (9)

enchaîner to chain (7)

endommager to damage (4)

s'endormir (comme **partir**) to fall asleep (4)

énergique *adj.* energetic (2), (4)

s'énerver to get mad (8)

s'enfuir (comme **fuir**) to flee (5), (7)

engagement *m.* commitment (7)

s'engueuler *fam.* to argue (1)

enlever (comme **acheter**) to remove (4)

ennuyer to bore (CP); **s'ennuyer** to be bored (CP), (8)

ennuyeux (ennuyeuse) *adj.* boring (4)

enrichissant *adj.* rewarding, fulfilling (1)

enseignement supérieur *m.* higher education (1)

s'entendre (bien/mal) (avec) to get along well/ to not to get along (with) (5), (8)

enterrement *m.* burial (2); **enterrer** to bury (7)

entraîneur (entraîneuse) *n.* coach (4)

entrepreneur *m.* entrepreneur (9)

entreprise *f.* firm, business (4), (9)

entretien d'embauche *m.* job interview (1)

épiphanie *f.* epiphany (6)

épreuve *f.* test, exam; competition (5)

équipe *f.* team (4)

esclavage *m.* slavery (2); **esclave** *n.* slave (2)

essayer to try (4)

étouffant *adj.* stifling (5); **étouffer** to suffocate (5)

étrange *adj.* strange (7)

étranger (étrangère) *adj.* foreign (1); **étranger** *m.* stranger, foreigner; **à l'étranger** *adv.* abroad (1)

être to be; **être en première, 2e, 3e, 4e, année** to be a freshman, sophomore, junior, senior (1); **être en règle** to be legal, to have one's papers (7)

études *f. pl.* studies; **étudier à** to attend (an institution) (1); **faire des études** to go to school (1), (2); **faire des études de** to major in (1)

étudiant *n.* student; **être étudiant à** to attend (an institution) (1); **être étudiant en** to major in (1)

s'évanouir (comme **finir**) to faint (1)

évoluer to change (5)

examen *m.* exam (2); **examen par IRM** *m.* MRI exam (1)

s'excuser to apologize (2)

exigeant *adj.* demanding (2)

expansif (expansive) *adj.* outgoing (4)

exploitation *f.* exploitation (2); **exploité** *adj.* exploited (2); **exploiter** to exploit (2), (5), (7); **exploiteur (exploiteuse)** *adj.* exploitative (2)

F

fac *f., fam.* college, university (1); **fac(ulté) de droit** *f.* law school (1); **fac(ulté) de médecine** *f.* medical school (1)

face *f.* face; **faire face à** to face someone/something (5)

se fâcher to get angry; to have a falling out (1), (3), (9)

faible *adj.* weak (4); **faiblesse** *f.* weakness (5)

faire to make, to do; **faire du bruit** to make noise, to be noisy (8); **faire exprès de faire quelque chose** to do something on purpose (8); **faire mal à quelqu'un** to hurt someone (8)

se familiariser avec to familiarize oneself with (1)

fauteuil roulant *m.* wheelchair (6)

faux papiers *m. pl.* forged papers (7)

favorisé *adj.* privileged (7)

fermer sa gueule *fam.* to shut up (6)

fermeté *f.* strength of character (5)

fiançailles *f. pl.* engagement (5)

fier (fière) *adj.* proud (2); **fierté** *f.* pride (2)

se fier à to trust (9)

fièvre *f.* fever; **avoir de la fièvre** to have a fever (7)

flashback *m.* flashback (9)

flic *m., fam.* cop (6)

fluide correcteur *m.* white-out (7)

fonds de solidarité *m.* solidarity fund (9)

force de caractère *f.* strength of character (6)

formulaire *m.* form (1)

fort *adj.* strong (2), (4)

fouetter to whip (2)

foule *f.* crowd (9)

frais de scolarité *f. pl.* tuition (2)

frais *m. pl.* expenses; **frais médicaux** medical expenses (7); **frais universitaires** tuition and fees (1)

fric *m., fam.* money (6)

frigo *m., fam.* fridge (1)

fuir *irr.* to flee (5)

fumerie d'opium *f.* opium den (5)

G

galère *f., fam.* hell; **c'est la galère** it's hell (1); **galérer** (comme **préférer**) *fam.* to have a hard time (1)

galerie *f.* gallery; **galerie d'art** art gallery (9)

garage *m.* garage, shop (7)

garde du corps *m.* bodyguard (9)

garrot *m.* tourniquet; **défaire un garrot** to undo a tourniquet; **faire un garrot** to do a tourniquet (7)

gauche *adj.* awkward (4)

gauche *f.* left; **à gauche (de)** on the left (of) (4); **sur la gauche (de)** on the left (of) (4)

gaulois *adj, fam.* French (1)

générique *m.* credits (CP)

gentil (gentille) *adj.* kind (1), (4)

go-kart *m.* go-kart (7)

goût *m.* taste; **à chacun son goût** to each his own; **avoir du goût, avoir bon goût** to have good taste (4); **des goûts et des couleurs, on ne discute point/pas** to each his own; **retrouver le goût à la vie** to recover one's zest for life (3), (4)

gracier to pardon (5)

grandir (comme **finir**) to grow up (5)

gratuit *adj.* free (opposite of **payant**) (2)

grève *f.* strike (9)

griot *m.* storyteller, family historian (9)

gris *adj.* gray; **grisâtre** *adj.* grayish (4)

gros (grosse) *adj.* fat; **gros bonnet** *m.,* *fam.* important person (6); **gros poisson** *m.,* *fam.* important person (6)

grossesse *f.* pregnancy (9)

guérir quelqu'un/guérir (comme finir) to cure someone; to recover, to get better (7)

H

s'habituer (à) to get used to (1), (3)

haine *f.* hate (5)

harcèlement sexuel *m.* sexual harassment (4)

haut *m.* top; **en haut** at the top (4)

héberger (comme voyager) to put (someone) up (1)

hévéa *m.* rubber tree (5)

homophobe *adj. and n.* homophobe (4)

homosexuel (homosexuelle) *adj. and n.* homosexual (4)

honnête *adj.* honest (2), (4)

I

idéaliste *adj.* idealistic (9)

s'identifier à to identify with (1)

île *f.* island (2)

image numérique *f.* digital image (1)

imagerie par résonance magnétique *f.* MRI (1)

immature *adj.* immature (1)

immigré clandestin *m.* illegal alien (7), (8)

incendie *m.* fire (2); **incendier** to set fire to (5)

inconnu *adj.* unknown; **inconnu (inconnue)** *n.* stranger (1)

injuste *adj.* unjust (2); **injustice** *f.* injustice (2)

s'inquiéter (comme préférer) to worry (3)

inscription *f.* registration (1); **s'inscrire (comme écrire)** to register (1)

insignifiant *adj.* insignificant (4)

inspecteur du travail *m.* immigration inspector (7)

s'installer to settle (2)

interdire à quelqu'un de faire quelque chose **(comme dire)** to forbid someone to do something (8)

instituteur (institutrice) *n.* elementary school teacher (2)

instruction *f.* schooling (2)

insupportable *adj.* unbearable (1)

intégré (bien/mal) *adj.* (well/badly) integrated (2), (4)

s'intégrer (comme préférer) to fit in (3)

s'intéresser (à) to be interested (in) (4)

interprétation *f.* acting, performance (CP); **interprète** *n.* film or theater actor (CP)

interpréter (un rôle, un personnage) (comme acheter) to play (a part, a character), to perform (CP)

interrompre to interrupt (7)

intolérant *adj.* intolerant (2)

intrigue *f.* plot (CP)

investir (comme finir) to invest (6); **investissement** *m.* investment; **faire un investissement** to invest (6)

invraisemblable *adj.* implausible, unlikely (6)

invraisemblance *f.* implausibility (6)

irresponsable *adj.* irresponsible (6)

ivre *adj.* drunk (6), (9)

J

se jeter (sur/de) (comme appeler) to throw oneself on/off of something (4)

jeu *m.* acting (CP); **jouer** to act (CP)

juste *adj.* just (2); **justice** *f.* justice (2)

K

klaxonner to honk (7)

L

lâche *adj.* cowardly (5), (6)

lamentable *adj.* pitiful (4)

langue maternelle *f.* native language (1)

légende *f.* legend (5)

léguer (comme préférer) to bequeath, to will (6)

lesbienne *adj.* lesbian (1)

lessive *f.* laundry; **faire des lessives** to do laundry for pay (2)

lettre de motivation *f.* statement of purpose (1)

liaison *f.* affair (4), (5)

libération *f.* liberation (5); **libre** *adj.* free (having liberty) (2)

licence *f.* Bachelor's degree (1)

licencié *adj.* fired (4), (9); **licenciement** *m.* layoff (4), (9)

lien *m.* link, relationship (5)

livrer to deliver; **livrer quelqu'un** to turn someone in (7)

logement *m.* place to live; housing (1)

long métrage *m.* feature-length film (more than 58 min.) (CP)

louer to rent; to lease (1), (7)

louper quelque chose *fam.* to fail at something (4); **louper sa vie** *fam.* to be a failure (4)

loyal *adj.* loyal (9); **loyauté** *f.* loyalty (9)

loyer *m.* rent (1), (7)

lutter to fight (2)

lycée *m.* high school (2)

M

mac *m., fam.* pimp (6)

macho *adj. inv. and n.* macho (4)

maigre *adj.* (unpleasantly) thin (4)

main-d'oeuvre *f.* labor (5)

maison de dressage *f.* training center (6)

maître (maîtresse) *n.* master; elementary school teacher (2)

maîtrise *f.* Master's degree (1)

mal *m.* evil (7); **malédiction** *f.* curse (5)

mal à l'aise uncomfortable (1), (4)

malhonnête *adj.* dishonest (2)

mal payé *adj.* poorly paid (7)

malsain *adj.* unhealthy (7)

maltraitance *f.* (child) abuse (7); **maltraiter** to abuse (7)

manche *f.* sleeve; **faire la manche** *fam.* to beg (6)

mandarin *m.* mandarin (high dignitary) (5)

mandat *m.* term (of office) (9)

maniaque *adj.* particular, fussy (1)

manque *m.* withdrawal; **être en manque** to have withdrawal symptoms (6); **manquer à quelqu'un** to be missed by someone (5); **tu me manques** I miss you (1)

maquereau *m., fam.* pimp (6)

se maquiller to put on makeup (3)

marché aux esclaves *m.* slave market (5)

mariage arrangé *m.* arranged marriage (6); **se marier** to get married (3), (9)

marine *f.* navy (5)

marrant *adj.* funny, amusing (4)

maternité *f.* motherhood (9)

matière *f.* subject (1)

maturité *f.* maturity (1)

mauvais esprit *m.* evil spirit (7)

mécanicien *m.* mechanic (7)

médiocre *adj.* mediocre (4)

méfiant *adj.* distrustful; **se méfier (de)** to mistrust (6), (9)

mémoire *f.* memory (the ability to remember) (9); **mémoires** *f. pl.* memoirs (9)

ménage *m.* housework; **faire le ménage** to do the housework (1)

mensonge *m.* lie (2), (7)

mentir (comme **partir**) to lie (2), (7)

métis (métisse) *adj.* of mixed race (2); **métis (métisse)** *n.* person of mixed race (2), (5)

métropole *f.* "mother" country, as opposed to the outlying territories (2)

mettre *irr.* to put; **mettre de l'argent de côté** to save money (6); **mettre le feu (à)** to set fire (to) (2)

meublé *m.* furnished room or apartment (7)

meuf *f., fam.* woman (1), (6)

meurtre *m.* murder (5)

milieu *m.* middle; **au milieu (de)** in the middle (of) (4);

minable *adj., fam.* pitiful (4)

mince *adj.* thin (4)

ministre *m.* minister (politics) (9)

misère *f.* dire poverty (5)

moche *adj., fam.* ugly (4)

mode *f.* fashion; **à la mode** in fashion (4)

se moquer (de) to make fun (of) (4)

morne *m.* hill (in Martinique) (2)

mortel (mortelle) *adj, fam.* very boring (1)

motard *m.* motorcyclist (7)

motocycliste *n.* motorcyclist (7)

mouche *f.* fly (1)

moyen métrage *m.* short film (less than 58 min.) (CP)

mulâtre *m. and adj.* mulatto (2)

mûr *adj.* mature (1)

musclé *adj.* muscular (4)

musique *f.* music (CP)

muter to transfer (5)

N

naïf (naïve) *adj.* naive (1)

népotisme *m.* nepotism (9)

nettoyer (comme **envoyer**) to clean (1)
neurologue *n.* neurologist (1)
niais *adj.* simple and naive, stupid (1)
nuit de noces *f.* wedding night (9)

O

obéir (à quelqu'un) (comme **finir**) to obey (someone) (7); **obéissant** *adj.* obedient (7)
obsèques *f. pl.* burial (9)
obstiné *adj.* obstinate (2)
obtenir (comme **tenir**) to get (a diploma, a scholarship) (2); **obtenir un diplôme** to graduate (1)
officier de marine *m.* navy officer (5)
oppression *f.* oppression (2); **opprimé** *adj.* oppressed (2), (5); **opprimer** to oppress (2)
ordonné *adj.* clean, orderly (for a person or a place) (1)
ordre *m.* order (1); **en ordre** clean, orderly (for a place) (1)
orphelin *adj.* orphan (5)
ouvert (à) *adj.* open (to) (1); **ouverture d'esprit** *f.* open-mindedness (1)
ouvrier *m.* blue-collar worker (9); **ouvrier (du bâtiment)** *m.* (construction) worker (7)

P

pâle *adj.* pale (2)
palmier *m.* palm tree (2)
panne d'électricité *f.* power failure (1)
pantalon *m.* pair of pants (4)
par hasard by chance (5)
pare-brise *m.* windshield (6)
parler couramment to speak fluently (1)
partager (comme **voyager**) to share (1)
parti *m.* party (9)
participer (à) to take part (in) (1)
passe *f., fam.* trick (6)
passer (un examen, un concours) to take (an exam, a competitive exam) (1), (2); **passer à l'affiche** to play (CP); **passer en cour martiale** to be court martialed (5); **passer inaperçu** to go unnoticed (4); **se faire passer pour** to pass oneself as (4)
passionnel (passionnelle) *adj.* passionate (5)
patron (patronne) *n.* boss (2), (4)
paumer *fam.* to lose (1)

pauvreté *f.* poverty (7)
payant *adj.* fee-based (opposite of **gratuit**) (2)
paye/paie *f.* paycheck (2)
payer to pay; **se payer la tête de quelqu'un** (comme **essayer**) *fam.*
paysage *m.* landscape (2)
paysan *m.* peasant (5)
se pendre to hang oneself (6)
perdre to lose; **perdre du temps** to waste time (8); **perdre patience** to lose patience (8); **perdre son sang** to bleed heavily (7)
perdu *adj.* lost (1)
permettre à (comme **mettre**) to allow (1); **permettre à quelqu'un de faire quelque chose** to allow someone to do something (8)
permis de travail *m.* work permit (7)
personnage *m.* character (CP)
personnification *f.* personification (5)
peser (comme **acheter**) to weigh (5)
se la péter to show off (8)
photo *f.* photo (4); **sur la photo** in the picture (4)
pipe *f.* pipe (2)
placer (de l'argent) (comme **commencer**) to invest (6)
plagier to plagiarize (2)
plaire (à) *irr.* to please; **plaire à quelqu'un** to be liked by someone; **il me plaît** I like him (1)
plaisanter to joke (4); **plaisanterie (de bon/ mauvais goût)** *f.* joke (in good/bad taste) (4); **faire des plaisanteries** to crack jokes (4)
plan *m.* shot (CP)
planche *f.* board; plank (6)
planque *f., fam.* hiding place (6)
plantation *f.* plantation (2), (5)
plaquer quelqu'un *fam.* to break up with someone (1)
plein *adj.* full; **plein de bonne volonté** well-meaning, who tries hard (4); **plein de vie** full of life (4)
point *m.* point; **être sur le point de** to be about to (4)
poire *f., fam.* pushover, doormat (6)
politicien (politicienne) *n.* politician (9)
polygame *adj.* polygamous (9); **polygamie** *f.* polygamy (9)
pompe à essence *f.* gas pump (7)
pont *m.* bridge (9)

portable *m.* cell phone (6)

portefeuille *m.* portfolio (of investments) (6)

porte-monnaie *m.* pocketbook, wallet (7)

porter (un nom) to bear (a name) (2); **porter plainte (contre)** to register a complaint (against) (7), (8); **se porter à merveille** to be in excellent health (3); **porter secours à quelqu'un** to help someone who is in danger, to rescue (7)

portière *f.* car door (6)

poser (une question, une devinette) to ask (a question, a riddle) (2), (8)

possessif (possessive) *adj.* possessive (5)

poste *m.* position, job (1)

pot-de-vin *m.* bribe (9)

poule *f.* hen (2)

poursuivre ses études (comme **suivre**) to continue one's studies (2)

pouvoir to be able; **j'en peux plus** *fam.* I've had it, I can't take it any more; **je peux plus le (la, etc.) voir** *fam.* I can't stand him (her, etc.) anymore (8)

préjugé *m.* prejudice (4)

prendre conscience de to become aware of (5), (7)

préparer to prepare; **préparer une sous-spécialisation en** to minor in (1)

présenter to present; **présenter ses excuses** to apologize (2); **se présenter (à une élection)** to run (for office) (9)

préservatif *m.* condom (4)

pressé *adj.* in a hurry (6), (7)

pression *f.* pressure; **faire pression sur** to put pressure on (9)

prêt *m.* loan (1)

prévenir (comme **venir**) to warn (7)

prier to pray (2); **prière** *f.* prayer (2)

prise de conscience *f.* awareness (7)

problème de conscience *m.* moral dilemma (7)

proche *adj.* close (5)

procuration *f.* power of attorney (6)

producteur (productrice) *n.* producer (CP)

programme d'échange *m.* exchange program (1)

projet *m.* plan, project (9)

promesse *f.* promise (7); **faire une promesse (à quelqu'un)** to make a promise (to someone) (7);

promettre à (comme **mettre**) to promise (7)

promotion *f.* promotion; **être promu** to be promoted (4); **obtenir une promotion** to be promoted (4)

propre *adj.* clean (1)

propriétaire *n.* owner, landlord (1)

prostituée *f.* prostitute (6); **se prostituer** to prostitute oneself (9)

protéger (comme **préférer** et **voyager**) to protect (5), (6)

proxénète *m.* pimp (6)

pub(licité) *f.* ad(vertising) (4); **faire de la pub(licité)** to advertise (4)

pull(over) *m.* sweater (4)

punir (comme **finir**) to punish (2); **punition** *f.* punishment (2)

pute *f., fam.* prostitute (6)

Q

quitter to leave (4), (9); **se quitter** to say good-bye; to separate (1)

R

racines *f. pl.* roots (2)

radioactif (radioactive) *adj.* radioactive (9)

ramer *fam.* to make an effort (6)

rang *m.* row; **au premier (dernier) rang** in the first (last) row (4)

rappeler (comme **appeler**) to call back; to remind (9); **se rappeler** to remember (3), (9)

se rapprocher (de) to get closer (to) (5), (7)

rater *fam.* to fail (4); **rater sa vie** *fam.* to be a failure (4)

réalisateur (réalisatrice) *n.* director (CP); **réaliser un film** to make a film (CP)

réanimation *f.* intensive care unit; **être en réanimation** to be in the ICU (6)

rébellion *f.* rebellion (2), (5); **se rebeller (contre)** to rebel (against) (5)

rebondir (comme **finir**) to rebound (4)

recevoir *irr.* to receive; to get (1), (2)

rechuter to relapse (6)

récit d'éducation/d'apprentissage/de formation *m.* coming-of-age story (1)

se réconcilier (avec) to reconcile (with) (5), (7)

reconnaître (comme **connaître**) *irr.* to recognize (2)

se recueillir (sur la tombe de quelqu'un) *irr.* to meditate (9)

réfléchir (comme finir) to think (CP)

réfrigérateur *m.* refrigerator (1)

se réfugier to find refuge (3), (5)

regarder to look at; **regarder par le trou de la serrure** to peep through the keyhole (7)

règle *f.* ruler (to draw lines); rule, regulation (1)

règlement de compte *m.* settling of scores (6)

rejoindre (comme joindre) to meet up with; to reunite with (5)

se remémorer to recall (3)

remise des diplômes *f.* graduation (1)

remplir (comme finir) to fill; to fill out (1)

rendez-vous *m.* appointment; date (1)

rendre to give back (4); **se rendre compte de/que** to realize something/that (5), (6)

renverser to knock over; to spill (4)

renvoyer (comme envoyer) to dismiss; to fire (5)

réparer to repair (7)

repassage *m.* ironing; **faire des repassages** to iron for pay (2)

répéter to repeat; **a beau répéter** repeats in vain (8)

reprocher (à) to blame (9); **reprocher quelque chose à quelqu'un, reprocher à quelqu'un de faire quelque chose** to reproach someone for (doing) something (8)

réseau *m.* network, ring (6), (7)

réservé *adj.* reserved (1), (4)

résignation *f.* resignation, i.e., acceptance of one's fate (2); **résigné** *adj.* resigned (2)

résistance *f.* resistance (2); **résister (à)** to resist (2)

résolu *adj.* resolute (9)

retard *m.* lateness; **en retard** late (in the sense of "later than planned") (2)

retour en arrière *m.* flashback (9)

retrouvailles *f. pl.* reunion (5)

retrouver to get back, to recover; to find again (4), (7); to find (someone/something that was lost) (5); **se retrouver** to meet again; to see one another again (1); **retrouver du/son travail** to find another job/to get one's job back (4); **retrouver le goût à la vie** to recover one's zest for life (3), (4)

réunion *f.* meeting (4)

réussir (comme finir) to succeed (2); **réussir (à) un examen** to pass an exam (1)

révéler la vérité to reveal the truth (7)

se réveiller to wake up (4)

révolté *adj.* rebellious (2); **se révolter (contre)** to rebel (against) (2), (5), (7)

rhum *m.* rum (2)

rire to laugh (CP)

robe *f.* dress (4)

rompre (avec) to break up (with) (1), (5), (6)

rupture *f.* breakup (5), (6)

S

sable *m.* sand (7)

saccager (comme voyager) to destroy (6)

sain *adj.* healthy (7)

sale *adj.* dirty (1)

salle *f.* room (in a movie theater); **salle d'art et essai** art-house theater (CP)

sampan *m.* sampan (flat-bottomed Chinese skiff) (5)

sang *m.* blood (6), (7)

sauver to save (5)

savoir *irr.* to know (2)

scandale *m.* scandal (9)

scène *f.* scene; stage (CP)

séance *f.* screening (CP)

secourir (comme courir) to help someone who is in danger, to rescue (7)

séduire to seduce (6)

séjour *m.* stay (1)

sensibiliser to sensitize (4); **sensible** *adj.* sensitive (2), (4)

se sentir (comme partir) to feel (1), (4); **se sentir + adjectif (coupable, seul)** to feel + adjective (guilty, lonely) (3), (6); **se sentir revivre** to feel alive again (6)

se séparer to separate (3)

sérieux (sérieuse) *adj.* serious (1)

se serrer to get closer (4)

seul *adj.* alone (4)

sévère *adj.* strict (2)

signaler to report (a disappearance, a theft, etc.) (7)

sociable *adj.* sociable (1)

soigner to treat, to give medical assistance (7); **se soigner** to take care of oneself (3)

solidarité *f.* solidarity (6)

sortie *f.* release (CP)

sortir (comme **partir**) to be released (CP); **s'en sortir** to succeed, to rise above a difficult situation (6); **sortir du placard** *fam.* to come out of the closet (4)

souder to solder (7); **faire une soudure** to solder (7)

souffrance *f.* suffering (5)

souffrir (comme **ouvrir**) to suffer (5)

soûl *adj.* drunk (9)

se soumettre (comme **mettre**) to submit, to obey (2);

soumis *adj.* submissive (2), (7); **soumission** *f.* submission, obedience (2)

sourire *m.* smile (7)

sourire (comme **rire**) to smile (7)

sous-spécialisation *f.* subspecialization; **faire une sous-spécialisation en** to minor in (1)

sous-titre *m.* subtitle (CP); **sous-titré** *adj.* subtitled (CP)

soutenir (comme **tenir**) to support (5), (9)

souvenir *m.* memory; souvenir (9); **se souvenir de** (comme **venir**) to remember (3), (9)

spécialisation *f.* specialization; **se spécialiser en** to major in (1)

split screen *m.* split screen (1)

sportif (sportive) *adj.* athletic (4)

star *f.* star (CP)

station-service *f.* gas station (7)

stéréotype *m.* stereotype (1); **stéréotypé** *adj.* stereotypical (1)

stérile *adj.* sterile (9)

subir (comme **finir**) to be the victim of; to accept (6)

subvention *f.* subsidy (9)

se suicider to commit suicide (3), (4), (5)

suivre un cours *irr.* to take a class (1)

superstition *f.* superstition (2)

supporter to stand, to bear (1)

sûr de soi *adj.* self-confident (4)

sursauter to startle, to jump (6)

susceptible *adj.* oversensitive (1)

sympa *adj. fam.* nice (1)

sympathiser (avec) to strike up an acquaintance (with) (4)

syndicat *m.* (labor) union (9)

T

tabasser *fam.* to hit (6)

tabou *m.* taboo (5)

taché (de sang) *adj.* (blood) stained (9)

tâches ménagères *f. pl.* household tasks (1), (6)

tailleur *m.* woman's business suit (4)

se taire *irr.* to be quiet (not to speak) (7)

tarif *m.* price; **plein tarif** full price; **tarif réduit** reduced price (CP)

tatouage *m.* tattoo (4), (7)

taudis *m.* slum (7)

téléphérique *m.* cable car (1)

télévision *f.* television; **à la télé(vision)** on TV (4)

témoin *m.* witness (6)

tenace *adj.* tenacious (2)

tenir une promesse *irr.* to keep a promise (7)

tiers-monde *m.* Third World (1)

timide *adj.* shy (4)

tirer to pull; **tirer profit de** to profit from (9); **se tirer** *fam.* to leave (1)

tombe *f.* tomb (9)

tomber to fall; **tomber amoureux(-euse) (de)** to fall in love (with) (5), (9)

tonneau *m.* barrel (9)

torturer to torture (5)

toubib *m., fam.* doctor (1), (6)

tournant *m.* turning point (1)

tourner to shoot (a film) (CP)

trahir (comme **finir**) to betray (7), (9)

traite des esclaves *f.* slave trade (2)

transgression *f.* transgression (5)

travail forcé *m.* forced labor (5)

travailler to work; **travailler au noir** to work under the table (7); **travailler dans le bâtiment** to work in construction (7)

travailleur (travailleuse) *adj.* hardworking (1), (2), (4)

tricher to cheat (2)

trottoir *m.* sidewalk; **faire le trottoir** *fam.* to prostitute oneself (6)

troupe de théâtre *f.* theater company (5)

truand *m.* gangster, crook (6)

turban *m.* turban (7)

U

université *f.* college, university (1)
usine *f.* plant, factory (5)

V

vachement *adv., fam.* very (1)
vaisselle *f.* dishes; **faire la vaisselle** to wash the dishes (2)
vedette *f.* star (CP)
veillée funèbre *f.* wake (2)
venger (comme **voyager**) to avenge (4); **se venger** (comme **voyager**) to take revenge (2), (4), (6)
venir *irr.* to come; **venir en aide à quelqu'un** to help someone in need, to rescue (6)
vente *f.* sale; **vente aux enchères** auction (5)
vérité *f.* truth
verrouiller to lock (6)
version française *f.* dubbed version; **en version française** dubbed (CP)
version originale subtitled version; **en v.o.** subtitled (CP)
vertige *m.* vertigo, dizzyness; **avoir le vertige** to be dizzy (1)

vestiaire *m.* locker room (4)
vexer to offend (1)
vie *f.* life; **en vie** alive (7)
vierge *adj.* virgin (9)
vieux jeu *adj.* old-fashioned (1)
vif (vive) *adj.* bright (for a person, a color) (2)
viol *m.* rape (7); **violer** to rape (6), (7)
virer *fam.* to fire (4); **viré** *adj., fam.* fired (4)
virginité *f.* virginity (9)
vivant *adj.* alive (7)
voiler to conceal; **se voiler la face** to ignore something (8)
voix off *f.* voiceover (1), (5)
voler to fly; to steal (2), (7)
volonté *f.* will power (6)
vomir (comme **finir**) to throw up, to vomit (1)
voter to vote (9)
voyou *m.* crook, bad guy (6)

Z

zombie *m.* zombie (2)

INDEX: STRUCTURES

INDEX: THÈMES